다담
중학국어 문법
1200제

KB127352

- ● **계획적인 공부와 학습체크** 아래의 계획표를 참고하여 자신에게 맞는 학습 분량을 정하고 꾸준하게 공부하세요. 조금씩이라도 성실하게 공부해야만 제대로 된 실력을 갖출 수 있어요. 물론 개인의 학습 속도나 상황에 따라 자신만의 스케줄에 맞춰 공부해도 됩니다.
- ● **☐학습체크** 정해진 학습 분량을 공부하고 나서는 ☐에 꼭 ✓체크하세요. 그리고 부족하다고 생각되는 부분은 핵심 개념과 단원별 소단원 문제를 중심으로 다시 정리해 보세요. 늘 꾸준한 학습이 중요하다는 것, 잊지 마세요. *^^*

Day 01 ☐	Day 02 ☐	Day 03 ☐	Day 04 ☐	Day 05 ☐	Day 06 ☐	Day 07 ☐
1. 언어와 음운	2. 음운의 체계와 특성		3. 음운의 변동			
(1) 언어의 본질과 기능 • 대단원 완성 문제	(1) 음성과 음운, 음절 (2) 자음과 모음의 체계	• 대단원 완성 문제	(1) 음절의 끝소리 규칙 (2) 자음 동화	(3) 구개음화와 두음 법칙 (4) 된소리되기 (5) 음운 축약	(6) 음운 탈락 (7) 음운 첨가	• 대단원 완성 문제

Day 08 ☐	Day 09 ☐	Day 10 ☐	Day 11 ☐	Day 12 ☐	Day 13 ☐	Day 14 ☐
4. 품사의 종류와 특성				5. 단어의 형성과 어휘의 유형		
(1) 품사의 개념과 분류 기준 (2) 체언	(3) 용언	(4) 관계언 (5) 수식언과 독립언	• 대단원 완성 문제	(1) 형태소 (2) 어근과 접사	(3) 단일어와 복합어 (4) 유의 관계와 반의 관계	(5) 다의 관계와 동음이의 관계, 상하 관계 (6) 어휘의 체계와 양상

Day 15 ☐	Day 16 ☐	Day 17 ☐	Day 18 ☐	Day 19 ☐	Day 20 ☐	Day 21 ☐
5. 단어의 형성과 어휘의 유형	6. 단어의 발음과 표기				7. 문장의 성분과 짜임	
• 대단원 완성 문제	(1) 한글 맞춤법 ①	(2) 한글 맞춤법 ②	(3) 표준어 규정과 표준 발음법	• 대단원 완성 문제	(1) 문장 성분	(2) 문장의 짜임

Day 22 ☐	Day 23 ☐	Day 24 ☐	Day 25 ☐	Day 26 ☐	Day 27 ☐	Day 28 ☐
7. 문장의 성분과 짜임	8. 올바른 문장 표현			9. 담화의 개념과 특성	10. 한글의 창제 원리와 통일 시대의 국어	
(3) 문장 성분의 호응과 바른 문장 쓰기 • 대단원 완성 문제	(1) 종결 표현 (2) 높임 표현 (3) 시간 표현	(4) 피동 표현과 사동 표현 (5) 부정 표현	• 대단원 완성 문제	(1) 담화의 개념과 특성 • 대단원 완성 문제	(1) 한글의 창제 원리와 한글의 우수성	(2) 남북한 언어의 차이점과 통일 시대의 국어 • 대단원 완성 문제

개념은 쉽게!! 문제는 빠짐없이!!

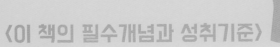

〈이 책의 필수개념과 성취기준〉

개념 번호	중학국어 문법 [필수개념]	중학국어 문법 [성취기준]
개념 001	언어의 본질	**언어의 본질에 대한 이해를 바탕으로 하여 국어생활을 한다.**
개념 002	언어의 기능	언어는 생각을 표현하며 다른 사람과 관계를 맺는 수단임을 이해하고 국어생활을 한다.*
개념 003	음성과 음운, 음절	**음운의 체계를 알고 그 특성을 이해한다.**
개념 004 / 005	자음 체계 / 모음 체계	
개념 006	음운의 변동	음운의 변동을 탐구하여 올바르게 발음하고 표기한다.**
개념 007	음절의 끝소리 규칙	
개념 008 / 009	자음 동화 / 자음 동화의 종류	
개념 010 / 011 / 012	구개음화 / 두음 법칙 / 된소리되기	
개념 013 / 014 / 015	음운 축약 / 음운 탈락 / 음운 첨가	
개념 016 / 017	품사의 개념 / 품사의 분류 기준	**품사의 종류를 알고 그 특성을 이해한다.**
개념 018	체언의 개념 및 특징	
개념 019 / 020 / 021	명사 / 대명사 / 수사	
개념 022	용언의 개념 및 특징	
개념 023	용언의 활용	
개념 024	용언의 종류 - 동사, 형용사	
개념 025 / 026	관계언 - 조사 / 조사의 종류	
개념 027	수식언의 개념 및 특징	
개념 028	수식언의 종류 - 관형사, 부사	
개념 029	독립언 – 감탄사	
개념 030	형태소의 개념과 특징	국어의 낱말 확장 방법을 탐구하고 어휘력을 높이는 데에 적용한다.*
개념 031	형태소의 종류	
개념 032 / 033	어근과 접사 / 어근과 어간	
개념 034	단일어, 복합어, 합성어, 파생어	
개념 035	합성어의 종류	
개념 036 / 037 / 038	유의 관계 / 반의 관계 / 다의 관계	낱말이 상황에 따라 다양하게 해석됨을 탐구한다.*
개념 039 / 040	동음이의 관계 / 상하 관계	
개념 041	고유어, 한자어, 외래어	**어휘의 체계와 양상을 탐구하고 활용한다.**
개념 042	지역 방언, 사회 방언	
개념 043	전문어, 은어, 속어	
개념 044	관용어와 속담	관용 표현을 이해하고 적절하게 활용한다.*
개념 045	한글 맞춤법 – 총칙	**단어를 정확하게 발음하고 표기한다.** 한글 맞춤법의 기본 원리와 내용을 이해한다.**
개념 046 / 047	한글 맞춤법 - 소리에 관한 것 ①, ②	
개념 048 / 049 / 050	한글 맞춤법 - 형태에 관한 것 ①, ②, ③	
개념 051	한글 맞춤법 - 띄어쓰기	
개념 052	한글 맞춤법 - 그 밖의 것	
개념 053	표준어 규정	
개념 054 / 055	표준 발음법 ①, ②	
개념 056 / 057	표준 발음법 ③, ④	
개념 058	주성분	국어의 문장 성분을 이해하고 호응 관계가 올바른 문장을 구성한다.*
개념 059	부속 성분과 독립 성분	
개념 060	홑문장과 겹문장	**문장의 짜임과 양상을 탐구하고 활용한다.**
개념 061 / 062	이어진문장 / 안은문장과 안긴문장	
개념 063	문장 성분의 호응과 바른 문장 쓰기	국어의 문장 성분을 이해하고 호응 관계가 올바른 문장을 구성한다.*
개념 064 / 065 / 066	종결 표현 / 높임 표현 / 시간 표현	문법 요소의 특성을 탐구하고 상황에 맞게 사용한다.**
개념 067 / 068	피동 표현과 사동 표현 / 부정 표현	
개념 069	담화의 개념과 구성 요소	**담화의 개념과 특성을 이해한다.**
개념 070	담화의 표현 요소와 담화의 유형	
개념 071	한글의 창제 정신	**한글의 창제 원리를 이해한다.** 국어가 변화하는 실체임을 이해하고 국어생활을 한다.**
개념 072 / 073	자음의 창제 원리 / 모음의 창제 원리	
개념 074	한글의 우수성	**통일 시대의 국어에 관심을 가지는 태도를 지닌다.** 국어를 사랑하고 국어 발전에 참여하는 태도를 지닌다.**
개념 075	남북한 언어의 차이점	
개념 076	통일 시대의 국어	

※ *은 초등, **은 고등 교육과정에 해당하는 성취기준입니다.

다담

중학국어 문법
1200제

2판 4쇄 2024년 8월 19일

지은이 김명호·문동열·문민호·유정희
펴낸이 유인생
편집인 우정아·김명진
마케팅 박성하·심혜영
디자인 NAMIJIN DESIGN
편집·조판 Choice
펴낸곳 (주) 쏠티북스
주소 (04037) 서울시 마포구 양화로 7길 20 (서교동, 남경빌딩 2층)
대표전화 070-8615-7800
팩스 02-322-7732
홈페이지 www.saltybooks.com
이메일 saltybooks@naver.com
출판등록 제313-2009-140호

ISBN 979-11-88005-87-1

시험에
나오는
문제는
다 담았다!

다담

중학국어 문법
1200제

2nd
Edition

| 김명호·문동열·문민호·유정희 지음 |

쏠티북스

중학국어 교과서(총 9종)에 나오는 **국어문법 필수개념 76개**를 모아 쉽고 체계적으로 정리했어요.

중 1부터 중 3까지 전국 **중학교 내신에 출제되는 문법 문제들**을 한권에 다 담았어요.

'**수행평가형 문제＋국가수준 학업성취도평가＋고1 국어 모의고사 문제**'까지 담아 내신 시험에 완벽 대비할 수 있도록 했어요.

'**개념 학습➡내신 대비➡ 대단원 완성 문제**'의 단계적 학습으로 체계적인 문법 공부가 가능하도록 했어요.

중학국어 문법 만점을 위한 '**Step 1 ➡ 2 ➡ 3**'

Step 1

교과서 시험 범위의 단원과 성취기준을 확인하세요.

Step 2

교재 앞면지에서 그 성취기준이 개념 몇 번에 해당하는지 찾으세요.

Step 3

그 번호에 해당하는 소단원의 핵심 개념을 찾아 공부하세요. 교과서에 나오는 개념과 다양한 예시들도 함께 공부하면 더 좋아요!

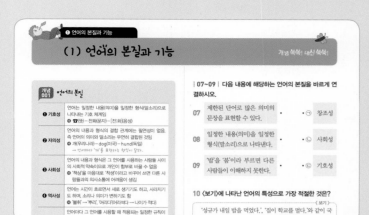

중학국어 문법의 개념을 모두 모았다!
국어문법 필수개념 76

중학국어 9종 교과서에 제시된 필수적인 개념을 모두 모아 철저하게 분석한 후 이를 체계적으로 정리하였습니다.
중학국어 문법의 밑바탕이 되는 초등국어 문법 개념, 중학국어 수준에서 더 나아간 고1 국어 문법 개념까지 모두 포함하고 있어 이 책 한 권만으로도 국어문법을 총정리할 수 있습니다.

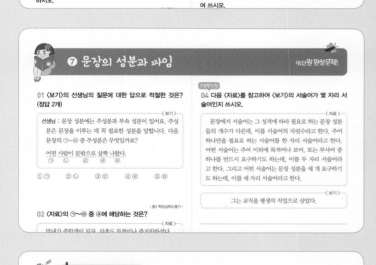

효율적이고 체계적인 개념별 문제 배열!
개념 쏙쏙 내신 쑥쑥

개념을 익힌 후 ○×문제, 단답형 문제, 괄호 넣기 등의 드릴형 문제를 반복 제시함으로써, 학습한 문법 개념을 바로 확인하고 효율적으로 암기할 수 있도록 하였습니다.
집중해서 개념을 이해하고 관련 문제를 푸는 것만으로도 중학국어 문법 체계를 정립하고, 문제 유형과 문제해결법을 익힐 수 있습니다.

낱낱의 개념들을 한데 뭉쳐 국어문법을 정복한다!
대단원 완성 문제

개념별로 쪼개어 학습했던 소단원의 내용을 유기적으로 구성한 문제들을 풀어봄으로써, 실전에서와 같이 문제의 핵심을 파악하고 해결 방법을 찾는 훈련을 할 수 있습니다.
내신에서 비중이 점점 높아지고 있는 수행평가형을 대폭 강화하여 어떤 유형의 문제에도 흔들리지 않게 대비할 수 있습니다.

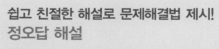

쉽고 친절한 해설로 문제해결법 제시!
정오답 해설

문제를 풀고 해설을 보며 궁금증이 생기지 않도록 정답은 물론 매력적인 오답까지 명쾌하게 설명하였습니다.
정답과 오답의 이유를 쉽고 자세하게 풀이함으로써 문제해결의 원리와 방법을 스스로 확인하고 점검할 수 있도록 하였습니다.

이 책의 차례

정답과 해설(책 속의 책)

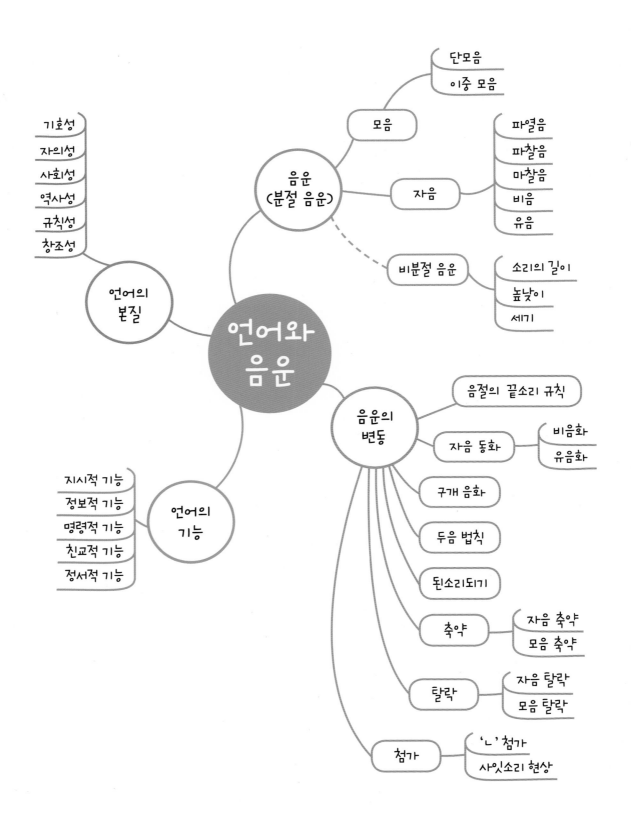

I

언어와 음운

(1) 언어의 본질과 기능

개념 001 언어의 본질

❶ 기호성	언어는 일정한 내용(의미)을 일정한 형식(말소리)으로 나타내는 기호 체계임 예 ☎(뜻) – 전화(문자) – [전:화](음성)
❷ 자의성	언어의 내용과 형식의 결합 관계에는 필연성이 없음. 즉 언어의 의미와 말소리는 우연히 결합된 것임 예 개(우리나라) – dog(미국) – hund(독일) → 언어마다 '개'를 표현하는 형식이 달라.
❸ 사회성	언어의 내용과 형식은 그 언어를 사용하는 사람들 사이의 사회적 약속이므로 개인이 함부로 바꿀 수 없음 예 '책상'을 마음대로 '착생'이라고 바꾸어 쓰면 다른 사람들과의 의사소통에 어려움이 생김
❹ 역사성	언어는 시간이 흐르면서 새로 생기기도 하고, 사라지기도 하며, 소리나 의미가 변하기도 함 예 '불휘' → '뿌리', '어리다'(어리석다 → 나이가 적다)
❺ 규칙성	언어마다 그 언어를 사용할 때 적용되는 일정한 규칙이 있음 예 가벼운 옷이 좋다.(○) / 좋다 옷이 가벼운.(×) → 규칙적인 어순
❻ 창조성	제한된 말과 글로 무수히 많은 상황을 표현할 수 있음 예 '나, 밥, 먹다' 등의 한정된 단어로 '나는 밥을 먹는다.', '나는 밥 먹으러 집에 왔다.' 등 많은 표현을 할 수 있음

| 01~03 | 다음 설명이 맞으면 ○표, 틀리면 ✕표를 하시오.

01 언어는 개인이 마음대로 바꿀 수 없는 사회적 약속이다.
( )

02 일정한 규칙에 따라 언어를 사용해야 하는 것을 언어의 역사성이라고 한다. ( )

03 제한된 말과 글로 무수히 많은 상황을 표현할 수 있는 것을 언어의 창조성이라고 한다. ( )

| 04~06 | 다음 빈칸에 들어갈 알맞은 말을 〈보기〉에서 골라 쓰시오.

〈 보기 〉
역사성 사회성 자의성

04 언어의 내용과 형식이 사회적 약속에 의해 관계를 맺는 것을 언어의 ( )이라고 한다.

05 시간이 흐르면서 언어가 새로 생기기도 하고 사라지기도 하는 것을 언어의 ( )이라고 한다.

06 언어의 내용과 형식이 결합할 때 필연적으로 결합하지 않는 것을 언어의 ( )이라고 한다.

| 07~09 | 다음 내용에 해당하는 언어의 본질을 바르게 연결하시오.

07 제한된 단어로 많은 의미의 문장을 표현할 수 있다. · · ㉠ 창조성

08 일정한 내용(의미)을 일정한 형식(말소리)으로 나타낸다. · · ㉡ 사회성

09 '밥'을 '붐'이라 부르면 다른 사람들이 이해하지 못한다. · · ㉢ 기호성

10 〈보기〉에 나타난 언어의 특성으로 가장 적절한 것은?

〈 보기 〉
'성규가 내일 밥을 먹었다.', '집이 학교를 멀다.'와 같이 국어 문법에 맞지 않는 표현을 사용하면 다른 사람들과 의사소통을 원활하게 할 수 없다.

① 기호성 ② 규칙성 ③ 사회성 ④ 역사성 ⑤ 창조성

11 언어의 창조성을 설명하는 예로 적절한 것은?

① 개인이 마음대로 '사탕'을 '과자'라고 바꿔 부를 수는 없다.

② 우리말에서는 '사랑'이라고 하는 것을 영어에서는 'love'라고 한다.

③ '은주를 집도 간다.'라는 문장은 우리말 문법에 맞지 않는 어색한 표현이다.

④ '인공위성', '스마트폰' 같은 말은 조선 시대에는 없었지만 지금은 사용되고 있다.

⑤ '꽃이 예뻐요.'라는 말을 배운 아이가 '나비가 예뻐요.', '구름이 예뻐요.'와 같은 말을 만들어 쓸 수 있다.

수행평가형

12 〈보기〉를 통해 알 수 있는 언어의 본질을 쓰시오.

〈 보기 〉
• 조선 시대에 '천(千)'을 의미하던 '즈믄'이라는 말은 현재에는 쓰이지 않는다.
• 조선 시대에는 없었던 '아파트'라는 말이 새로 생겨났다.

암기 톡톡

• 언어의 본질
① 기호성 ② 자의성 ③ 사회성 ④ 역사성 ⑤ 규칙성 ⑥ 창조성

개념 002 언어의 기능

(1) 언어의 기능

❶ 지시적 기능	어떤 대상을 가리키는 기능 ❹ "이것은 교과서이고, 저것은 문제집이다."
❷ 정보적 기능	어떤 사실이나 정보를 전달하는 기능 ❹ "내일부터 전국에 장맛비가 내리겠습니다."
❸ 명령적 기능	상대방의 생각이나 감정을 움직여 어떤 행동을 하도록 하는 기능 ❹ "창문을 닫아라."
❹ 친교적 기능	말하는 이와 듣는 이가 서로 친밀한 관계를 유지하도록 하는 기능 ❹ 등굣길에 만난 친구와 서로 "안녕?"이라고 인사하는 것
❺ 정서적 기능	말하는 이의 감정이나 태도를 표현하는 기능 ❹ (붉게 물든 노을을 보며) "정말 아름다워!"

※ 제시된 기능 외에도 언어를 통해 아름다움을 표현하는 '미적 기능'을 추가하는 경우도 있어.

(2) 언어의 기능은 하나로 고정되어 있는 것이 아니며, 말을 주고받는 상황과 맥락에 따라 같은 문장이라도 다양한 기능을 할 수 있다.

| 13~15 | 다음 설명이 맞으면 ○표, 틀리면 X표를 하시오.

13 사람들 사이의 관계가 원활해지도록 해 주는 언어의 기능을 친교적 기능이라고 한다. ( )

14 "이곳은 서울이다."라는 말에는 언어의 명령적 기능이 드러나 있다. ( )

15 어떤 사실이나 정보를 전달하는 언어의 기능을 정보적 기능이라고 한다. ( )

| 16~18 | 다음 빈칸에 들어갈 알맞은 말을 쓰시오.

16 날씨 예보에서는 언어의 ( ) 기능이 두드러지게 나타난다.

17 말하는 이의 ( )이나 ( )를 표현하는 것은 언어의 정서적 기능에 해당한다.

18 미술관 안내판에 있는 "작품에 손대지 마시오."라는 말은 언어의 ( ) 기능을 이용한 표현이다.

---

19 언어의 기능에 해당하지 않는 것은?

① 주변의 사물이나 개념을 가리킨다.
② 말하는 이가 어떤 행동을 하도록 한다.
③ 말하는 이의 감정이나 태도를 표현한다.
④ 다른 사람에게 사실이나 정보를 전달한다.
⑤ 상대방과 친밀한 관계를 유지하도록 한다.

---

20 다음 중 언어의 지시적 기능이 나타나 있는 것은?

① "이것은 장갑이다."
② "지우개 좀 빌려 줘."
③ "바람이 정말 따뜻하구나!"
④ "여러분, 만나서 반갑습니다."
⑤ "사용법은 설명서에 나와 있습니다."

> 수능형

21 〈보기〉의 ㉠~㉤ 중 〈자료〉에서 설명하는 언어의 기능이 나타나는 것은?

> 〈 자료 〉
>
> 말하는 이의 정서나 태도를 표현하는 언어의 기능을 정서적 기능이라고 한다.

> 〈 보기 〉
>
> 주인 : ㉠어서 오세요. 무엇을 드릴까요?
> 손님 : ㉡떡볶이 주세요.
> (잠시 후 주인이 떡볶이를 가져다주며)
> 주인 : ㉢주문하신 음식 나왔습니다. 맛있게 드세요.
> 손님 : 감사합니다.
> (식사를 마친 후)
> 주인 : 맛있게 드셨나요? ㉣가격은 4,000원입니다.
> 손님 : (돈을 건네며) 여기 있습니다.
> (가게 밖으로 나와 혼잣말로) ㉤아, 정말 배부르다!

① ㉠ ② ㉡ ③ ㉢ ④ ㉣ ⑤ ㉤

> 수행평가형

22 〈보기〉의 ㉠에 나타나는 언어의 기능을 쓰시오.

> 〈 보기 〉
>
> 명수 : 아저씨, 안녕하세요? ㉠식사하셨어요?
> 아저씨 : 어, 명수구나. 학교 가니?

> 암기 톡톡
>
> • 언어의 기능
> ① 지시적 기능 ② 정보적 기능 ③ 명령적 기능
> ④ 친교적 기능 ⑤ 정서적 기능

01 언어의 본질에 대한 설명으로 적절하지 <u>않은</u> 것은?

① 언어에는 지켜야 할 일정한 규칙이 있다.

② 언어는 반드시 형식과 의미가 결합해야 한다.

③ 언어는 언어 사회마다 내용과 형식의 결합이 다르다.

④ 언어는 사회적 약속이므로 한번 형식이 정해지면 바뀌지 않는다.

⑤ 우리말 '사람'을 영어로는 'man', 한문으로는 '人'으로 표기하는 것은 언어의 자의성에 의한 것이다.

02 언어의 역사성에 대한 설명으로 적절한 것은?

① 언어는 특정한 기호로 이루어진다.

② 언어는 사회 구성원 간의 약속이다.

③ 언어에는 지켜야 할 일정한 규칙이 있다.

④ 언어는 시간의 흐름에 따라 끊임없이 변한다.

⑤ 언어에는 새로운 말들을 창조하는 기능이 있다.

03 〈보기〉의 (가)와 (나)에 나타난 공통적인 언어의 특성은?

〈 보기 〉

(가) "누가 개를 개라고 했느냐고? 네가 그런 거야, 니콜라스. 너와 나와 이 반에 있는 아이들과 이 학교와 이 마을과 이 주와 이 나라의 모든 사람이 우리 모두 그렇게 하자고 약속한 거야." ─ 앤드루 클레먼츠, 「프린들 주세요」 ─

(나) 언어는 그 언어를 사용하는 사람들 사이의 약속이므로 개인이 마음대로 바꾸어 사용할 수 없다.

① 규칙성　　② 자의성　　③ 창조성

④ 기호성　　⑤ 사회성

| 중3 학업성취도평가 |

04 〈보기〉의 ㉠과 관련이 깊은 언어의 일반적인 특성이 무엇인지 쓰시오.

〈 보기 〉

동생 : 형, '홍염'을 읽다 보니까 '지팡살이'라는 말이 나오던데, 지팡살이가 뭐야?

형 : 응, 예전에 만주 지역에서 행해졌던 소작 제도의 일종인데 지금은 쓰이지 않는 말이야.

동생 : 어, 말이 없어지기도 해?

형 : 그럼, ㉠시간이 흘러 어떤 말이 가리키는 대상이 사라지면 그 말도 자연히 사라지지. 반대로 이전에 없었던 것이 생기면 새로운 언어가 생기기도 해. 또한 언어가 지시하는 대상이 바뀌어서 언어의 의미가 바뀌기도 하지.

05 〈보기〉에서 설명하는 언어의 특성으로 적절한 것은?

〈 보기 〉

언어는 대상을 가리키는 말소리와 대상 사이에 직접적인 연관이 없다. '사과'라는 대상을 우리말에서는 '사과[사과]'로, 영어에서는 'apple[애플]'로 표현하는 것처럼 각기 다른 말소리로 표현하는 것이 그 예이다.

① 언어의 규칙성　　　② 언어의 자의성

③ 언어의 역사성　　　④ 언어의 창조성

⑤ 언어의 사회성

06 〈보기〉에서 설명하는 언어의 특성과 관련이 있는 것은?

〈 보기 〉

과거에 '즈믄'이라는 말은 '천(千)'을 뜻하는 고유어였다. 그러나 '천(千)'이라는 한자어가 들어오면서 점차 덜 쓰이게 되고, 현재에는 거의 쓰이지 않는 말이 되었다.

① 우리말은 '주어＋목적어＋서술어'의 순서로 배치된다.

② 우리말에서 '소'라고 하는 대상을 영어에서는 'cow'라고 한다.

③ '신발'이라는 말을 개인이 마음대로 '양말'이라고 바꾸어 쓸 수 없다.

④ '컴퓨터', '커피' 같은 말은 옛날에는 없었지만 지금은 사용되고 있다.

⑤ '나', '집', '가다' 등의 단어를 활용하여 무수히 많은 문장을 만들 수 있다.

| 중3 학업성취도평가 |

| 07~08 | 〈보기〉는 언어의 일반적 특성에 관한 학생의 메모이다. 물음에 답하시오.

〈 보기 〉

• 시간의 흐름에 따라 언어가 변하는 성질을 일러 (㉠) (이)라고 한다.

㉠ 가. 새롭게 생겨난 경우 : 인터넷, 블로그

　　나. (㉡) : 온(100), 즈믄(1,000)

　　다. 뜻이 바뀐 경우 : 어리다(어리석다 → 나이가 적다)

07 ㉠에 들어갈 언어의 일반적인 특성을 쓰시오.

_____

08 ㉡에 들어갈 적절한 말을 쓰시오.

_____

09 〈보기〉와 관계있는 언어의 특성으로 적절한 것은?

〈 보기 〉

다음 수수께끼를 풀어 보자.

나는 누구일까요?
날개는 없지만 하늘을 마음대로 날아다닙니다.
바람 부는 추운 겨울에 하늘을 나는 것을 좋아합니다.
생김새는 가오리, 방패, 제비, 접시 등 다양합니다.

이 수수께끼에 대해 모든 사람이 '연'이라고 답할 것이다. 왜 '역'이나 '열'이라고 부르지 않고 '연'이라고 부르는 것일까? 그 이유는 말을 쓰는 사람들이 '연'이라고 부르자고 약속했기 때문이다. 그래서 모든 사람이 이 약속을 지켜 '연'이라고 부르는 것이다.

① 언어의 사회성   ② 언어의 기호성
③ 언어의 역사성   ④ 언어의 창조성
⑤ 언어의 자의성

10 〈보기〉에서 설명하는 언어의 특성으로 적절한 것은?

〈 보기 〉

'동우는 밥이 먹는다.'라는 문장은 우리말의 문법에 맞지 않는 표현이다. '먹는다'라는 서술어를 쓰기 위해서는 '밥이'가 아니라 '밥을'이라고 써야 한다.

① 언어의 역사성   ② 언어의 불변성
③ 언어의 규칙성   ④ 언어의 창조성
⑤ 언어의 사회성

수행평가형

| 중3 학업성취도평가 |

| 11~12 | 〈보기〉는 언어의 일반적 특성에 대해 조사한 결과이다. (가)와 (나)에 들어갈 언어의 일반적 특성을 각각 두 어절로 쓰시오.

〈 보기 〉

(가) _____

언어는 개인이 마음대로 고칠 수 없다. 만약 어떤 개인이 마음대로 말을 만들어 내거나 이미 있었던 말을 바꾸어 사용한다면 그 사회 구성원들 간에 의사소통이 제대로 이루어지지 않을 것이다.

(나) _____

언어는 시간의 흐름에 따라 형태와 의미가 변화한다.
– 새로 생긴 단어 : 컴퓨터, 지하철, 신용 카드, 아파트
– 뜻이 바뀐 단어 : 어엿브다(불쌍하다 → 예쁘다)
– 사라진 단어 : 즈믄(천), 슈룹(우산)

11 (가) : _____

12 (나) : _____

13 〈보기〉의 ㉠에 들어갈 알맞은 단어를 쓰시오.

〈 보기 〉

우리는 언어로 자신의 감정을 드러낸다. 몰랐던 사실을 깨달았을 때 "아하!"라고 말하기도 하고, 어린아이를 보면서 "귀여워!"라는 말로 자신의 느낌을 표현하기도 한다. 이러한 언어의 기능을 (㉠) 기능이라고 한다.

14 〈보기〉의 ㉠에 나타난 언어의 기능으로 가장 적절한 것은?

〈 보기 〉

(시험을 앞두고 밤늦게까지 공부를 하는 성열)
어머니 : 1시가 넘었는데, 아직 공부하는 거니?
성열 : 예. 조금만 더 하고 자려고요.
어머니 : 그러다 아침에 늦게 일어나겠다. ㉠그만하고 자는 게 어떠겠니?

① 지시적 기능   ② 명령적 기능
③ 정보적 기능   ④ 정서적 기능
⑤ 친교적 기능

15 〈보기〉의 대화에 나타난 언어의 기능으로 가장 적절한 것은?

〈 보기 〉

우현 : (아침에 일어나서) 안녕히 주무셨어요?
어머니 : 그래. 잘 잤니?

① 정서적 기능   ② 지시적 기능
③ 정보적 기능   ④ 친교적 기능
⑤ 명령적 기능

수행평가형

16 〈보기〉의 ㉠에 나타나는 언어의 기능을 쓰시오.

〈 보기 〉

(문구점에서)
성종 : 이 수성 펜 얼마예요?
주인 : ㉠한 자루에 700원이란다.

17 언어의 기능과 예가 바르게 연결되지 않은 것은?

① 지시적 기능 – '저곳은 고등학교이다.'
② 정보적 기능 – '강연은 2시간 동안 진행됩니다.'
③ 정서적 기능 – '이 과자 정말 맛있는데!'
④ 친교적 기능 – '오늘 날씨 참 좋지요?'
⑤ 명령적 기능 – '즐거운 주말 보내세요.'

(1) 음성과 음운, 음절

개념 쏙쏙! 내신 쑥쑥!

개념 003 음성과 음운, 음절

(1) 음성과 음운

① **음성(音聲)** : 사람의 발음 기관을 통해 내는 구체적이고 물리적인 소리

※ **음향(音響)** : 자연계에서 일어나는 모든 소리. 바람 소리, 새소리 등

② **음운(音韻)** : 말의 뜻을 구별해 주는 소리의 가장 작은 단위 → 음운은 추상적, 관념적, 심리적인 소리야.

- **분절 음운(운소)** : 말의 뜻을 구별해 주며 각각으로 나눌 수 있는 음운. 각각의 자음과 모음

  예 달/발[ㄷ/ㅂ], 달/돌[ㅏ/ㅗ], 곰/공[ㅁ/ㅇ]

- **비분절 음운(운소)** : 명확하게 나눌 수는 없지만 말의 뜻을 구별해 주는 기능을 하는 음운. 소리의 길이, 높낮이, 세기 등

  예 [눈]−[눈ː], [말]−[말ː], 밥 먹어. −밥 먹어?

(2) 음절(音節) : 독립하여 발음할 수 있는 최소 단위. 음운이 모여 음절이 됨

예 집 앞에는 맑은 물이 흐른다[지바페는말근무리흐른다].

→ 11개의 음절

① 음절의 종류

모음 하나로 된 음절	예 아, 오, 으, 우 등
자음+모음으로 된 음절	예 가, 무, 노, 르 등
모음+자음으로 된 음절	예 악, 음, 영, 일 등
자음+모음+자음으로 된 음절	예 강, 산, 책, 값[갑] 등

|01~03| 다음 용어에 해당하는 설명을 바르게 연결하시오.

01 음운 ・

02 음성 ・

03 음절 ・

・㉠ 사람의 발음 기관을 통해 내는 구체적이고 물리적인 소리

・㉡ 말의 뜻을 구별해 주는 소리의 최소 단위

・㉢ 실제 발음을 할 수 있는 말소리의 최소 단위

|04~08| 다음 설명이 맞으면 ○표, 틀리면 X표를 하시오.

04 음성과 음운은 모두 말하는 사람에 따라 다르게 나타나는 소리이다. (　　　)

05 모든 언어는 음운의 개수가 같다. (　　　)

06 음운은 분절 음운과 비분절 음운으로 나눌 수 있다. (　　　)

07 초성에 음운이 없어도 음절을 이룰 수 있다. (　　　)

08 소리의 길이나 높낮이 등은 명확하게 나눌 수 없으므로 음운으로 보기 어렵다. (　　　)

|09~12| 다음 빈칸에 들어갈 알맞은 말을 쓰시오.

09 말의 뜻을 구별해 주는 소리의 가장 작은 단위를 (　　　　　)이라 한다.

10 자음과 모음처럼 각각으로 나눌 수 있는 음운을 분절 음운, 명확하게 나눌 수 없는 음운을 (　　　　　)이라 한다.

11 우리말의 음절은 총 (　　　　　) 종류로 나눌 수 있다.

12 '닭'은 '자음+(　　　　　)+자음'으로 이루어진 음절이다.

13 음운에 대한 설명으로 적절하지 않은 것은?

① 사람의 발음 기관을 통해 내는 구체적이고 물리적인 소리이다.

② 말의 뜻을 구별해 주는 소리의 최소 단위이다.

③ 분절 음운과 비분절 음운으로 나누어진다.

④ 자음과 모음은 분절 음운에 해당한다.

⑤ 소리의 길이나 높낮이 등도 음운에 해당한다.

14 다음 중 음운의 개수가 나머지와 다른 하나는?

① 강촌　　　　② 병아리　　　　③ 어머니

④ 우물가　　　　⑤ 무지개

수행평가형

|15~17| 〈보기〉에 제시된 단어의 음운과 음절의 개수를 쓰시오.

〈 보기 〉

| 이야기　부엌　시간 |

15 '이야기' : 음운−(　　　)개 / 음절−(　　　)개

16 '부엌' : 음운−(　　　)개 / 음절−(　　　)개

17 '시간' : 음운−(　　　)개 / 음절−(　　　)개

암기 톡톡

・음성, 음운, 음절

① 음성 : 사람의 발음 기관을 통해 내는 구체적이고 물리적인 소리

② 음운 : 말의 뜻을 구별해 주는 소리의 가장 작은 단위

③ 음절 : 독립하여 발음할 수 있는 최소 단위

(2) 자음과 모음의 체계

개념 쏙쏙! 내신 쑥쑥!

개념 004 자음 체계

(1) 자음(子音) : 소리를 낼 때 공기의 흐름이 발음 기관의 장애를 받으면서 나는 소리 → 자음은 홀로 발음되지 못하므로 언제나 모음과 함께 쓰여.
  • 자음의 종류 : 'ㄱ, ㄲ, ㄴ, ㄷ, ㄸ, ㄹ, ㅁ, ㅂ, ㅃ, ㅅ, ㅆ, ㅇ, ㅈ, ㅉ, ㅊ, ㅋ, ㅌ, ㅍ, ㅎ'의 19개

① 소리 나는 위치에 따른 분류

㉮ 입술소리(순음)	ㅁ, ㅂ, ㅃ, ㅍ
㉯ 잇몸소리(치조음)	ㄴ, ㄷ, ㄸ, ㄹ, ㅅ, ㅆ, ㅌ
㉰ 센입천장소리(경구개음)	ㅈ, ㅉ, ㅊ
㉱ 여린입천장소리(연구개음)	ㄱ, ㄲ, ㅇ, ㅋ
㉲ 목청소리(후음)	ㅎ

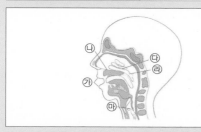

② 소리 내는 방법에 따른 분류

	파열음	공기의 흐름을 막았다가 순간적으로 터뜨리면서 내는 소리	ㅂ, ㅃ, ㅍ, ㄷ, ㄸ, ㅌ, ㄱ, ㄲ, ㅋ
안울림 소리	파찰음	공기의 흐름을 막았다가 서서히 터뜨리면서 마찰이 일어나는 소리	ㅈ, ㅉ, ㅊ
	마찰음	발음 기관이 좁혀진 사이로 공기가 비집고 나오면서 마찰하여 나는 소리	ㅅ, ㅆ, ㅎ
울림 소리	비음	입 안의 통로를 막고 코로 공기를 내보내면서 내는 소리	ㅁ, ㄴ, ㅇ
	유음	혀끝을 잇몸에 가볍게 대었다가 떼거나, 잇몸에 댄 채 공기를 그 양옆으로 흘려보내면서 내는 소리	ㄹ

→ '파열음, 파찰음, 마찰음'은 소리 낼 때 목청이 떨려 울리지 않는 안울림소리이고, '비음, 유음'은 소리 낼 때 목청이 떨려 울리는 울림소리야.

③ 소리의 세기에 따른 분류

예사소리	약하게 터져 나오는 소리	ㄱ, ㄷ, ㅂ, ㅅ, ㅈ
된소리	긴장하며 내는 소리	ㄲ, ㄸ, ㅃ, ㅆ, ㅉ
거센소리	숨이 거세게 나오는 소리	ㅋ, ㅌ, ㅍ, ㅊ

→ '예사소리 - 된소리 - 거센소리'의 체계가 있는 것은 국어 자음의 두드러진 특징 중 하나야. 대개는 예사소리보다 된소리가 좀 더 강하고 단단한 느낌이고, 된소리보다 거센소리가 좀 더 세고 거친 느낌이야.

(2) 자음 체계도

조음 방법		조음 위치	입술 소리	잇몸 소리	센입천 장소리	여린입 천장소리	목청 소리
안울림 소리	파열음	예사소리	ㅂ	ㄷ		ㄱ	
		된소리	ㅃ	ㄸ		ㄲ	
		거센소리	ㅍ	ㅌ		ㅋ	
	파찰음	예사소리			ㅈ		
		된소리			ㅉ		
		거센소리			ㅊ		
	마찰음	예사소리		ㅅ			ㅎ
		된소리		ㅆ			
울림 소리	비음		ㅁ	ㄴ		ㅇ	
	유음			ㄹ			

| 01~04 | 다음 설명이 맞으면 ○표, 틀리면 X표를 하시오.

01 자음은 공기의 흐름이 발음 기관의 장애를 받지 않고 나는 소리이다. ( )

02 국어의 자음은 소리 나는 위치에 따라 총 다섯 가지로 분류된다. ( )

03 '파열음, 파찰음, 마찰음, 비음, 유음'은 소리 내는 방법에 따른 분류이다. ( )

04 자음 'ㄴ, ㅁ, ㅇ'은 코로 공기를 내보내면서 내는 소리이기 때문에 '비음'이라고 한다. ( )

| 05~07 | 다음 빈칸에 들어갈 알맞은 말을 쓰시오.

05 우리말 자음은 기본 자음과 된소리를 합해 모두 ( )개이다.

06 소리 낼 때 입 안의 통로를 막고 코로 공기를 내보내면서 내는 소리를 ( )이라 한다.

07 자음 중 비음과 유음을 합하여 ( )라고 한다.

08 자음에 대한 설명으로 적절하지 않은 것은?

① 우리말 자음은 모두 19개이다.

② 자음 중 울림소리는 'ㄴ, ㄹ, ㅁ, ㅇ'이다.

③ 소리 내는 방법에 따라 분류할 때 'ㄱ, ㄲ, ㅋ'은 파열음이다.

④ 소리 나는 위치에 따라 분류할 때 'ㅈ, ㅉ, ㅊ'은 잇몸소리이다.

⑤ 예사소리 'ㅈ'과 된소리 'ㅉ', 거센소리 'ㅊ'은 소리 내는 위치와 방법이 같다.

09 소리 내는 방법에 따라 자음을 분류할 때, 소리 내는 방법이 나머지와 다른 하나는?

① ㅊ　　　　　② ㅋ　　　　　③ ㄷ
④ ㅃ　　　　　⑤ ㅍ

10 소리 나는 위치에 따라 자음을 분류할 때, 소리 나는 위치가 나머지와 다른 하나는?

① ㄴ　　　　　② ㄷ　　　　　③ ㄹ
④ ㅁ　　　　　⑤ ㅅ

11 자음과 소리 나는 위치가 잘못 연결된 것은?

① ㄱ－여린입천장　　　② ㅇ－센입천장
③ ㅂ－두 입술　　　　④ ㄷ－윗잇몸
⑤ ㅎ－목청

수행평가형

12 〈보기〉의 설명에 공통적으로 해당하는 자음을 쓰시오.

〈 보기 〉
• 두 입술 사이에서 나는 소리
• 입 안의 통로를 막고 코로 공기를 내보내면서 내는 소리

수행평가형

13 〈보기〉와 같이 자음을 분류하는 기준이 무엇인지 쓰시오.

〈 보기 〉
예사소리 / 된소리 / 거센소리

| 고1 모의고사 |

14 〈보기〉의 밑줄 친 부분의 예로 적절하지 않은 것은?

〈 보기 〉
자음 중 안울림소리는 소리의 세기에 따라 예사소리, 된소리, 거센소리로 나뉜다. 기본적으로 같은 의미를 가진 단어라도 된소리는 예사소리보다 더 강하고 단단한 느낌을 준다.

① 햇빛이 부옇게 비친다. / 안개가 뿌옇게 끼었다.
② 얼음이 단단하게 얼었다. / 밥이 딴딴하게 굳었다.
③ 마당을 삭삭 쓸었다. / 마루를 싹싹 문질러 닦았다.
④ 문이 덜거덕 열린다. / 수레에서 떨거덕 소리가 났다.
⑤ 부모님의 의견을 좇아 진로를 정했다. / 형을 쫓아 방에 들어갔다.

개념 005 모음 체계

(1) 모음(母音) : 소리를 낼 때 공기의 흐름이 발음 기관의 장애를 받지 않고 나는 소리로, 모두 울림소리이다.
• 우리말에는 단모음 10개(ㅏ, ㅐ, ㅓ, ㅔ, ㅗ, ㅚ, ㅜ, ㅟ, ㅡ, ㅣ)와 이중 모음 11개(ㅑ, ㅒ, ㅕ, ㅖ, ㅘ, ㅙ, ㅛ, ㅝ, ㅞ, ㅠ, ㅢ)가 있다. → 단모음은 발음하는 동안 입술이나 혀가 움직이지 않는 모음이야.

① 단모음의 분류 – 혀의 최고점의 위치에 따라

전설 모음	혀의 최고점이 앞쪽에 있음	ㅣ, ㅔ, ㅐ, ㅟ, ㅚ
후설 모음	혀의 최고점이 뒤쪽에 있음	ㅡ, ㅓ, ㅏ, ㅜ, ㅗ

② 단모음의 분류 – 혀의 높낮이에 따라

고모음	입이 조금 열려서 혀의 위치가 높음	ㅣ, ㅟ, ㅡ, ㅜ
중모음	고모음보다 입이 조금 더 열려서 혀의 위치가 중간임	ㅔ, ㅚ, ㅓ, ㅗ
저모음	입이 크게 열려서 혀의 위치가 낮음	ㅐ, ㅏ

③ 단모음의 분류 – 입술 모양에 따라

원순 모음	입을 둥글게 하여 소리 냄	ㅗ, ㅚ, ㅜ, ㅟ
평순 모음	입을 평평하게 하여 소리 냄	ㅏ, ㅐ, ㅓ, ㅔ, ㅡ, ㅣ

(2) 단모음 체계도

혀의 최고점의 위치 혀의 높이＼입술의 모양	전설 모음		후설 모음	
	평순	원순	평순	원순
고모음	ㅣ	ㅟ	ㅡ	ㅜ
중모음	ㅔ	ㅚ	ㅓ	ㅗ
저모음	ㅐ		ㅏ	

(3) 이중 모음 : 발음하는 동안 입술이나 혀가 움직이는 모음.
'ㅑ, ㅒ, ㅕ, ㅖ, ㅘ, ㅙ, ㅛ, ㅝ, ㅞ, ㅠ, ㅢ'로 모두 11개

| 15~17 | 다음 설명이 맞으면 ○표, 틀리면 X표를 하시오.

15 모음은 소리 낼 때 공기의 흐름이 발음 기관의 장애를 받지 않는다. 　　　　　　(　　　)

16 우리말 모음은 단모음과 이중 모음을 합해 모두 19개이다. 　　　　　　　　　　　(　　　)

17 이중 모음은 발음하는 동안 입술이나 혀가 움직이지 않는 모음이다. 　　　　　　(　　　)

| 18~20 | 다음 빈칸에 들어갈 알맞은 말을 쓰시오.

18 우리말에서 단모음의 개수는 (　　　　)개이다.

19 단모음은 발음할 때 혀의 높낮이에 따라 (　　　　), (　　　　), (　　　　)으로 나눌 수 있다.

20 '평순 모음'과 '원순 모음'은 (　　　　)에 따라 단모음을 분류한 것이다.

| 21~23 | 다음 모음에 해당하는 예를 바르게 연결하시오.

21　고모음　　•

22　중모음　　•

23　저모음　　•

• ㉠　ㅔ, ㅚ, ㅓ, ㅗ

• ㉡　ㅐ, ㅏ

• ㉢　ㅣ, ㅟ, ㅡ, ㅜ

24 모음에 대한 설명으로 적절하지 <u>않은</u> 것은?

① 단모음은 모두 10개이다.

② 모음은 모두 울림소리이다.

③ 평순 모음이 원순 모음보다 개수가 많다.

④ 모음은 소리의 세기에 따라 분류할 수 있다.

⑤ 단모음을 발음할 때에는 입술이나 혀가 움직이지 않는다.

25 모음을 분류하는 기준으로 적절하지 <u>않은</u> 것은?

① 입술 모양

② 혀의 높낮이

③ 소리 나는 위치

④ 혀의 최고점의 위치

⑤ 소리 내는 도중의 입술이나 혀의 움직임

26 〈보기〉를 참고하여 철수에게 해 줄 수 있는 조언으로 가장 적절한 것은?

〈 보기 〉

• 국어의 단모음 체계

혀의 높이 (입의 개폐) ＼ 혀의 최고점 위치 입술의 모양	전설 모음		후설 모음	
	평순	원순	평순	원순
고모음(폐모음)	ㅣ	ㅟ	ㅡ	ㅜ
중모음(반개모음)	ㅔ	ㅚ	ㅓ	ㅗ
저모음(개모음)	ㅐ		ㅏ	

철수 : 영희야, 넌 '게'와 '개'를 정확하게 구분해서 발음할 수 있니? 난 잘 안 돼서 말할 때마다 머뭇거리게 돼. 어떻게 하면 좋을까?

① '개'를 발음할 때는 '게'와 달리 입술을 동그랗게 오므려야 해.

② '개'를 발음할 때는 '게'에 비해 입을 더 크게 벌려서 혀의 높이를 낮추어야 해.

③ '게'를 발음할 때는 '개'와 달리 소리 내는 동안 입술과 혀를 움직이지 말아야 해.

④ '개'를 발음할 때는 '게'에 비해 입술을 더 평평하게 하고 입을 조금만 벌려야 해.

⑤ '게'를 발음할 때는 '개'와 달리 혀의 최고점이 앞쪽에 있다는 느낌으로 발음해야 해.

27 다음 중 단모음으로만 묶인 것은?

① ㅜ, ㅡ, ㅖ

② ㅏ, ㅐ, ㅚ

③ ㅔ, ㅗ, ㅝ

④ ㅓ, ㅟ, ㅘ

⑤ ㅓ, ㅙ, ㅣ

28 〈보기〉에 해당하는 모음을 쓰시오.

〈 보기 〉

• 혀의 높이가 중간이다.

• 입술을 평평하게 하여 소리 낸다.

• 혀의 최고점의 위치가 앞쪽에 있다.

29 〈보기〉에서 설명하는 모음이 사용되지 <u>않은</u> 것은?

〈 보기 〉

발음하는 동안 입술이나 혀가 움직이는 모음

① 따뜻한 우유

③ 맛있는 과자

② 아름다운 무늬

④ 그늘진 원두막

⑤ 빙글빙글 회전목마

30 다음 중 이중 모음이 사용되지 <u>않은</u> 것은?

① 요리

② 예절

③ 과일

④ 의사

⑤ 참외

| 31~32 | 〈보기〉에서 고모음과 이중 모음이 나타내는 횟수를 쓰시오.

〈 보기 〉

친구와 함께 영화를 보았다.

31 고모음 : ＿＿＿＿＿＿＿ 번

32 이중 모음 : ＿＿＿＿＿＿＿ 번

• 자음

① 공기의 흐름이 발음 기관의 장애를 받으면서 나는 소리

② 'ㄱ, ㄲ, ㄴ, ㄷ, ㄸ, ㄹ, ㅁ, ㅂ, ㅃ, ㅅ, ㅆ, ㅇ, ㅈ, ㅉ, ㅊ, ㅋ, ㅌ, ㅍ, ㅎ'의 19개

③ 자음 분류의 기준 : 소리 나는 위치, 소리 내는 방법, 소리의 세기

• 모음

① 공기의 흐름이 발음 기관의 장애를 받지 않고 나는 소리

② 단모음 'ㅏ, ㅐ, ㅓ, ㅔ, ㅗ, ㅚ, ㅜ, ㅟ, ㅡ, ㅣ'와 이중 모음 'ㅑ, ㅒ, ㅕ, ㅖ, ㅘ, ㅙ, ㅛ, ㅝ, ㅞ, ㅠ, ㅢ'로 모두 21개

③ 단모음 분류의 기준 : 입술 모양, 혀의 높낮이, 혀의 최고점의 위치

01 음운에 대한 설명으로 적절한 것은?

① 음운 체계는 모든 언어에서 동일하다.

② 비분절 음운은 말의 뜻을 구별해 주는 기능을 한다.

③ 우리말에서 모음은 자음의 도움 없이 음절을 이룰 수 없다.

④ 자음은 공기의 흐름이 발음 기관의 장애를 받지 않고 나는 소리이다.

⑤ 이중 모음은 공기의 흐름이 발음 기관의 장애를 받으면서 나는 소리이다.

02 〈보기〉의 ㉠, ㉡에 대한 설명으로 적절한 것은?

〈 보기 〉

㉠ 음성 : 사람의 발음 기관을 통해 내는 구체적이고 물리적인 소리

㉡ 음운 : 말의 뜻을 구별해 주는 소리의 가장 작은 단위

① ㉠에는 재채기 소리, 하품 소리 등이 포함된다.

② ㉠은 같은 음운을 발음할 때 늘 같은 소리로 나타난다.

③ ㉠은 여러 사람이 머릿속에서 같은 소리로 인식하는 소리이다.

④ ㉡은 독립하여 발음할 수 있는 최소 단위이다.

⑤ ㉡에는 소리의 길이나 높낮이, 억양도 포함된다.

03 〈보기〉를 이해한 내용으로 적절하지 않은 것은?

〈 보기 〉

㉠ 말:[言]—말[馬]   ㉡ 눈:[雪]—눈[眼]

㉢ 밤[夜]—밤:[栗]   ㉣ 모:자(母子)—모자(帽子)

※ ':'은 길게 소리 내라는 표시임

① ㉠을 참고할 때 '말:[言]'과 '말[馬]'은 서로 다른 단어이겠군.

② ㉠을 참고할 때 소리의 길이는 분절 음운인 자음, 모음과 같은 역할을 하겠군.

③ ㉡을 참고할 때 '눈:[雪]'과 '눈[眼]'은 소리의 높낮이를 통해 말의 뜻이 구별되겠군.

④ ㉢을 참고할 때 '맛있는 밤을 먹는다.'의 '밤'은 길게 발음하겠군.

⑤ ㉣과 같은 예로 '성인(成人)이 되면 성:인(聖人)의 뜻을 알 거야.'를 들 수 있겠군.

04~05 〈자료〉를 읽고 물음에 답하시오.

〈 자료 〉

말의 의미를 구별해 주는 소리의 가장 작은 단위를 '음운'이라고 합니다.

'달'과 '발'을 보면 '달'은 'ㄷ + ㅏ + ㄹ'이라는 음운으로, '발'은 'ㅂ + ㅏ + ㄹ'이라는 음운으로 이루어져 있습니다. '달'과 '발'은 'ㄷ'과 'ㅂ'이 다르기 때문에 의미가 구별됩니다.

마찬가지로 '싹'은 (㉠)(이)라는 음운으로 이루어져 있습니다. '싹'과 '쑥'의 의미가 구별되는 것은 (㉡)이/가 서로 다르기 때문입니다.

04 ㉠에 들어갈 음운을 모두 쓰시오.

(   )

05 ㉡에 들어갈 음운 2개를 쓰시오.

(   ), (   )

06 다음 〈자료〉를 바탕으로 국어의 '음절'에 대해 설명한 내용으로 적절하지 않은 것은?

〈 자료 〉

음운이 모여서 이루어지는 소리의 결합체를 음절이라고 한다. 현대 국어의 음절 유형은 다음 네 가지로 나눌 수 있다.

ㄱ. '중성'으로 이루어진 음절(예 아, 야, 와, 의)

ㄴ. '초성+중성'으로 이루어진 음절(예 끼, 노, 며, 소)

ㄷ. '중성+종성'으로 이루어진 음절(예 알, 억, 영, 완)

ㄹ. '초성+중성+종성'으로 이루어진 음절(예 각, 녹, 딸, 형)

① 초성에는 최대 두 개의 자음이 온다.

② 중성에 올 수 있는 음운은 모음이다.

③ 종성에 올 수 있는 음운은 자음이다.

④ 초성 또는 종성이 없는 음절도 있다.

⑤ 모든 음절에는 중성이 있어야 한다.

07 〈보기〉의 문장에서 두 개의 음운으로 하나의 음절을 이루는 글자의 개수는?

〈 보기 〉

'미리내'는 은하수를 뜻하는 우리말이다.

① 6개   ② 7개   ③ 8개

④ 9개   ⑤ 10개

08 자음에 대한 설명으로 적절하지 <u>않은</u> 것은?

① 공기의 흐름이 장애를 받으면서 나는 소리이다.

② 소리 나는 위치와 소리 내는 방법에 따라 나눌 수 있다.

③ 소리의 길이를 달리함으로써 단어의 뜻을 구별하기도 한다.

④ 성대의 울림 유무에 따라 울림소리와 안울림소리로 나눈다.

⑤ 소리의 세기에 따라 예사소리, 된소리, 거센소리로 나눈다.

09 〈보기〉와 같이 자음을 분류한 기준으로 적절한 것은?

〈 보기 〉
ㅂ, ㅃ, ㅍ, ㄷ, ㄸ, ㅌ, ㄱ, ㄲ, ㅋ / ㅈ, ㅉ, ㅊ / ㅅ, ㅆ, ㅎ / ㅁ, ㄴ, ㅇ / ㄹ

① 입술 모양

② 소리의 크기

③ 소리의 세기

④ 소리 내는 방법

⑤ 소리 나는 위치

10 소리 나는 위치에 따라 자음을 분류한 것으로 적절하지 <u>않은</u> 것은?

① 입술소리-'ㅁ, ㅂ, ㅃ, ㅍ'

② 잇몸소리-'ㄴ, ㄷ, ㄸ, ㄹ, ㅅ, ㅆ, ㅌ'

③ 센입천장소리-'ㅈ, ㅉ, ㅊ'

④ 여린입천장소리-'ㄱ, ㄲ, ㅋ'

⑤ 목청소리-'ㅎ, ㅇ'

11 다음 〈조건〉을 모두 만족시키는 자음은?

〈 조건 〉
ㄱ. 발음 기관이 좁혀진 사이로 공기가 비집고 나오면서 마찰하여 나는 소리
ㄴ. 잇몸소리
ㄷ. 예사소리

① ㄱ   ② ㄹ   ③ ㅇ

④ ㅅ   ⑤ ㅎ

12 〈보기〉의 단어에 사용되지 <u>않은</u> 자음은?

〈 보기 〉
바지락

① 목청소리   ② 입술소리

③ 잇몸소리   ④ 센입천장소리

⑤ 여린입천장소리

13 다음 중 파열음이면서 잇몸소리에 해당하는 것은?

① ㅂ   ② ㄷ   ③ ㄱ

④ ㅈ   ⑤ ㅇ

14 자음의 소리 나는 위치를 <u>잘못</u> 설명한 것은?

① 'ㅋ'은 여린입천장에서 소리 난다.

② 'ㅇ'은 센입천장에서 소리 난다.

③ 'ㅂ'은 두 입술에서 소리 난다.

④ 'ㅌ'은 윗잇몸에서 소리 난다.

⑤ 'ㅎ'은 목청에서 소리 난다.

15 다음 중 자음의 연결 관계가 나머지와 <u>다른</u> 것은?

① ㄱ-ㄲ-ㅋ   ② ㄷ-ㄸ-ㅌ

③ ㅂ-ㅃ-ㅍ   ④ ㅅ-ㅆ-ㅎ

⑤ ㅈ-ㅉ-ㅊ

16 다음 자음 중 소리의 성질이 나머지와 <u>다른</u> 하나는?

① ㄴ   ② ㅁ   ③ ㅇ

④ ㄹ   ⑤ ㄱ

수행평가형

17 〈보기 1〉에서 설명하는 자음이 사용된 단어를 〈보기 2〉에서 모두 찾아 쓰시오.

〈 보기1 〉
• 센입천장소리
• 크고 거친 느낌의 소리

〈 보기2 〉
밝은 촛불이 책상을 환하게 밝힌다.

18 다음 중 소리의 세기가 가장 강한 것은?

① 졸졸   ② 깜박깜박
③ 뒤뚱뒤뚱   ④ 카랑카랑
⑤ 딸랑딸랑

19 〈보기〉와 같이 모음을 분류한 기준으로 적절한 것은?

> ─〈 보기 〉
> ㅣ, ㅟ, ㅡ, ㅜ / ㅔ, ㅚ, ㅓ, ㅗ / ㅐ, ㅏ

① 입술 모양   ② 혀의 높낮이
③ 목청의 울림   ④ 소리 나는 위치
⑤ 혀의 최고점의 위치

| 중3 학업성취도평가 |

20 〈자료〉의 방식으로 단모음을 분류하였을 때 ㉠에 해당하는 것은?

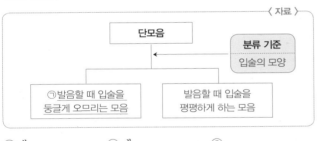

① ㅐ   ② ㅔ   ③ ㅜ
④ ㅡ   ⑤ ㅣ

21 다음 중 후설 모음끼리 짝지어진 것은?

① ㅡ, ㅜ   ② ㅏ, ㅐ
③ ㅐ, ㅔ   ④ ㅚ, ㅟ
⑤ ㅓ, ㅣ

22 발음할 때 입술이나 혀가 고정되어 움직이지 않는 모음으로만 묶인 것은?

① ㅣ, ㅑ, ㅕ, ㅟ   ② ㅐ, ㅔ, ㅟ, ㅚ
③ ㅘ, ㅑ, ㅚ, ㅛ   ④ ㅔ, ㅠ, ㅐ, ㅚ
⑤ ㅟ, ㅚ, ㅛ, ㅜ

23 모음 'ㅣ → ㅔ → ㅐ'를 순서대로 발음할 때 일어나는 변화로 적절한 것은?

① 혀의 높이가 점점 높아진다.
② 혀의 높이가 점점 낮아진다.
③ 입술 모양이 점점 둥글게 변한다.
④ 혀의 끝부분이 점점 앞쪽으로 간다.
⑤ 혀의 끝부분이 점점 뒤쪽으로 간다.

24 다음 모음 중 입술 모양을 기준으로 할 때, 성질이 나머지와 다른 하나는?

① ㅗ   ② ㅚ   ③ ㅟ
④ ㅡ   ⑤ ㅜ

25 입술을 둥글게 하여 소리 내는 모음이 들어 있지 않은 단어는?

① 수박   ② 호두
③ 쇠고기   ④ 윗마을
⑤ 신발장

26 다음 중 평순 모음으로만 이루어진 단어는?

① 무김치   ② 동장군
③ 생선회   ④ 달동네
⑤ 할머니

27 다음 밑줄 친 단어 중 〈보기〉에서 설명하는 두 개의 단모음이 모두 사용된 것은?

> ─〈 보기 〉
> • 전설 모음이면서 원순 모음이면서 고모음
> • 후설 모음이면서 원순 모음이면서 중모음

① 나는 어제 아우를 만났다.
② 명수는 올해 외고를 졸업한다.
③ 그녀의 얼굴이 남다르게 곱다.
④ 할머니께서 쥐포를 사 오셨다.
⑤ 우리 집 위층에는 신혼부부가 살고 있다.

28 모음을 길게 발음할 때, 각 모음의 시작과 끝소리가 다른 것끼리 짝지어진 것은?

① ㅑ, ㅘ   ② ㅗ, ㅓ
③ ㅐ, ㅖ   ④ ㅐ, ㅟ
⑤ ㅕ, ㅣ

29 다음 중 이중 모음이 포함된 단어로만 묶인 것은?

① 도르래, 은하수

② 고무신, 바닷물

③ 김소월, 표주박

④ 나루터, 도자기

⑤ 뒷동산, 왜가리

수행평가형
30 다음 〈보기〉의 조건을 모두 갖춘 모음을 쓰시오.

〈보기〉

저모음, 평순 모음, 전설 모음

수능형
| 고1 모의고사 |

31 다음의 단모음 체계표를 참고할 때, 〈보기〉의 ㉠에 들어갈 말로 적절한 것은?

혀의 앞뒤 위치 / 입술의 모양 / 혀의 높낮이 (입을 벌리는 정도)	전설 모음		후설 모음	
	평순 모음	원순 모음	평순 모음	원순 모음
고모음(폐모음)	ㅣ	ㅟ	ㅡ	ㅜ
중모음(반개모음)	ㅔ	ㅚ	ㅓ	ㅗ
저모음(개모음)	ㅐ		ㅏ	

〈보기〉

수정 : 내가 잘 했어야 했는데.

민기 : 뭐? 내가 잘 했어야 한다고? 어떻게 그렇게 말하니?

수정 : 아니. 니가 못 했다는 게 아니라 내가 잘 했어야 했는데 그렇지 못해서 미안하다고.

민기 : 아아, 내가 오해했구나. 나는 '네가 잘 했어야 했는데.'로 들었어. 그런데 '니가'는 잘못된 표현 아니야?

수정 : 맞아. 그런데 '내'와 '네'가 혼동되니까 현실적으로 '니가'를 사용하기도 하지.

민기 : 아, 그렇구나. '내'를 발음할 때는 (㉠)

① '네'보다 입을 더 크게 벌려야겠구나.

② '네'와 달리 입술을 동그랗게 오므려야겠구나.

③ '네'보다 혀의 높이를 더 높아지게 해야겠구나.

④ '네'와 달리 혀의 최고점을 앞에 놓아야겠구나.

⑤ '네'와 달리 입술이나 혀를 움직이지 말아야겠구나.

32 다음 표를 참고할 때, 〈보기〉의 놀이에서 승리할 수 있는 카드는?

혀의 앞뒤 / 입술의 모양 / 혀의 높이	전설 모음		후설 모음	
	평순	원순	평순	원순
고모음	ㅣ	ㅟ	ㅡ	ㅜ
중모음	ㅔ	ㅚ	ㅓ	ㅗ
저모음	ㅐ		ㅏ	

〈보기〉

◎ 한글 모음 놀이의 승리 조건

 － 아래의 조건을 모두 만족하는 모음 카드를 제시할 것

• 입천장의 중간점을 기준으로 혀의 가장 높은 부분을 앞쪽에 둔 상태로 발음하는 모음

• 입술을 평평하게 해서 발음하는 모음

• 입을 조금 벌리고 혀가 입천장에 닿을 만큼 높은 상태로 발음하는 모음

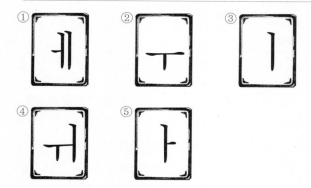

① ㅔ ② ㅜ ③ ㅣ

④ ㅟ ⑤ ㅏ

33 다음 〈조건〉을 모두 만족시키는 글자는?

〈조건〉

• 첫소리 : 예사소리이면서 센입천장소리

• 가운뎃소리 : 후설 모음이면서 평순 모음인 저모음

• 끝소리 : 비음이면서 입술소리

① 샘 ② 간 ③ 총

④ 잠 ⑤ 곰

수행평가형

| 34~35 | 〈보기〉를 읽고 물음에 답하시오.

〈보기〉

개울물이 졸졸 소리를 내며 흘러간다.

34 '여린입천장소리＋전설/평순/저모음'으로 이루어진 글자를 〈보기〉에서 찾아 쓰시오. ( )

35 '목청소리＋후설/평순/고모음＋유음'으로 이루어진 글자를 〈보기〉에서 찾아 쓰시오. ( )

(1) 음절의 끝소리 규칙

개념 006 음운의 변동

(1) **음운 변동의 뜻** : 주변 음운의 영향을 받아 어떤 음운의 발음이 달라지는 현상
→ 음운 변동은 단어를 보다 쉽고 편하게 발음하거나, 보다 정확하게 의미를 전달하려는 의도 때문에 일어나.
⑩ 독립 → [동닙], 같이 → [가치]
ㄱ+ㄹ → ㅇ+ㄴ, ㅌ+ㅣ → ㅊ+ㅣ

(2) **음운 변동의 종류**

교체	어떤 음운이 환경에 따라 다른 음운으로 바뀌는 현상 ⑩ 음절의 끝소리 규칙, 자음 동화, 구개음화, 두음 법칙, 된소리되기 등
축약	두 음운이 합쳐져 하나의 음운으로 소리 나는 현상 ⑩ 자음 축약(거센소리되기), 모음 축약
탈락	두 음운이 만날 때 그중 한 음운이 사라져 소리 나지 않는 현상 ⑩ 자음 탈락, 모음 탈락
첨가	두 음운이 만날 때 없던 음운이 추가되어 소리 나는 현상 ⑩ 'ㄴ' 첨가, 사잇소리 현상

| 01~03 | 다음 설명이 맞으면 ○표, 틀리면 ✕표를 하시오.

01 '독립'을 [독립]으로 발음하지 않고 [동닙]으로 발음하는 것은 발음을 편하게 하기 위해서이다. ( )

02 우리말의 음운 변동에는 '교체, 축약, 탈락, 첨가' 네 종류가 있다. ( )

03 두 음운이 합쳐져 하나의 음운으로 소리 나는 현상을 음운의 탈락이라고 한다. ( )

| 04~06 | 다음 빈칸에 들어갈 알맞은 말을 〈보기〉에서 골라 쓰시오.

〈 보기 〉
변동   첨가   축약

04 주변 음운의 영향을 받아 어떤 음운의 발음이 달라지는 현상을 음운의 ( )이라고 한다.

05 음운의 ( )이란 두 음운이 합쳐져 하나의 음운으로 소리 나는 현상을 의미한다.

06 두 음운이 만날 때 원래는 없던 음운이 추가되어 소리 나는 현상을 음운의 ( )라고 한다.

개념 007 음절의 끝소리 규칙

(1) **음절의 끝소리 규칙** : 음절의 끝소리는 'ㄱ, ㄴ, ㄷ, ㄹ, ㅁ, ㅂ, ㅇ' 중 하나로 발음된다는 규칙
⑩ 낫, 낮, 낯, 낱, 났-, 낳- → 모두 [낟]으로 소리 남

(2) **홑받침의 발음** : 7개 이외의 자음은 대표음으로 바뀌어 발음됨

음절 끝소리의 표기	대표음	⑩
ㄱ, ㄲ, ㅋ	[ㄱ]	밖[박], 부엌[부억]
ㄴ	[ㄴ]	눈[눈]
ㄷ, ㅌ/ㅅ, ㅆ/ㅈ, ㅊ/ㅎ	[ㄷ]	밭[받], 낫[낟], 낮[낟], 꽃[꼳], 히읗[히읃]
ㄹ	[ㄹ]	말[말]
ㅁ	[ㅁ]	밤[밤]
ㅂ, ㅍ	[ㅂ]	밥[밥], 앞[압]
ㅇ	[ㅇ]	강[강]

(3) **겹받침의 발음**

– 어말이나 자음 앞에서는 둘 중 하나만 발음되고 하나는 탈락함 → 자음 하나가 사라지기 때문에 음운 탈락 현상으로 보기도 해.

– 뒤에 뜻이 없는 모음이 오면 뒤의 자음을 다음 음절의 첫소리로 옮겨 발음함
⑩ 닭이 → [달기] (○), [다기] (✕)
→ 뒤에 '뜻이 없는 모음'이 온다는 것은 겹받침 뒤에 모음으로 시작되는 조사나 어미, 접미사 등이 오는 것을 의미해. 그리고 이렇게 뒤에 뜻이 없는 모음이 올 때 겹받침의 뒤 자음을 다음 음절의 첫소리로 옮겨 발음하는 것을 '연음'이라고 해.

소리 나는 음운	겹받침	⑩
앞의 받침	ㄳ	몫[목], 넋과[넉꽈], 넋도[넉또]
	ㄵ, ㄶ	앉다[안따], 앉고[안꼬], 많다[만:타], 많고[만:코]
	ㄽ, ㄾ, ㅀ	외곬[외골/웨골], 핥다[할따]
	ㅄ	값[갑], 없다[업:따], 없고[업:꼬]
뒤의 받침	ㄻ	삶[삼:], 앎[암:], 삶다[삼:따]
	ㄿ	읊다[읖다 → 읍따]
불규칙한 경우	ㄺ ㄱ	맑다[막따], 맑지[막찌], 흙과[흑꽈], 칡[칙]
	ㄺ ㄹ	뒤이어 ㄱ이 올 때 : 맑고[말꼬], 읽고[일꼬], 읽거나[일꺼나]
	ㄼ ㄹ	넓다[널따], 여덟[여덜]
	ㄼ ㅂ	밟다[밥:따], 밟고[밥:꼬], 넓죽하다[넙쭈카다], 넓둥글다[넙뚱글다]

| 07~09 | 다음 설명이 맞으면 ○표, 틀리면 X표를 하시오.

07 우리말 음절의 끝소리에서 발음되는 자음은 모두 8개이다. ( )

08 '책', '밖', '흙'은 음절의 끝소리가 모두 같다. ( )

09 '맑고', '읽다', '밝지'의 'ㄺ'은 모두 'ㄱ'으로 발음된다.
( )

| 10~12 | 다음 빈칸에 들어갈 알맞은 말을 쓰시오.

10 받침에 쓰인 'ㄷ, ㅌ/ㅅ, ㅆ/ㅈ, ㅊ/ㅎ'은 모두 [   ]으로 발음한다.

11 '입'과 '잎'은 다른 단어이지만 똑같이 [   ]으로 발음한다.

12 '밟다', '넓죽하다', '넓둥글다'의 'ㄼ'은 모두 [   ]으로 발음한다.

13 다음 단어 중 음절의 끝소리가 나머지와 다른 것은?

① 꽃   ② 낱
③ 숲   ④ 잣
⑤ 히읗

14 다음 중 발음할 때 음절의 끝소리가 변하지 않는 것은?

① 밭   ② 국밥
③ 낮달   ④ 속옷
⑤ 빗더미

15 음절의 끝소리 규칙에 대한 설명으로 바르지 않은 것은?

① '법'과 '잎'은 끝소리가 같다.
② '맑다'의 'ㄺ'은 'ㄱ'으로 발음된다.
③ 받침 'ㅅ, ㅈ, ㅊ'은 'ㄷ'으로 발음된다.
④ 음절 끝소리에 오는 'ㄱ, ㄲ, ㅋ'은 모두 'ㄱ'으로 발음된다.
⑤ 우리말의 음절 끝에서는 'ㄱ, ㄴ, ㄹ, ㅁ, ㅂ, ㅅ, ㅇ'만 발음된다.

16 다음 겹받침 중 뒤의 자음이 발음되는 것은?

① 읊다   ② 넓고
③ 앉고   ④ 핥다
⑤ 여덟

17 〈보기〉의 설명에 해당하는 음운 변동 현상을 3어절로 쓰시오.

〈 보기 〉
> 우리말에서는 'ㄱ, ㄴ, ㄷ, ㄹ, ㅁ, ㅂ, ㅇ'의 7개 자음만 음절의 끝소리로 발음된다. 그 이외의 받침은 7개의 자음 중 하나로 바뀌어 발음된다.

18 다음 단어의 발음이 바르게 표기되지 않은 것은?

① 읽다[익따]   ② 밟다[밥:따]
③ 닭이[다기]   ④ 흙도[흑또]
⑤ 밭에[바테]

19 다음 단어들의 음절 끝소리에서 공통으로 발음되는 자음을 쓰시오.

〈 보기 〉
> 웃다, 티읕, 빚다, 히읗, 나았다

| 중3 학업성취도평가 |

20 〈자료〉의 '표준 발음법' 규정을 참고할 때 잘못 발음한 것은?

〈 자료 〉
> **제14항** 겹받침이 모음으로 시작된 조사나 어미, 접미사와 결합되는 경우에는, 뒤엣것만을 뒤 음절 첫소리로 옮겨 발음한다. (이 경우 'ㅅ'은 된소리로 발음함.)

① 값이[가비]   ② 넓이[널비]
③ 닭을[달글]   ④ 몫을[목쓸]
⑤ 읊어[을퍼]

• 음운의 변동
발음을 쉽게 하기 위해 음운의 발음이 달라지는 현상. 크게 교체, 축약, 탈락, 첨가 네 가지가 있음

• 음절의 끝소리 규칙
음절의 끝소리로 'ㄱ, ㄴ, ㄷ, ㄹ, ㅁ, ㅂ, ㅇ' 7개 자음만 발음되는 현상

(2) 자음 동화

개념 쏙쏙! 내신 쑥쑥!

개념 008 자음 동화

(1) **자음 동화** : 자음과 자음이 만날 때, 서로 영향을 주고받아 한쪽이나 양쪽 모두 비슷한 소리로 바뀌는 음운 변동 현상으로 비음화와 유음화가 있음 → '동화'란 다르던 것이 서로 같게 된다는 뜻이야. 그러니까 '자음 동화'는 자음이 같게 된다는 뜻이겠지?

예 국물 → [궁물], 독립 → [동닙]

ㄱ+ㅁ → ㅇ+ㅁ, ㄱ+ㄹ → ㅇ+ㄴ

(2) **비음화** : 비음이 아닌 자음 'ㄱ, ㄷ, ㅂ'이 비음 [ㄴ, ㅁ, ㅇ]을 만나 각각 비음 [ㅇ, ㄴ, ㅁ]으로 바뀌는 현상. 표기에는 반영되지 않음

자음의 발음	예
'ㄱ, ㄷ, ㅂ'+'ㄴ, ㅁ' ↓ [ㅇ, ㄴ, ㅁ]+[ㄴ, ㅁ]	국물[궁물], 닫는[단는], 맏며느리[만며느리], 밭머리[받머리 → 반머리], 잡는[잠는], 앞날[압날 → 암날]
'ㄱ, ㄷ, ㅂ'+'ㄹ' ↓ 'ㄱ, ㄷ, ㅂ'+'ㄴ' ↓ [ㅇ, ㄴ, ㅁ]+[ㄴ]	독립[독닙 → 동닙], 백로[백노 → 뱅노], 몇 리[멷리 → 멷니 → 면니], 급류[급뉴 → 금뉴], 왕십리[왕십니 → 왕심니]
'ㅁ, ㅇ'+'ㄹ' ↓ [ㅁ, ㅇ]+[ㄴ]	담력[담:녁], 종로[종노], 강릉[강능]

(3) **유음화** : 유음이 아닌 비음 'ㄴ'이 유음의 영향을 받아 유음 'ㄹ'로 바뀌는 현상. 표기에는 반영되지 않음

자음의 발음	예
'ㄴ'+'ㄹ' → [ㄹㄹ]	난로[날:로], 한라산[할:라산], 신래[실라], 대관령[대:괄령]
'ㄹ'+'ㄴ' → [ㄹㄹ]	칼날[칼랄], 설날[설:랄], 앓는[알른], 훑는[훌른], 핥네[할레]

| 01~03 | 다음 설명이 맞으면 ○표, 틀리면 X표를 하시오.

01 자음 동화는 끝소리 자음과 모음이 만날 때 일어나는 음운 변동 현상이다. ( )

02 비음화는 비음 'ㄴ, ㅁ, ㅇ'이 다른 자음으로 바뀌는 음운 변동 현상이다. ( )

03 유음화는 'ㄹ'이 아닌 자음이 앞이나 뒤의 'ㄹ'의 영향을 받아 'ㄹ'로 바뀌는 음운 변동 현상이다. ( )

| 04~07 | 다음 단어의 올바른 발음을 쓰시오.

04 침략 [   ]   05 석류 [   ]

06 놓는 [   ]   07 줄넘기 [   ]

| 08~09 | 다음 설명에 해당하는 음운 변동이 일어나는 말을 〈보기〉에서 모두 찾아 쓰시오.

〈 보기 〉
막는   밥만   진리   끝내   급류   전라도

08 'ㄱ, ㄷ, ㅂ'이 비음을 만나 [ㅇ, ㄴ, ㅁ]으로 바뀌는 현상
( )

09 'ㄹ'이 아닌 자음이 'ㄹ'의 영향을 받아 'ㄹ'로 바뀌는 현상
( )

10 다음 중 발음할 때 자음 동화가 일어나지 않는 것은?
① 궁리   ② 신라
③ 신문   ④ 잡는
⑤ 종로

11 다음 중 발음할 때 일어나는 음운 변동이 다른 것은?
① 공로   ② 권력
③ 난로   ④ 진리
⑤ 칼날

개념 009 자음 동화의 종류

(1) 어떤 자음이 어떻게 바뀌느냐에 따라 : 비음화, 유음화

비음화	비음(콧소리)의 영향으로 비음이 아닌 자음이 비음 'ㄴ, ㅁ, ㅇ'으로 바뀌는 현상
유음화	유음(흐름소리)의 영향으로 유음이 아닌 자음 'ㄴ'이 유음 'ㄹ'로 바뀌는 현상

(2) 동화의 방향에 따라 : 순행 동화, 역행 동화, 상호 동화

순행 동화	뒤 자음이 앞 자음을 닮아 바뀜 예 종로[종노], 설날[설랄]
역행 동화	앞 자음이 뒤 자음을 닮아 바뀜 예 밥물[밤물], 난로[날:로]
상호 동화	앞뒤 자음이 모두 바뀜 예 백로[백노 → 뱅노], 협력[협녁 → 혐녁]

(3) 동화의 정도에 따라 : 완전 동화, 불완전 동화

완전 동화	같은 소리로 바뀜 예 칼날[칼랄]
불완전 동화	비슷한 소리로 바뀜 예 국물[궁물], 종로[종노]

| 12~14 | 다음 설명이 맞으면 ○표, 틀리면 X표를 하시오.

12 앞 자음이 뒤 자음의 영향을 받아 뒤 자음과 비슷하거나 같은 자음으로 바뀌는 것을 순행 동화라고 한다.　(　　)

13 자음 동화는 동화의 정도에 따라 완전 동화와 불완전 동화로 나눌 수 있다.　(　　)

14 '대관령[대:괄령]'은 발음할 때 불완전 동화가 일어난다.
　(　　)

| 15~18 | 다음 단어를 발음할 때 일어나는 음운 변동의 종류를 〈보기〉에서 세 가지씩 찾아 쓰시오.

〈 보기 〉
비음화,　유음화
순행 동화,　역행 동화,　상호 동화
완전 동화,　불완전 동화

15 강릉[강능]　(　　　　　　　　)

16 닫는[단는]　(　　　　　　　　)

17 신라[실라]　(　　　　　　　　)

18 잎눈[임눈]　(　　　　　　　　)

19 다음 밑줄 친 단어 중 자음 동화 방향이 다른 것은?

① 담력을 키워야 체력이 향상된다.
② 서연이가 오늘은 케이크를 먹는다.
③ 영수야, 창문을 닫는 것이 좋겠지?
④ 날씨가 쌀쌀해서 난로를 설치해야겠다.
⑤ 현진이는 온 국민이 기대하고 있는 선수다.

20 다음 단어 중 상호 동화가 일어나지 않는 것은?

① 깎는　　　　　　　　② 국력
③ 독립　　　　　　　　④ 속리산
⑤ 협력

21 다음 밑줄 친 단어 중 같은 자음으로 동화되는 것은?

① 부산에는 동래 온천이 있다.
② 이것은 산신령이 준 도끼이다.
③ 경주에는 신라 왕릉이 많이 있다.
④ 시험에 강해지려면 담력을 키워라.
⑤ 사람은 신의 섭리를 거역할 수 없다.

22 〈보기〉를 참고할 때 동화의 양상이 다른 것은?

〈 보기 〉
• 순행 동화 : 뒤의 음운이 앞의 음운의 영향을 받아 그와 비슷하거나 같게 소리 나는 현상.
　예 칼날[칼랄], 강릉[강능]
• 역행 동화 : 앞의 음운이 뒤의 음운의 영향을 받아 그와 비슷하거나 같게 소리 나는 현상.
　예 편리[펼리], 까막눈[까망눈]

① 종로　　　　② 작년　　　　③ 신라
④ 밥물　　　　⑤ 국민

23 다음 중 자음 동화 방향이 같은 것끼리 묶이지 않은 것은?

① 먹는 – 곤란　　　　　② 난로 – 백로
③ 국민 – 막는　　　　　④ 닫는 – 웃는
⑤ 전리품 – 신라

24 〈보기〉는 자음 동화와 관련한 국어 수업의 한 장면이다. ㉠, ㉡에 들어갈 예를 바르게 짝지은 것은?

〈 보기 〉
선생님 : 두 개의 자음이 이어서 소리가 날 때, 소리 내기 쉽도록 어느 한쪽이 다른 쪽의 소리를 닮거나, 서로 닮는 방향으로 변동하는 것을 '자음 동화'라고 합니다.
다음 현상이 일어나는 예를 찾아볼까요?

'ㄱ, ㄷ, ㅂ'이 'ㄴ, ㅁ'의 앞에서 비음 'ㅇ, ㄴ, ㅁ'으로 바뀌는 현상	㉠
비음 'ㄴ'이 유음 'ㄹ' 앞뒤에서 'ㄹ'로 바뀌는 현상	㉡

	㉠	㉡
①	먹물[멍물]	중력[중녁]
②	국밥[국빱]	설날[설:랄]
③	입는[임는]	막내[망내]
④	닫는[단는]	권리[궐리]
⑤	솜이불[솜:니불]	물난리[물랄리]

25 〈보기〉에서 발음할 때 만나는 두 자음이 같아지는 단어를 모두 찾아 쓰시오.

〈 보기 〉
왕십리　　전라도　　대통령　　한라산

26 〈보기〉의 ㉠에 추가할 수 있는 단어로 알맞은 것은?

〈 보기 〉

〈표준 발음법〉

제18항 받침 'ㄱ(ㄲ, ㅋ, ㄳ, ㄺ), ㄷ(ㅅ, ㅆ, ㅈ, ㅊ, ㅌ, ㅎ), ㅂ(ㅍ, ㄼ, ㄿ, ㅄ)'은 'ㄴ, ㅁ' 앞에서 [ㅇ, ㄴ, ㅁ]으로 발음한다.
　　예 국민[궁민], 먹는[멍는] ·················· ㉠

① 앞마당　　　　　② 한라산
③ 백두산　　　　　④ 광한루
⑤ 웃기다

| 고1 모의고사 |

수능형

27 〈보기〉의 '활동 1'과 '활동 2'를 연결하여 '활동 자료'의 단어를 탐구한 내용으로 적절한 것은?

〈 보기 〉

[활동 자료]

국민[궁민], 글눈[글룬], 명랑[명낭], 신랑[실랑], 잡념[잠념]

[활동 1] 음운 변동이 있는 음운은 '1', 없는 음운은 '0'으로 표시하면 '국물[궁물]'은 '001000'으로 표시할 수 있습니다. '활동 자료'의 단어는 어떻게 표시될까요?

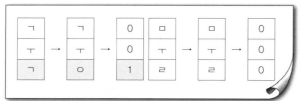

[활동 2] '활동 자료'의 단어를 발음할 때 순행 동화가 일어나는지 역행 동화가 일어나는지 알아봅시다.

• 순행 동화 : 뒤의 음운이 앞의 음운의 영향을 받아 그와 비슷하거나 같게 소리 나는 현상.
• 역행 동화 : 앞의 음운이 뒤의 음운의 영향을 받아 그와 비슷하거나 같게 소리 나는 현상.

① '국민'은 '001000'으로 표시할 수 있으므로 순행 동화이다.
② '글눈'은 '000100'으로 표시할 수 있으므로 역행 동화이다.
③ '명랑'은 '001000'으로 표시할 수 있으므로 순행 동화이다.
④ '신랑'은 '000100'으로 표시할 수 있으므로 역행 동화이다.
⑤ '잡념'은 '001000'으로 표시할 수 있으므로 역행 동화이다.

28 〈보기〉와 같은 음운 변동 현상이 일어나는 것은?

〈 보기 〉

줄넘기[줄럼끼]

① 걷는　　　　　② 입는
③ 석류　　　　　④ 관리
⑤ 합리

수능형

| 중3 학업성취도평가 |

29 〈자료〉의 원리를 적용하여 발음해야 하는 단어로 알맞은 것은?

〈 자료 〉

★ '한류'의 발음
• 한류[한뉴] (×)
• 한류[할류] (○)
　– '한'의 끝소리 'ㄴ'과 '류'의 첫소리 'ㄹ'이 만남.
　– 'ㄴ'은 비음이고 'ㄹ'은 유음임.
　– 'ㄴ'이 유음과 만나면 유음으로 바뀌어 소리 남.
　– [할류]로 발음해야 함.

① 진리　　　　② 협력　　　　③ 항로
④ 백로　　　　⑤ 남루

수행평가형

30 〈보기〉의 빈칸에 들어갈 알맞은 '자음 동화'의 목적을 3어절로 쓰시오.

〈 보기 〉

'꽃'은 홀로 있을 때, [꼳]과 같이 받침 'ㅊ'을 'ㄷ'으로 발음하지만, '꽃만'은 [꼳만 → 꼰만]으로 'ㅊ'을 'ㄴ'으로 발음한다. 이와 같이 자음과 자음이 만나 서로 영향을 주고받아 비슷한 소리로 바뀌는 것을 자음 동화라고 하는데, 이는 대부분 ⬚⬚⬚⬚⬚ 일어나는 현상이다.

암기 톡톡

• 자음 동화
두 자음이 만날 때 한쪽이나 양쪽 자음이 서로 비슷하거나 같은 소리로 바뀜

• 비음화
비음(ㄴ, ㅁ, ㅇ)의 영향으로 비음 아닌 자음이 비음으로 바뀜

• 유음화
유음(ㄹ)의 영향으로 'ㄴ'이 유음 'ㄹ'로 바뀜

(3) 구개음화와 두음 법칙

개념 쏙쏙! 내신 쑥쑥!

개념 010 구개음화

(1) **구개음화** : 끝소리 'ㄷ, ㅌ'이 'ㅣ' 모음으로 시작하는 형식 형태소와 만나 구개음인 'ㅈ, ㅊ'으로 바뀌어 소리 나는 현상

　예 굳이 → [구지], 같이 → [가치]

　ㄷ+ㅣ → ㅈ+ㅣ , ㅌ+ㅣ → ㅊ+ㅣ

　※ '구개음'이란 '센입천장소리', 즉 'ㅈ, ㅊ, ㅉ'을 가리켜.

(2) **구개음화가 일어나는 조건**

조건 ①		조건 ②		결과
끝소리 'ㄷ, ㅌ'	+	'ㅣ' 모음으로 시작하는 형식 형태소	⇨	'ㄷ, ㅌ'이 'ㅈ, ㅊ' 으로 바뀜
예 밭	+	이랑 (조사＝형식 형태소)	⇨	[바치랑]

　→ 'ㄷ, ㅌ' 뒤에 실질 형태소 'ㅣ'가 오면 일어나지 않아.

　　예 끝이어 : [고지어](✕), [고디어](○)

　→ 하나의 실질 형태소 안에서는 일어나지 않아.

　　예 마디[마디], 잔디[잔디], 디디다[디디다], 견디다[견디다]

(3) **구개음화가 일어나는 이유** : 'ㄷ, ㅌ'은 잇몸소리인데, 이어서 모음 'ㅣ'를 발음하려면 혀가 재빨리 움직여 위치와 모양을 바꾸어야 함 → 'ㄷ, ㅌ'을 'ㅣ'와 비슷하게 소리 내는 'ㅈ, ㅊ'으로 바꾸어 발음을 쉽게 할 수 있도록 함

　→ 자음과 모음 사이에서 일어나는 독특한 동화 현상이야.

| 01~03 | 다음 설명이 맞으면 ○표, 틀리면 ✕표를 하시오.

01 구개음화는 자음과 자음 사이에서 일어난다. (　　　)

02 "우표를 붙이다."의 '붙이다'는 구개음화가 일어나 [부치다]로 발음된다. (　　　)

03 구개음화는 모음 'ㅣ'와 함께 발음하기 쉽도록 자음을 바꾸는 음운 변동 현상이다. (　　　)

04 〈보기〉의 빈칸에 들어갈 알맞은 말을 쓰시오.

─〈 보기 〉─
굳이 → [구지], 밭이 → [바치]

위의 두 사례와 같이, 앞말의 끝소리 (　㉠　)이 'ㅣ' 모음으로 시작하는 형식 형태소와 만나 구개음인 'ㅈ, ㅊ'으로 바뀌어 소리 나는 현상을 (　㉡　)라고 한다.

㉠ : ＿＿＿＿＿＿＿＿　　　㉡ : ＿＿＿＿＿＿＿＿

---

05 다음 밑줄 친 단어 중 구개음화가 일어나지 않는 것은?

① 도서관에 <u>같이</u> 가자.

② 멀리서 <u>빛이</u> 보였다.

③ 이 근처를 <u>샅샅이</u> 뒤져라.

④ 우표를 <u>붙여</u> 우체통에 넣으세요.

⑤ 아버지와 함께 <u>해돋이</u>를 보러 갔다.

06 다음 밑줄 친 말 중 〈보기〉와 같은 음운 현상이 일어나는 것은?

─〈 보기 〉─
앞말의 끝소리 'ㄷ'이나 'ㅌ'이 모음 'ㅣ'로 시작하는 형식 형태소와 만나면 'ㅣ' 모음과 발음 위치가 가까운 'ㅈ'이나 'ㅊ'으로 바뀌어 발음되는 현상

① 보름에 <u>달맞이</u>를 가기로 했다.

② 할아버지는 시골에 <u>밭이</u> 많다.

③ 추워지면 <u>꽃잎이</u> 지기 시작한다.

④ 물이 팔팔 끓으면 <u>솥에</u> 감자를 넣어라.

⑤ 시골에 가면 아직 <u>디딜방아</u>를 볼 수 있다.

---

07 구개음화가 일어나는 것끼리 바르게 짝지은 것은?

① 곧이, 홑이불　　　　② 꽃이, 해돋이

③ 잔디, 햇볕이　　　　④ 맏이, 쇠붙이

⑤ 닫히다, 끝인사

---

08 다음 중 구개음화가 일어나는 말이 포함된 것은?

① 잔디밭에 들어가지 마세요.

② 아저씨! 팥이 든 걸로 주세요.

③ 밤이 오기 전에 설거지 끝내야지.

④ 제발 내 곁으로 돌아와 줘. 부탁이야.

⑤ 이 엿을 먹으면 반드시 시험에 붙을 거야.

09 〈보기〉에서 구개음화가 일어나는 어절을 모두 찾아 쓰시오.

─〈 보기 〉─
봄이 되어 들판에 온갖 꽃이 피었지만 강을 따라 짙게 피어난 안개가 꽃밭이 다 덮일 만큼 담요같이 내려앉았다.

10 〈보기〉의 ㉠에 들어갈 말로 알맞은 것은?

〈 보기 〉

걷히다 → [거티다] → [거치다]
⋮
자음 축약   (㉠)

① 구개음화   ② 자음 동화
③ 음운 탈락   ④ 음운 첨가
⑤ 된소리되기

| 중3 학업성취도평가 |

11 〈자료〉의 ㉠에 들어갈 말로 적절한 것은?

〈 자료 〉

학생 1 : '해돋이'는 왜 [해도디]가 아니라 [해도지]로 발음해
야 해?
학생 2 : 받침 'ㄷ, ㅌ'이, 뒤에 오는 조사나 접사의 모음 'ㅣ'
와 만나는 경우에는 [ㅈ, ㅊ]으로 바뀌어 소리가 나기 때문
이야. 이러한 예로는 '(㉠)'가 있어.

① 잔디   ② 잡티   ③ 잊히다
④ 달맞이   ⑤ 붙이다

개념 011 두음 법칙

(1) **두음 법칙** : 일부 소리가 단어의 첫머리에서 발음되는 것
을 꺼려 나타나지 않거나 다른 소리로 바뀌어 발음되는 현
상. 일반적으로 단어 첫머리의 'ㄹ'을 'ㅇ'나 'ㄴ'으로 바꾸
어 쓰며, 'ㄴ'은 'ㅣ' 모음 계열과 함께 쓰지 않음
예 老(로)+人(인) → 노인, 女(녀)+子(자) → 여자
→ 주로 한자어에서 일어나. '녀석, 라디오'와 같은 고유어나 외래어는
두음 법칙의 적용을 받지 않거든.

(2) **두음 법칙이 적용되는 조건**

조건 ①	조건 ②	결과
첫머리 'ㄹ'	+ 모음 ㅑ, ㅕ, ㅖ, ㅛ, ㅠ, ㅣ	⇨ 'ㄹ'이 탈락됨 (빈 자리에 'ㅇ'을 씀)

예 량심(良心) → 양심, 력사(歷史) → 역사, 례절(禮節) → 예절, 료리(料
理) → 요리
→ 律(률), 烮(렬)은 첫머리에 오지 않아도 모음이나 'ㄴ' 뒤에서 'ㄹ'이
탈락해서 백분율(百分率), 내재율(内在律)과 같이 적어.

조건 ①	조건 ②	결과
첫머리 'ㄹ'	+ 모음 ㅏ, ㅐ, ㅗ, ㅚ, ㅜ, ㅡ	⇨ 'ㄹ'이 'ㄴ'으로 바뀜

예 락원(樂園) → 낙원, 로인(老人) → 노인, 래일(來日) → 내일, 루각(樓
閣) → 누각

조건 ①	조건 ②	결과
첫머리 'ㄴ'	+ 모음 ㅕ, ㅛ, ㅠ, ㅣ	⇨ 'ㄴ'이 탈락됨 (빈 자리에 'ㅇ'을 씀)

예 년세(年歲) → 연세, 뉴대(紐帶) → 유대, 닉명(匿名) → 익명

| 12~14 | 다음 설명이 맞으면 ○표, 틀리면 X표를 하시오.

12 순우리말은 두음 법칙의 적용을 받는다.   (   )

13 두음 법칙이란 단어의 첫머리에 특정 자음이 오는 것을
꺼리는 현상이다.   (   )

14 '선량(善良)하다'와 '양심(良心)'에서 같은 한자를 다르게
발음하는 것은 두음 법칙 때문이다.   (   )

| 15~18 | 두음 법칙을 고려하여, 다음 잘못 쓴 단어의 올
바른 표기를 쓰시오.

15 남여노소(男女老少) (   )

16 리발사(理髮師) (   )

17 뉴대감(紐帶感) (   )

18 류학생(留學生) (   )

19 다음 단어 중 두음 법칙과 관계없는 것은?

① 연세   ② 예절   ③ 내일
④ 요리   ⑤ 오릉

20 〈보기〉의 음운 규칙이 나타난 사례로 알맞은 것은?

〈 보기 〉

한자로 된 단어의 첫머리에 오는 'ㄹ'은 모음 'ㅑ, ㅕ, ㅖ,
ㅛ, ㅠ, ㅣ' 앞에서 탈락되고 그 자리에는 'ㅇ'를 쓴다.

① 운율   ② 녀석   ③ 리듬
④ 낙원   ⑤ 역사

수행평가형
21 〈보기〉의 빈칸에 들어갈 알맞은 말을 한 문장으로 쓰시오.

〈 보기 〉

철수 : '리용수'가 맞는 거야?
민수 : '이용수'가 맞지.
철수 : 북한에서는 '리용수'로 쓰고 있는데?
민수 : 남한에서는 _____

암기 톡톡

• **구개음화**
끝소리 'ㄷ, ㅌ'이 'ㅣ' 모음으로 시작하는 형식 형태소와 만나 구개음 'ㅈ, ㅊ'으
로 바뀜

• **두음 법칙**
한자어 첫머리에서 'ㄴ, ㄹ'이 탈락되거나 다른 자음으로 바뀜

(4) 된소리되기

개념 쏙쏙! 내신 쑥쑥!

개념 012 된소리되기

(1) 된소리되기 : 특정한 음운 환경에서 예사소리 'ㄱ, ㄷ, ㅂ, ㅅ, ㅈ'이 각각 된소리 'ㄲ, ㄸ, ㅃ, ㅆ, ㅉ'으로 바뀌어 발음되는 현상 예 떡볶이 → [떡뽀끼], 합성 → [합썽]

→ '된소리'를 한자어로 '경음(硬音)'이라 하기 때문에 '경음화'라고 부르기도 해.

(2) 된소리되기가 일어나는 환경

① 안울림소리+예사소리

조건 ①		조건 ②		결과
받침 'ㄱ, ㄷ, ㅂ'	+	'ㄱ, ㄷ, ㅂ, ㅅ, ㅈ'	⇨	[ㄲ, ㄸ, ㅃ, ㅆ, ㅉ]
예 국+		수	⇨	[국쑤]
닫+	+	다	⇨	[닫따]
입+		술		[입쑬]

→ 음절의 끝소리 규칙, 겹받침의 발음 등에 의해 'ㄱ, ㄷ, ㅂ'으로 소리 나는 받침들은 모두 된소리되기의 환경이 되는 것에 주의해야 해!
예 닭과[닥꽈], 옷도[옫또], 밟다[밥:따]

② 용언 어간+어미

조건 ①		조건 ②		결과
용언 어간의 받침 'ㄴ, ㅁ'	+	'ㄱ, ㄷ, ㅅ, ㅈ'	⇨	[ㄲ, ㄸ, ㅆ, ㅉ]
예 신-+		-고	⇨	[신:꼬]
삼-+	+	-다		[삼:따]

→ 위와 마찬가지로 겹받침의 발음에 의해 'ㄴ, ㅁ'으로 소리 나는 받침들('ㄵ, ㄻ')은 모두 된소리되기의 환경이 돼. 예 앉다[안따], 젊지[점:찌]

③ 한자어의 'ㄹ' 받침 뒤

조건 ①		조건 ②		결과
한자어의 받침 'ㄹ'	+	'ㄷ, ㅅ, ㅈ'	⇨	[ㄸ, ㅆ, ㅉ]
예 갈(葛)+		등(藤)	⇨	[갈뜽]
일(日)+	+	시(時)	⇨	[일씨]

| 01~03 | 다음 설명이 맞으면 ○표, 틀리면 X표를 하시오.

01 된소리되기는 특정한 환경에서 울림소리가 된소리로 바뀌어 발음되는 현상이다. ( )

02 한자어의 'ㄹ' 받침 뒤에 오는 'ㄱ, ㄷ, ㅂ, ㅅ, ㅈ'은 [ㄲ, ㄸ, ㅃ, ㅆ, ㅉ]로 바뀌어 발음된다. ( )

03 된소리되기는 일정한 규칙에 따라 음운이 바뀌어 발음되는 음운 변동 현상에 해당한다. ( )

04 다음 중 된소리되기가 일어나지 않는 단어는?

① 국수　　　② 색시　　　③ 몹시
④ 군소리　　⑤ 깍두기

---

05 〈보기〉에서 설명하는 현상이 일어나는 단어는?

〈 보기 〉
안울림소리 뒤에 오는 예사소리 'ㄱ, ㄷ, ㅂ, ㅅ, ㅈ'은 각각 된소리 'ㄲ, ㄸ, ㅃ, ㅆ, ㅉ'으로 바뀌어 발음된다.

① 앞발　　　　　　② 봄비
③ 강가　　　　　　④ 소식
⑤ 들길

수능형　　　　　　　　　　　| 고1 모의고사 |

06 〈보기〉는 표준 발음법의 된소리되기 중 일부이다. ㉠과 ㉡에 해당하는 예가 바르게 짝지어진 것은?

〈 보기 〉
㉠ 받침 'ㄱ(ㄲ, ㅋ, ㄳ, ㄺ), ㄷ(ㅅ, ㅆ, ㅈ, ㅊ, ㅌ), ㅂ(ㅍ, ㄼ, ㄿ, ㅄ)' 뒤에 연결되는 'ㄱ, ㄷ, ㅂ, ㅅ, ㅈ'은 된소리로 발음한다.
㉡ 어간 받침 'ㄴ(ㄵ), ㅁ(ㄻ)' 뒤에 결합되는 어미의 첫소리 'ㄱ, ㄷ, ㅅ, ㅈ'은 된소리로 발음한다.

	㉠	㉡
①	늦게[늗께]	얹다[언따]
②	옆집[엽찝]	있고[읻꼬]
③	국수[국쑤]	늙다[늑따]
④	묶어[무꺼]	껴안다[껴안따]
⑤	앉다[안따]	머금다[머금따]

수행평가형

07 〈보기〉에서 된소리되기가 나타나지 않는 한자어를 모두 고르고, 그 이유를 한 문장으로 쓰시오.

〈 보기 〉
굴곡(屈曲)　　발부(發付)　　발전(發展)　　월세(月貰)

암기 톡톡

• 된소리되기
특정한 환경에서 예사소리가 된소리로 바뀌어 발음되는 현상

(5) 음운 축약

개념 쏙쏙! 내신 쑥쑥!

개념 013 음운 축약

(1) **음운 축약** : 두 개의 음운이 하나의 음운으로 줄어드는 현상
예) 축하 → [추카], 보이-+-다 → 뵈다
→ 음운 축약이 일어나면 음운의 수가 하나 줄어들어.

(2) **자음 축약** : 예사소리 'ㄱ, ㄷ, ㅂ, ㅈ'이 'ㅎ'을 만나 거센소리인 [ㅋ, ㅌ, ㅍ, ㅊ]으로 발음되는 현상
→ '거센소리되기'라고도 해.

조건 ①		조건 ②		결과
'ㄱ, ㄷ, ㅂ, ㅈ'	+	ㅎ	⇨	[ㅋ, ㅌ, ㅍ, ㅊ]
예) 국 맏- 잡- 젖-	+	화 형 -히다 -히다	⇨	[구콰] [마텽] [자피다] [저치다]

(3) **모음 축약** : 두 개의 모음이 합쳐져서 하나의 모음으로 바뀌는 현상 → 표기에도 반영되고, 음운과 음절의 수가 하나씩 줄어들어.

축약 전		축약 후		예
ㅏ + ㅣ	⇨	ㅐ	⇨	사이 → 새 아이 → 애
ㅗ + ㅣ		ㅚ		보이-+-다 → 뵈다 꼬이-+-다 → 꾀다 쏘이-+-다 → 쐬다
ㅜ + ㅣ		ㅟ		누이-+-다 → 뉘다

| 01~03 | 다음 설명이 맞으면 ○표, 틀리면 X표를 하시오.

01 음운 축약이란 두 음운이 만날 때 발음하기 쉽도록 서로 비슷한 음운으로 변화하는 현상이다. ( )

02 자음 축약이 일어나면 음운 변동 전보다 발음하는 음운의 개수가 1개 줄어든다. ( )

03 자음 축약과 모음 축약은 표기에 반영되지 않는 음운 변동이다. ( )

| 04~06 | 다음 단어에 나타난 음운 변동이 자음 축약이면 '자', 모음 축약이면 '모'를 쓰시오.

04 닫힌[다친] ( )

05 입학[이팍] ( )

06 아이 → 애 ( )

07 다음 중 자음 축약이 일어나는 단어가 아닌 것은?

① 입학 ② 않다 ③ 좁혀
④ 뵈다 ⑤ 맏형

08 다음 중 나타나는 음운 축약의 종류가 다른 것은?

① 옳다 ② 쐬다 ③ 받히다
④ 앉히다 ⑤ 박하사탕

| 중3 학업성취도평가 |

09 〈자료〉의 빈칸에 들어갈 발음으로 옳은 것은?

〈 보기 〉

음운 현상	자음 축약
개념	예사소리 'ㄱ, ㄷ, ㅂ, ㅈ'과 'ㅎ'이 합쳐져 거센소리 'ㅋ, ㅌ, ㅍ, ㅊ'으로 바뀌는 현상
예	• 네가 오니까 참 좋대[조타]. • 연락이 끊기지( ) 않도록 해.

① [끈키지] ② [끈이지] ③ [끈끼지]
④ [끈기지] ⑤ [끈히지]

수행평가형

10 다음 〈보기〉의 밑줄 친 단어를 자음 축약과 모음 축약의 사례로 분류하여 기호로 쓰시오.

〈 보기 〉

㉠ 벌에 <u>쐬어</u> 손이 퉁퉁 부었다.
㉡ 동생들은 <u>맏형</u>을 믿고 따랐다.
㉢ 몸이 아파 눈에 <u>뵈는</u> 것이 없다.
㉣ 보름달이 바다를 환히 <u>밝히고</u> 있다.
㉤ 책장에 <u>꽂힌</u> 책들 위에 먼지가 가득하다.
㉥ 경찰들은 범인과의 거리를 <u>좁히며</u> 뒤를 밟았다.

• 자음 축약 : _____

• 모음 축약 : _____

암기 톡톡

• **음운 축약**
두 음운이 결합하여 하나의 음운으로 줄어듦

• **자음 축약**(거센소리되기)
예사소리 'ㄱ, ㄷ, ㅂ, ㅈ'이 'ㅎ'을 만나 거센소리 'ㅋ, ㅌ, ㅍ, ㅊ'이 됨

• **모음 축약**
두 개의 모음이 하나의 모음으로 줄어듦

(6) 음운 탈락

개념 쏙쏙! 내신 쑥쑥!

개념 014 음운 탈락

(1) **음운 탈락** : 두 음운이 만나면서 그중 한 음운이 아예 사라져 소리 나지 않는 현상 예 솔+나무 → 소나무, 낳아 → [나아]
→ 보통 단어를 만들거나 용언을 활용할 때 일어나!

(2) **자음 탈락** : 끝소리 자음이 다른 형태소를 만나 탈락하는 현상

유형	환경	예
'ㄹ' 탈락 +	'ㄴ' 앞에서	하늘+-님 → 하느님 솔+나무 → 소나무 살-+-는 → 사는
	'ㄷ' 앞에서	밀-+닫-+-이 → 미닫이 달+달+-이 → 다달이
	'ㅅ' 앞에서	말+소 → 마소 불+삽 → 부삽 물+서리 → 무서리
	'ㅈ' 앞에서	바늘+-질 → 바느질 쌀+전 → 싸전
'ㅅ' 탈락	모음 앞에서	긋-+-어 → 그어 잇-+-으니 → 이으니 짓-+-었다 → 지었다
'ㅎ' 탈락	모음 앞에서	좋-+-아 → [조아] 잃-+-은 → [이른] → 표기에 반영되지 않아.

(3) **모음 탈락** : 두 개의 모음이 만나 하나의 모음이 탈락하는 현상

유형	환경	예
'ㅏ, ㅓ' 탈락 +	동일 모음이 겹칠 때	가-+-아서 → 가서 서-+-었다 → 섰다
'ㅜ' 탈락	'ㅓ' 앞에서	푸-+-어서 → 퍼서 푸-+-었다 → 펐다 → 'ㅜ' 탈락은 '푸다'밖에 없어.
'ㅡ' 탈락	'-아/어' 앞에서	쓰-+-어 → 써 담그-+-아 → 담가 예쁘-+-어 → 예뻐 고프-+-았다 → 고팠다

| 01~03 | 다음 설명이 맞으면 ○표, 틀리면 X표를 하시오.

01 음운 탈락이란 두 음운이 만날 때 한 음운이 아예 사라지는 현상이다. ( )

02 같은 자음이 겹치면 한 자음이 탈락하여 발음을 쉽게 할 수 있게 된다. ( )

03 'ㅎ' 탈락을 제외한 음운 탈락은 모두 표기에 반영된다. ( )

| 04~06 | 밑줄 친 단어에서 탈락된 음운을 바르게 연결하시오.

04 비행기가 <u>떴다</u>. • • ㉠ 'ㄹ'

05 배를 <u>저어</u> 가자. • • ㉡ 'ㅅ'

06 <u>나날이</u> 추워졌다. • • ㉢ 'ㅡ'

| 07~08 | 다음 빈칸에 들어갈 알맞은 말을 쓰시오.

07 '이것을 <u>써</u>.'에서 '써'는 '쓰-+-어'에서 ( ) 가 탈락한 것이다.

08 '긋다'가 '그어, 그으니, 긋는' 등으로 쓰이는 것을 보면, ( ) 앞에서 'ㅅ'이 탈락함을 알 수 있다.

09 다음 단어에 나타난 음운 변동의 성격이 <u>다른</u> 하나는?
① 축하 ② 화살 ③ 만났다
④ 미닫이 ⑤ 소나무

10 다음 밑줄 친 단어 중 음운 탈락이 일어난 것은?
① <u>국화</u>가 예쁘게 피었다.
② 그는 성격이 몹시 <u>급하다</u>.
③ 그 아이는 글을 줄줄 <u>써</u> 내려갔다.
④ 의사가 환자를 자리에 <u>뉘어</u> 놓았다.
⑤ 서로의 간격을 <u>좁히는</u> 과정이 필요하다.

수행평가형
11 〈보기〉의 빈칸에 들어갈 바른 표기를 쓰고, 그 단어에서 나타나는 음운 변동 현상을 쓰시오.

보기
우리 집은 김치를 직접 [ ] 먹는다.
⇧
담그-+-아

암기 톡톡
• 음운 탈락
두 음운이 만나면서 그중 한 음운이 사라져 소리 나지 않음
• 자음 탈락
'ㄴ, ㄷ, ㅅ, ㅈ' 앞에서 'ㄹ', 모음 앞에서 'ㅅ, ㅎ'이 탈락
• 모음 탈락
다른 모음 앞에서 'ㅏ, ㅓ, ㅜ, ㅡ'가 탈락

(7) 음운 첨가

개념 015 음운 첨가

(1) 음운 첨가 : 두 음운이 만날 때 원래 없던 소리가 추가되어 소리 나는 현상 예 콩+잎 → [콩닙], 코+물 → [콘물]

→ 형태소들이 결합하여 합성어나 파생어가 될 때 그 사이에 다른 음운이 덧붙는 것을 의미해.

(2) 'ㄴ' 첨가 : 합성어나 파생어에서 앞말의 자음이 모음 'ㅣ, ㅑ, ㅕ, ㅛ, ㅠ'를 만나면 'ㄴ'이 첨가되는 현상

환경 ①	환경 ②	환경 ③	결과
합성어나 파생어	앞말의 끝소리 자음	모음 'ㅣ, ㅑ, ㅕ, ㅛ, ㅠ'로 시작하는 뒷말	두 음운 사이에 'ㄴ'이 첨가됨
예	논+	+일	[논닐]
	집+	+일	[집닐 → 짐닐]
	물+	+약	[물냑 → 물략]
	한-+	+여름	[한녀름]
	맨-+	+입	[맨닙]
	홑-+	+이불	[홑니불 → 혼니불]

(3) 사잇소리 현상 : 두 단어가 만나 합성어가 될 때, 뒷말의 예사소리가 된소리로 변하거나 'ㄴ' 또는 'ㄴㄴ' 소리가 첨가되는 현상 → 앞말이 모음으로 끝나면 그 모음 받침에 'ㅅ(사이시옷)'을 넣어 표기해.

환경 ①	환경 ②	결과
앞말의 끝소리가 울림소리(모음, ㄴ, ㄹ, ㅁ, ㅇ)	예삿소리로 시작하는 뒷말	된소리로 발음됨
예 봄+	+비	[봄삐]
발+	+등	[발뜽]
산+	+길	[산낄]
초+	+불	[초(촏)뿔] → 촛불
앞말이 모음으로 끝남	'ㄴ, ㅁ'으로 시작하는 뒷말	'ㄴ'이 첨가됨
예 이+	+몸	[인몸] → 잇몸
코+	+날	[콘날] → 콧날
시내+	+물	[시:낸물] → 시냇물
앞말이 모음으로 끝남	모음 'ㅣ, ㅑ, ㅕ, ㅛ, ㅠ'로 시작하는 뒷말	'ㄴㄴ'이 첨가됨
예 예사+	+일	[예:산닐] → 예삿일
나무+	+잎	[나문닙] → 나뭇잎

| 01~03 | 다음 설명이 맞으면 ○표, 틀리면 X표를 하시오.

01 두 음운이 만날 때 원래 없던 소리가 추가되어 소리 나는 현상을 음운 첨가라고 한다. ( )

02 '집일'이 [지빌]이 아니라 [짐닐]로 소리 나는 것은 'ㄴ' 첨가 현상 때문이다. ( )

03 '해'와 '살'이 결합한 말은 [해쌀]로 발음되지만 '해살'로 적는다. ( )

| 04~06 | 다음 단어에서 일어나는 음운 변동을 바르게 연결하시오.

04 솜+이불 •   • ㉠ 'ㄴ'이 첨가됨

05 나무+잎 •   • ㉡ 된소리로 발음됨

06 나루+배 •   • ㉢ 'ㄴㄴ'이 첨가됨

| 07~10 | 음운 첨가 현상을 고려하여 다음과 같이 만들어진 말의 발음을 바르게 쓰시오.

07 물+약 → 물약   [   ]

08 말+소리 → 말소리   [   ]

09 후+일 → 훗일   [   ]

10 한-+여름 → 한여름   [   ]

11 다음 중 사잇소리 현상이 일어나지 <u>않는</u> 것은?

① 냇물   ② 산길

③ 나룻배   ④ 물소리

⑤ 대학교

12 다음 중 발음할 때 'ㄴ'이 덧나는 것은?

① 윗옷   ② 올가을

③ 눈요기   ④ 하얗다

⑤ 솜사탕

13 다음 중 발음할 때 음운의 개수가 늘어나지 <u>않는</u> 것은?

① 담요   ② 등불

③ 맨입   ④ 밭일

⑤ 풀잎

14 다음 중 단어의 발음이 바르지 않은 것은?

① 논일[논닐]
② 밭일[반닐]
③ 물엿[물렫]
④ 절약[절략]
⑤ 아랫니[아랜니]

15 〈보기〉와 같은 음운 변동 현상이 일어나는 것은?

〈 보기 〉

홑이불 : 홑-+이불 → [홑니불 → 혼니불]

① 냇가
② 꽃잎
③ 콩엿
④ 바닷물
⑤ 솜이불

수능형

16 〈보기 1〉을 참고할 때, 〈보기 2〉의 ⓐ~ⓔ 중에서 사이시옷을 받치어 적는 경우가 같은 것끼리 바르게 묶인 것은?

〈 보기1 〉

사이시옷은 다음과 같은 경우에 받치어 적는다.

순우리말로 된 합성어 또는 순우리말과 한자어로 된 합성어로서 앞말이 모음으로 끝난 경우

(1) 뒷말의 첫소리가 된소리로 나는 것
(2) 뒷말의 첫소리 'ㄴ, ㅁ' 앞에서 'ㄴ' 소리가 덧나는 것
(3) 뒷말의 첫소리 모음 앞에서 'ㄴㄴ' 소리가 덧나는 것

〈 보기2 〉

어릴 때 헤어져 ⓐ오랫동안 만나지 못했던 형이 건너편 ⓑ시냇가에 서 있었다. ⓒ콧등이 찡했다. 형은 신발을 벗어 들고 찰방찰방 ⓓ냇물을 건너오면서 나를 보고는 ⓔ잇몸을 드러내며 환하게 웃었다.

① ⓐ, ⓓ - ⓑ, ⓒ, ⓔ
② ⓑ, ⓒ - ⓐ, ⓓ, ⓔ
③ ⓒ, ⓔ - ⓐ, ⓑ, ⓓ
④ ⓐ, ⓑ, ⓒ - ⓓ, ⓔ
⑤ ⓐ, ⓑ, ⓓ - ⓒ, ⓔ

수행평가형

| 17~18 | 다음 〈보기〉를 보고 물음에 답하시오.

〈 보기 〉

밤+길 → [밤낄]   산+불 → [산뿔]

17 〈보기〉의 두 단어에서 일어나는 음운 변동 현상을 가장 바르게 설명한 것은?

① 합성어에서 앞말이 모음으로 끝나면 두 단어 사이에 'ㄴ'이 첨가된다.
② 합성어나 파생어에서 앞말의 자음이 모음 'ㅣ'를 만나면 'ㄴ'이 첨가된다.
③ 합성어에서 앞말의 끝소리 자음이 모음을 만나면 된소리로 바뀌어 발음된다.
④ 합성어에서 앞말의 끝소리가 울림소리이면 뒷말의 예사소리가 된소리로 변한다.
⑤ 앞말 받침이 안울림소리 'ㄱ, ㄷ, ㅂ'일 때 이어서 예사소리가 오면 된소리로 바뀌어 발음된다.

18 〈보기〉를 참고하여 '밤바다'의 올바른 발음을 쓰시오.

수행평가형

19 다음 단어의 올바른 발음을 쓰고, 발음할 때 일어나는 음운 변동 현상을 〈보기〉에서 모두 찾아 쓰시오.

풀잎

〈 보기 〉

음절의 끝소리 규칙   비음화   유음화
구개음화   두음 법칙   된소리되기
음운 탈락   음운 축약   음운 첨가

암기 톡톡

• 음운 첨가
두 음운이 만날 때 원래 없던 소리가 추가되어 소리 나는 현상

• 'ㄴ' 첨가
합성어나 파생어에서 앞말의 자음이 모음 'ㅣ, ㅑ, ㅕ, ㅛ, ㅠ'를 만나면 'ㄴ'이 첨가되는 현상

• 사잇소리 현상
두 단어가 만나 합성어가 될 때, 뒷말의 예사소리가 된소리로 변하거나 'ㄴ' 또는 'ㄴㄴ' 소리가 첨가되는 현상

❸ 음운의 변동

01 우리말의 음운 변동에 대한 설명으로 알맞지 <u>않은</u> 것은?

① 두 음운이 하나의 음운으로 합쳐지기도 한다.

② 두 음운이 만나 둘 중 하나가 없어지기도 한다.

③ 두 음운이 만나 서로 비슷하게 변하거나 같아지기도 한다.

④ 발음을 좀 더 쉽고 편하게 하기 위해서 일어나는 현상이다.

⑤ 두 음운이 만나 소리가 변하면 반드시 표기에도 반영해야 한다.

수능형 | 중3 학업성취도평가 |

02 ㉠~㉢의 예로 바르게 짝지어진 것은?

〈 보기 〉

음운은 서로 만나면 보통 발음하기 좋게 변한다. 서로 만나는 두 음운은 각각의 소리가 원래대로 나는 것이 아니라, ㉠서로 비슷하게 변하거나 같아진다. 또, ㉡어느 하나가 없어지기도 하고, ㉢한 음운으로 합쳐지기도 한다. 이렇게 음운이 변화하는 것을 '음운의 변동'이라고 한다.

	㉠	㉡	㉢
①	굳이	좋다	협력
②	담력	놓은	파랗다
③	따님	훈련	소나무
④	부삽	입학	적시다
⑤	독립	같이	미소

03 〈보기〉를 참고하여 다음 단어에서 발생하는 음운 변동 양상을 파악한 것으로 적절하지 <u>않은</u> 것은?

〈 보기 〉

• 교체 : 한 음운이 다른 음운으로 바뀌는 것
• 탈락 : 한 음운이 없어지는 것
• 첨가 : 새로운 음운이 덧붙는 것
• 축약 : 두 음운이 하나의 음운으로 합쳐지는 것

① 쌀국수 – 교체

② 먹는다 – 교체

③ 좋구나 – 탈락

④ 집안일 – 첨가

⑤ 집현전 – 축약

수능형 | 고1 모의고사 |

04 〈보기〉를 참고하여 음운 변동 사례에 대해 이해한 것으로 적절하지 <u>않은</u> 것은?

〈 보기 〉

음운의 변동은 어떤 음운이 다른 음운으로 바뀌는 교체, 어떤 음운이 없어지는 탈락, 새로운 음운이 생기는 첨가, 두 음운이 하나의 음운으로 합쳐지는 축약으로 구분된다.

① '밥물[밤물]'이 발음될 때에는 'ㅂ'이 'ㅁ'의 영향을 받아 'ㅁ'으로 교체되는 현상이 일어난다.

② '광한루[광:할루]'가 발음될 때에는 'ㄴ'이 'ㄹ'의 영향을 받아 'ㄹ'로 교체되는 현상이 일어난다.

③ '좋아[조:아]'가 발음될 때에는 모음으로 시작되는 어미와 만나 'ㅎ'이 탈락하는 현상이 일어난다.

④ '색연필[생년필]'이 발음될 때에는 첨가되는 'ㄴ'으로 인해 'ㄱ'이 'ㅇ'으로 교체되는 현상이 일어난다.

⑤ '옷 한 벌[오탄벌]'이 발음될 때에는 'ㅅ'이 탈락한 후 첨가되는 'ㄷ'이 'ㅎ'과 만나 'ㅌ'으로 축약되는 현상이 일어난다.

05 다음 중 받침의 발음에 대한 설명으로 옳은 것은?

① '넋이'는 [넉시]로 발음된다.

② '낯이'는 [나치]로 발음된다.

③ 'ㅅ'은 끝소리에서 그대로 소리 난다.

④ 받침의 겹자음은 항상 둘 다 소리 난다.

⑤ 음절의 끝소리 규칙은 표기에도 반영된다.

06 다음 단어의 발음이 바르지 <u>않은</u> 것은?

① 밝다[박따]   ② 밟다[밥:따]

③ 여덟[여덜]   ④ 읊다[읍따]

⑤ 히읗[히응]

07 〈보기〉의 ㉠~㉤을 음절의 끝소리 발음이 같은 것끼리 바르게 묶은 것은?

〈 보기 〉

㉠ 넓다   ㉡ 밟다   ㉢ 읊다   ㉣ 읽다   ㉤ 흙과

① ㉠ / ㉡, ㉢ / ㉣, ㉤

② ㉠, ㉡ / ㉢, ㉣ / ㉤

③ ㉠, ㉡ / ㉢ / ㉣, ㉤

④ ㉠, ㉡, ㉣ / ㉢ / ㉤

⑤ ㉠, ㉣ / ㉡, ㉢ / ㉤

| 08~09 | 다음 글을 읽고 물음에 답하시오.

| 고1 모의고사 |

음운의 동화는 인접한 두 음운 중 어느 한쪽 또는 양쪽이 서로 비슷하거나 같은 소리로 바뀌는 현상이다. 국어의 대표적인 동화에는 비음화, 유음화, 구개음화가 있다.

비음화는 비음이 아닌 'ㅂ, ㄷ, ㄱ'이 비음 'ㅁ, ㄴ' 앞에서 비음 'ㅁ, ㄴ, ㅇ'으로 바뀌어 소리 나는 현상이다. 예를 들어 '국민'이 [궁민]으로 발음되는 것은 비음화에 해당한다. 유음화는 비음 'ㄴ'이 유음 'ㄹ'의 앞이나 뒤에서 유음 'ㄹ'로 발음되는 현상이다. 유음화의 예로는 '칼날[칼랄]'이 있다. ㉠아래의 자음 체계표를 보면, 비음화와 유음화는 그 결과로 인접한 두 음운의 조음 방식이 같아진다는 것을 알 수 있다.

조음 방식 \ 조음 위치	입술 소리	잇몸 소리	센입천장 소리	여린입천장 소리
파열음	ㅂ, ㅍ	ㄷ, ㅌ		ㄱ, ㅋ
파찰음			ㅈ, ㅊ	
비음	ㅁ	ㄴ		ㅇ
유음		ㄹ		

구개음화는 끝소리 'ㄷ, ㅌ'이 모음 'ㅣ'로 시작되는 조사나 접미사 앞에서 구개음 'ㅈ, ㅊ'으로 발음되는 현상이다. 가령 '해돋이'가 [해도지]로 발음되는 것이 이에 해당한다. 이는 동화 결과로 조음 위치와 조음 방식이 모두 바뀌는 현상이다.

아래 그림을 보면 '해돋이'가 [해도디]가 아닌 [해도지]로 소리 나는 이유를 알 수 있다. [1]과 [2]에서 보듯이, 'ㄷ'과 'ㅣ'를 발음할 때의 혀의 위치가 달라 '디'를 발음할 때는 혀가 잇몸에서 입천장 쪽으로 많이 움직여야 한다. 그러나 [2]와 [3]을 보면, 'ㅈ'과 'ㅣ'를 발음할 때의 혀의 위치가 비슷하기 때문에 '지'를 발음할 때는 혀를 거의 움직이지 않아도 된다.

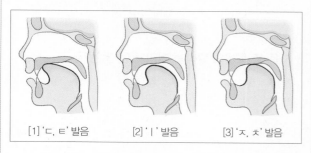

[1] 'ㄷ, ㅌ' 발음   [2] 'ㅣ' 발음   [3] 'ㅈ, ㅊ' 발음

비음화, 유음화, 구개음화는 동화 결과 인접한 두 음운의 성격이 비슷하거나 같은 소리로 바뀐다는 점에서 유사하다. 이처럼 성격이 비슷하거나 같은 소리가 연속되면 발음할 때 힘이 덜 들게 되므로 발음의 경제성이 높아진다.

08 윗글의 내용에 대한 이해로 적절하지 않은 것은?

① 음운의 동화는 인접한 두 음운이 비슷하거나 같은 소리로 바뀌는 현상이다.

② 음운의 동화로 조음 위치나 조음 방식이 바뀌면 발음의 경제성이 높아진다.

③ 구개음화와 달리 비음화와 유음화가 일어나는 인접한 두 음운은 모두 자음이다.

④ 구개음화는 자음으로 시작되는 조사나 접미사 앞에서는 일어나지 않는다.

⑤ 구개음화는 동화의 결과로 자음과 모음의 소리가 모두 바뀌는 현상이다.

09 ㉠을 참고할 때, 〈보기〉의 a~c에서 일어난 음운 동화에 대한 설명으로 적절한 것은?

〈 보기 〉
a. 밥물[밤물]   b. 신라[실라]   c. 굳이[구지]

① a : 비음화의 예로, 조음 방식만 바뀐 것이다.

② a : 유음화의 예로, 조음 방식만 바뀐 것이다.

③ b : 비음화의 예로, 조음 위치만 바뀐 것이다.

④ b : 유음화의 예로, 조음 위치만 바뀐 것이다.

⑤ c : 구개음화의 예로, 조음 방식만 바뀐 것이다.

10 다음 중 발음할 때 나타나는 음운의 변동을 잘못 분석한 것은?

① 권력 : ㄴ + ㄹ → ㄹ + ㄹ

② 벗는 : ㅅ + ㄴ → ㄷ + ㄴ

③ 국민 : ㄱ + ㅁ → ㅇ + ㅁ

④ 합류 : ㅂ + ㄹ → ㅁ + ㄴ

⑤ 독립 : ㄱ + ㄹ → ㅇ + ㄴ

11 〈보기〉에서 자음 동화가 일어나는 단어를 모두 찾아 쓰시오.

〈 보기 〉
나는 가끔 밭머리에 앉아 작년 여름에 동강에서 급류 타기 하던 일을 떠올린다. 그때 담력이 많이 향상되었다고 생각한다.

12 〈보기〉를 바탕으로 사례들을 분석한 내용 중 적절하지 않은 것은?

〈 보기 〉

음운의 교체는 특정한 음운 환경에서 한 음운이 다른 음운으로 바뀌는 음운 변동 현상이다. 두 음절이 인접한 경우 ㉠앞말의 끝소리와 뒷말의 첫소리가 만나는 상황이나 ㉡앞말의 끝소리가 연음되어 뒷말의 가운뎃소리와 만나는 상황에서 음운이 교체될 때, 발음의 결과 ⓐ앞의 음운만 변한 경우나 ⓑ뒤의 음운만 변한 경우도 있지만 ⓒ두 음운이 모두 변한 경우도 있다.

① '마천루[마철루]'는 ㉠이면서 ⓐ에 해당한다.
② '목덜미[목떨미]'는 ㉠이면서 ⓑ에 해당한다.
③ '박람회[방남회]'는 ㉠이면서 ⓒ에 해당한다.
④ '쇠붙이[쇠부치]'는 ㉡이면서 ⓐ에 해당한다.
⑤ '땀받이[땀바지]'는 ㉡이면서 ⓒ에 해당한다.

13 다음 중 같은 음운 변동 현상이 일어나는 것끼리 짝지어지지 않은 것은?

① 밭이 – 굳이
② 없다 – 밝다
③ 칼날 – 곤란
④ 하느님 – 달맞이
⑤ 낙원(樂園) – 역사(歷史)

14 밑줄 친 단어 중 구개음화 현상이 일어나지 않는 것은?

① 댁의 맏이는 몇 살입니까?
② 지금은 가을걷이가 한창입니다.
③ 그 집은 문이 닫히어 열지 못했다.
④ 공원에 꽃이 많이 피어서 매우 아름답다.
⑤ 우리 같이 그림을 그려서 벽에 붙여 보자.

15 다음 중 발음이 바르지 않은 것은?

① 몹시[몹:시]   ② 박사[박싸]
③ 걷다[걷따]   ④ 값이[갑씨]
⑤ 발전[발쩐]

16 〈보기〉의 밑줄 친 말에 나타난 음운 변동이 일어나지 않는 것은?

〈 보기 〉

민주는 친구에게 그림을 뵈어 주었다.

① 옳다   ② 따뜻한
③ 빨갛게   ④ 담갔다
⑤ 잡히다

17 〈보기〉의 ㉠~㉤에 해당하는 예로 적절하지 않은 것은?

〈 보기 〉

음운의 탈락이란 어떤 환경에서 자음이나 모음이 사라져 소리 나지 않는 현상을 말한다. 우리말의 음운 탈락은 다음과 같은 환경에서 일어난다.

㉠ 겹받침 가운데 하나가 탈락하고 남은 하나만 발음되는 현상
㉡ 용언의 어간 끝소리 'ㄹ'이 몇몇 어미 앞에서 탈락하는 현상
㉢ 용언의 어간 끝소리 'ㅎ'이 'ㄴ'이나 모음으로 시작하는 어미 앞에서 탈락하는 현상
㉣ 용언이 활용될 때 어간과 어미에 동시에 나타나는 'ㅏ/ㅓ' 중 하나가 탈락하는 현상
㉤ 용언의 어간이 'ㅡ'로 끝날 때, 'ㅡ'가 모음으로 시작하는 어미 앞에서 탈락하는 현상

① ㉠ : '흙'은 [흑]으로 발음돼.
② ㉡ : '울다'는 '울고, 우니, 우는'과 같이 쓰여.
③ ㉢ : '좋아'는 [조:아], '쌓으니'는 [싸으니]로 발음돼.
④ ㉣ : '가ㅡ＋ㅡ아라'는 '가라'로 쓰여.
⑤ ㉤ : '모르다'는 '모르고, 몰라서, 몰랐다'와 같이 쓰여.

18 다음 중 음운의 탈락과 거리가 먼 것은?

① 부삽   ② 섣달
③ 바느질   ④ 지어서
⑤ 돌아갔다

19 〈보기〉의 단어들에서 공통으로 일어난 음운 변동이 일어난 것은?

〈 보기 〉

다달이   미닫이   우짖다

① 마소   ② 스님
③ 붙잡다   ④ 가을비
⑤ 동짓달

20 다음 중 발음할 때 음운의 개수가 늘어나는 것은?

① 풀잎
② 바느질
③ 발자국
④ 사흘날
⑤ 신바람

| 고1 모의고사 |

21 〈보기〉의 (ㄱ)과 (ㄴ)에 나타나는 음운 변동으로 적절한 것은?

〈 보기 〉

　음운 변동은 한 음운이 다른 음운으로 바뀌는 '교체', 원래 있던 음운이 없어지는 '탈락', 없던 음운이 추가되는 '첨가', 두 개의 음운이 합쳐져서 하나로 되는 '축약'으로 분류할 수 있다.
　단어에 따라 아래 예와 같이 한 단어에서 두 가지 음운 변동이 일어나는 경우도 있다.

　예 물약 ──→ [물냑] ──→ [물략]
　　　　　　　 (ㄱ)　　　 (ㄴ)

	(ㄱ)	(ㄴ)
①	첨가	교체
②	첨가	탈락
③	탈락	교체
④	교체	첨가
⑤	교체	축약

22 〈보기〉의 단어를 발음할 때 일어나는 세 가지 음운 변동이 모두 일어나는 단어로 알맞은 것은?

〈 보기 〉

나뭇잎 [나묻입 → 나묻닙 → 나문닙]

① 물엿
② 콧날
③ 샅샅이
④ 시냇물
⑤ 예삿일

수능형 | 고1 모의고사 |

23 〈보기〉는 음운 변동에 대한 선생님의 설명이다. 질문에 대한 답으로 적절한 것은?

〈 보기 〉

• 선생님 : 음운 변동은 결과에 따라 한 음운이 다른 음운으로 바뀌는 교체, 두 개의 음운이 하나의 음운으로 합쳐지는 축약, 두 개의 음운 중 하나의 음운이 없어지는 탈락, 원래 없던 음운이 새로 덧붙는 첨가가 있습니다.

• 다음 '잡일'과 동일한 음운 변동 과정이 일어나는 단어는 무엇일까요?

　잡일 ──→ [잡닐] ──→ [잠닐]
　　　　　첨가　　　　 교체

① 법학[버팍]
② 담요[담뇨]
③ 국론[궁논]
④ 색연필[생년필]
⑤ 한여름[한녀름]

| 중3 학업성취도평가 |

24 〈자료〉의 ㉠~㉤의 발음에 대한 설명으로 적절하지 않은 것은?

〈 자료 〉

전기료 부담, 이제 끝!
　　　　　　　　　 ㉠
무서운 화재 걱정도 이제 그만!
　　　　　　 ㉡
마음 놓고 사용하는 ○○ 전기난로를 팝니다!
　　　　　㉢　　　　　　　　　 ㉣　 ㉤

① ㉠ : 받침 'ㅌ'은 음절의 끝에서 [ㄷ]으로 발음한다.
② ㉡ : 받침 'ㄱ' 뒤에 연결되는 'ㅈ'은 된소리로 발음한다.
③ ㉢ : 받침 'ㅎ' 뒤에 'ㄱ'이 오면 'ㅎ'과 'ㄱ'이 합쳐져서 [ㅋ]으로 발음한다.
④ ㉣ : 받침 'ㄴ' 뒤에 연결되는 'ㄹ'은 [ㄴ]으로 발음한다.
⑤ ㉤ : 받침 'ㅂ'은 'ㄴ' 앞에서 [ㅁ]으로 발음한다.

수행평가형

25 〈보기〉의 단어를 발음할 때 어떤 음운 변동 현상들이 일어나는지 쓰시오.

〈 보기 〉

낱낱이 [낟나티 → 난나치]

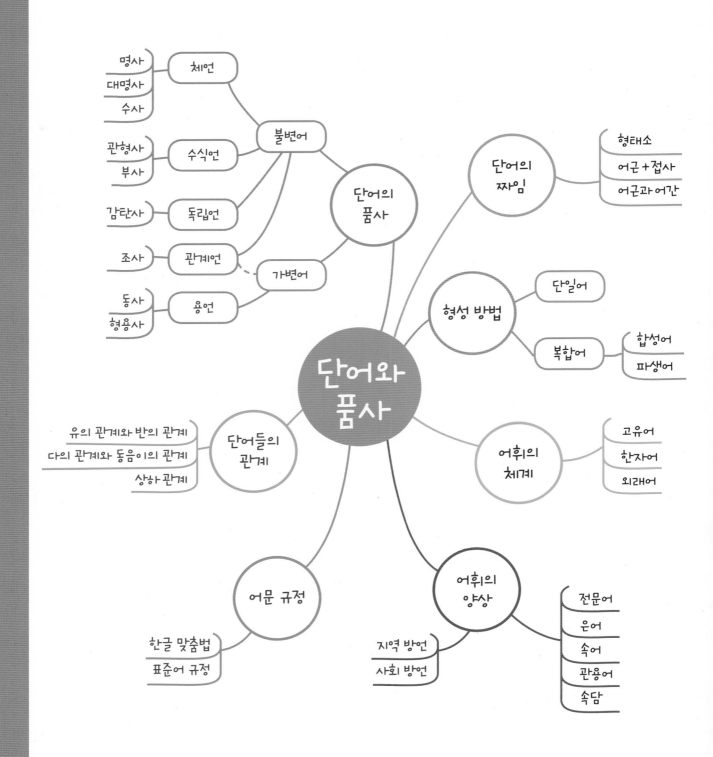

II

단어와 품사

(1) 품사의 개념과 분류 기준

개념 016 품사의 개념

(1) **단어** : 분리하여 자립적으로 쓸 수 있는 말이나 이에 준하는 말. 또는 그 말의 뒤에 붙어서 문법적 기능을 나타내는 말

　예 철수/가/ 영희/의/ 일기/를/ 읽은/ 것/ 같다.
　→ '가, 의, 를'은 자립하여 쓸 수 없지만 단어 뒤에 붙어서 문법적 기능을 나타내는 말이야.

(2) **품사** : 성질이 비슷한 단어들을 모아 분류해 놓은 단어의 갈래 예 명사, 대명사, 수사, 동사, 형용사, 조사, 부사, 관형사, 감탄사

(3) **품사 분류의 필요성**
　- 단어의 특성을 이해할 수 있음
　- 단어를 체계적으로 파악할 수 있음
　- 단어를 올바르고 정확하게 사용할 수 있음

| 01~03 | 다음 빈칸에 들어갈 알맞은 말을 〈보기〉에서 골라 쓰시오.

〈 보기 〉

　　단어　　분류　　품사

01 (　　　　　)란 뜻을 가지고 홀로 쓰일 수 있는 말의 단위이다.

02 문법적으로 유사한 성질을 가진 것끼리 모아 놓은 단어의 갈래를 (　　　　　)라고 한다.

03 공통된 성질을 지닌 단어들을 모아 (　　　　　)해 보면 언어를 이해하는 데 많은 도움이 된다.

| 04~06 | 다음 설명이 맞으면 ○표, 틀리면 X표를 하시오.

04 단어를 품사로 분류하면 단어의 특성을 잘 이해할 수 있다. (　　　)

05 단어를 품사로 분류하면 단어를 체계적으로 파악할 수 있다. (　　　)

06 단어를 품사로 분류하면 단어의 뜻을 정확하게 파악할 수 있다. (　　　)

07 〈보기〉의 문장을 단어로 나누어 빗금(/)을 그으시오.

〈 보기 〉

　　영수는 학교에 갔다.

개념 017 품사의 분류 기준

(1) **품사의 분류 기준** : 형태, 기능, 의미

형태	기능	의미
단어의 형태 변화 여부	단어가 문장 안에서 하는 역할	단어들이 지니고 있는 공통된 의미

(2) **품사의 분류**

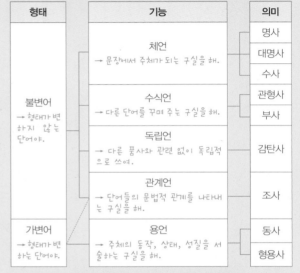

* 모든 조사는 불변어이나, 서술격 조사('이다')만 가변어임

(3) **의미에 따라 나눈 우리말의 9품사**

명사	대상의 이름을 나타내는 단어
대명사	대상의 이름을 대신 나타내는 단어
수사	수량이나 순서를 나타내는 단어
관형사	체언 앞에서 체언을 꾸며 주는 단어
부사	주로 용언을 꾸며 주는 단어
감탄사	놀람, 느낌, 부름, 대답 등을 나타내는 단어
조사	문법적 관계를 나타내거나 뜻을 더해 주는 단어
동사	움직임이나 작용을 나타내는 단어
형용사	상태나 성질을 나타내는 단어

| 08~10 | 다음 빈칸에 들어갈 알맞은 말을 쓰시오.

08 우리말에서 단어를 분류하는 세 가지 기준은 형태, 기능, (　　　　　)이다.

09 단어는 형태에 따라 불변어와 (　　　　　)로 나눌 수 있다.

10 단어는 기능에 따라 체언, 용언, 수식언, (　　　　　), 관계언으로 나눌 수 있다.

| 11~14 | 다음 빈칸에 들어갈 알맞은 말을 〈보기〉에서 찾아 쓰시오.

〈 보기 〉
체언   용언   수식언   관계언   독립언

11 (   )은 문장에서 다른 단어를 꾸며 주는 기능을 한다.

12 (   )은 문장에서 뼈대가 되어 주체적인 기능을 한다.

13 (   )은 문장에서 주체의 동작, 상태, 성질 등을 서술하는 기능을 한다.

14 (   )은 문장에 쓰인 다른 말들의 문법적 관계를 나타내는 기능을 한다.

| 15~18 | 〈보기〉에 대한 설명이 맞으면 ○표, 틀리면 X표 하시오.

〈 보기 〉
철수가 헌 옷을 버렸다.

15 모두 4개의 단어로 이루어져 있다.   (   )

16 '헌'은 다른 단어를 꾸며 주는 기능을 한다.   (   )

17 '헌'과 '버렸다'는 형태가 변하지 않는다.   (   )

18 '가'와 '을'은 다른 단어에 붙어 그 단어의 문법적 관계를 나타내는 기능을 한다.   (   )

19 〈보기〉의 설명에 해당하는 품사로 적절한 것은?

〈 보기 〉
• 문장에서 주로 주어, 목적어, 보어 등으로 쓰임
• 홀로 쓰이거나 조사와 결합하여 쓰임
• 형태가 고정되어 변하지 않음

① 용언   ② 체언   ③ 관계언
④ 독립언   ⑤ 수식언

20 '기능'을 기준으로 품사를 분류할 때, 밑줄 친 단어 중 종류가 다른 하나는?

① 어머니께서 새 신을 사 주셨다.
② 동생은 웃는 얼굴이 제일 예쁘다.
③ 여러 사람이 함께 산을 넘고 있다.
④ 그날에도 이렇게 비가 많이 내렸다.
⑤ 영희가 우리 학교에서 가장 잘 달린다.

21 다음은 우리말 단어를 품사로 분류한 표이다. ㉠~㉤에 알맞은 말을 〈보기〉에서 골라 쓰시오.

기준	분류				
형태	불변어				가변어
기능	체언	수식언	관계언	독립언	용언
의미	명사 (㉠) 수사	관형사 (㉡)	(㉢)	(㉣)	동사 (㉤)

〈 보기 〉
감탄사   대명사   부사   조사   형용사

㉠ : _____   ㉡ : _____   ㉢ : _____

㉣ : _____   ㉤ : _____

22 〈보기〉의 문장에 사용된 단어들을 기능에 따라 분류하여 쓰시오.

〈 보기 〉
어머나, 꽃이 벌써 피었네!

(1) 체언 : _____

(2) 용언 : _____

(3) 수식언 : _____

(4) 관계언 : _____

(5) 독립언 : _____

23 〈보기〉와 같이 단어들을 분류한 기준이 무엇인지 한 문장으로 쓰시오.

〈 보기 〉
수박, 사랑, 다섯, 여러, 매우   높다, 달리다, 읽다

_____

암기 톡톡

• 품사의 분류
 - 형태에 따라 : 불변어, 가변어
 - 기능에 따라 : 체언, 용언, 수식언, 관계언, 독립언
 - 의미에 따라 : 명사, 대명사, 수사, 동사, 형용사, 관형사, 부사, 조사, 감탄사

(2) 체언

개념 018 체언의 개념 및 특징

(1) 체언의 개념
- 문장에서 주체적인 역할을 하는 단어
- '누구' 또는 '무엇'을 나타내는 단어
- '명사, 대명사, 수사'가 이에 속함

명사	대상의 이름을 나타내는 단어
대명사	대상의 이름을 대신 나타내는 단어
수사	수량이나 순서를 나타내는 단어

(2) 체언의 특징
- 문장에서 주로 주어, 목적어, 보어 등으로 쓰임
  → 어떤 조사가 붙느냐에 따라 서술어나 관형어, 부사어 등 여러 문장
  · 성분으로 두루 쓰일 수 있어.
- 홀로 쓰이거나 조사와 결합하여 쓰임
- 형태가 고정되어 변하지 않음 → 불변어
- 관형어의 꾸밈을 받을 수 있음

| 01~03 | 체언에 대한 설명이 맞으면 ○표, 틀리면 X표를 하시오.

01 실질적인 뜻을 지닌다. ( )

02 조사와 결합해서 쓰이거나 홀로 쓰인다. ( )

03 형태가 변하면서 문장에서 여러 가지 구실을 한다. ( )

04 체언에 대한 설명으로 적절하지 <u>않은</u> 것은?

① 명사, 대명사, 수사가 해당된다.
② 반드시 조사와 결합하여 쓰인다.
③ 주로 주어, 목적어, 보어로 쓰인다.
④ 문장에서 주로 주체의 기능을 한다.
⑤ '국어', '수학', '미술'은 체언에 속한다.

05 〈보기〉의 밑줄 친 단어의 품사를 각각 쓰시오.

〈 보기 〉
그녀는 필통에서 연필 하나를 꺼냈다.
 ㉠   ㉡   ㉢

㉠ : _____ ㉡ : _____ ㉢ : _____

개념 019 명사

(1) 명사 : 구체적이거나 추상적인 대상의 이름을 나타내는 단어
(2) 명사의 분류

자립성 여부에 따라	자립 명사	홀로 쓰일 수 있는 명사 ⓔ 바다, 여행, 연필
	의존 명사	관형어의 꾸밈을 받아야만 쓰일 수 있는 명사 ⓔ 것, 줄, 수, 마리, 만큼 → 반드시 앞에 꾸며 주는 말이 와야 해!
지시 대상의 범위에 따라	고유 명사	특정한 사람이나 사물 하나에만 붙이는 이름 ⓔ 제주도, 한강, 이순신
	보통 명사	공통된 속성을 지닌 대상들에 두루 쓰이는 이름 ⓔ 책상, 김밥, 사랑

06 명사에 대한 설명으로 적절하지 <u>않은</u> 것은?

① 대부분 문장에서 홀로 쓰일 수 있다.
② 사람이나 사물 등의 이름을 나타낸다.
③ 문장에서 관형어의 꾸밈을 받을 수 있다.
④ 문장에서 홀로 쓰이지 못하는 것도 있다.
⑤ 문장에서 주어, 목적어, 보어로만 사용된다.

07 〈보기〉에서 설명하는 품사에 해당하는 단어는?

〈 보기 〉
• 형태가 변하지 않는다.
• 조사와 결합할 수 있다.
• 문장에서 주체의 역할을 한다.

① 높다   ② 빨리
③ 매우   ④ 먹다
⑤ 하늘

08 〈보기〉의 문장에 쓰인 명사를 모두 찾아 쓰시오.

〈 보기 〉
모든 사람은 행복을 바란다.

개념 020 대명사

(1) 대명사 : 사람, 사물, 장소 등 대상의 이름을 대신하여 나타내는 단어

(2) 대명사의 분류

지시 대상에 따라	인칭 대명사	사람을 가리키는 대명사 예 나, 너, 우리, 당신, 그, 여러분, 누구
	지시 대명사	사물이나 장소, 시간을 가리키는 대명사 예 저것, 여기, 이곳, 어디

| 09~11 | 대명사에 대한 설명이 맞으면 ○표, 틀리면 ✕표를 하시오.

09 실질적인 뜻이 없어 홀로 쓰이지 못한다. ( )

10 인칭 대명사와 지시 대명사로 나누어진다. ( )

11 문장에서 사용될 때 형태가 변하지 않는다. ( )

| 12~14 | 밑줄 친 단어를 대신하여 사용할 수 있는 대명사를 〈보기〉에서 찾아 쓰시오.

〈 보기 〉
> 그   우리   당신   이것   이곳

12 학생들이 운동장으로 모이고 있다. ( )

13 할머니가 계신 시골에는 감이 흔하다. ( )

14 철수는 글쓰기 대회에서 우수상을 받았다. ( )

15 〈보기〉의 ㉠과 ㉡을 대명사로 바꾼 것으로 가장 적절한 것은?

〈 보기 〉
> 민수는 친구에게 받은 생일 선물을 책상 서랍 속에 넣으면서 곁에 있는 동생에게 "㉠책상 서랍 속에 넣어 둔 ㉡선물 건드리지 마!"라고 말하였다.

	㉠	㉡		㉠	㉡
①	거기	이것	②	여기	이것
③	여기	저것	④	저기	저것
⑤	저기	요것			

16 다음 중 대명사가 사용되지 않은 문장은?

① 이것이 좋을까, 저것이 좋을까?

② 둘 중에서 어느 것이 정답입니까?

③ 손님들은 이쪽으로 오시기 바랍니다.

④ 그대여, 제발 나의 마음을 받아 주오.

⑤ 부모님의 은혜는 무엇으로도 갚지 못한다.

개념 021 수사

(1) 수사 : 사물의 수량이나 순서를 나타내는 단어

(2) 수사의 분류

쓰임에 따라	양수사	수량을 나타내는 수사 예 하나, 둘, 셋, 일, 이, 삼, 한둘, 서넛 → '한 개, 두 사람, 세 마리' 등의 '한, 두, 세'는 명사를 꾸미는 말이므로 수사가 아니야.
	서수사	순서를 나타내는 수사 예 첫째, 둘째, 셋째

| 17~20 | 수사에 대한 설명이 맞으면 ○표, 틀리면 ✕표를 하시오.

17 조사가 자유롭게 붙을 수 있다. ( )

18 부사어의 꾸밈을 받을 수 있다. ( )

19 문장에서 주어로 사용될 수 있다. ( )

20 명사, 대명사와 함께 체언에 속한다. ( )

21 밑줄 친 단어 중 수사가 아닌 것은?

① 나는 고양이 세 마리를 기른다.

② 그때 학생 하나가 손을 들었다.

③ 열에서 셋을 빼면 일곱이 된다.

④ 첫째도 노력, 둘째도 노력이다.

⑤ 우리 맏이는 이제 스물이 된다.

22 다음 중 수사가 사용된 문장은?

① 바다에 큰 배 두 척이 떠 있다.

② 선생님, 김밥 한 줄만 사 주세요.

③ 셋이 먹다 둘이 죽어도 모르겠다.

④ 오늘 국어 시험에서 백 점을 받았다.

⑤ 케이크 세 조각을 단숨에 먹어 버렸다.

수행평가형
23 〈보기〉의 문장에서 사용된 수사가 모두 몇 개인지 쓰시오.

〈 보기 〉
> 아이들 둘이 각각 사과 한 개를 들고 간다.

24 다음 밑줄 친 단어 중 체언이 <u>아닌</u> 것은?

① 맑은 <u>하늘</u>을 보았다.

② 돌쇠야, <u>여기</u> 앉아라.

③ 앞길이 막막할 <u>뿐</u>이다.

④ 하나는 외로워 <u>둘</u>이랍니다.

⑤ 어제는 바람이 <u>몹시</u> 불었다.

25 〈보기〉의 ㉠~㉤ 중에서 품사가 다른 것은?

〈 보기 〉
㉠<u>이보게</u>, ㉡<u>자네</u>는 ㉢<u>거기</u>서 ㉣<u>누구</u>와 ㉤<u>무엇</u>을 하나?

① ㉠   ② ㉡   ③ ㉢   ④ ㉣   ⑤ ㉤

26 〈보기〉의 밑줄 친 세 단어의 공통점으로 알맞은 것은?

〈 보기 〉
<u>영호</u>가 사과 <u>하나</u>를 <u>나</u>에게 내밀었다.

① 형태가 고정되어 변하지 않는다.

② 사람이나 사물의 이름을 나타낸다.

③ 항상 다른 단어와 결합해서 쓰인다.

④ 다른 단어를 꾸며 주는 역할을 한다.

⑤ 문장 내에서 위치 이동이 비교적 자유롭다.

27 〈보기〉의 문장에 나타난 체언을 모두 찾아 명사, 대명사, 수사로 분류하여 쓰시오.

〈 보기 〉
나는 사과 두 개와 배 하나를 샀는데, 너는 무엇을 샀니?

(1) 명사 : _____

(2) 대명사 : _____

(3) 수사 : _____

28 〈보기〉의 문장에서 가장 먼저 나오는 명사를 찾아 쓰시오.

〈 보기 〉
저기 보이는 산이 우리가 오를 곳이다.

| 29~30 | 다음 글을 읽고 물음에 답하시오.

둘째 아들이 기다리고 있으려니까 부잣집으로 들어갔던 도깨비가 나왔다.

"딸의 혼은 어떻게 했나?"

"여기 있네. 지금 이 손에 꼭 쥐고 있다네."

"그래? 그러면 ㉠그것을 손에 쥐고 애를 쓸 게 아니라 저기 있는 주머니에 넣게."

29 ㉠의 품사를 쓰고, ㉠이 대신하는 말을 2어절로 찾아 쓰시오.

_____

_____

30 윗글에 나타난 대명사의 전체 개수로 적절한 것은?

① 2개   ② 3개   ③ 4개   ④ 5개   ⑤ 6개

31 〈보기〉의 ㉠과 ㉡의 공통되는 품사를 쓰고, ㉠과 ㉡의 차이점을 간략하게 쓰시오.

〈 보기 〉
• 그 일은 누구나 할 ㉠수 있다.
• 원숭이도 ㉡나무에서 떨어진다.

_____

_____

32 〈보기〉에 나타난 수사와 관형사의 차이점을 조사와 관련지어 서술하시오.

〈 보기 〉
[관형사] 열 사람이 모였다.
[수사] 아이들 열이 모였다.

_____

_____

암기 톡톡

• 체언의 특징

- 불변어
- 문장에서 주체의 기능을 하며 주어, 목적어, 보어 등 여러 성분으로 두루 쓰임
- 명사, 대명사, 수사가 이에 해당함
- 조사와 결합할 수 있음
- 관형어의 꾸밈을 받을 수 있음

(3) 용언

개념 022 용언의 개념 및 특징

(1) 용언의 개념
- 문장에서 주체의 동작, 상태, 성질 등을 서술하는 역할을 하는 단어 예 아기가 웃는다. 하늘이 파랗다.
- '어찌하다' 또는 '어떠하다'를 나타내는 단어
- '동사, 형용사'가 이에 해당함

동사	움직임이나 작용을 나타내는 단어
형용사	상태나 성질을 나타내는 단어

(2) 용언의 특징
- 문장에서 주로 서술어로 쓰이지만, 형태 변화에 따라 다른 문장 성분으로도 쓰임
- 문장에서 쓰일 때 형태가 변함(가변어)
  → 용언의 형태가 변하는 것을 '활용'이라고 해.
- '어간+어미'로 구성되며, 기본형은 '어간+-다'임
  → 용언이 활용할 때 형태가 변하지 않는 부분을 '어간', 형태가 변하는 부분을 '어미'라고 해.
- 부사어의 꾸밈을 받을 수 있음

| 01~04 | 용언에 대한 설명이 맞으면 ○표, 틀리면 X표를 하시오.

01 문장에서 사용될 때 형태가 변한다. (   )
02 문장에서 관형어의 꾸밈을 받을 수 있다. (   )
03 용언에 속하는 품사는 동사와 형용사이다. (   )
04 문장에서 주로 주체의 움직임이나 상태, 성질 등을 서술하는 기능을 한다. (   )

| 05~06 | 다음 빈칸에 들어갈 알맞은 말을 쓰시오.

05 대상의 상태나 성질을 나타내며 주로 서술어로 쓰이는 단어의 품사를 (   )라고 한다.
06 대상의 동작이나 작용을 나타내며 주로 서술어로 쓰이는 단어의 품사를 (   )라고 한다.

07 용언에 대한 설명으로 가장 적절한 것은?

① 문장에서 다른 단어를 꾸며 주는 역할을 한다.
② 문장에서 사용될 때 쓰임에 따라 형태가 변한다.
③ 실질적인 뜻이 없어 독립적으로 사용되지 않는다.
④ 생략되어도 문장의 의미 전달에는 큰 문제가 없다.
⑤ 문장에 사용된 단어들의 문법적인 관계를 나타낸다.

개념 023 용언의 활용

(1) 용언의 활용 : 한 어간에 여러 어미가 결합하면서 형태가 변하는 것 예 먹다, 먹는구나, 먹네, 먹니, 먹어서, 먹고, 먹으니 → 어간 '먹-'에 '-다'가 붙은 '먹다'가 기본형이야!

(2) 용언의 어간과 어미

어간	실질적인 의미를 지니며 활용할 때 변하지 않는 부분 예 '먹다'의 '먹-', '예쁘다'의 '예쁘-'
어미	어간에 결합하여 여러 가지 문법적인 관계를 나타내는 부분 예 '먹-'에 붙을 수 있는 '-다, -(는)구나, -네, -니, -아/어서, -고, -으니' 등

| 08~10 | 다음 설명이 맞으면 ○표, 틀리면 X표를 하시오.

08 어간은 문장에서 활용될 때 원칙적으로 형태가 변하지 않는다. (   )
09 어간에 결합하는 어미의 종류에 따라 그 단어의 품사가 달라진다. (   )
10 어간은 실질적인 의미를 지니는 반면, 어미는 실질적인 의미를 지니지 않는다. (   )

| 11~13 | 다음 빈칸에 들어갈 알맞은 말을 쓰시오.

11 문장에서 단어의 형태가 변하는 것을 (   )이라고 한다.
12 (   )는 어간에 결합하여 문법적인 관계를 나타낸다.
13 (   )의 기본형은 '어간+-다'의 형태이다.

14 다음 중 활용한 용언을 어간과 어미로 바르게 나누지 못한 것은?

① 보아라 : 보-+-아라
② 새롭네 : 새롭-+-네
③ 떨어지다 : 떨어지-+-다
④ 공부하자 : 공부-+-하자
⑤ 아름답구나 : 아름답-+-구나

15 〈보기〉의 밑줄 친 단어 중 쓰임에 따라 그 형태가 변하는 것은?

〈 보기 〉
나비 한 마리가 꽃잎에 사뿐 앉았다.

① 나비   ② 한   ③ 에
④ 사뿐   ⑤ 앉았다

수행평가형

16 〈보기〉의 문장에서 가장 먼저 나오는 용언을 찾아 그 단어의 기본형을 쓰시오.

〈 보기 〉
우리 집은 학교에서 매우 먼 곳에 있다.

_____

수행평가형

17 〈보기〉의 예문을 통해 알 수 있는 용언의 특징을 한 문장으로 서술하시오.

〈 보기 〉
밥을 먹는다. / 밥을 먹는구나!
밥을 먹었다. / 밥을 먹자. / 밥을 먹어라.

_____

개념 024 용언의 종류 – 동사, 형용사

(1) **동사** : 사람이나 사물의 움직임을 나타내는 단어
　예 걷다, 늙다, 자다, 보다, 먹다

(2) **형용사** : 사람이나 사물의 상태나 성질을 나타내는 단어
　예 크다, 예쁘다, 붉다, 젊다, 그러하다

(3) **동사와 형용사의 차이점**

동사	형용사
• 현재형('-ㄴ/는다')으로 활용할 수 있음 → 달린다, 간다 (○)	• 현재형('-ㄴ/는다')으로 활용할 수 없음 → 예쁜다, 착한다 (×)
• 명령형이나 청유형으로 활용할 수 있음 → 달려라, 가자 (○)	• 명령형이나 청유형으로 활용할 수 없음 → 예뻐라, 착하자 (×)

→ 어떤 용언이 동사인지 형용사인지 헷갈린다면 그 말의 기본형을 찾아서 현재형, 명령형, 청유형으로 바꾸어 봐. 그때 문장이 어색하다면 형용사인 거야.

| 18~22 | 다음 밑줄 친 단어가 동사이면 '동', 형용사이면 '형'이라고 쓰시오.

18 영희가 그림을 <u>그린다</u>.   (   )
19 지난여름은 매우 <u>더웠다</u>.   (   )
20 한 사람이 <u>웃으며</u> 걸어왔다.   (   )
21 그는 여전히 마을에서 가장 <u>젊다</u>.   (   )
22 그는 몇 달 사이에 십 년은 <u>늙었다</u>.   (   )

| 23~26 | 다음 설명이 맞으면 ○표, 틀리면 X표를 하시오.

23 형용사와 동사는 모두 서술어가 될 수 있다. (   )
24 동사는 형용사와 달리 문장에서 현재형으로 쓰일 수 있다.   (   )
25 동사는 형용사와 달리 문장에서 청유형으로 쓰일 수 있다.   (   )
26 형용사는 동사와 달리 어간과 어미로 구성된다. (   )

수행평가형

27 〈보기〉의 단어들을 의미에 따라 분류하여 쓰시오.

〈 보기 〉
자다   깨끗하다   푸르다   노래하다   화나다

(1) 동사 : _____

(2) 형용사 : _____

수행평가형

28 〈보기〉의 문장에서 가장 먼저 나오는 형용사를 찾아 쓰시오.

〈 보기 〉
너를 만나니 기분이 몹시 좋다.

_____

29 〈보기〉의 용언 어간에 결합할 수 <u>없는</u> 어미는?

〈 보기 〉
예쁘다

① -네   ② -면   ③ -자
④ -구나   ⑤ -지만

30 〈보기〉의 단어들에 대한 설명으로 적절하지 <u>않은</u> 것은?

〈 보기 〉
> 놀다 자다 공부하다
> 빠르다 낮다 아름답다

① 대상의 움직임이나 상태, 성질 등을 나타낸다.
② 문장에서 사용될 때 여러 가지로 형태가 바뀐다.
③ '빠르다, 낮다, 아름답다'는 모두 동일한 품사이다.
④ '놀다, 자다, 공부하다'는 현재형으로 쓰일 수 있다.
⑤ 문장에서 문장의 주체를 꾸며 주는 데 주로 쓰인다.

31 동사에 대한 설명으로 적절하지 <u>않은</u> 것은?

① 부사의 꾸밈을 받을 수 있다.
② 형용사와 함께 용언에 속한다.
③ 대상의 상태나 성질을 나타낸다.
④ 어미의 결합에 제한이 거의 없다.
⑤ 문장에서 주로 서술어로 사용된다.

수행평가형
32 〈보기〉의 문장에서 용언을 모두 찾아 동사와 형용사로 분류하여 쓰시오.

〈 보기 〉
> 우리는 많은 난관을 슬기롭게 극복하고, 오늘의 성공을 이룩했다.

(1) 동사 : _____

(2) 형용사 : _____

수행평가형
33 〈보기〉의 빈칸에 들어갈 알맞은 말을 각각 2음절로 쓰시오.

〈 보기 〉
> 용언이 활용할 때 실질적인 의미를 지니며 바뀌지 않는 부분을 (㉠)(이)라 하고, 실질적인 의미 없이 문법적인 관계를 나타내면서 형태가 바뀌는 부분을 (㉡)(이)라 한다.

㉠ : _____ ㉡ : _____

34 밑줄 친 단어의 쓰임이 어색한 것은?

① 가슴을 펴고 크게 <u>웃자</u>.
② 나와 같이 운동장을 <u>달리자</u>.
③ 내일을 위해 열심히 <u>노력하자</u>.
④ 반드시 병을 이겨 내서 <u>건강하자</u>.
⑤ 그 낡은 청바지는 이제 그만 <u>버리자</u>.

35 〈보기〉와 같이 활용할 수 있는 단어로 알맞지 <u>않은</u> 것은?

〈 보기 〉
> 뛰다 → 철수는 지금 운동장을 <u>뛴다</u>.
> 철수야, 조금만 빨리 <u>뛰어라</u>.
> 철수야, 오늘부터 같이 <u>뛰자</u>.

① 꾸미다   ② 다르다   ③ 마시다
④ 만나다   ⑤ 즐기다

36 밑줄 친 단어의 품사를 잘못 파악한 것은?

① 농사가 잘되어 수박이 꽤 <u>달다</u>. – [형용사]
② 국경일인데 태극기를 <u>단</u> 집이 적다. – [형용사]
③ 낮잠을 <u>달게</u> 잤더니 머리가 맑아졌다. – [형용사]
④ 돈을 얼마나 <u>달라고</u> 하는지 모르겠다. – [동사]
⑤ 무게가 얼마나 나가는지 <u>달아</u> 보았다. – [동사]

수능형
37 〈보기〉를 참고할 때, 밑줄 친 단어의 어간과 어미를 바르게 구분한 것은?

〈 보기 〉
> 용언이 활용을 할 때, 기본적으로 어간은 변하지 않지만, 일부 단어에서는 활용할 때 어간이나 어미가 달라지는 경우가 있다. 따라서 용언의 어간과 어미를 파악할 때는 사전에 등재되는 기본형을 기준으로 삼아야 한다.

① 그는 마음씨가 <u>고운</u> 사람이다. → (고-+-운)
② <u>빨간</u> 자동차가 도로를 달린다. → (빨-+-간)
③ 샘물이 <u>흐르는</u> 소리가 들렸다. → (흐르-+-는)
④ <u>아름다운</u> 자연을 잘 보존하자. → (아름-+-다운)
⑤ 열심히 <u>노력하는</u> 사람이 되자. → (노력-+-하는)

암기 톡톡
• 용언의 특징
- 동사(동작), 형용사(상태나 성질)가 이에 해당함
- 문장에서 형태가 변하며 주로 주체의 동작이나 상태, 성질을 서술함
- '어간(불변) + 어미(가변)'로 이루어짐
- 동사는 현재형, 청유형, 명령형으로 쓰일 수 있지만 형용사는 쓰일 수 없음

(4) 관계언

개념 쏙쏙! 내신 쑥쑥!

개념 025 관계언 – 조사

(1) **관계언** : 문장에서 다른 단어 뒤에 붙어 다른 말과의 문법적인 관계를 나타내거나 뜻을 더해 주는 역할을 하는 단어. '조사'가 이에 해당함

(2) **조사** : 주로 체언 뒤에 붙어 다른 말과의 문법적 관계를 나타내거나 뜻을 더해 주는 단어
예 이가, 을/를, 의, 에, 에서, 아/야, 은/는, 도, 부터, 와/과

(3) **조사(관계언)의 특징**
 – 실질적인 뜻이 없음
 – 주로 체언 뒤에 붙으나, 부사, 형용사, 동사, 다른 조사 뒤에 붙기도 함
 – 기본적으로 형태가 변하지 않지만, 서술격 조사 '이다'는 형태가 변함 → '이다'만 가변어야.
 – 홀로 쓰이지 못하고, 앞말에 붙어 쓰임
 – 홀로 쓰일 수 없으나 단어로 인정함

| 01~05 | 다음 설명이 맞으면 ○표, 틀리면 X표를 하시오.

01 관계언은 실질적인 뜻이 없이 단어 간의 문법적 관계를 나타내는 기능을 한다. ( )

02 조사는 앞말의 문장 내 구실을 나타내거나 앞말에 특별한 뜻을 더해 주는 품사이다. ( )

03 조사는 홀로 쓰일 수 없으므로 단어로 인정되지 않는다. ( )

04 모든 조사는 형태가 고정되어 있어 문장에서 쓰일 때 형태 변화가 일어나지 않는다. ( )

05 조사끼리는 문장에서 붙어 쓰이지 못한다. ( )

06 관계언에 대한 설명으로 적절한 것은?

① 어근에 붙어 특정한 의미나 기능을 더해 준다.
② 문장에 쓰인 단어들의 관계를 나타내는 단어이다.
③ 사람이나 사물의 상태나 성질을 나타내는 말이다.
④ 다른 말에 붙어 쓰이기도 하고 홀로 쓰이기도 한다.
⑤ 다양한 형태로 활용되어 다른 말과 어울려 사용된다.

07 〈보기〉의 문장에 쓰인 관계언의 개수로 알맞은 것은?

〈 보기 〉
나와 너는 모두 학생이다.

① 1개   ② 2개   ③ 3개   ④ 4개   ⑤ 5개

개념 026 조사의 종류

		앞말이 문장 안에서 일정한 자격을 가지게 하는 조사
격 조사	주격 조사	주어의 자격을 가지게 함 예 산이 높다. 선주가 학교에 간다. → '이/가, 께서, 에서' 등이 주격 조사야.
	목적격 조사	목적어의 자격을 가지게 함 예 꽃을 가꾸다. 나무를 심다. → '을/를' 등이 목적격 조사야.
	서술격 조사	서술어의 자격을 가지게 함 예 이것은 책이다. 그는 양심적이다. → '이다' 하나뿐이야.
	보격 조사	보어의 자격을 가지게 함 예 물이 얼면 얼음이 된다. 고래는 물고기가 아니다. → '이/가'가 보격 조사야.
	관형격 조사	관형어의 자격을 가지게 함 예 그의 가방. 너의 부탁. 꽃의 향기 → '의'가 관형격 조사야.
	부사격 조사	부사어의 자격을 가지게 함 예 나는 시골에 산다. 우리는 도서관에서 만났다. → '에, 에서, (으)로, 에게' 등이 부사격 조사야.
	호격 조사	독립어의 자격을 가지게 함 예 영숙아, 이리 와. 겨레여, 잠에서 깨어나라. → '아/야, (이)시여, (이)여' 등이 호격 조사야.
보조사		앞말에 특별한 의미를 더해 주는 조사 예 인생은 짧고 예술은 길다. 집도 있고, 차도 있다. → '은/는, 도, 만, 부터, 까지, 마저, 조차' 등이 있어.
접속 조사		둘 이상의 단어를 같은 자격으로 이어 주는 조사 예 개와 고양이. 언니하고 동생하고 다 나갔어요. → '와/과, 에(다), 하고, (이)며, (이)랑' 등이 있어.

08 다음을 관련된 것끼리 연결하시오.

(1)	앞말이 문장 안에서 일정한 자격을 가지게 하는 조사	• ㉠ 보조사	• ⓐ 와/과, 하고, (이)랑 등
(2)	앞말에 특별한 뜻을 더해 주는 조사	• ㉡ 접속 조사	• ⓑ 이/가, 을/를, 의 등
(3)	단어와 단어를 같은 자격으로 이어 주는 조사	• ㉢ 격 조사	• ⓒ 은/는, 도, 만 등

09 조사에 대한 설명으로 적절하지 <u>않은</u> 것은?

① 주로 문법적인 관계를 나타낸다.

② 문장에서 활용을 하는 조사도 있다.

③ 실질적인 뜻이 없으나 단어로 인정한다.

④ 문장에서 독립적으로 쓰이는 경우가 많다.

⑤ 주로 체언 뒤에 붙지만 다른 품사와도 결합한다.

10 〈보기〉의 ㉮, ㉯의 의미가 다른 이유로 가장 적절한 것은?

〈 보기 〉
㉮ 고양이가 쥐를 물었다.   ㉯ 고양이를 쥐가 물었다.

① 체언에 붙은 조사가 달라졌기 때문이다.

② 용언이 활용하며 형태가 달라졌기 때문이다.

③ 대명사가 가리키는 내용이 달라졌기 때문이다.

④ 용언이 서로 다른 뜻으로 사용되었기 때문이다.

⑤ 주체가 되는 단어의 배열 순서가 달라졌기 때문이다.

11 다음 밑줄 친 말이 조사가 <u>아닌</u> 것은?

① 이 영화는 정말 재미있다.

② 그녀는 장미꽃처럼 예쁘다.

③ 우리 학교에는 동상이 있다.

④ 민우와 경희가 우연히 만났다.

⑤ 어머니께서 식사 준비를 하신다.

12 〈보기〉의 ㉠~㉤ 중 조사가 <u>아닌</u> 것은?

〈 보기 〉
비가 와서 형과 동생은 우산을 꺼냈다.
 ㉠   ㉡   ㉢   ㉣

① ㉠   ② ㉡   ③ ㉢   ④ ㉣   ⑤ ㉤

수행평가형
13 〈보기〉의 문장에서 관계언을 모두 찾아 쓰시오.

〈 보기 〉
동생이 공부를 열심히 하면 좋겠다.

14 다음 밑줄 친 보조사의 의미를 <u>잘못</u> 파악한 것은?

① 귤은 먹고 감은 먹지 마라. → [강조]

② 진수부터 대답을 해 보렴. → [시작]

③ 할 수 있는 데까지 해 보자. → [극단]

④ 나영이만 홀로 학교에 남았다. → [한정]

⑤ 친구와 영화를 보고 밥도 먹었다. → [더함]

수행평가형
15 〈보기〉의 문장에 사용된 조사를 모두 찾아 순서대로 쓰시오.

〈 보기 〉
누나와 동생은 버스를 타고 집으로 왔다.

수능형
16 〈보기〉를 참고할 때, 문장에서 밑줄 친 조사의 기능을 파악한 내용으로 적절하지 <u>않은</u> 것은?

〈 보기 〉
격 조사는 체언으로 하여금 일정한 자격을 가지도록 해 주는 조사로, 앞말이 문장에서 하는 역할에 따라 주격 조사, 서술격 조사, 목적격 조사, 보격 조사, 관형격 조사, 부사격 조사, 호격 조사 등이 있다.

① 누나<u>가</u> 공을 던졌다. → 앞말이 주어의 자격임을 나타낸다.

② 너<u>에게</u> 이 책을 줄게. → 앞말이 목적어의 자격임을 나타낸다.

③ 철수<u>야</u>, 우리 같이 가자. → 앞말이 부사어의 자격임을 나타낸다.

④ 승호<u>의</u> 꿈은 선생님이다. → 앞말이 관형어의 자격임을 나타낸다.

⑤ 야구부는 우리 학교의 자랑<u>이다</u>. → 앞말이 서술어의 자격임을 나타낸다.

수행평가형
17 〈보기〉의 빈칸에 들어갈 알맞은 말을 한 문장으로 쓰시오.

〈 보기 〉
격 조사는 체언 뒤에 붙어 앞말이 문장에서 어떤 자격을 가지는지 보여 준다. '영희가 철수를 좋아한다.'에서 조사 '가'는 좋아하는 주체가 '영희'임을 보여 주고, 조사 '를'은 좋아하는 대상이 '철수'임을 보여 준다. 따라서 위의 문장을
[   ]와 같이 바꾸면 좋아하는 주체와 그 대상이 뒤바뀌게 된다.

암기 톡톡

● 관계언의 특징

- '조사'가 이에 해당함

- 주로 체언과 결합하여 문법적 관계(격 조사)를 나타내거나 특별한 뜻을 더함(보조사)

- 홀로 쓰일 수 없지만 단어로 인정함

- 불변어('서술격 조사〈이다〉'만 예외적으로 활용함)

(5) 수식언과 독립언

개념 027 수식언의 개념 및 특징

(1) 수식언의 개념

– 문장에서 다른 단어를 꾸며 주는 역할을 하는 단어
– '어떤'이나 '어떻게'를 나타내는 단어
– '관형사, 부사가 이에 해당함

관형사	체언 앞에서 체언을 꾸며 주는 단어
부사	주로 용언을 꾸며 주는 단어

(2) 수식언의 특징

– 대부분 생략되어도 문장이 성립됨
– 관형사에는 조사가 붙지 못하나, 부사에는 조사(보조사)가 붙을 수 있음 예 별이 반짝반짝도 빛난다.
– 부사는 용언 이외에 체언, 관형사, 다른 부사, 문장 전체를 꾸미기도 함
– 형태가 고정되어 변하지 않음

개념 028 수식언의 종류 – 관형사, 부사

(1) 관형사

개념	문장에서 체언을 꾸며 주는 단어 예 이, 그, 저, 옛, 헌, 새, 첫, 여러, 한, 두
특징	• 꾸밈을 받는 체언 앞에 위치함 • 조사가 붙지 않음

(2) 부사

개념	문장에서 주로 용언을 꾸며 주는 단어 예 잘, 어찌, 아니, 매우, 과연, 정말, 그러나
특징	• 문장 내 위치 이동이 비교적 자유로움 • 용언 외에 다른 부사, 관형사, 체언, 문장 전체를 꾸며 주기도 함 • 보조사가 붙을 수 있음

| 01~03 | 수식언에 대한 설명이 맞으면 ○표, 틀리면 X표를 하시오.

01 문장에서 다른 단어를 꾸며 주는 역할을 한다. ( )
02 '어찌하다' 또는 '어떠하다'를 나타낸다. ( )
03 형태가 고정되어 변하지 않는다. ( )

04 ㉠~㉢에 들어갈 알맞은 말을 〈보기〉에서 골라 쓰시오.

〈 보기 〉
수식언   체언   용언

관형사는 (㉠)을, 부사는 주로 (㉡)을 꾸며 주는 (㉢)이다.

㉠ : _____   ㉡ : _____   ㉢ : _____

| 05~07 | 다음 문장에서 수식언을 모두 찾아 쓰시오.

05 알밤 한 개가 툭 떨어졌다. → ( ), ( )
06 헌 옷은 그만 내다 버려라. → ( ), ( )
07 이건 아무 옷에나 잘 어울려. → ( ), ( )

수행평가형
08 〈보기〉의 밑줄 친 단어가 수식하는 단어를 찾아 쓰시오.

〈 보기 〉
햇빛이 너무 강해서 눈이 부시다.

| 09~12 | 관형사에 대한 설명이 맞으면 ○표, 틀리면 X표를 하시오.

09 조사가 붙어 쓰일 수 없다. ( )
10 체언 앞에서 그 내용을 꾸며 준다. ( )
11 용언이나 문장 전체를 꾸며 주기도 한다. ( )
12 문장에서 사용될 때 형태가 변하기도 한다. ( )

| 13~16 | 부사에 대한 설명이 맞으면 ○표, 틀리면 X표를 하시오.

13 주로 용언을 꾸며 준다. ( )
14 문장에서 사용될 때 형태가 변한다. ( )
15 격 조사는 붙을 수 없지만 보조사는 붙을 수 있다. ( )
16 문장 내에서 위치가 고정되어 있다. ( )

| 17~23 | 다음 밑줄 친 단어가 관형사면 '관', 부사면 '부'라고 쓰시오.

17 <u>다른</u> 생각 말고 공부나 해라. ( )
18 손님, 커피 <u>두</u> 잔 나왔습니다. ( )
19 <u>다시는</u> 그 사람을 안 만나겠다. ( )
20 중학교에서의 <u>첫</u> 시험이 끝났다. ( )
21 고등학교 생활이 <u>거의</u> 끝나 간다. ( )
22 그 사람은 <u>아무</u> 말도 하지 않았다. ( )
23 <u>과연</u> 소문으로 들었던 것처럼 똑똑하구나! ( )

24 〈보기〉의 밑줄 친 단어에 대한 설명으로 적절한 것은?

━━━━〈 보기 〉
흰 눈이 하루 종일 평평 내린다.
━━━━

① 사람이나 사물의 동작을 나타낸다.

② 주로 용언을 꾸며 주는 구실을 한다.

③ 사람이나 사물의 성질이나 상태를 나타낸다.

④ 단어의 문법적 관계를 나타내거나 뜻을 더한다.

⑤ 문장에서 다른 품사와 관련 없이 독립적으로 사용된다.

25 관형사와 부사에 대한 설명으로 적절하지 <u>않은</u> 것은?

① 관형사는 체언을 꾸며 주고 부사는 주로 용언을 꾸며 준다.

② 관형사는 조사가 붙을 수 없으나 부사는 보조사가 붙을 수 있다.

③ 관형사는 부사를 꾸며 줄 수 없지만 부사는 관형사를 꾸며 줄 수 있다.

④ 관형사와 부사는 모두 형태가 고정되어 있어 활용하지 않는다.

⑤ 관형사와 부사는 모두 문장 내에서의 위치 이동이 비교적 자유롭다.

26 밑줄 친 단어의 품사를 바르게 파악한 것은?

① 방을 매우 <u>깨끗이</u> 치웠다. → (관형사)

② 정말 <u>기막힌</u> 일이 일어났다. → (관형사)

③ 그는 창을 <u>활짝</u> 열어 놓았다. → (부사)

④ <u>모든</u> 국민은 법 앞에 평등하다. → (부사)

⑤ 고양이가 새끼를 <u>다섯</u> 마리나 낳았다. → (부사)

27 〈보기〉의 문장에서 ㉠과 ㉡의 꾸밈을 받는 말을 각각 찾아 쓰시오.

━━━━〈 보기 〉
그 책은 내 마음에 꼭 든다.
㉠   ㉡
━━━━

㉠ : _____   ㉡ : _____

독립언 – 감탄사

(1) **독립언** : 문장에서 다른 단어와 직접적인 관련 없이 독립적으로 사용되는 단어. '감탄사'가 이에 해당함

(2) **감탄사** : 말하는 이의 느낌, 놀람, 부름, 대답 등을 나타내는 단어 **예** 앗, 어머나, 우아, 야, 예, 아니요, 얼씨구

(3) **감탄사(독립언)의 특징**

  – 생략되어도 문장의 의미에 큰 변화가 없음

  – 감탄사 뒤에 흔히 쉼표(,)나 느낌표(!)를 찍음

  – 조사가 붙을 수 없음

  – 형태가 고정되어 변하지 않음

| 28~30 | 독립언에 대한 설명이 맞으면 ○표, 틀리면 ✕표를 하시오.

28 말하는 사람의 느낌이나 놀람, 부름이나 대답 등을 나타낸다. (　　　)

29 문장 내에서 항상 맨 앞에 위치한다. (　　　)

30 문장 속의 다른 성분에 얽매이지 않는다. (　　　)

31 다음 중, 감탄사가 들어 있지 <u>않은</u> 문장은?

① 어머나 예쁜 꽃이 피었네!

② 아차, 점심 약속을 잊었구나.

③ 예, 제가 그곳에 가겠습니다.

④ 현주야, 오늘 유난히 예쁘구나.

⑤ 여보게, 어서 방으로 들어오게.

32 〈보기〉의 문장에서 독립언을 찾아 쓰시오.

━━━━〈 보기 〉
철수가, 글쎄, 달리기에서 꼴찌를 했대.
━━━━

• **수식언의 특징**

– 관형사, 부사가 이에 해당함

– 관형사는 주로 체언을, 부사는 주로 용언을 수식함

– 생략되어도 문장이 성립됨

– 관형사는 조사가 붙을 수 없지만, 부사는 보조사가 붙을 수 있음

• **독립언의 특징**

– 감탄사가 이에 해당함

– 독립성을 지님 → 생략이 가능함

– 불변어이고 조사가 붙지 않음

– 문장 내 위치 이동이 비교적 자유로움

❹ 품사의 종류와 특성

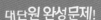

01 품사에 대한 설명으로 적절하지 <u>않은</u> 것은?

① 품사의 분류 기준은 형태, 기능, 의미이다.

② 우리말에서 의미에 따른 품사는 아홉 개이다.

③ 단어를 형태에 따라 분류하면 불변어와 가변어로 나뉜다.

④ 형성 방법이 같은 것끼리 단어를 묶어 놓은 것을 의미한다.

⑤ 단어를 기능에 따라 분류하면 체언, 용언, 수식언, 관계언, 독립언으로 나뉜다.

수행평가형

02 〈보기〉에서 우리말 단어의 품사 분류 기준을 모두 골라 기호를 쓰시오.

〈 보기 〉
ㄱ. 자립성 유무   ㄴ. 공통된 의미
ㄷ. 단어 형성 방법   ㄹ. 조사의 결합 유무
ㅁ. 형태 변화 여부   ㅂ. 문장 속에서의 기능

수능형

| 중3 학업성취도평가 |

03 밑줄 친 단어 중 〈자료〉의 ㉠의 예로 적절한 것은?

〈 자료 〉
한국어의 단어는 ㉠형태가 바뀌는 단어와 형태가 바뀌지 않는 단어로 나뉠 수 있다. 형태가 바뀌지 않는 단어는 다시, 의미 특성에 따라 사람이나 사물의 이름을 나타내는 단어, 수량이나 순서를 나타내는 단어, 놀람이나 부름, 대답을 나타내는 단어 등으로 나뉠 수 있다.

① 한라산에 눈이 왔다.

② 첫째도 노력, 둘째도 노력이다.

③ 11월이 되니 바람이 매우 차다.

④ 어머나! 정원 가득 꽃이 피었네.

⑤ 내 취미는 독서와 영화 감상이다.

04 〈보기〉와 같이 단어들을 분류한 기준으로 적절한 것은?

〈 보기 〉
| 뛰다, 입다, 슬프다, 아름답다, 싫다 | 기차, 우리, 둘, 매우, 모든 |

① 공통된 의미가 있는가?

② 조사와 결합할 수 있는가?

③ 문장에서 어떤 기능을 하는가?

④ 쓰임에 따라 형태가 변하는가?

⑤ 문장에서 홀로 쓰일 수 있는가?

05 〈보기〉의 특성과 가장 거리가 <u>먼</u> 품사는?

〈 보기 〉
문장에서 사용될 때, 형태가 변하지 않는 단어

① 명사   ② 조사   ③ 부사
④ 관형사   ⑤ 동사

06 밑줄 친 단어 중 쓰임에 따라 형태가 변하는 것은?

① 영희는 오늘 늦잠을 <u>잤다</u>.

② 온갖 새들이 재잘대고 있다.

③ 그날이 예상보다 <u>빨리</u> 왔다.

④ 그녀는 물 한 모금을 마셨다.

⑤ 첫째도 건강, 둘째도 건강이다.

07 형태를 기준으로 볼 때, 밑줄 친 단어의 품사가 <u>다른</u> 것은?

① 저 식당은 음식이 조금 <u>짜다</u>.

② 철수의 꿈은 유치원 <u>교사이다</u>.

③ 마을 사람들은 흥겹게 <u>노래했다</u>.

④ 나무 위에서 작은 새가 <u>지저귄다</u>.

⑤ 그녀는 그의 손을 살며시 <u>잡았다</u>.

08 우리말의 아홉 품사에 대한 설명으로 적절한 것은?

① 부사는 관형사와 달리 조사와 결합할 수 있다.

② 동사는 명령형이나 청유형으로 활용할 수 없다.

③ 관형사는 문장 내에서의 위치 이동이 비교적 자유롭다.

④ 조사는 다른 성분에 얽매이지 않고 독립적으로 쓰인다.

⑤ 형용사는 동사와 달리 형태의 변화가 일어나지 않는다.

09 품사에 대한 설명과 품사가 바르게 연결되지 <u>않은</u> 것은?

① 주로 체언을 꾸며 주는 단어 → 관형사

② 수량이나 순서를 나타내는 단어 → 수사

③ 대상의 상태나 성질을 나타내는 단어 → 동사

④ 대상의 이름을 대신 나타내는 단어 → 대명사

⑤ 사람이나 사물의 이름을 나타내는 단어 → 명사

10 체언에 대한 설명으로 적절하지 <u>않은</u> 것은?

① 조사와 결합하여 쓰일 수 있다.

② 다른 말의 꾸밈을 받을 수 있다.

③ 쓰임에 따라 형태가 변하는 경우도 있다.

④ 주로 문장에서 주체가 되는 자리에 쓰인다.

⑤ 실질적인 의미를 지니며 대부분 홀로 쓰일 수 있다.

11 밑줄 친 단어 중 체언에 해당하는 것은?

① 민수는 집에서 <u>공부한다</u>.

② 사람들이 <u>정말</u> 많이 모였다.

③ 이 학교가 <u>우리</u>가 다닌 곳이야.

④ <u>저</u> 두 사람은 매우 친한 사이다.

⑤ <u>어머나</u>, 네가 벌써 중학생이라고!

12 〈보기〉의 문장에서 체언을 모두 찾아 쓰시오.

〈 보기 〉

우리 식구는 모두 다섯 명이다.

13 다음 중 체언의 개수가 가장 많은 문장은?

① 책상이 깔끔하게 정돈되어 있다.

② 소년은 노란 옷을 입고 나타났다.

③ 아버지는 아침마다 신문을 읽는다.

④ 그는 다른 사람에게 못되게 굴었다.

⑤ 둘 다 예뻐서 하나만 고르기 어렵다.

14 〈보기〉에 나타난 체언을 모두 찾아 명사, 대명사, 수사로 분류하여 쓰시오.

〈 보기 〉

많은 학생이 교과서 내용을 단순하게 외우면서 공부한다. 하지만 이는 하나는 익힐 수 있지만 둘은 터득할 수 없는 방법이다.

(1) 명사 : _____

(2) 대명사 : _____

(3) 수사 : _____

15 〈보기〉의 단어들을 두 가지 품사로 분류하여 쓰시오.

〈 보기 〉

이것　메아리　누구　하늘
우리　행복　여기　개구리

16 〈보기〉에서 설명하는 품사끼리 바르게 묶인 것은?

〈 보기 〉

구체적이거나 추상적인 대상의 이름을 나타내는 단어

① 가다, 먹다, 자다　　② 서울, 행복, 사과

③ 여기, 누구, 당신　　④ 크다, 높다, 많다

⑤ 빨리, 매우, 정말

17 〈보기〉의 시에 쓰인 단어 중 반드시 꾸미는 말이 있어야만 사용할 수 있는 것은?

〈 보기 〉

<u>우리들</u>의 반짝이는 <u>미소</u>로도
이 커다란 <u>세계</u>를
넉넉히 떠받쳐 나갈 수 있다는 <u>것</u>을
<u>믿게</u> 해 주십시오.

－ 정한모, 〈가을에〉

① 우리들　　② 미소　　③ 세계

④ 것　　⑤ 믿게

18 〈보기〉의 설명에 해당하는 품사의 종류를 쓰시오.

〈 보기 〉

사람, 사물, 장소 등의 이름을 대신하여 나타낸다.

19 다음의 밑줄 친 말 중 품사가 <u>다른</u> 하나는?

① <u>그</u>는 참 친절하지 않니?

② <u>이것</u>은 어떤 용도로 쓰니?

③ 어제 <u>누구</u>를 만나러 갔었니?

④ <u>여기</u>에 텐트를 치면 어떻겠니?

⑤ <u>저</u> 사람에게 도와 달라고 할까?

20 용언에 대한 설명으로 적절한 것은?

① 문장에서 다른 단어를 꾸미는 역할을 한다.

② 문장에 사용된 단어들 간의 관계를 나타낸다.

③ 생략되어도 문장의 의미 전달에 큰 문제가 없다.

④ 문장에서 사용될 때 쓰임에 따라 형태가 변한다.

⑤ 문장에서 다른 성분과 관련 없이 독립적으로 사용된다.

21 〈보기〉의 문장에서 용언을 모두 찾아 기본형을 쓰시오.

─〈 보기 〉─
저기 보이는 산이 우리가 오를 목적지이다.

22 〈보기〉를 참고할 때, 품사가 다른 하나는?

─〈 보기 〉─
일반적으로 동사는 '-ㄴ'이나 '-는'을 결합한 현재 시제 표현이 가능하지만 형용사는 불가능하다.

① 손가락이 굵다.

② 책상이 낮고 작다.

③ 늦게까지 잠을 자다.

④ 그곳은 사람이 많다.

⑤ 정류장까지는 매우 멀다.

23 〈보기〉의 밑줄 친 단어와 품사가 같은 것은?

─〈 보기 〉─
시골집에서 늙은 아버지가 홀로 지내고 있었다.

① 가을 하늘이 맑고 푸르다.

② 그는 우리 중에서 가장 젊다.

③ 기차가 정말 번개처럼 빠르다.

④ 그는 자신을 부끄럽게 생각했다.

⑤ 산나물은 바다의 미역과 달랐다.

24 다음 밑줄 친 단어 중 품사가 나머지와 다른 것은?

① 날이 어두우니 조심해서 가라.

② 그는 상대편 선수를 발로 찼다.

③ 숲속에 드니 공기가 훨씬 맑았다.

④ 너무나 배고파서 돌이라도 먹겠다.

⑤ 춤을 추는 모습이 매우 아름다웠다.

25 다음 밑줄 친 단어 중 품사가 다른 하나는?

① 드디어 장맛비가 내린다.

② 현수는 전속력으로 달렸다.

③ 엄마는 청소를 하고 계신다.

④ 이대로 헤어지는 것이 아쉽다.

⑤ 영미는 밥을 먹고 학원에 갔다.

26 〈보기〉의 문장이 어색한 이유를 품사와 관련지어 설명하시오.

─〈 보기 〉─
우리 날마다 즐겁자.

27 조사에 대한 설명으로 적절하지 않은 것은?

① 격 조사, 보조사, 접속 조사가 있다.

② 서술격 조사 '이다'는 형태가 바뀐다.

③ '은/는, 도, 만, 부터' 등은 보조사이다.

④ 격 조사는 앞말에 특별한 뜻을 더해 준다.

⑤ 접속 조사는 두 단어를 같은 자격으로 이어 준다.

28 〈보기〉의 문장에 사용된 관계언은 모두 몇 개인지 쓰시오.

─〈 보기 〉─
영희야, 조금 전에 민희와 철수가 너를 찾더라.

29 다음 밑줄 친 단어 중 조사가 아닌 것은?

① 봄인데 예상치 못한 눈이 내린다.

② 너마저 안 나오면 나 혼자 심심해.

③ 지금 합격 소식을 기다리는 중이다.

④ 동생과 도서관에서 만나기로 하였다.

⑤ 두 사람은 조용하게 대화를 나누었다.

30 〈보기〉의 ㉠~㉤ 중 다른 말과의 문법적 관계를 나타내거나 특별한 뜻을 더해 주는 품사가 아닌 것은?

─〈 보기 〉─
그는 오늘도 교실에 남아 그림을 그린다.
　　㉠　　㉡　　㉢　　㉣　　㉤

① ㉠　　② ㉡　　③ ㉢　　④ ㉣　　⑤ ㉤

31 〈보기〉의 빈칸에 들어갈 알맞은 품사를 쓰시오.

> 〈보기〉
> ⓐ : 나는 너를 좋아한다. ⓑ : 나를 너는 좋아한다.
>
> ⓐ와 ⓑ는 같은 단어가 쓰인 문장인데도, 의미가 다르다. 이것은 두 문장에 쓰인 (   )의 차이에서 비롯된 것이다.

32 〈보기〉의 문장에서 홀로 쓰일 수 없는 단어를 모두 찾아 순서대로 쓰시오.

> 〈보기〉
> 그는 자주 도서관에서 책을 읽었다.

33 다음 중 조사가 가장 많이 사용된 문장은?

① 나는 오늘 책 세 권을 샀다.
② 서울에서 부산까지 같이 가자.
③ 철수보다 영희의 키가 더 크다.
④ 차가 너무 빨리 지나가 버렸다.
⑤ 강물이 불어나 깊이가 매우 깊다.

34 다음 밑줄 친 단어 중 다른 말을 꾸며 주는 기능을 하는 품사가 아닌 것은?

① 과연 그 말이 사실일까?
② 수현이는 새 가방을 샀다.
③ 봄이면 온갖 꽃이 피어난다.
④ 새로 담근 김치를 먹어 보자.
⑤ 태풍에 나무들이 많이 쓰러졌다.

35 〈보기〉를 이해한 내용으로 적절하지 않은 것은?

> 〈보기〉
> ㉠ 이 헌 구두는 이제 버려야 되겠다.
> ㉡ 지난겨울에는 눈이 많이도 내렸다.
> ㉢ 과연 그 사람의 말을 믿어도 될까?
> ㉣ 마당에 꽃나무를 여러 그루 심었다.
> ㉤ 이번 계약은 매우 빨리 진행되었다.

① ㉠을 보니 관형사는 연이어서 나올 수 있군.
② ㉡을 보니 부사에는 보조사가 붙을 수 있군.
③ ㉢을 보니 부사가 관형사를 수식하고 있군.
④ ㉣을 보니 관형사가 명사를 수식하고 있군.
⑤ ㉤을 보니 부사가 다른 부사를 수식할 수 있군.

36 〈보기〉의 문장에서 수식언에 해당하는 단어를 모두 찾아 쓰시오.

> 〈보기〉
> 모든 학생들이 그 선생님을 매우 좋아한다.

37 다음 밑줄 친 단어 중 품사가 다른 것은?

① 개들이 컹컹 소리 내며 짖기 시작했다.
② 공부를 하려고 평소보다 일찍 일어났다.
③ 사람들은 비가 내리기를 간절히 기원했다.
④ 아버지는 자식들에게 온갖 정성을 기울였다.
⑤ 할머니는 전 재산을 모두 고아원에 기부했다.

38 〈보기〉를 참고하여, 밑줄 친 관형사와 부사의 공통점을 두 가지 이상 쓰시오.

> 〈보기〉
> 저 새는 정말 빠르다.

| 중3 학업성취도평가

39 품사 찾기 말판을 따라서 단어의 품사를 찾는 과정이다. ㉠~㉤ 중 〈자료〉의 밑줄 친 '새'가 들어갈 곳은?

> 〈자료〉
> 나는 헌 구두를 버리고 새 구두를 샀다.

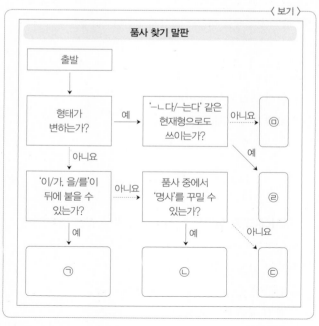

① ㉠　　② ㉡　　③ ㉢　　④ ㉣　　⑤ ㉤

40 밑줄 친 단어의 품사가 〈보기〉의 설명에 해당하는 것은?

〈보기〉
- 항상 체언 앞에서 체언을 꾸민다.
- 문장에서 생략해도 의미가 전달된다.
- 조사가 붙을 수 없으며, 활용하지 않는다.

① 어머니는 형의 헌 신발을 버렸다.
② 철수는 늘 웃는 얼굴을 해서 좋다.
③ 푸른 바다가 햇빛을 받아 반짝거렸다.
④ 나는 언제나 자신만만한 네가 부럽다.
⑤ 이곳은 여행객들이 자주 찾는 장소이다.

41 다음 중 ( ) 안에 관형사를 넣을 수 없는 것은?

① 저 봉우리가 ( ) 아름답다.
② 언니는 ( ) 정성을 기울였다.
③ ( ) 이야기의 결말이 궁금하다.
④ ( ) 글에는 주제와 소재가 있다.
⑤ 돈을 모아 ( ) 신발을 사고 싶다.

수능형
42 〈보기〉를 참고할 때, 밑줄 친 단어 중에서 품사가 다른 하나는?

〈보기〉
　문장의 품사를 따질 때에는 해당하는 단어가 문장 내에서 어떤 의미로 사용되었는지, 그리고 문장 내에서 어떤 기능을 하는지를 모두 따져 보아야 한다. 특히 동사나 형용사 같은 용언은 활용을 하므로 조심해야 한다.

① 새로운 각오로 다시 도전해라.
② 세상에 이런 일이 다 있다니….
③ 공원에 온갖 꽃들이 만발하였다.
④ 손목에 팔찌 여러 개를 차고 있다.
⑤ 비가 내리던 어느 가을 저녁이었다.

43 부사에 대한 설명으로 적절하지 않은 것은?

① 의성어와 의태어는 부사에 속한다.
② 조사가 결합할 수 없는 불변어이다.
③ 실질적인 뜻을 지니고 있는 단어이다.
④ 문장 내에서 위치 이동이 비교적 자유롭다.
⑤ 주로 용언을 꾸미지만 다른 성분을 꾸미기도 한다.

44 다음 중 부사가 사용된 문장은?

① 바람에 나뭇잎이 춤을 춘다.
② 두 사람은 서로를 알아보았다.
③ 전국에 장맛비가 내리고 있다.
④ 나는 형의 모든 비밀을 알고 있다.
⑤ 아버지께서는 출장을 자주 다닌다.

45 밑줄 친 단어의 품사가 〈보기〉의 설명에 해당하는 것은?

〈보기〉
- 용언, 부사, 명사, 관형사, 문장 전체 등을 꾸민다.
- 형태가 변하지 않는다.

① 오늘은 날씨가 정말 좋다.
② 나는 빵을 밥보다 좋아한다.
③ 오늘부터 새 학기가 시작된다.
④ 여학생 둘이 우산을 쓰고 간다.
⑤ 자전거는 이곳에 보관하면 된다.

46 〈보기〉의 ( ) 안에 공통으로 들어갈 수 있는 품사는?

〈보기〉
- 어제는 비가 ( ) 내렸다.
- 동생은 ( ) 부지런하다.

① 명사　　　　② 부사　　　　③ 조사
④ 감탄사　　　⑤ 관형사

수능형
47 〈보기〉를 참고할 때, 부사의 수식 범위가 다른 것은?

〈보기〉
　부사에는 문장의 한 성분을 꾸미는 성분 부사와 문장 전체를 꾸미는 문장 부사가 있다. 성분 부사는 문장 안에서 자리 이동이 어렵지만 문장 부사는 자리 이동이 비교적 자유롭다.

① 제발 제 소원을 들어주십시오.
② 철수는 과연 달리기를 잘하는구나.
③ 아마 이번 시험은 쉽게 출제될 거야.
④ 설마 이걸 네가 다 먹은 건 아니겠지.
⑤ 할머니의 옛날이야기는 무척 재미있었다.

48 다음 중 독립언이 나타나지 않은 문장은?

① 야, 너 이리 좀 와 봐.
② 예, 말씀하신 대로 따르겠습니다.
③ 가영아, 그만 자고 얼른 일어나거라.
④ 에구머니, 벌써 시간이 이렇게 되었네.
⑤ 천만에, 그는 절대로 그럴 사람이 아니야.

49 다음 중 감탄사가 쓰이지 <u>않은</u> 문장은?

① 어머나, 벌써 개나리가 피었네.

② 춘향아, 어서 와서 인사해야지.

③ 에이, 저걸 보니 정말 속상하다.

④ 아니요, 제 생각대로 하겠습니다.

⑤ 이보시오, 그 사람 말도 들어 보시오.

50 〈보기〉에 대한 설명으로 적절하지 <u>않은</u> 것은?

〈 보기 〉
> 어머나, 아기가 활짝 웃었어.

① 4가지의 서로 다른 품사의 단어가 사용되었다.

② '활짝'은 문장에서 다른 단어를 꾸며 주는 기능을 한다.

③ '어머나'는 생략해도 문장의 의미에 영향을 미치지 않는다.

④ '아기'는 실질적인 뜻을 지니며 홀로 쓰일 수 있는 단어이다.

⑤ '웃었어'는 문장에서 사용될 때 쓰임에 따라 형태가 변한다.

51 〈보기〉에 제시된 문장의 품사를 분류한 것으로 적절하지 <u>않은</u> 것은?

〈 보기 〉
> 새 운동화를 한 켤레 샀는데, 발이 매우 편해.

① 체언은 모두 3개이다.

② 용언은 모두 2개이다.

③ 수식언은 모두 3개이다.

④ 관계언은 모두 3개이다.

⑤ 독립언은 사용되지 않았다.

52 〈보기〉의 문장에서 확인할 수 <u>없는</u> 품사는?

〈 보기 〉
> 어머, 꽃이 아름답게 피었네.

① 체언　　　② 용언　　　③ 관계언

④ 수식언　　　⑤ 독립언

53 〈보기〉에 제시된 문장의 단어를 분석한 내용으로 알맞지 <u>않은</u> 것은?

〈 보기 〉
> 참, 선생님이 정말 노래를 세 곡이나 불렀니?

① 문장에서 형태가 변하는 단어는 1개이다.

② 다른 단어나 문장을 꾸미는 단어는 2개이다.

③ 문장에서 독립적으로 쓰이는 단어는 1개이다.

④ 반드시 다른 말에 붙어 쓰이는 단어는 3개이다.

⑤ 사람이나 사물의 이름을 나타내는 단어는 2개이다.

54 〈보기〉의 문장에 사용되지 <u>않은</u> 품사는?

〈 보기 〉
> 아, 우리는 정말 위대한 나라에서 태어났구나!

① 부사　　　② 감탄사　　　③ 관형사

④ 대명사　　　⑤ 형용사

수행평가형
55 우리말의 9품사 중, 〈보기〉의 문장에서 찾아볼 수 있는 것을 모두 쓰시오.

〈 보기 〉
> 에구, 벌써 배가 고프다.

_____

수행평가형
56 〈보기〉의 설명을 참고로 하여, [예문]의 ㉠과 ㉡의 품사를 각각 쓰시오.

〈 보기 〉
> 수사와 관형사는 의미로 파악해야 하지만, 조사의 결합 가능 여부로도 확인할 수 있다. 즉, 단어 뒤에 조사가 붙을 수 있으면 수사이고, 단어 뒤에 조사가 붙을 수 없으면 관형사이다.
>
> [예문] 사과 ㉠두 개 중 ㉡하나만 먹어라.

㉠ : _____　　　㉡ : _____

57 다음 중 〈보기〉의 ⓐ와 품사가 같은 것은?

〈 보기 〉
> 서랍에서 봉투 ⓐ하나를 꺼냈다.

① 꼬마 아이는 얼핏 서너 살쯤 되어 보였다.

② 두 사람은 서로 다투다가 화해하고는 했다.

③ 그의 가방에는 소설책 한 권이 들어 있었다.

④ 비닐 봉투에서 사과 두세 개가 굴러떨어졌다.

⑤ 겨울 들판은 농부 한둘이 눈에 띌 뿐 한적했다.

58 다음 밑줄 친 단어 중 품사가 <u>다른</u> 것은?

① <u>둘째</u>, 공부를 열심히 해라.

② 마음속으로 <u>백</u>부터 천까지 헤아렸다.

③ 모두가 우리 <u>셋</u>을 삼총사라고 부른다.

④ 오늘은 무려 <u>다섯</u> 명이나 지각을 했다.

⑤ 점심으로 바나나 <u>하나</u>와 우유를 먹었다.

(1) 형태소

개념 030 **형태소의 개념과 특징**

(1) 형태소 : 뜻을 가진 가장 작은 말의 단위

　　예 '잡히시었다'의 '잡-', '-히-', '-시-', '-었-', '-다'

　　→ 형태소에는 문법적 또는 관계적인 뜻만을 나타내는 형태소도 포함돼.

(2) 형태소의 특징

　- 형태소를 그 이상 쪼개면 원래의 의미가 사라짐

　- 단일어, 용언의 어간, 어미, 조사, 접사 등도 하나의 형태소에 해당함

　- 하나 혹은 둘 이상의 음운이 결합하여 형태소를 이루고, 하나 혹은 둘 이상의 형태소가 결합하여 단어를 이룸

| 01~03 | 다음 설명이 맞으면 ○표, 틀리면 X표를 하시오.

01 형태소에는 문법적인 뜻을 지닌 것도 있다. （　　）

02 모든 형태소는 문장에서 자립성을 지닌다. （　　）

03 형태소를 그 이상 쪼개면 원래의 의미가 사라진다.

　　　　　　　　　　　　　　　　　　　（　　）

| 04~06 | 다음 빈칸에 들어갈 알맞은 말을 〈보기〉에서 골라 쓰시오.

〈보기〉
음운　　형태소　　단어

04 뜻을 가진 가장 작은 말의 단위를 （　　　　　）라고 한다.

05 하나 혹은 둘 이상의 （　　　　　）이 결합하여 형태소를 이룬다.

06 하나 혹은 둘 이상의 형태소가 결합하여 （　　　　　）를 이룬다.

07 형태소의 개념으로 가장 적절한 것은?

① 뜻을 가진 가장 작은 말의 단위

② 홀로 설 수 있는 말의 최소 단위

③ 띄어쓰기나 끊어 읽기의 최소 단위

④ 한 번에 소리 낼 수 있는 소리의 마디

⑤ 말의 뜻을 구별해 주는 소리의 최소 단위

08 형태소에 대한 설명으로 적절한 것은?

① 반드시 실질적인 뜻을 지니고 있어야 한다.

② 형태소는 원칙적으로 자립성을 지녀야 한다.

③ 하나의 형태소만으로 이루어진 단어는 없다.

④ 용언의 어간과 어미는 각각의 형태소가 된다.

⑤ 한 단어의 형태소와 음절의 개수는 동일하다.

09 다음 중 형태소로 더 이상 쪼갤 수 없는 단어는?

① 손발　　　　　　　② 나무

③ 잠옷　　　　　　　④ 노랗다

⑤ 예쁘다

10 다음 중 단어의 형태소를 바르게 분석한 것은?

① 무지개 : 무지-, -개

② 소나무 : 솔, 나-, -무

③ 먹었다 : 먹-, -었-, -다

④ 새빨갛다 : 새빨갛-, -다

⑤ 높푸르다 : 높푸-, -르다

11 다음 중 형태소의 개수가 가장 많은 단어는?

① 누나　　　　　　　② 꽃잎

③ 물안개　　　　　　④ 검붉다

⑤ 우리나라

수행평가형

12 〈보기〉의 문장을 형태소로 분석하여 쓰시오.

〈보기〉
오늘은 바람이 불었다.

개념 031 형태소의 종류

(1) 형태소의 종류와 특징

자립성 유무에 따라	자립 형태소	• 다른 형태소의 도움 없이 홀로 쓰일 수 있는 형태소 • 단일어로 된 명사, 대명사, 수사, 관형사, 부사, 감탄사
	의존 형태소	• 혼자 쓰일 수 없고 다른 형태소에 기대어서만 쓰일 수 있는 형태소 • 용언의 어간, 어미, 조사, 접사
실질적 의미의 유무에 따라	실질 형태소	• 실질적인 의미를 지닌 형태소 • 단일어로 된 명사, 대명사, 수사, 관형사, 부사, 감탄사, 용언의 어근
	형식 형태소	• 문법적인 기능을 나타내는 형태소 • 용언의 어미, 조사, 접사

| 13~16 | 다음 설명이 맞으면 ○표, 틀리면 X표를 하시오.

13 실질 형태소는 모두 홀로 쓰일 수 있다. (   )

14 의존 형태소는 모두 문법적인 의미만 지닌다. (   )

15 용언의 어간은 실질 형태소이면서 의존 형태소이다.
(   )

16 용언의 어미는 형식 형태소이면서 의존 형태소이다.
(   )

| 17~20 | 다음 빈칸에 들어갈 형태소를 쓰시오.

17 '부럽다'에서 실질적 의미를 지니고 있는 형태소는 '(   )'이다.

18 '책을 읽다'에서 '을'과 '(   )'는 문법적인 뜻을 나타내는 형태소이다.

19 '나는 학생이다'에서 홀로 쓰일 수 있는 형태소는 '나'와 '(   )'이다.

20 '꽃이 예쁘다'에서 의존 형태소는 '이', '(   )', '(   )'이다.

| 21~24 | 〈보기〉는 문장의 형태소를 분석한 것이다. 각각에 해당하는 형태소를 쓰시오.

┌─────────────────〈 보기 〉
집이 크다. → 형태소 : '집', '이', '크–', '–다'
└──────────────────────

21 자립 형태소 : (   )
22 의존 형태소 : (   )
23 실질 형태소 : (   )
24 형식 형태소 : (   )

25 〈보기〉에서 홀로 쓰일 수는 없지만 실질적인 뜻을 지닌 형태소를 모두 찾아 쓰시오.

┌─────────────────〈 보기 〉
하늘은 높고, 강물은 푸르다.
└──────────────────────

26 〈보기〉의 ㉠~㉤ 중, 형태소의 유형이 다른 하나는?

┌─────────────────〈 보기 〉
밖 / 에 / 눈 / 이 / 오 / 겠 / 다.
㉠   ㉡   ㉢   ㉣ ㉤
└──────────────────────

① ㉠   ② ㉡   ③ ㉢   ④ ㉣   ⑤ ㉤

27 다음 〈조건〉에 모두 해당하는 단어는?

┌─────────────────〈 조건 〉
• 두 개 이상의 형태소로 이루어진 단어
• 실질 형태소끼리 연결되어 만들어진 단어
└──────────────────────

① 높다   ② 하늘
③ 푸르다   ④ 밤나무
⑤ 시나브로

28 다음 중 의존 형태소로만 이루어진 것은?

① 꽃밭   ② 아침
③ 먹다   ④ 맨발
⑤ 햇나물

29 〈보기〉의 문장에서 홀로 쓰일 수 없는 형태소의 개수는?

┌─────────────────〈 보기 〉
우리는 감나무를 보았다.
└──────────────────────

① 2개   ② 3개   ③ 4개
④ 5개   ⑤ 6개

암기 톡톡

• 형태소
① 형태소의 개념 : 뜻을 가진 가장 작은 말의 단위
② 형태소의 구분
– 자립성 유무에 따라 : 자립 형태소 / 의존 형태소
– 실질적 의미의 유무에 따라 : 실질 형태소 / 형식 형태소

(2) 어근과 접사

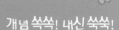
개념 032 어근과 접사

(1) **어근** : 단어의 구성 요소 가운데 실질적인 의미를 나타내며 의미상 중심이 되는 부분
　　예 '풋사과'의 '사과', '지우개'의 '지우–'

(2) **접사** : 단어의 구성 요소 가운데 어근에 붙어 그 뜻을 제한하거나 다른 뜻을 덧붙이는 부분
　　예 '풋사과'의 '풋–', '지우개'의 '–개'

(3) **접두사와 접미사**

접두사	어근 앞에 붙는 접사로, 어근의 뜻을 한정하지만 거의 품사를 바꾸지 않음 예 햇–, 개–, 풋–, 맨–, 헛–, 들–, 덧–
접미사	어근 뒤에 붙는 접사로, 어근의 뜻을 한정하거나 어근의 품사를 바꿈 예 –질, –꾼, –장이, –꾸러기, –개, –하다, –스럽다

| 01~04 | 다음 빈칸에 들어갈 알맞은 말을 〈보기〉에서 찾아 쓰시오.

〈 보기 〉
어근　　접사　　어미
실질 형태소　　형식 형태소

01 단어를 형성할 때 의미상 중심이 되는 부분을 (　　　　　) 이라고 한다.

02 어근에 붙어서 그 뜻을 제한하거나 다른 뜻을 덧붙이는 부분을 (　　　　　)라고 한다.

03 어근은 실질적인 뜻을 지니고 있으므로 (　　　　　) 에 해당한다.

04 접사는 실질적인 뜻을 지니지 못하므로 (　　　　　) 에 해당한다.

| 05~09 | 다음 내용이 접두사에 해당하면 '두', 접미사에 해당하면 '미'라고 쓰시오.

05 어근 앞에 붙는 접사　　　　　　　　　　(　　　)

06 어근 뒤에 붙는 접사　　　　　　　　　　(　　　)

07 '햇–, 풋–, 날–, 개–, 덧–, 군–' 등　　　(　　　)

08 '–보, –장이, –쟁이, –질, –답다' 등　　　(　　　)

09 어근의 품사를 바꾸는 경우가 거의 없음　(　　　)

| 10~17 | 다음 단어에서 실질적인 뜻을 나타내는 부분을 찾아 ○ 하시오.

10 개떡　　　　　　　**11** 덧버선

12 사냥꾼　　　　　　**13** 붉다

14 일꾼　　　　　　　**15** 선무당

16 웃음　　　　　　　**17** 날개

| 18~24 | 다음 단어를 어근과 접사로 나누어 쓰시오.

		어근	접사
18 덮개	: (	) (	)
19 울보	: (	) (	)
20 덧신	: (	) (	)
21 선생님	: (	) (	)
22 홑이불	: (	) (	)
23 치솟다	: (	) (	)
24 사랑스럽다	: (	) (	)

25 어근과 접사에 대한 설명으로 적절하지 않은 것은?

① 하나의 어근으로는 단어가 형성될 수 없다.

② 단어에서 실질적 의미를 지닌 부분을 어근이라고 한다.

③ 접사는 어근에 붙는 위치에 따라 접두사와 접미사로 나뉜다.

④ 어근은 실질 형태소에 해당하고, 접사는 형식 형태소에 해당한다.

⑤ 단어를 형성할 때 어근에 붙어 그 뜻을 제한하는 부분을 접사라고 한다.

26 다음 단어를 어근과 접사로 분석한 것으로 적절하지 않은 것은?

① 이튿날 : 이틀(어근)＋날(어근)

② 팔다리 : 팔(어근)＋다리(어근)

③ 우짖다 : 우–(접사)＋짖–(어근)

④ 바느질 : 바늘(어근)＋–질(접사)

⑤ 지우개 : 지우–(어근)＋–개(접사)

27 〈보기〉에서 접사가 들어 있는 단어를 모두 찾아 쓰시오.

〈 보기 〉
풋사과   책가방   먹이   생고생   목소리

_____

28 다음 중 접사의 위치가 나머지와 <u>다른</u> 하나는?

① 꾀보   ② 달님
③ 나무꾼   ④ 날고기
⑤ 멋쟁이

29 다음 중 접사가 붙어서 단어의 품사가 바뀐 것은?

① 도둑질   ② 지우개
③ 맏아들   ④ 선생님
⑤ 욕심쟁이

30 〈보기〉의 밑줄 친 단어에 대한 학생들의 이해로 적절하지 <u>않은</u> 것은?

〈 보기 〉
ⓐ 동생은 새벽에야 겨우 <u>풋잠</u>이 들었다.
ⓑ <u>덧니</u>가 썩어 치과에서 치료를 받았다.
ⓒ 철수는 우리 학교에서 <u>달리기</u>를 가장 잘한다.
ⓓ 나는 진학 문제로 <u>선생님</u>과 상담하였다.
ⓔ 우주의 별들은 보고 또 보아도 <u>신비롭다</u>.

① 성규 : ⓐ의 접두사 '풋–'은 어근 '잠'에 특정한 뜻을 더해 주고 있어요.
② 성종 : ⓑ의 접두사 '덧–'은 '덧붙이다'와 같이 동사와도 결합할 수 있어요.
③ 명수 : ⓒ의 접미사 '–기'는 동사 어근에 결합해 동사를 명사로 바꾸고 있어요.
④ 우현 : ⓓ의 접미사 '–님'은 결합한 어근에 높임의 의미를 더해 주고 있어요.
⑤ 동우 : ⓔ의 접미사 '–롭다'는 동사 어근에 결합해 동사를 형용사로 바꾸고 있어요.

개념 033 어근과 어간

(1) 어근 : 단어의 구성 요소 가운데 실질적인 의미를 나타내는 중심 부분 예 '먹다'의 '먹–', '오가다'의 '오–'와 '가–'

(2) 어간 : 동사나 형용사 같은 용언이 활용할 때 형태가 변하지 않는 부분 예 '먹다'의 '먹–', '오가다'의 '오가–'

→ '어간'은 '어미'에 대응하는 개념이야. 즉, '어근–접사(단어의 형성) / 어간–어미(용언의 활용)'라는 거!!

| 31~33 | 다음 설명이 맞으면 ○표, 틀리면 X표를 하시오.

31 어근은 단어를 형성할 때 사용하는 개념이다. (   )
32 어간은 용언에서 어미에 대응하는 개념이다. (   )
33 동사나 형용사 같은 용언은 어간과 어근이 항상 일치한다.
(   )

| 34~39 | 다음 단어의 어근과 어간을 쓰시오.

		어근	어간
34	먹다	( )	( )
35	예쁘다	( )	( )
36	드높다	( )	( )
37	힘쓰다	( )	( )
38	공부하다	( )	( )
39	샛노랗다	( )	( )

40 〈보기〉를 참고할 때, 단어를 분석한 내용으로 적절하지 <u>않은</u> 것은?

〈 보기 〉
'어근'은 단어를 형성할 때 실질적 의미를 나타내는 중심 부분을, '어간'은 용언이 활용할 때에 변하지 않는 부분을 가리키는 말이다. 즉, 어근은 단어의 형성과, 어간은 용언의 활용과 관련된 개념이다. 용언의 경우에는 어근과 어간이 일치할 수도 있고, 일치하지 않을 수도 있다.

① '잡다'는 어간과 어근이 일치한다.
② '여닫다'는 어간과 어근이 일치한다.
③ '파랗다'는 어간과 어근이 일치한다.
④ '공부하다'는 어간과 어근이 일치하지 않는다.
⑤ '학생답다'는 어간과 어근이 일치하지 않는다.

암기 톡톡

• 어근, 접사, 어간
① 어근 : 실질적인 의미를 나타내는 단어의 중심 부분
② 접사 : 어근에 붙어 뜻을 제한하거나 다른 뜻을 덧붙이는 부분
③ 어간 : 용언이 활용할 때 형태가 변하지 않는 부분

(3) 단일어와 복합어

개념 쏙쏙! 내신 쑥쑥!

개념 034 단일어, 복합어, 합성어, 파생어

단어	단일어	하나의 어근(실질 형태소)
	복합어	합성어	어근＋어근
		파생어	접두사＋어근 / 어근＋접미사

(1) 단일어 : 하나의 어근(실질 형태소)으로만 이루어진 단어
　⑩ 구름, 하늘, 바람, 그릇
(2) 복합어 : 어근에 접사가 붙거나 두 개 이상의 어근이 결합
　하여 이루어진 단어
　① 합성어 : 두 개 이상의 어근(실질 형태소)으로 이루어진
　　단어 ⑩ 논밭, 손발, 오가다, 뛰놀다
　　－ '어근＋어근'의 형태
　　－ 합성 과정에서 어근의 일부가 탈락, 변형, 첨가되거
　　　나 의미의 변화가 일어나기도 함
　② 파생어 : 어근(실질 형태소)과 접사(형식 형태소)로 이
　　루어진 단어 ⑩ 햇밤, 사냥꾼, 짓밟다, 공부하다
　　－ '접두사＋어근' 또는 '어근＋접미사'의 형태

| 01~04 | 다음 설명이 맞으면 ○표, 틀리면 X표를 하시오.

01 하나의 어근이 하나의 단어를 형성하기도 한다. (　　　)

02 어근과 어근이 결합하여 이루어진 단어를 합성어라고 한
다. 　　　　　　　　　　　　　　　　　　 (　　　)

03 파생어는 어근과 접사가 결합하여 이루어진 단어이다.
　　　　　　　　　　　　　　　　　　　　 (　　　)

04 합성어를 만드는 과정에서 어근의 형태 변화는 일어나지
않는다. 　　　　　　　　　　　　　　　　 (　　　)

| 05~10 | 다음 단어에 대한 설명으로 맞는 것을 바르게
연결하시오.

05 나무 ・

06 높이 ・
　　　　　　・㉠ 하나의 어근으로 이루
　　　　　　　어진 단일어

07 햇과일 ・

08 오가다 ・
　　　　　　・㉡ 두 개의 어근이 결합한
　　　　　　　합성어

09 뛰놀다 ・

10 헛손질 ・
　　　　　　・㉢ 어근과 접사로 이루어
　　　　　　　진 파생어

| 11~20 | 다음 단어가 단일어이면 '단', 합성어이면 '합',
파생어이면 '파'라고 쓰시오.

11 강물 : (　　　) 　　**12** 소리 : (　　　)

13 군밤 : (　　　) 　　**14** 맨손 : (　　　)

15 떡국 : (　　　) 　　**16** 여름 : (　　　)

17 한겨울 : (　　　) 　**18** 눈사람 : (　　　)

19 딸꾹질 : (　　　) 　**20** 첫사랑 : (　　　)

| 21~23 | 〈보기〉를 참고하여 빈칸에 들어갈 알맞은 말을
쓰시오.

〈 보기 〉
알－＋밤→ (접사)＋(어근)

21 돌다리 → 돌(　　　　)＋다리(　　　　)

22 멋쟁이 → 멋(　　　　)＋－쟁이(　　　　)

23 풋고추 → 풋－(　　　　)＋고추(　　　　)

24 다음 중에서 단어의 형성 방법이 나머지와 다른 것은?

① 꽃집 　　　　　　　② 바다
③ 눈송이 　　　　　　④ 손가락
⑤ 밤나무

| 중3 학업성취도평가 |

25 '밤공기'와 짜임이 다른 하나는?

① 앞뒤 　　　　　　　② 깊이
③ 손발 　　　　　　　④ 소나무
⑤ 돌다리

| 중3 학업성취도평가 |

26 〈자료〉와 낱말의 짜임이 같은 것은?

〈 자료 〉
돌다리　콩밭　밤나무

① 생각 　　　　　　　② 굿판
③ 마을 　　　　　　　④ 먹보
⑤ 우리

개념 035 합성어의 종류

(1) 어근의 의미적 결합 방식에 따라

대등 합성어	각각의 어근이 본래의 뜻을 유지하면서 대등하게 결합된 합성어 ⓔ 논밭, 대여섯, 오가다
종속 합성어	한 어근이 다른 어근을 꾸며 주는 합성어 ⓔ 손수건, 물걸레, 돌다리
융합 합성어	어근들이 하나로 융합하여 본래의 의미와 다른 새로운 의미를 나타내는 합성어 ⓔ 밤낮(늘), 피땀(노력), 바늘방석(앉아 있기에 아주 불안스러운 자리)

(2) 어근의 형식적 결합 방식에 따라

통사적 합성어	우리말의 일반적인 단어 배열법과 일치하는 합성어 ⓔ '새해(관형사 + 명사)', '논밭(명사 + 명사)', '더욱더(부사 + 부사)', '힘쓰다(목적어 + 서술어)', '힘들다(주어 + 서술어)' 등의 방식
비통사적 합성어	우리말의 일반적인 단어 배열법에 어긋나는 합성어 ⓔ '덮밥(어간 + 명사)', '뛰놀다[어간 + 어간(연결 어미 생략)]', '부슬비(부사 + 명사)' 등의 방식

| 27~29 | 다음 내용에 대한 설명으로 맞는 것을 바르게 연결하시오.

27 대등 합성어 • • ㉠ 한 어근이 다른 어근을 꾸며 주는 합성어

28 융합 합성어 • • ㉡ 각각의 어근이 본래의 뜻을 유지하는 합성어

29 종속 합성어 • • ㉢ 어근들이 하나로 융합하여 새로운 의미를 나타내는 합성어

| 30~33 | 다음 설명이 맞으면 ○표, 틀리면 X표를 하시오.

30 '춘추(春秋)'는 어근들의 본래 의미와는 다른 의미를 나타내는 합성어이다. ( )

31 '팔다리'는 어근들이 본래의 의미를 유지하는 합성어이다. ( )

32 '강물'은 한 어근이 다른 어근을 꾸며 주는 합성어이다. ( )

33 '밤낮'은 한 어근이 다른 어근을 꾸며 주는 합성어이다. ( )

34 다음 중 한 어근이 다른 어근을 꾸며 주는 합성어는?

① 대여섯 ② 팔다리
③ 오가다 ④ 물걸레
⑤ 바늘방석

35 다음 중 어근들이 하나로 융합하여 새로운 의미를 나타내는 합성어는?

① 앞뒤 ② 쥐뿔
③ 대여섯 ④ 목소리
⑤ 손수건

<수행평가형>

36 〈보기〉에서 어근들이 하나로 융합하여 새로운 의미를 나타내는 단어를 모두 찾아 쓰시오.

〈 보기 〉
작은아버지 　 소고기 　 개집 　 쇠사슬 　 가시방석

<수능형>

37 〈보기〉의 ㉠에 해당하는 단어로 적절한 것은?

〈 보기 〉
㉠통사적 합성어는 우리말의 어순이나 단어 배열과 동일하게 만들어진 합성어이며, 비통사적 합성어는 우리말의 어순이나 단어 배열과 어긋나게 만들어진 합성어이다. 비통사적 합성어의 대표적인 유형은 용언의 어간이 다른 용언이나 체언 등과 연결될 때 어미가 생략되는 것이다. 우리말에서 어미는 조사와 달리 생략되지 않는다.

① 두 사람은 손을 굳세게 마주 잡았다.
② 형은 나이보다 십 년은 겉늙어 보인다.
③ 훈장님 얼굴에는 검버섯이 피어 있었다.
④ 승강기가 고장 나서 계단으로 오르내렸다.
⑤ 그 사람은 영화에 관해서만큼은 척척박사다.

암기톡톡

• 단어의 구성
① 단일어 : 하나의 어근(실질 형태소)으로만 이루어진 단어
② 합성어 : 두 개 이상의 어근으로 이루어진 단어
　- 대등 합성어, 종속 합성어, 융합 합성어
　- 통사적 합성어, 비통사적 합성어
③ 파생어 : 어근과 접사로 이루어진 단어

(4) 유의 관계와 반의 관계

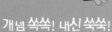

개념 036 유의 관계

(1) 유의 관계 : 소리는 다르지만 의미가 서로 비슷한 관계
　예 '가끔 – 더러 – 이따금', '가난하다 – 빈곤하다 – 어렵다'
　– 유의 관계에 있는 단어들의 집합을 유의어라고 함
　– 한 단어에 여러 개의 유의어가 성립됨
　– 기본적인 의미는 비슷하지만, 가리키는 대상의 범위나 쓰이는 상황, 미묘한 느낌 등에서 차이가 있음
　– 유의어 중에서 의미가 완전히 동일하여 교체 가능한 것을 동의어라고 함
　예 속옷 – 내의, 책방 – 서점, 핑크 – 분홍색

| 01~03 | 다음 ㉠～㉢에 들어갈 말을 〈보기〉에서 찾아 쓰시오.

〈보기〉
유의　　의미　　말소리

（　㉠　）는 서로 다르지만 （　㉡　）가 유사한 단어들이 맺는 관계를 （　㉢　） 관계라고 한다.

01 ㉠ : (　　　　　　　　　)

02 ㉡ : (　　　　　　　　　)

03 ㉢ : (　　　　　　　　　)

| 04~06 | 유의 관계에 대한 설명이 맞으면 ○표, 틀리면 X표를 하시오.

04 원칙적으로 하나의 단어에는 하나의 유의어만 성립한다.
　　　　　　　　　　　　　　　　　　　　　　（　　　）

05 가리키는 대상의 범위나 쓰이는 상황, 미묘한 느낌 등에서 차이가 있다.　　　　　　　　　　　　（　　　）

06 유의 관계에 있는 단어들은 어떤 맥락에서도 서로 교체가 가능하다.　　　　　　　　　　　　　　（　　　）

07 다음 중 유의 관계에 대한 설명으로 적절한 것은?

① 단어의 의미가 서로 반대되는 것이다.
② 한 단어의 뜻이 다른 단어에 포함되는 것이다.
③ 한 단어가 두 가지 이상의 의미를 갖는 것이다.
④ 서로 다른 단어의 소리가 우연히 같아진 것이다.
⑤ 뜻은 비슷하나 대상의 범위나 쓰이는 상황에 따라 다르다.

08 두 단어의 관계가 〈보기〉와 같은 것은?

〈보기〉
죽다 – 숨지다

① 꽃 – 개나리　　　　② 책방 – 서점
③ 태양계 – 해　　　　④ 남성 – 여성
⑤ 어머니 – 딸

09 〈보기〉를 참고할 때, 단어의 관계가 나머지와 다른 것은?

〈보기〉
우리말에는 예사말과 높임말의 관계로 이루어진 유의 관계 단어가 많다.

① 삶 – 인생　　　　② 밥 – 진지
③ 이름 – 성함　　　　④ 주다 – 드리다
⑤ 자다 – 주무시다

개념 037 반의 관계

(1) 반의 관계 : 의미가 서로 반대되는 관계
　예 '낮 – 밤', '남자 – 여자', '위 – 아래', '차갑다 – 뜨겁다'
　– 반의 관계에 있는 단어들의 집합을 반의어라고 함
　– 단어가 갖는 여러 의미 요소 중에서 하나의 의미 요소만 반대되고 나머지 요소가 공통될 때 성립함
　예 '아버지 – 아들'(○), '아버지 – 딸'(×)
　– 한 단어가 지닌 의미나 쓰임에 따라 여러 개의 반의어가 성립됨
　예 '벗다 – 입다, 차다, 신다, 끼다, 띠다'
　– 막연한 대상을 대조적으로 표현하여 의미를 분명히 구분해 주는 기능을 함

| 10~12 | 반의 관계에 대한 설명이 맞으면 ○표, 틀리면 X표를 하시오.

10 의미가 서로 반대되는 단어들의 관계이다.　（　　　）

11 하나의 단어에는 한 개의 반의어만 성립된다.　（　　　）

12 단어가 지닌 여러 의미 요소 중에서 하나만 달라야 한다.
　　　　　　　　　　　　　　　　　　　　　　（　　　）

13 두 단어의 관계가 〈보기〉와 다른 것은?

〈 보기 〉

참 – 거짓

① 연세 – 나이　　　　② 자유 – 구속
③ 여름 – 겨울　　　　④ 진보 – 퇴보
⑤ 승리 – 패배

수행평가형　　　　　　　　　　　| 중3 학업성취도평가 |

| 14~16 | 〈자료〉의 ㉠~㉢에 들어갈 말을 각각 한 단어로 쓰시오.

〈 자료 〉

학생 1 : 오늘 학교에서 반의 관계는 단어들의 의미가 서로 대립하는 관계라고 배웠잖아. 그럼 '아버지'와 '딸'도 반의 관계에 있는 거지?
학생 2 : '아버지'와 '딸'은 반의 관계가 아니야.
학생 1 : 왜? '남학생'과 '여학생'의 의미가 (㉠)을/를 기준으로 했을 때 대립되는 것처럼 '아버지'와 '딸'도 그렇잖아.
학생 2 : 하지만 '아버지'와 '딸'은 그 기준 외에 부모와 자식이라는 세대를 기준으로 했을 때도 대립되잖아. 그러니까 '아버지'와 '딸'은 반의 관계가 될 수 없어.
학생 1 : 아, 반의 관계는 의미가 대립하는 기준의 개수가 (㉡)(이)구나. 그러면 '연필이 길다'에서 '길다'는 '(㉢)'와/과 '길이'라는 기준으로만 대립되니까 반의 관계네.

14 ㉠ : (　　　　　　　　　　)
15 ㉡ : (　　　　　　　　　　)
16 ㉢ : (　　　　　　　　　　)

---

17 〈보기〉의 ㉠, ㉡에 들어갈 단어가 적절하게 짝지어진 것은?

〈 보기 〉

'다르다'의 반의어는 '(㉠)'이며, '틀리다'의 반의어는 '(㉡)'이다.

	㉠	㉡
①	같다	맞다
②	같다	아니다
③	맞다	같다
④	옳다	맞다
⑤	옳다	아니다

수행평가형

18 〈보기〉의 단어들과 공통적으로 반의 관계가 성립하는 단어를 쓰시오.

〈 보기 〉

• (입을) 다물다.　　• (뚜껑을) 덮다.
• (마개를) 막다.　　• (대문을) 잠그다.

| 고1 모의고사 |

19 〈보기〉의 ㉠과 ㉡에 해당하는 사례로 적절하지 않은 것은?

〈 보기 〉

단어들은 의미를 중심으로 관계를 맺고 있다. 의미가 같거나 비슷한 둘 이상의 단어가 맺는 의미 관계를 ㉠유의 관계, 둘 이상의 단어에서 의미가 서로 짝을 이루어 대립하는 의미 관계를 ㉡반의 관계, 한쪽이 의미상 다른 쪽을 포함하거나 다른 쪽에 포함되는 의미 관계를 상하 관계라 한다.

	㉠	㉡
①	옷 – 의복	밤 – 낮
②	서점 – 책방	기쁨 – 슬픔
③	걱정 – 근심	학생 – 남학생
④	환하다 – 밝다	오르다 – 내리다
⑤	분명하다 – 명료하다	숨기다 – 드러내다

수능형

20 밑줄 친 단어의 반의어가 적절하지 않은 것은?

	문장	반의어
①	쌍둥이도 서로 성격이 <u>다르다</u>.	같다
②	밥을 먹어도 금방 배가 <u>고프다</u>.	부르다
③	오늘 회의는 오후 5시에 <u>열린다</u>.	마치다
④	국수 가락이 마치 실처럼 <u>가늘다</u>.	두껍다
⑤	세수를 안 해 얼굴이 <u>지저분하다</u>.	깨끗하다

암기 톡톡

• 유의 관계와 반의 관계
① 유의 관계 : 소리는 다르지만 의미가 서로 비슷한 관계
② 반의 관계 : 의미가 서로 반대되는 관계(하나의 의미 요소만 달라야 함)

(5) 다의 관계와 동음이의 관계, 상하 관계

개념 쏙쏙! 내신 쑥쑥!

개념 038 다의 관계

(1) **다의 관계** : 하나의 말소리에 서로 연관이 있는 여러 의미가 결합되어 있을 때 그 의미 관계
- ⓔ 손 : ① 사람의 팔목 끝에 달린 부분 ② 손가락 ③ 일손 ……
- 다의 관계에 있는 의미들을 지닌 단어를 다의어라고 함
- 하나의 의미만 지녔던 단어의 의미가 점차 확대되어 생김(의미들 간에 연관성이 있음)
- 중심 의미(기본적이고 핵심적인 의미)와 주변 의미(중심 의미가 확장되어 달라진 의미)가 있음

| 01~04 | 다음 빈칸에 들어갈 알맞은 말을 〈보기〉에서 골라 쓰시오.

〈 보기 〉

다의어   연관성   중심 의미   주변 의미

01 하나의 말소리에 두 가지 이상의 의미를 지닌 단어를
(   )라고 한다.

02 (   )는 한 단어가 지닌 기본적이고 핵심적인
의미이다.

03 중심 의미가 확장되며 파생된 의미를 (   )라
고 한다.

04 다의어의 중심 의미와 주변 의미 간에는 의미적
(   )이 있다.

| 중3 학업성취도평가 |

05 〈보기〉의 ㉠~㉢ 중 의미가 다른 것은?

〈 보기 〉

　㉠아침을 먹고 있는데 친구와 한 약속이 생각났다. 함께 운동을 하기로 한 것이다. 평소 ㉡아침에 일찍 일어나는 친구는 나보다 먼저 나와서 몸을 풀고 있었다. ㉢아침 일찍 나와서 운동을 하고 있는 친구의 모습이 여간 반갑지 않았다.
　"오늘 ㉣아침 날씨 좋다. 그렇지?"
　"응."
　우리는 바로 ㉤아침 햇살이 가득한 운동장을 달리기 시작했다.

① ㉠   ② ㉡   ③ ㉢

④ ㉣   ⑤ ㉤

개념 039 동음이의 관계

(1) **동음이의 관계** : 소리는 같으나 의미가 전혀 다른 단어들의 관계
- ⓔ 배 – 배나무 열매[梨], 신체 일부[腹], 선박[船]
- 동음이의 관계에 있는 단어들의 집합을 동음이의어라고 함
- 서로 다른 단어가 우연히 소리가 같아져서 생김
- 사전에 서로 다른 단어로 등재됨

(2) 다의 관계와 동음이의 관계의 차이점

다의 관계	• 의미들 사이에 관련이 있음 • 중심적 의미가 하나(나머지는 주변적 의미) • 사전에서 하나의 단어(표제어)로 처리함
동음이의 관계	• 소리는 같지만 의미들 사이에 관련이 없음 • 중심적 의미가 여러 개(단어마다 있음) • 사전에서 서로 다른 단어(별개의 표제어)로 처리함

| 06~09 | 다음 설명이 맞으면 ○표, 틀리면 X표를 하시오.

06 소리는 같지만 의미가 서로 다른 단어들을 동음이의어라고 한다. (   )

07 동음이의 관계에 있는 단어들의 의미 간에는 밀접한 관련이 있다. (   )

08 동음이의어는 원래 같은 단어였으나 의미가 달라졌기에 사전에 다른 단어로 등재된다. (   )

09 동음이의어는 소리가 같으므로 문맥과 상황을 고려하여 의미를 파악해야 한다. (   )

| 10~14 | 다음 밑줄 친 단어들의 관계가 다의 관계면 '다', 동음이의 관계면 '동'이라고 쓰시오.

10 동생과 나는 밤에 몰래 밤을 구워 먹었다. (   )

11 그는 풀이 죽은 얼굴로 봉투에 풀을 발랐다. (   )

12 책상 다리에 부딪쳐서 오른쪽 다리를 다쳤다. (   )

13 머리를 감을 때 샴푸가 들어갈까 봐 눈을 감았다.
(   )

14 1월 1일에 떡국을 먹으면 나이를 1살 더 먹는 것이라고들 한다. (   )

15 다의어와 동음이의어에 대한 설명으로 가장 적절한 것은?

① 다의어는 여러 의미들 사이에 연관성이 없다.

② 동음이의어는 뜻이 여러 개인 하나의 단어이다.

③ 다의어는 중심 의미와 주변 의미를 가지고 있다.

④ 동음이의어는 사전에서 하나의 단어로 취급된다.

⑤ 다의어와 동음이의어는 표준어로 인정하지 않는다.

16 동음이의어와 다의어를 구분하는 기준으로 가장 적절한 것은?

① 한자어의 유무

② 사전 등재 여부

③ 의미 간 관련성

④ 소리의 길고 짧음

⑤ 소리의 높고 낮음

| 중3 학업성취도평가 |

17 〈보기〉의 ㉠~㉤ 중 의미상 관련성이 없는 것은?

〈 보기 〉

영수는 ㉠발이 크고 덩치도 크다. 영수는 성격도 화끈하고, ㉡발도 넓고 아는 사람도 많다. 어려운 이웃을 만나면 ㉢발을 벗고 나선다. 남을 도와주어야만 ㉣발을 뻗고 자는 성격이다. 영수네 집에는 이 동네에서 보기 드문 ㉤발이 드리워져 있는데 대나무로 만들어져 있다.

① ㉠   ② ㉡   ③ ㉢

④ ㉣   ⑤ ㉤

| 중3 학업성취도평가 |

18 다음 밑줄 친 말이 〈자료〉와 같은 의미로 쓰인 것은?

〈 자료 〉

농촌에서는 일손이 부족하여 농기계를 <u>쓰지</u> 않고는 농사 짓는 것이 힘들다.

① 준비물을 잃어버려서 친구 것을 빌려 <u>썼다</u>.

② 감기 때문에 맛있는 음식도 입에 <u>쓰게</u> 느껴진다.

③ 공책에 또박또박 바르게 <u>쓴</u> 글씨가 참 보기 좋다.

④ 아침에 일어나기가 힘들어 이불을 <u>쓰고</u> 누워 있었다.

⑤ 자신이 생각한 바를 논리적인 글로 <u>쓰는</u> 것은 어렵다.

개념 040 상하 관계

(1) **상하 관계** : 한 단어가 의미상 다른 단어를 포함하거나 다른 단어에 포함되는 관계. 다른 단어를 포함하는 단어를 상의어, 다른 단어에 포함되는 단어를 하의어라고 함

　예 '예술 – 문학', '꽃 – 진달래', '운동 – 야구'

　– 상의어와 하의어는 상대적 관계이며, 계층적인 구조를 형성함 예 '문학'은 '예술'의 하의어이자 '소설'의 상의어

　– 상의어일수록 일반적이고 포괄적인 의미를, 하의어일수록 개별적이고 구체적인 의미를 나타냄

| 19~22 | 다음 설명이 맞으면 ○표, 틀리면 X표를 하시오.

19 하의어는 상의어가 지닌 의미 특성을 지닌다. (   )

20 하나의 상의어는 하나의 하의어를 지닌다. (   )

21 상의어와 하의어는 계층적인 구조를 형성한다. (   )

22 상의어와 하의어는 기본적인 의미가 같으므로 문장에서 바꾸어 써도 문제가 없다. (   )

23 〈보기〉에 대한 설명으로 적절하지 않은 것은?

① '산문'과 '운문'은 상하 관계이다.

② '문학'은 '산문'과 '운문'의 상의어이다.

③ '산문'과 '운문'은 '문학'의 하의어이다.

④ '소설'과 '수필'은 '산문'의 하의어이다.

⑤ '운문'은 '동시'와 '시조'의 상의어이다.

24 다음 중 상하 관계의 사례에 해당하는 것은?

① 벌써 – 이미   ② 스승 – 제자   ③ 꽃 – 무궁화

④ 친구 – 벗   ⑤ 도시 – 농촌

암기 톡톡

다의 관계	동음이의 관계
의미 간 관련성 ○	의미 간 관련성 ×
한 단어로 처리	서로 다른 단어로 처리

• **상하 관계** : 한 단어가 다른 단어를 포함하거나 포함되는 관계

(6) 어휘의 체계와 양상

개념 쏙쏙! 내신 쑥쑥!

개념 041 고유어, 한자어, 외래어

(1) 어휘의 뜻 : 일정한 범위 속에 들어 있는 단어의 집합

(2) 어휘의 체계 : 고유어, 한자어, 외래어

고유어	• 우리말에 본디부터 있던 말이나 그것에 기초하여 새로 만들어진 말 예 하늘, 바다, 개나리, 시나브로, 생각 • 일상적인 언어생활을 하는 데 필요한 기초 어휘가 많으며, 하나의 단어가 지닌 의미의 폭이 넓음 • 우리 민족의 고유한 문화와 정서가 담겨 있음 • 상황에 따라 여러 가지 의미로 해석되는 다의어가 많음
한자어	• 한자를 바탕으로 만들어진 말 예 학교, 자유, 단어, 책상, 식당, 연극 • 고유어에 비해 세분화된 의미를 지니고 있음 • 추상적인 개념이나 전문 분야의 개념을 나타내는 어휘가 많음
외래어	• 외국에서 들어왔지만 우리말처럼 쓰이는 말 예 버스, 컴퓨터, 커피, 피아노, 빵, 고무 • 다른 나라의 문화가 들어오면서 함께 들어온 새로운 사물이나 현상을 나타냄 • 대체할 수 있는 고유어나 한자어가 별로 없음

| 01~04 | 다음 설명이 맞으면 ○표, 틀리면 X표를 하시오.

01 우리말에 본디부터 있던 말을 고유어라 한다. (　　)

02 고유어는 오랜 기간에 걸쳐 쓰이다 보니 대개 하나의 단어가 지닌 의미의 폭이 넓다. (　　)

03 외래어는 이미 우리말처럼 되어서 외국에서 들어온 말인지 알기 어려운 것도 있다. (　　)

04 한자어에는 우리 민족의 고유한 문화와 정서가 담겨 있다. (　　)

| 05~07 | 다음 설명에 해당하는 말을 〈보기〉에서 골라 쓰시오.

〈 보기 〉
고유어　　한자어　　외래어

05 우리 고유의 문화나 감정을 정확하게 표현하는 데 효과적이다. (　　　　　　)

06 외국에서 들어온 말로, 우리말로는 대체하기 힘들다. (　　　　　　)

07 추상적인 개념을 세분화하여 정확하게 표현할 수 있다. (　　　　　　)

| 08~09 | 어휘의 체계에 따라 다음 단어를 구분할 때, ㉠, ㉡에 들어갈 알맞은 말을 쓰시오.

(㉠)	고뿔	알림	호롱
(㉡)	감기	소식	등잔

08 ㉠ : (　　　　　　　　)

09 ㉡ : (　　　　　　　　)

| 10~21 | 다음 단어가 고유어이면 '고', 한자어이면 '한', 외래어이면 '외'라고 쓰시오.

10 땅 : (　　　　) 　　**11** 빵 : (　　　　)

12 피자 : (　　　) 　　**13** 국수 : (　　　　)

14 친구 : (　　　) 　　**15** 연필 : (　　　　)

16 뉴스 : (　　　) 　　**17** 고치다 : (　　　)

18 가로수 : (　　　) 　**19** 인터넷 : (　　　)

20 떡볶이 : (　　　) 　**21** 텔레비전 : (　　　)

22 〈보기〉를 참고할 때, 의미적 차원에서 고유어와 한자어의 차이점을 쓰시오.

〈 보기 〉

고유어	'생각'과 의미가 유사한 한자어		
생각	사고(思考) 숙고(熟考) 기억(記憶)	고려(考慮) 궁리(窮理) 추억(追憶)	고찰(考察) 구상(構想) 회상(回想)

23 다음 중 고유어에 해당하는 것은?

① 음식　　② 피자　　③ 영화

④ 나이　　⑤ 신문

24 다음 중 단어의 성격이 나머지와 다른 하나는?

① 쌀　　② 눈썹　　③ 담배

④ 바다　　⑤ 개나리

25 외래어에 대한 설명으로 적절하지 <u>않은</u> 것은?

① '버스, 컴퓨터, 담배'는 모두 외래어이다.

② 외래어는 다른 나라에서 들어온 말이다.

③ 외래어는 대부분 우리말로 바꾸기 어렵다.

④ 외래어가 고유어보다 의미 전달에 효과적이다.

⑤ 외래어는 우리말 표현을 풍부하게 만들어 준다.

| 중3 학업성취도평가 |

26 〈자료〉를 참고할 때, 문맥상 바꾸어 쓸 수 있는 고유어와 한자어의 짝으로 적절하지 <u>않은</u> 것은?

〈 자료 〉

우리말의 어휘에는 고유어와 한자어가 있다. 그런데 다음과 같이 하나의 고유어에 여러 개의 한자어가 대응하는 경우가 있다.

• 나는 이 마을에 오랫동안 <u>살았다</u>. → 거주(居住)했다.

• 대지진이 났지만 주민들은 모두 <u>살았다</u>. → 생존(生存)했다.

① 우리는 합의를 <u>보았다</u>. → 도출(導出)했다

② 수상한 사람을 <u>보면</u> 신고하라. → 목격(目擊)하면

③ 사무실에서 업무를 <u>보고</u> 있다. → 수행(遂行)하고

④ 우리 집은 1년째 신문을 <u>보고</u> 있다. → 판단(判斷)하고

⑤ 원장님은 오전에만 환자를 <u>보십니다</u>. → 진찰(診察)하십니다

개념 042 지역 방언, 사회 방언

(1) **방언의 뜻** : 한 언어에서, 지역적 원인 또는 사회적 원인에 따라 달라진 말의 체계

(2) **어휘의 양상** : 지역 방언, 사회 방언

지역 방언	• 지역에 따라 달라진 말 ⑩ 속았수다(수고했다), 감재(감자), 쪼깐(조금), 정구지(부추), 겁나게(매우) • 같은 지역 방언을 사용하는 사람들 사이에 유대감을 형성할 수 있음 • 해당 지역의 고유한 정서와 문화를 반영하며 우리말의 어휘를 풍부하게 함
사회 방언	• 사회 집단, 세대, 성별 등의 사회적 원인에 따라 달라진 말. 전문어, 은어, 속어 등이 있음 ⑩ 음악 용어 : 레가토, 트리플렛, 싱커페이션 • 같은 집단 내에서 의사소통의 효율성을 높이며 구성원 간의 유대감을 형성함 • 해당 집단에서 벗어나 사용하면 의사소통에 어려움이 생길 수 있음

| 27~30 | 다음 설명이 맞으면 ○표, 틀리면 X표를 하시오.

27 지역 방언은 지역에 따라 달라진 말이다.　(　)

28 지역 방언을 사용하면 다른 지역 사람들과 쉽게 유대감을 형성할 수 있다.　(　)

29 지역 방언은 해당 지역의 향토색을 느끼게 하며, 우리말의 어휘를 풍부하게 해 준다.　(　)

30 사회 방언은 세대, 성별, 직업 등의 사회적 원인에 의해 달라진 말이다.　(　)

31 지역 방언에 대한 설명으로 적절하지 <u>않은</u> 것은?

① 주로 비공식적인 상황에서 쓴다.

② 지역 고유의 정서와 문화를 담고 있다.

③ 전문적인 업무의 효율성을 높일 수 있다.

④ 사용하는 사람들끼리 친근감을 느낄 수 있다.

⑤ 옛말의 자취가 남아 있어서 국어의 역사를 연구하는 데 도움을 준다.

수행평가형

32 〈보기 1〉에 나타난 세대에 따른 어휘의 특징을 〈보기 2〉와 같이 정리할 때 ㉠에 들어갈 알맞은 내용을 쓰시오.

〈 보기 1 〉

수연 : 할머니, 학교에서 상으로 문상 받았어요! 내일이 언니 생일이라 이걸로 생선 사 주려고요.

할머니 : 문상이라니, 누가 돌아가셨니? 그리고 생일에 물고기를 사 준단 말이냐?

〈 보기 2 〉

세대 간에 사용하는 어휘의 차이로 인해 (　㉠　)에 어려움을 겪을 수 있다.

암기 톡톡

• **어휘의 체계** : 고유어, 한자어, 외래어

고유어	우리말에 본디부터 있던 말
한자어	한자를 바탕으로 만들어진 말 (→ 고유어 보완)
외래어	다른 나라에서 들어왔지만 우리말처럼 쓰이는 말

• **어휘의 양상** : 지역 방언, 사회 방언

지역 방언	지역에 따라 달라진 말
사회 방언	사회 집단, 세대 등의 사회적 원인에 따라 달라진 말

개념 043 전문어, 은어, 속어

(1) 전문어, 은어, 속어(사회 방언에 속함)

전문어	• 학술이나 기타 전문 분야에서 특별한 의미로 쓰는 말 예 의학 용어, 법률 용어, 컴퓨터 관련 용어 등 • 뜻이 정밀하고 다의성이 적으며, 전문적인 작업의 효과적인 수행에 도움이 됨 • 대부분의 어휘는 대응하는 일반 어휘가 없으며, 일반인과의 의사소통에 어려움을 줄 수 있음
은어	• 어떤 계층이나 부류의 사람들이 다른 사람들이 알아듣지 못하도록 자기네 구성원들끼리만 사용하는 말 예 청소년들의 언어, 상인이나 심마니 등 특정 직업 내에서만 쓰는 언어 • 비밀을 유지하려는 암호의 성격을 가지므로, 그 의미가 널리 알려지면 은어로서의 기능을 잃음(새로운 말로 대체되기도 함) • 구성원들의 소속감과 결속력을 높여 줄 수 있지만, 은어를 모르는 사람은 소외감을 느낄 수 있음
속어	• 통속적으로 쓰는 저속한 말. 일반적인 표현에 비해 비속하고 천박한 인상을 주기 때문에 비속어 또는 비어라고도 함 • 정서적으로 가까운 사람들끼리 대화할 때 친밀감을 표현하기 위해 사용함 • 상대에게 불쾌감을 주고 언어 습관에 좋지 않은 영향을 미칠 수 있으므로 가급적 사용하지 말아야 함

| 33~37 | 다음 설명에 해당하는 어휘의 종류를 〈보기〉에서 찾아 쓰시오.

〈 보기 〉
은어 전문어 속어

33 암호의 성격이 있으며, 지나치게 사용할 경우 집단 외부의 사람들에게 소외감을 줄 수 있다.
( )

34 정밀한 내용을 정확하고 간단하게 표현할 수 있지만 일반인의 경우에는 이해하기 어렵다.
( )

35 특정 분야의 전문가가 일을 좀 더 효과적으로 수행하기 위하여 사용한다.
( )

36 집단의 비밀을 유지하기 위해 다른 사람들이 알아듣지 못하도록 만들어 사용하는 말이다.
( )

37 일반적인 표현에 비해 비속하고 천박한 인상을 주는 말이다.
( )

| 38~39 | 〈보기〉의 ㉠, ㉡에 주로 사용된 어휘의 종류를 각각 쓰시오.

〈 보기 〉
㉠ 시스템을 백업하고, 소프트웨어 및 드라이버 업데이트 등의 작업을 수행해야 한다.
㉡ "퀴즈 대회에서 문상 받으려고 어젯밤에 열공했는데 광탈했어. 무지 안습이다."

38 ㉠ : ( )
39 ㉡ : ( )

40 전문어와 은어의 공통점으로 가장 적절한 것은?
① 상대에게 불쾌감을 줄 수 있다.
② 일반인들은 알아듣기 어려운 말이다.
③ 의미가 널리 알려지면 그 기능을 잃는다.
④ 암호처럼 집단의 비밀을 유지할 수 있다.
⑤ 전문적인 지식을 지닌 사람들이 주로 쓴다.

| 중3 학업성취도평가 |

41 〈자료〉는 '은어'에 관한 수업을 듣고 정리한 내용이다. ㉠에 들어갈 내용으로 가장 적절한 것은?

〈 자료 〉
• 개념 : (㉠)
• 특징 : 다른 집단에 알려지게 되면 그 기능을 잃게 된다.
• 문제점 : 다른 집단의 사람들에게 소외감을 줄 수 있다.
• 예 : 산삼을 캐는 사람들은 호랑이를 '산개', 큰 산삼을 '왕초'라 부른다.

① 전문 분야에서 특별한 의미로 쓰는 말
② 일반 사람들이 일상생활에서 널리 쓰는 말
③ 새로운 대상을 나타내기 위해 새로 생긴 말
④ 비교적 짧은 시기에 걸쳐 여러 사람의 입에 오르내리는 말
⑤ 다른 사람들이 알아듣지 못하도록 구성원끼리만 사용하는 말

암기 톡톡

• 전문어, 은어, 속어
① 전문어 : 전문 분야에서 특별한 의미로 쓰는 말
② 은어 : 다른 사람들이 알아듣지 못하도록 자기네 구성원들끼리만 사용하는 말
③ 속어 : 통속적으로 쓰는 저속한 말

개념 044 관용어와 속담

(1) **관용어** : 두 개 이상의 단어가 모여 본래의 의미와는 다른 의미로 쓰이는 관습적인 말 ㉕ 시치미 떼다, 손이 크다
  - 표현을 마음대로 바꾸면 의미가 통하지 않게 되며 단어 들의 의미만으로는 전체의 의미를 알기 어려움
  - 상황이나 문맥에 맞게 사용하면 효율적인 의사소통에 도움이 되지만, 그 언어를 사용하지 않는 사람은 의미 를 이해하기 어려움

(2) **속담** : 예로부터 민간에 전해 오면서 널리 사용되어 온 짧은 말 ㉕ 닭 쫓던 개 지붕 쳐다본다
  - 단어가 지닌 본래 의미에서 벗어나 다른 의미로 사용됨
  - 그 집단의 고유한 가치관이나 생활 문화, 정신문화 등 이 반영되어 있으며, 관용어와 달리 삶의 지혜나 교훈, 풍자 등이 담겨 있는 말이 많음
  - 시대의 변화에 따라 형태나 의미가 변형되어 쓰이는 경 우가 있음
  - 속담과 관용어, 한자성어 등을 포괄하여 관용적 표현이 라고 함

| 42~44 | 다음 설명이 맞으면 ○표, 틀리면 X표를 하시오.

42 관용어는 두 개 이상의 단어들이 모여 원래의 단어 뜻과 다른 특별한 의미를 나타내는 말이다. (　　　)

43 관용어는 상황에 맞추어서 자유롭게 변형하여 사용하기 에 적절하다. (　　　)

44 관용어와 속담은 모두 그 언어 사용권의 사람이 아니면 의미를 파악하기 어렵다. (　　　)

| 45~48 | 다음 문장에서 밑줄 친 속담의 쓰임이 적절하면 ○표, 적절하지 않으면 X표를 하시오.

45 그건 결국 실행하기가 어려운 일이니 <u>고양이 목에 방울 달기</u> 아닌가? (　　　)

46 <u>개 발에 편자</u>라더니 너는 어쩌면 그렇게 맛집을 잘 찾 니? (　　　)

47 <u>바늘 도둑이 소도둑 된다</u>더니 그 애가 결국 좋은 대학을 갔다고 하네. (　　　)

48 그녀는 아무리 어려운 일일지라도 <u>누워서 떡 먹듯이</u> 쉽 게 해. (　　　)

49 〈보기〉의 밑줄 친 부분과 같은 표현에 대한 설명으로 적 절하지 <u>않은</u> 것은?

〈보기〉
영희는 시험 때는 <u>눈에 불을 켜고</u> 공부한다.

① 말하고자 하는 상황을 재치 있게 나타낼 수 있다.
② 단어의 지시적 의미만으로는 의미를 파악하기 어렵다.
③ 둘 이상의 단어로 이루어졌지만 하나의 단어처럼 사용된다.
④ 말하고자 하는 내용을 간결하고 인상 깊게 표현할 수 있다.
⑤ 누구에게나 핵심적인 내용을 쉽고 생생하게 전달할 수 있다.

50 〈보기〉의 상황을 표현하기에 적절한 관용 표현은?

〈보기〉
기영은 결말에서 누구도 예상치 못했던 반전이 일어난다 는 말을 듣고 영화를 보러 갔다. 무척 기대하고 있는데, 앞 서 영화를 보고 나오던 사람들이 큰 소리로 영화의 결말을 다 말해 버리는 것이 아닌가.

① 산통을 깨다　　　　　② 수박 겉 핥기
③ 시치미를 떼다　　　　④ 손에 땀을 쥐다
⑤ 울며 겨자 먹기

51 다음 중 속담의 뜻이 제대로 연결되지 <u>않은</u> 것은?

① 작은 고추가 더 맵다 : 몸집이 작은 사람이 큰 사람보다 재주가 뛰어나고 야무짐
② 우물 안 개구리 : 자신만의 고유한 영역을 확보하여 능력 을 마음껏 발휘하는 사람
③ 빛 좋은 개살구 : 색깔은 좋으나 맛없는 개살구처럼 겉만 그럴듯하고 실속이 없는 경우
④ 밑 빠진 독에 물 붓기 : 아무리 힘이나 밑천을 들여도 보 람 없이 헛된 일이 되는 상태
⑤ 우물에 가 숭늉 찾는다 : 모든 일에는 질서와 차례가 있는 데 일의 순서도 모르고 성급하게 덤빔

암기 톡톡

• **관용어와 속담**
  ① **관용어** : 두 개 이상의 단어가 모여 본래의 의미와는 다른 의미로 쓰이는 관습 적인 말
  ② **속담** : 예로부터 민간에 전해 오면서 널리 사용되어 온 짧은 말

01 형태소에 대한 설명으로 적절하지 <u>않은</u> 것은?

① 더 이상 쪼개면 의미를 잃게 된다.

② 형식 형태소는 문법적인 기능을 한다.

③ 뜻을 구분하는 소리의 가장 작은 단위이다.

④ 자립성 여부를 기준으로 자립 형태소와 의존 형태소로 나뉜다.

⑤ 실질적 의미의 유무에 따라 실질 형태소와 형식 형태소로 나뉜다.

02 다음 중 형태소의 개수가 가장 많은 것은?

① 그물　　　　　　② 물통

③ 놀았다　　　　　④ 감나무

⑤ 귀뚜라미

03 다음 문장에 사용된 실질 형태소의 개수는?

> 나는 골목길을 마구 뛰었다.

① 2개　　　② 3개　　　③ 4개

④ 5개　　　⑤ 6개

04 다음 밑줄 친 부분의 성격이 나머지와 다른 하나는?

① 풋고추　　　　　② 햇감자

③ 덧버선　　　　　④ 떼쟁이

⑤ 홀아비

05 단어의 형태소를 분석한 것으로 적절하지 <u>않은</u> 것은?

① 마소 : 말+소　　　② 부삽 : 불+삽

③ 바느질 : 바늘+질　④ 소나무 : 소+나무

⑤ 버드나무 : 버들+나무

06 다음 문장에서 의존 형태소이면서 단어가 될 수 있는 것은?

> 우리는 물고기를 많이 잡았다.

① 우리　　② 를　　③ 많-

④ -이　　⑤ -았-

07 다음 문장의 형태소를 분석한 것으로 적절한 것은?

> 하늘이 정말 높고 푸르다.

① 자립 형태소는 '하늘, 높-, 푸르-'이다.

② 의존 형태소는 '이, 정말, 높고, 푸르다'이다.

③ 형식 형태소는 '이, 정말, -고, -다'이다.

④ 실질 형태소는 '하늘, 정말, 높-, 푸르-'이다.

⑤ 문장의 형태소는 '하늘, 이, 정말, 높고, 푸르-, -다로 분석된다.

08 다음 중 실질적인 뜻을 지니면서 홀로 쓰일 수 있는 형태소는?

① 를　　　　② 사람　　　③ 예쁘-

④ -다　　　⑤ 닭-

09 다음 중 홀로 쓰일 수 없으나 실질적인 뜻을 지닌 형태소는?

① 맑-　　　　② 참　　　③ 는

④ 산　　　　⑤ 이다

10 다음 문장에서 의존 형태소이면서 그 자체로 단어가 될 수 있는 말의 개수는?

> 맑은 바람이 정말 좋다.

① 1개　　　② 2개　　　③ 3개

④ 4개　　　⑤ 5개

11 다음 문장에 대한 설명으로 바르지 <u>않은</u> 것은?

> 하늘은 스스로 돕는 사람을 돕는다.

① 단어는 7개이다.

② 형태소는 9개이다.

③ 홀로 쓰일 수 있는 형태소는 3개이다.

④ 실질적 뜻이 있는 형태소는 5개이다.

⑤ 문법적인 의미를 표시하는 형태소는 5개이다.

12 단어의 형성에 대한 설명으로 적절하지 <u>않은</u> 것은?

① 하나의 어근만으로 이루어진 단어를 '단일어'라 한다.

② 어근과 어근이 결합하여 이루어진 단어를 '합성어'라 한다.

③ 어근과 접사가 결합하여 이루어진 단어를 '파생어'라 한다.

④ 둘 이상의 접사가 결합하여 이루어진 단어를 '복합어'라 한다.

⑤ 둘 이상의 어근이 결합할 때 어근의 형태가 달라지기도 한다.

13 〈보기〉의 ㉠~㉢에 대한 설명으로 적절하지 <u>않은</u> 것은?

〈 보기 〉

$$\underset{㉠}{풋-} + \underset{㉡}{과일} = \underset{㉢}{풋과일}$$

① ㉠은 ㉡에 붙어 그 뜻을 한정하는 형태소이다.

② ㉡은 실질적인 의미를 지니고 있는 형태소이다.

③ '햇나물'은 ㉢과 같은 방식으로 형성된 단어이다.

④ ㉢은 두 개 이상의 형태소가 결합된 합성어이다.

⑤ ㉠은 홀로 쓰일 수 없으나, ㉡은 홀로 쓰일 수 있다.

| 고1 모의고사 |

14 〈보기〉의 설명에 따라 '달리기'를 도식화한 것으로 적절한 것은?

〈 보기 〉

선생님 : 어근은 단어에서 실질적인 의미를 나타내는 중심이 되는 부분을, 접사는 어근이나 단어에 붙어 새로운 단어를 구성하는 부분을 말합니다. 어근과 접사의 결합 관계를 쉽게 구별해 보기 위해 어근을 □□□로, 접사를 ◯로 나타내 보겠습니다. 예를 들어 '하늘'은 하나의 어근으로 이루어져 있고, '먹이'는 어근 '먹–'과 접사 '–이'로 이루어져 있으므로 다음과 같이 도식화할 수 있습니다.

◯ 하늘 : 하늘   ◯ 먹이 : 먹– –이

① 달리기   ② 달– –리기

③ 달리– –기   ④ 달리 –기

⑤ 달– –리– –기

15 〈자료〉를 참고하여 단어의 짜임을 분석한 것으로 적절한 것은?

〈 자료 〉

형태소는 일정한 뜻을 가진 가장 작은 말의 단위를 뜻한다. 단어 형성 방법에 따라 단어를 다음과 같이 두 종류로 구분할 수 있다.

① 단일어 : 하나의 형태소로 이루어진 것

② 복합어 : 두 개 이상의 형태소로 이루어진 것

따라서 '감자'와 '감자꽃'은 다음과 같은 짜임새로 각각 분석된다.

단어	짜임새	단어의 종류
감자	감자(형태소)	단일어
감자꽃	감자(형태소) + 꽃(형태소)	복합어

① '밭고랑'은 하나의 형태소로 이루어져 있으니 단일어겠군.

② '조카애'는 하나의 형태소로 이루어져 있으니 단일어겠군.

③ '딸애'는 하나의 형태소로 이루어져 있으니 단일어겠네.

④ '마음'은 '마'와 '음'이라는 두 개의 형태소로 이루어져 있으니 복합어겠군.

⑤ '옷값'은 '옷'과 '값'이라는 두 개의 형태소로 이루어져 있으니 복합어겠네.

16 단어 형성에 대해 이해한 내용으로 적절하지 <u>않은</u> 것은?

① '새해'는 접사와 어근이 결합한 파생어이다.

② '꿀벌'은 어근과 어근이 결합한 합성어이다.

③ '낚시꾼'은 어근과 접사가 결합한 파생어이다.

④ '이슬비'는 어근과 어근이 결합한 합성어이다.

⑤ '어머니'는 하나의 어근으로 이루어진 단일어이다.

17 〈보기〉와 같은 구성으로 이루어진 단어는?

〈 보기 〉

어근 + 접미사

① 꽃잎   ② 눈송이

③ 이튿날   ④ 멋쟁이

⑤ 군식구

18 다음 중 한쪽 어근이 다른 쪽 어근을 수식하는 합성어는?

① 논밭　　　　　　② 철길
③ 여닫다　　　　　④ 민들레
⑤ 보릿고개

19 어근 사이의 의미적 결합 방식을 고려할 때 나머지와 종류가 다른 하나는?

① 쇠못　　　　　　② 부삽
③ 물걸레　　　　　④ 팔다리
⑤ 기어가다

20 다음 중 파생어에 해당하는 것은?

① 가죽신　　　　　② 치솟다
③ 여닫다　　　　　④ 큰아버지
⑤ 오르내리다

21 다음 중 밑줄 친 단어가 어근의 본래 뜻으로 쓰인 것은?

① 우리 집안에 큰 경사가 생겼다.
② 마치 바늘방석에 앉은 기분이었다.
③ 홍수 때문에 마을이 쑥밭이 되었다.
④ 작은아버지는 시골에서 올라오셨다.
⑤ 밖에는 거센 비바람이 내리치고 있다.

22 다음 중 밑줄 친 단어가 융합 합성어가 아닌 것은?

① 마을 앞뒤로 개울이 흐른다.
② 작년에 할머니께서 돌아가셨다.
③ 그 아이는 밤낮으로 공부만 한다.
④ 그들의 피땀으로 이곳을 만들었다.
⑤ 그 팀은 종이호랑이나 마찬가지이다.

23 '발'과 결합하여 이루어진 낱말의 형성 방식이 나머지와 다른 하나는?

① 맨발　　　　　　② 손발
③ 발자취　　　　　④ 발걸음
⑤ 오른발

24 어휘의 유형과 의미 관계에 대한 설명으로 적절한 것은?

① 두 가지 이상의 뜻을 가진 단어를 동음이의어라고 한다.
② 다의어는 여러 의미를 지니지만 의미 간에 관련성이 없다.
③ 한 단어가 어떤 단어에 대해서 상의어이면 다른 단어에 대해서도 항상 상의어이다.
④ 한쪽이 다른 쪽을 포함하는 단어를 하의어, 다른 쪽에 포함되는 단어를 상의어라고 한다.
⑤ 반의어는 두 단어 사이에 공통되는 의미 요소들을 바탕으로 하나의 의미 요소가 다를 때 성립한다.

25 유의어에 대한 설명으로 적절하지 않은 것은?

① 소리는 다르지만 의미가 비슷한 단어이다.
② 단어들끼리 자유롭게 바꾸어 사용할 수 있다.
③ 의미나 용법에서 미묘한 어감의 차이가 있다.
④ 하나의 단어에 여러 개의 유의어가 있을 수 있다.
⑤ 여러 단어 중 상황에 맞는 것을 선택해야 의미를 정확하게 전달할 수 있다.

수능형
26 어휘 사이의 의미 관계가 〈보기〉의 ㉠, ㉡과 유사한 것은?

〈 보기 〉
　이번 주말부터는 기온이 크게 ㉠내려가면서 단풍이 절정을 맞이할 것으로 보입니다. 다음 주 초반에는 서울의 낮 기온이 20도 안팎까지 ㉡하강하여 늦가을의 기운이 완연할 전망입니다.

① 밤 - 낮　　　　　② 계절 - 겨울
③ 가난 - 궁핍　　　④ 쉬다 - 일하다
⑤ 식물 - 대나무

27 〈보기〉의 설명에 해당하는 예로 적절하지 않은 것은?

〈 보기 〉
　유의 관계를 지니는 단어들 중에는 의미와 용법이 거의 동일하여 비교적 자유롭게 바꾸어 쓸 수 있는 것이 있는데, 이를 동의어라고 한다. 일반적으로 동의어는 유의어에 포함된다.

① 허파 - 폐　　　　② 나이 - 연세
③ 내의 - 속옷　　　④ 책방 - 서점
⑤ 메아리 - 산울림

28 〈보기〉의 밑줄 친 단어의 반의어로 가장 적절한 것은?

〈 보기 〉
열쇠로 자물쇠를 <u>열었다</u>.

① 닫다
② 떼다
③ 맺다
④ 채우다
⑤ 벗기다

| 중3 학업성취도평가 |

29 어휘의 의미 관계가 〈자료〉와 <u>다른</u> 것은?

〈 자료 〉
좋아하다 ─── 사랑하다 ─── 미워하다
(유의 관계) (반의 관계)

① 친하다 ─ 가깝다 ─ 멀다
② 획득하다 ─ 얻다 ─ 가지다
③ 이별하다 ─ 헤어지다 ─ 만나다
④ 정지하다 ─ 멈추다 ─ 가다
⑤ 넉넉하다 ─ 부유하다 ─ 가난하다

30 다음 중 짝지어진 단어의 성격이 나머지와 <u>다른</u> 것은?

① 예술 – 무용
② 배구 – 야구
③ 운동 – 수영
④ 악기 – 현악기
⑤ 동물 – 강아지

31 〈보기〉의 ㉠과 ㉡의 관계로 가장 적절한 것은?

〈 보기 〉
㉠연예인은 ㉡가수, 영화배우, 탤런트, 개그맨 등 대중에게 연기와 공연 등을 선보이는 사람이다.

① 유의 관계
② 반어 관계
③ 상하 관계
④ 다의 관계
⑤ 동음이의 관계

32 다음 밑줄 친 단어가 중심 의미로 사용된 것은?

① 운동을 했더니 배가 고프다.
② 겨울이라서 날씨가 제법 <u>맵다</u>.
③ 오늘따라 교실 분위기가 <u>무겁다</u>.
④ 아침으로 <u>빵</u>을 먹고 학교에 갔다.
⑤ 그는 <u>머리</u>가 좋아서 공부를 잘한다.

33 다음 짝지어진 문장 중 밑줄 친 단어의 의미 관계가 나머지와 <u>다른</u> 하나는?

① 집에 <u>오다</u>. / 봄이 <u>오다</u>.
② 머리를 <u>감다</u>. / 실을 <u>감다</u>.
③ 모자를 <u>쓰다</u>. / 편지를 <u>쓰다</u>.
④ 공을 <u>차다</u>. / 병에 물이 <u>차다</u>.
⑤ 별이 <u>뜨다</u>. / 얼굴이 누렇게 <u>뜨다</u>.

34 다음 중 〈보기〉의 '손'과 같은 의미로 사용된 것은?

〈 보기 〉
<u>손</u>이 많이 필요했던 공사를 겨우 마쳤다.

① 손에 반지를 끼다.
② 수확기에는 늘 손이 모자란다.
③ 나는 할머니의 손에서 자랐다.
④ 밖에 나갔다가 들어오면 손을 씻어라.
⑤ 범인은 경찰의 손이 미치지 않는 곳으로 도망갔다.

| 중3 학업성취도평가 |

35 ㉠~㉤ 중 의미상 연관성이 <u>없는</u> 것은?

〈 보기 〉
20○○년 ○월 ○요일   날씨 : 맑음 흐림 비 눈

담양 여행㉠길에 올랐다. 시원하게 뚫린 ㉡길을 달리다 보니 마음까지 시원해졌다. 가다가 기념품점에 들러 부채 하나를 샀다. ㉢길이 잘 든 부채였다. 이 부채를 받고 환하게 웃으실 할머니의 얼굴이 떠올랐다. 갈 ㉣길이 멀어 서둘러 면앙정으로 출발하였다. 그곳에는 배움의 ㉤길을 걸었던 조상들의 정신이 서려 있었다.

① ㉠
② ㉡
③ ㉢
④ ㉣
⑤ ㉤

36 〈보기〉의 밑줄 친 단어에 대한 설명으로 적절한 것은?

〈 보기 〉

(가) 교차로를 건널 때에는 신호등을 잘 <u>보아야</u> 한다.
(나) 소년은 혼자 집을 <u>보다가</u> 잠이 들었다.

① (가)와 (나)의 '보다'는 의미가 서로 관련이 없으므로 별개의 단어이다.

② (가)의 '보다'의 의미는 (나)에서 사용된 의미가 시간이 지나면서 확장된 것이다.

③ (나)의 '보다'는 여러 의미 중에서 가장 기본적이고 핵심적인 의미로 사용되었다.

④ (가)와 (나)의 '보다'는 의미가 서로 관련이 있으므로 다의어이며 하나의 단어이다.

⑤ (가)와 (나)의 '보다'는 의미가 서로 관련이 있으므로 동음이의어이며 하나의 단어이다.

수행평가형

| 중3 학업성취도평가 |

|37~39| 〈자료〉의 ㉠~㉢에 들어갈 알맞은 말을 쓰시오.

〈 자료 〉

(가) 영수 : 왔어? 밖은 많이 춥지?
　　지영 : 바람이 많이 불긴 해. 집 (㉠)(으)로 들어오니 한결 따뜻하다.
(나) 영수 : 오늘도 자전거 타고 왔어?
　　지영 : 응. 바람을 많이 맞아서 좀 춥다. 우리 코코아 한 잔 타서 먹을까?

　(가)에서 영수가 사용한 '밖'과 지영이 사용한 '(㉠)'은/는 반의 관계에 있다.
　(나)에서 영수와 지영은 모두 '타다'라는 단어를 사용하고 있다. 영수가 사용한 '타다'는 '탈것에 올라서 이동하는' 것을 의미하고, 지영이가 사용한 '타다'는 '다량의 액체에 소량의 가루 따위를 넣어 섞는' 것을 의미한다. 그러므로 두 단어는 (㉡)은/는 같지만, (㉢)은/는 다르다는 것을 알 수 있다.

37 ㉠ : (　　　　　　　　)
38 ㉡ : (　　　　　　　　)
39 ㉢ : (　　　　　　　　)

---

40 〈보기〉의 (가), (나)에 들어갈 내용으로 적절한 것은?

〈 보기 〉

　단어는 문맥에 따라 여러 가지 뜻을 가진다. 그래서 반의어도 여럿이 될 수 있다. 예를 들어 '시계가 서다.'에서 '서다'의 반의어는 '가다'인데, '기강이 서다.'에서 '서다'의 반의어는 '무너지다'가 된다. '벗다'도 문맥에 따라서 여러 가지 뜻을 가지기 때문에 반의어가 여럿이다.

단어	예문	반의어
벗다	외투를 벗다.	입다
	(가)	쓰다
	배낭을 벗다.	(나)

　　(가)　　　　　(나)
① 누명을 벗다.　　메다
② 안경을 벗다.　　끼다
③ 장갑을 벗다.　　차다
④ 모자를 벗다.　　걸다
⑤ 허물을 벗다.　　들다

---

41 다음 단어를 어휘의 체계에 따라 분류할 때 성격이 <u>다른</u> 하나는?

① 빵　　　　② 잔치　　　　③ 미리내
④ 아버지　　⑤ 소나기

---

42 〈자료〉를 참고할 때, 밑줄 친 고유어의 의미와 대응하는 한자어가 바르게 연결되지 <u>않은</u> 것은?

〈 자료 〉

　우리가 자주 사용하는 고유어 중에는 의미의 폭이 넓고 상황에 따라 여러 가지 의미로 해석되는 다의어(多義語)가 많다. 그에 비해, 한자어는 좀 더 상세하고 분화된 의미를 가지고 있어서 고유어의 다의성을 보완하는 역할을 하고 있다.

① (건전지를 교체하고)
　시계가 잘 간다. → 작동(作動)한다
② (담임 선생님이 학생들에게)
　머리를 단정히 하자. → 두발(頭髮)
③ (전학 가는 병희를 위해 친구들이 편지를 준비하며)
　야, 편지 같이 쓰자. → 사용(使用)하자
④ (매우 화를 내며)
　너, 내 말 좀 하고 다니지 마. → 험담(險談)
⑤ (어린아이가 엄마에게)
　얼른 글을 배워서 책을 읽고 싶어요. → 문자(文字)

수행평가형

43 〈보기〉와 같은 특성을 지닌 어휘를 쓰시오.

〈 보기 〉
• 사회 방언의 일종으로, 비밀 유지의 기능이 있다.
• 외부에 알려지면 새로운 말로 변경된다.

| 고1 모의고사 |

44 다음 대화 상황에 드러난 어휘의 양상에 대한 설명으로 적절한 것은?

엄마 : 지영아, 오늘이 네 생일인데 선물로 받고 싶은 게 있니?
지영 : 음~ 엄마, 전 생선으로 문상을 받고 싶어요.
엄마 : 생일 선물 이야기하라는데 '생선'은 뭐고 '문상'은 뭐니?
지영 : 아~ 애들끼리는 다 통하는 말인데. 생일 선물로 문화 상품권을 받고 싶다는 거예요.

① 성별에 따라 달리 사용되는 어휘가 나타난다.
② 특정 세대의 문화가 반영된 어휘가 나타난다.
③ 지역적으로 격리되면서 달라진 어휘가 나타난다.
④ 불쾌감을 유발하는 어휘와 이를 대신하는 어휘가 나타난다.
⑤ 전문적인 일을 효과적으로 수행하기 위한 어휘가 나타난다.

45 〈보기〉의 밑줄 친 '관용어'에 해당하지 않는 것은?

〈 보기 〉
관용어는 사람들이 관습적으로 사용하는 말로, 두 어휘가 결합되면서 원래의 의미를 잃고 새로운 의미를 갖게 된 것을 말한다.

① 일을 마치고 손을 씻어 얼룩을 지웠다.
② 너무 놀라서 간 떨어지는 줄 알았잖아!
③ 우리는 머리를 맞대고 대책을 논의했다.
④ 그 이야기는 귀에 못이 박히도록 들었어.
⑤ 그 사람은 발이 넓어 많은 사람들에게 도움을 받았다.

46 밑줄 친 관용 표현의 사용이 바르지 않은 것은?

① 이제 그 사람과는 손을 끊어야 되겠어.
② 우리 아이는 입이 짧아서 말을 잘 못해.
③ 분에 넘치는 일을 맡아서 어깨가 무겁다.
④ 콧대 높은 사람도 자식한테는 꼼짝 못한다.
⑤ 그는 귀가 얇아 주변 사람들에게 잘 휘둘린다.

47 다음 중 관용어가 쓰이지 않은 문장은?

① 오늘은 동생 생일이라 미역국을 먹었다.
② 그의 코를 납작하게 만들어 놓고 말겠어.
③ 공부하는 아이한테 괜히 바람 넣지 마라.
④ 우리 팀의 사기가 하늘을 찌르는 듯 높다.
⑤ 국가 대표 팀의 경기는 손에 땀을 쥐게 했다.

수행평가형

48 〈보기〉의 관용어를 완성하기 위해 빈칸에 공통으로 들어갈 알맞은 말을 쓰시오.

〈 보기 〉
• ( )에 차다   • ( )(을) 붙이다
• ( )에 밟히다   • ( ) 밖에 나다

49 다음 중 관용어가 쓰이지 않은 것은?

① 그때 너를 본 사람이 있으니 시치미 떼지 마라.
② 내 눈에 흙이 들어가기 전에는 허락할 수 없다.
③ 눈이 높아서 웬만한 물건은 거들떠보지 않는다.
④ 넘어진 영희에게 철수가 재빨리 손을 내밀었다.
⑤ 주인의 말에 넘어가 바가지를 쓰고 물건을 샀다.

50 〈보기〉와 같은 뜻의 속담은?

〈 보기 〉
당장은 문제를 해결하는 듯이 보이나 그 효력이 오래가지 못할 뿐만 아니라 결국에는 사태가 더 나빠짐

① 울며 겨자 먹기
② 땅 짚고 헤엄치기
③ 언 발에 오줌 누기
④ 밑 빠진 독에 물 붓기
⑤ 빈대 잡으려고 초가삼간 태운다

(1) 한글 맞춤법 ①

개념 045 한글 맞춤법 – 총칙

(1) 한글 맞춤법 : 한글을 올바르게 적는 방법을 규정한 것으로, 총칙 제1항에서 한글 맞춤법의 대원칙을 설명하고 있다.

① 제1항 : 한글 맞춤법은 표준어를 소리대로 적되, 어법에 맞도록 함을 원칙으로 한다.

• 표준어를 소리대로 적는다 : 표준어를 적을 때 발음에 따라 적는다. → 한글은 말소리를 그대로 기호로 나타낸 표음 문자야.

⑩ 구름, 나무, 하늘, 달리다

• 어법에 맞도록 한다 : 환경에 따라 소리가 달라지는 단어가 있으므로 뜻을 파악하기 쉽도록 각 형태소의 본 모양을 밝혀 적는다.

⑩ 꽃이[꼬치], 꽃만[꼰만], 꽃과[꼳꽈]

② 제2항 : 문장의 각 단어는 띄어 씀을 원칙으로 한다.

• 우리말은 단어를 단위로 띄어 쓴다. 단, 조사는 독립성이 없으므로 다른 단어와 달리 앞말에 붙여 쓴다.

⑩ 꽃이 예쁘다.(○) / 꽃 이 예쁘다.(×)
'꽃'과 '이'는 각각의 단어이지만 '이'가 조사이기 때문에 앞말에 붙여 써야 해.

③ 제3항 : 외래어는 '외래어 표기법'에 따라 적는다.

• 외래어는 우리말 어휘 중 하나이므로, 외래어 표기법에 따라 한글로 표기한다. → '외래어'는 다른 나라에서 들어온 말 중 우리말처럼 쓰이는 말, 즉 우리말로 굳어진 단어야. 반면, '외국어'는 다른 나라의 말이지. 따라서 우리말 어휘에 포함되지 않아.

| 01~03 | 다음 설명이 맞으면 ○표, 틀리면 X표를 하시오.

01 표준어를 소리 나는 대로 적어야 뜻을 파악하기가 쉽다. ( )

02 문장의 각 단어는 띄어 쓰는 것을 원칙으로 하지만 조사는 예외이다. ( )

03 외래어는 '외국어 표기법'에 따라 적는다. ( )

| 04~06 | 다음 빈칸에 들어갈 알맞은 말을 쓰시오.

04 우리말은 환경에 따라 소리가 달라지는 단어가 있으므로 뜻을 파악하기 쉽도록 각 ( )의 본 모양을 밝혀 적는다.

05 우리말은 ( )를 단위로 띄어 쓴다. 단, ( )는 독립성이 없으므로 앞말에 붙여 쓴다.

06 외래어는 ( ) 어휘 중의 하나이므로 '외래어 표기법'에 따라 한글로 표기한다.

| 07~08 | 〈보기〉를 읽고 물음에 답하시오.

〈 보기 〉
한글 맞춤법은 표준어를 ㉠소리대로 적되, ㉡어법에 맞도록 함을 원칙으로 한다.

07 〈보기〉의 ㉠에 해당하는 것은?

① 콧물　　　　　② 바람
③ 먹다　　　　　④ 미닫이
⑤ 생각하다

08 〈보기〉의 ㉡에 해당하는 예로 적절한 것은?

① 무덤　　　　　② 지붕
③ 마개　　　　　④ 달맞이
⑤ 설거지

수행평가형

09 〈보기〉를 통해 알 수 있는 한글 맞춤법 총칙의 세부 규정을 쓰시오.

〈 보기 〉
'늙–'은 환경에 따라 '늙어, 늙고, 늙지, 늙는'이 [늘거, 늘꼬, 늑찌, 능는]으로 발음되지만, '늙–'으로 어간의 형태를 고정하여 '늙어, 늙고, 늙지, 늙는'으로 적는다.

10 다음 중 띄어쓰기가 올바른 것은?

① 우리 강아지가 가출을 했어요.
② 이 일은 우리 만 해낼 수 있다.
③ 버스 정류장에서 부터 걸어왔다.
④ 가 는 말이 고와야 오 는 말이 곱다.
⑤ 남대문은 우리나라 국보 제1호 이다.

암기 톡톡

• 한글 맞춤법 – 총칙
① 제1항 : 표준어를 소리대로 적되 어법에 맞도록 함
② 제2항 : 문장의 각 단어는 띄어 씀을 원칙으로 함
③ 제3항 : 외래어는 '외래어 표기법'에 따라 적음

개념 046 한글 맞춤법 – 소리에 관한 것 ①

(1) 된소리

① **제5항** : 한 단어 안에서 뚜렷한 까닭 없이 나는 된소리는 다음 음절의 첫소리를 된소리로 적는다.

㉠ 두 모음 사이에서 나는 된소리

예 소쩍새, 어깨, 오빠, 거꾸로

㉡ 'ㄴ, ㄹ, ㅁ, ㅇ' 받침 뒤에서 나는 된소리

예 산뜻하다, 잔뜩, 살짝, 몽땅

다만, 'ㄱ, ㅂ' 받침 뒤에서 나는 된소리는, 같은 음절이나 비슷한 음절이 겹쳐 나는 경우가 아니면 된소리로 적지 아니한다. 예 국수, 깍두기, 딱지, 갑자기

(2) 구개음화

① **제6항** : 'ㄷ, ㅌ' 받침 뒤에 종속적 관계를 가진 '-이(-)'나 '-히-'가 올 적에는 그 'ㄷ, ㅌ'이 'ㅈ, ㅊ'으로 소리 나더라도 'ㄷ, ㅌ'으로 적는다. → '종속적 관계'란 실질 형태소인 체언, 어근, 용언 어간 등에 형식 형태소인 조사, 접미사, 어미 등이 결합하는 관계를 의미해.

예 맏이[마지], 해돋이[해도지], 같이[가치], 묻히다[무치다]

| 11~13 | 다음 설명이 맞으면 ○표, 틀리면 X표를 하시오.

11 한 단어 안에서 뚜렷한 까닭 없이 나는 된소리는 다음 음절의 첫소리를 된소리로 적는다. ( )

12 '산뜻하다', '살짝'처럼 'ㄴ, ㄹ' 받침 뒤에서 나는 된소리는 된소리로 적는다. ( )

13 한글 맞춤법에 의하면, '깍뚜기'가 바른 표기이다. ( )

| 14~16 | 다음 빈칸에 들어갈 알맞은 말을 쓰시오.

14 'ㄴ, ㄹ, ㅁ, ㅇ' 받침 뒤에서 나는 된소리는 된소리로 적으므로, '듬북'은 '( )'으로 적어야 한다.

15 '( ), ( )' 받침 뒤에서 나는 된소리는, 같은 음절이나 비슷한 음절이 겹쳐 나는 경우가 아니면 된소리로 적지 아니한다.

16 'ㄷ, ㅌ' 받침 뒤에 종속적 관계를 가진 '-이(-)'나 '-히-'가 올 적에는 '( ), ( )'으로 소리 나더라도 '( ), ( )'으로 적는다.

| 17~19 | 다음 괄호 안에서 한글 맞춤법에 맞는 것을 골라 ○표 하시오.

17 친구 덕분에 기분이 (몹시 , 몹씨) 좋아졌다.

18 그는 모임에서 (살작 , 살짝) 빠져나가 버렸다.

19 (갑자기 , 갑짜기) 소나기가 쏟아지기 시작했다.

---

20 〈보기〉의 한글 맞춤법 규정에 **어긋나는** 것은?

〈 보기 〉

'ㄱ, ㅂ' 받침 뒤에서 나는 된소리는, 같은 음절이나 비슷한 음절이 겹쳐 나는 경우가 아니면 된소리로 적지 아니한다.

① 딱지 ② 몹시 ③ 법석
④ 싹뚝 ⑤ 갑자기

21 다음 중 된소리 규정에 맞게 표기된 것은?

① 담뿍 ② 잔득 ③ 국쑤
④ 색씨 ⑤ 소적새

22 다음 중 구개음화가 일어나지 **않는** 것은?

① 같이 ② 밭을 ③ 맏이
④ 받히다 ⑤ 끝이다

23 〈자료〉의 ㉠에 들어갈 말로 적절한 것은?

〈 자료 〉

명수 : '맏이'는 왜 [마디]가 아니라 [마지]로 발음해야 해?

정아 : 받침 'ㄷ, ㅌ'이, 뒤에 오는 조사나 접사의 모음 'ㅣ'와 만나는 경우에는 [ㅈ, ㅊ]으로 바뀌어 소리 나기 때문이야. 이러한 예로는 '(㉠)'가 있어.

① 부디 ② 귀티
③ 해돋이 ④ 잊히다
⑤ 디디다

| 24~25 | 다음 제시된 단어들의 올바른 발음을 쓰시오.

24 피붙이 : [ ]

25 걷히다 : [ ]

• 한글 맞춤법–소리에 관한 것 ①

① 된소리 : 한 단어 안에서 뚜렷한 까닭 없이 나는 된소리는 다음 음절의 첫소리를 된소리로 적음

② 구개음화 : 'ㄷ, ㅌ' 받침 뒤에 종속적 관계를 가진 '-이(-)'나 '-히-'가 올 적에는 그 'ㄷ, ㅌ'이 'ㅈ, ㅊ'으로 소리 나더라도 'ㄷ, ㅌ'으로 적음

개념 047 한글 맞춤법 – 소리에 관한 것 ②

(1) 모음

① 제8항 : '계, 례, 몌, 폐, 혜'의 'ㅖ'는 'ㅔ'로 소리 나는 경우가 있더라도 'ㅖ'로 적는다.
예 혜택(惠澤), 사례(謝禮), 핑계
다만, 다음 말은 본음대로 적는다.
예 게송(偈頌), 게시판(揭示板), 휴게실(休憩室)
→ '게송'은 불교 용어로, 부처의 가르침이나 공덕을 찬탄하는 노래라는 뜻이야.

② 제9항 : '의'나, 자음을 첫소리로 가지고 있는 음절의 'ㅢ'는 'ㅣ'로 소리 나는 경우가 있더라도 'ㅢ'로 적는다.
예 의의(意義), 띄어쓰기, 무늬, 희망(希望)

(2) 두음 법칙 → 단어의 첫머리에 특정한 소리가 출현하지 못하는 현상이야.

① 제10항 : 한자음 '녀, 뇨, 뉴, 니'가 단어 첫머리에 올 적에는, 두음 법칙에 따라 '여, 요, 유, 이'로 적는다.
예 여자(女子), 연세(年歲), 익명(匿名)
[붙임 1] 단어의 첫머리 이외의 경우에는 본음대로 적는다. 예 남녀(男女), 당뇨(糖尿), 은닉(隱匿)

② 제11항 : 한자음 '랴, 려, 례, 료, 류, 리'가 단어의 첫머리에 올 적에는, 두음 법칙에 따라 '야, 여, 예, 요, 유, 이'로 적는다. 예 양심(良心), 역사(歷史), 예의(禮儀)
[붙임 1] 단어의 첫머리 이외의 경우에는 본음대로 적는다. 예 개량(改良), 수력(水力), 사례(謝禮)
다만, 모음이나 'ㄴ' 받침 뒤에 이어지는 '렬, 률'은 '열, 율'로 적는다. 예 나열(羅列), 진열(陳列), 비율(比率)

| 26~28 | 다음 설명이 맞으면 ○표, 틀리면 X표를 하시오.

26 '게시판, 휴게실'은 한글 맞춤법에 맞게 표기한 것이다.
( )

27 자음을 첫소리로 가지고 있는 음절의 'ㅢ'는 'ㅣ'로 소리 나는 경우 'ㅣ'로 적는다.
( )

28 한자음 '랴, 려, 례, 료, 류, 리'가 단어의 첫머리 이외에 올 적에는 두음 법칙에 따라 '야, 여, 예, 요, 유, 이'로 적는다.
( )

| 29~31 | 다음 빈칸에 들어갈 알맞은 말을 쓰시오.

29 '계, 례, 몌, 폐, 혜'의 'ㅖ'는 '( )'로 소리 나는 경우가 있더라도 'ㅖ'로 적는다.

30 한자음 '양심, 역사, 예의'를 '량심, 력사, 례의'로 쓰지 않는 이유는 ( )의 적용을 받기 때문이다.

31 ( )이나 '( )' 받침 뒤에 이어지는 '렬, 률'은 '열, 율'로 적는다.

---

32 두음 법칙에 따른 표기로 적절하지 않은 것은?
① 역사 ② 유행 ③ 쌍룡
④ 남여 ⑤ 백분율

33 〈보기〉의 한글 맞춤법 규정에 어긋나는 것은?

〈보기〉
제8항 '계, 례, 몌, 폐, 혜'의 'ㅖ'는 'ㅔ'로 소리 나는 경우가 있더라도 'ㅖ'로 적는다.

① 혜택 ② 핑계 ③ 페품
④ 사례 ⑤ 계시다

수능형
34 〈보기〉의 한글 맞춤법 규정에 대한 사례로 적절한 것은?

〈보기〉
제10항
[붙임 2] 접두사처럼 쓰이는 한자가 붙어서 된 말이나 합성어에서, 뒷말의 첫소리가 'ㄴ' 소리로 나더라도 두음 법칙에 따라 적는다.

① 연세 ② 이발
③ 양심 ④ 광한루
⑤ 신여성

| 중3 학업성취도평가 |

35 밑줄 친 단어 중 〈보기〉를 참고할 때 적절하지 않은 것은?

〈보기〉
모음이나 'ㄴ' 받침 뒤에 이어지는 '렬, 률'은 '열, 율'로 적는다.

① 이 제품의 할인률이 낮다.
② 최근 취업률이 급상승했다.
③ 그 학교의 입학 경쟁률은 세다.
④ 그 수술은 성공률이 매우 높다.
⑤ 학생들의 입학률이 낮아지고 있다.

암기 톡톡
• 한글 맞춤법–소리에 관한 것 ②
① '계, 례, 몌, 폐, 혜'의 'ㅖ'는 'ㅖ'로 적음
② '의'나, 자음을 첫소리로 가지고 있는 음절의 'ㅢ'는 'ㅣ'로 소리 나는 경우가 있더라도 'ㅢ'로 적음
③ 한자음 '녀, 뇨, 뉴, 니'가 단어 첫머리에 올 적에는, 두음 법칙에 따라 '여, 요, 유, 이'로 적음
④ 모음이나 'ㄴ' 받침 뒤에 이어지는 '렬, 률'은 '열, 율'로 적음

(2) 한글 맞춤법 ②

개념 048 한글 맞춤법 – 형태에 관한 것 ①

(1) 체언과 조사
① 제14항 : 체언은 조사와 구별하여 적는다.
例 손이, 손을, 손에, 손도, 손만

(2) 어간과 어미
① 제15항 : 용언의 어간과 어미는 구별하여 적는다.
例 먹다, 먹고, 먹어, 먹으니
[붙임 1] 두 개의 용언이 어울려 한 개의 용언이 될 적에, 앞말의 본뜻이 유지되고 있는 것은 그 원형을 밝히어 적고, 그 본뜻에서 멀어진 것은 밝히어 적지 아니한다.
㉠ 앞말의 본뜻이 유지되고 있는 것 例 넘어지다, 늘어나다
㉡ 본뜻에서 멀어진 것 例 드러나다, 사라지다, 쓰러지다
[붙임 2] 종결형에서 사용되는 어미 '-오'는 '요'로 소리 나는 경우가 있더라도 그 원형을 밝혀 '오'로 적는다.
例 이것은 책이오(○), 이것은 책이요(X).
[붙임 3] 연결형에서 사용되는 '이요'는 '이요'로 적는다.
例 이것은 책이요, 저것은 붓이다.(○)

| 01~02 | 다음 설명이 맞으면 ○표, 틀리면 X표를 하시오.

01 명사나 대명사는 조사와 구별하여 적는다. (   )
02 두 개의 용언이 어울려 한 개의 용언이 될 때는 언제나 원형을 밝혀 적는다. (   )

| 03~05 | 다음 빈칸에 들어갈 알맞은 말을 쓰시오.

03 용언의 (   )과 (   )는 구별하여 적는다.
04 '넘어지다, 늘어나다'는 두 개의 용언이 어울려 한 개의 용언이 될 적에, 앞말의 본뜻이 유지되고 있으므로 그 (   )을 밝혀 적은 것이다.
05 연결형에서 사용되는 '이요'는 '(   )'로 적는다.

06 다음 중 〈보기〉의 ㉠에 해당되지 않는 것은?

〈 보기 〉
두 개의 용언이 어울려 한 개의 용언이 될 적에, ㉠앞말의 본뜻이 유지되고 있는 것은 그 원형을 밝히어 적고, 그 본뜻에서 멀어진 것은 밝히어 적지 아니한다.

① 들어가다 ② 늘어나다
③ 사라지다 ④ 떨어지다
⑤ 틀어지다

07 다음 밑줄 친 부분이 한글 맞춤법 규정에 어긋나는 것은?

① 어서 이리 오시오.
② 나는 범인이 아니오.
③ 너무 늦은 것 아니요?
④ 이것은 책상이요, 저것은 의자이다.
⑤ 그에 대한 마음은 사랑이요, 또한 믿음이다.

개념 049 한글 맞춤법 – 형태에 관한 것 ②

(1) 접미사가 붙어서 된 말
① 제19항 : 어간에 '-이'나 '-음/-ㅁ'이 붙어서 명사로 된 것과 '-이'나 '-히'가 붙어서 부사로 된 것은 그 어간의 원형을 밝히어 적는다.
例 길이, 높이, 걸음, 믿음, 같이, 많이, 익히
② 제20항 : 명사 뒤에 '-이'가 붙어서 된 말은 그 명사의 원형을 밝히어 적는다.
• 부사로 된 것 例 곳곳이, 낱낱이, 샅샅이
• 명사로 된 것 例 바둑이, 삼발이, 절름발이
③ 제23항 : '-하다'나 '-거리다'가 붙는 어근에 '-이'가 붙어서 명사가 된 것은 그 원형을 밝히어 적는다.
例 깔쭉이, 꿀꿀이, 눈깜짝이, 배불뚝이

| 08~09 | 다음 설명이 맞으면 ○표, 틀리면 X표를 하시오.

08 어간에 '-이'나 '-히'가 붙어서 부사가 된 것은 그 어간의 원형을 밝히어 적는다. (   )
09 명사 뒤에 '-이'가 붙어서 부사나 명사가 된 말은 그 명사의 원형을 밝히어 적지 아니한다. (   )

| 10~11 | 다음 빈칸에 들어갈 알맞은 말을 쓰시오.

10 '길이, 걸음' 등은 어간에 '-이'나 '-음'이 붙어서 명사로 된 것이므로 그 (   )의 원형을 밝히어 적는다.
11 '꿀꿀'은 '-하다'나 '-거리다'를 붙일 수 있으므로 '꿀꿀이'는 그 원형을 밝혀 '(   )'로 적는다.

12 〈보기〉의 한글 맞춤법 규정에 해당하지 않는 것은?

〈 보기 〉
어간에 '-이'나 '-음/-ㅁ'이 붙어서 명사로 된 것은 그 어간의 원형을 밝히어 적는다.

① 앎 ② 묶음 ③ 먹이
④ 길이 ⑤ 많이

13 다음 명사 중 한글 맞춤법 규정에 어긋나는 것은?

① 살살이   ② 오뚜기   ③ 삐죽이

④ 홀쭉이   ⑤ 깔쭉이

개념 050 한글 맞춤법 – 형태에 관한 것 ③

(1) 합성어 및 접두사가 붙은 말

① 제28항 : 끝소리가 'ㄹ'인 말과 딴 말이 어울릴 적에 'ㄹ' 소리가 나지 아니하는 것은 아니 나는 대로 적는다.
　예 다달이(달–달–이), 따님(딸–님), 마소(말–소)

② 제29항 : 끝소리가 'ㄹ'인 말과 딴 말이 어울릴 적에 'ㄹ' 소리가 'ㄷ' 소리로 나는 것은 'ㄷ'으로 적는다.
　예 반짇고리(바느질~), 사흗날(사흘~), 섣달(설~), 숟가락(술~)

③ 제30항 : 사이시옷은 순우리말, 또는 순우리말과 한자어로 된 합성어로서 앞말이 모음으로 끝난 경우에 받치어 적는다.

• 뒷말의 첫소리가 된소리로 나는 것
　예 나룻배, 맷돌, 햇볕 / 자릿세, 아랫방, 텃세

• 뒷말의 첫소리 'ㄴ, ㅁ' 앞에서 'ㄴ' 소리가 덧나는 것
　예 아랫니, 뒷머리, 냇물, 훗날, 제삿날

• 뒷말의 첫소리 모음 앞에서 'ㄴㄴ' 소리가 덧나는 것
　예 나뭇잎, 베갯잇 / 예삿일, 훗일

※ 두 음절로 된 6개의 한자어는 사이시옷을 받치어 적어. [곳간(庫間), 셋방(貰房), 숫자(數字), 찻간(車間), 툇간(退間), 횟수(回數)]

---

14 〈보기〉의 한글 맞춤법 규정이 적용된 단어가 아닌 것은?

〈 보기 〉
제29항 끝소리가 'ㄹ'인 말과 딴 말이 어울릴 적에 'ㄹ' 소리가 'ㄷ' 소리로 나는 것은 'ㄷ'으로 적는다.

① 섣달   ② 사흗날   ③ 이튿날

④ 여닫이   ⑤ 반짇고리

---

15 다음 중 사이시옷의 표기가 올바르지 않은 것은?

① 냇가   ② 칫과   ③ 뒷일

④ 귓병   ⑤ 빗물

---

16 다음 두 단어의 합성어를 한글 맞춤법에 맞게 쓰시오.

아래 + 마을

개념 051 한글 맞춤법 – 띄어쓰기

(1) 의존 명사, 단위를 나타내는 명사 및 열거하는 말 등

① 제42항 : 의존 명사는 띄어 쓴다.
　예 아는 것이 힘이다. 먹을 만큼 먹어라.

② 제43항 : 단위를 나타내는 명사는 띄어 쓴다.
　예 한 개, 소 한 마리, 버선 한 죽

③ 제45항 : 두 말을 이어 주거나 열거할 적에 쓰이는 말들은 띄어 쓴다.
　예 국장 겸 과장, 청군 대 백군 / 책상, 걸상 등 / 사과, 배 등등

(2) 보조 용언

① 제47항 : 보조 용언은 띄어 씀을 원칙으로 하되, 경우에 따라 붙여 씀도 허용한다.
　예 비가 올 성싶다. 비가 올성싶다.(허용)

다만, 앞말에 조사가 붙거나 앞말이 합성 용언인 경우, 그리고 중간에 조사가 들어갈 적에는 그 뒤에 오는 보조 용언은 띄어 쓴다.
　예 책을 읽어도 보고……. 잘난 체를 한다.

| **17~19** | 다음 밑줄 친 부분에서 띄어 써야 하는 곳에 V 표를 하시오.

17 그가 하는 것만큼 나도 할수있다.

18 열심히 돈을 모아 집한채를 장만하였다.

19 아침겸점심으로 햄버거를 먹었다.

---

20 다음 중 띄어쓰기가 바르지 않은 것은?

① 주말에 비가 올듯하다.

② 그는 심하게 잘난 체를 한다.

③ 할머니께서 북어 한 쾌를 사 오셨다.

④ 그는 서울, 부산, 제주 등을 여행하였다.

⑤ 그녀는 본대로 들은대로 이야기를 하였다.

---

21 〈보기〉의 문장을 바르게 띄어 쓴 것은?

〈 보기 〉
그가떠난지벌써오년이넘었다.

① 그가 떠난지 벌써 오년이 넘었다.

② 그가 떠난지 벌써 오 년이 넘었다.

③ 그가 떠난 지 벌써 오년이 넘었다.

④ 그가 떠난 지 벌써 오년 이 넘었다.

⑤ 그가 떠난 지 벌써 오 년이 넘었다.

개념 052 한글 맞춤법 – 그 밖의 것

(1) **제51항** : 부사의 끝음절이 분명히 '이'로만 나는 것은 '-이'로 적고, '히'로만 나거나 '이'나 '히'로 나는 것은 '-히'로 적는다.
　　📖 깨끗이, 따뜻이 / 극히, 급히, 솔직히, 가만히, 꼼꼼히

(2) **제53항** : 다음과 같은 어미는 예사소리로 적는다.
　　📖 -(으)ㄹ거나, -(으)ㄹ걸, -(으)ㄹ게, -(으)ㄹ수록 등

(3) **제56항** : '-더라, -던'과 '-든지'는 다음과 같이 적는다.
　　① 지난 일을 나타내는 어미는 '-더라, -던'으로 적는다.
　　　📖 지난겨울은 몹시 춥더라. 그 사람 말 잘하던데!
　　② 물건이나 일의 내용을 가리지 아니하는 뜻을 나타내는 조사와 어미는 '(-)든지'로 적는다.
　　　📖 사과든지 배든지 마음대로 먹어라.

(4) **제57항** : 다음 말들은 각각 구별하여 적는다.
　　📖 가름 / 갈음, 거름 / 걸음, 노름 / 놀음(놀이), 다치다 / 닫히다, 반드시 / 반듯이, 부치다 / 붙이다, 하노라고 / 하느라고 등

| 22~25 | 다음 괄호 안에서 한글 맞춤법에 맞는 것을 골라 ○표 하시오.

22 책상 정리를 (깨끗히 , 깨끗이) 잘하는구나.

23 숙제를 미리미리 해 (놓을껄 , 놓을걸).

24 그 책 정말 (재미있던데 , 재미있든데).

25 드라마를 보기 위해 빠른 (걸음 , 거름)으로 집에 왔다.

| 26~28 | 다음 밑줄 친 부분이 한글 맞춤법에 맞으면 ○표, 틀리면 X표를 하시오.

26 햇볕이 방 안을 <u>따뜻이</u> 비추었다. 　　(　　)

27 내가 학교에 먼저 가 <u>있을께</u>. 　　(　　)

28 <u>가던지</u> 말던지 상관없다. 　　(　　)

29 밑줄 친 부분이 한글 맞춤법 규정에 어긋나는 것은?
① 어린 시절의 추억을 <u>고이</u> 간직하고 있다.
② 이 책을 <u>꼼꼼히</u> 읽고 줄거리를 써야 한다.
③ 아무도 없는 집을 혼자 <u>쓸쓸히</u> 지키고 있었다.
④ <u>극히</u> 일부의 학생들만 행사에 참여할 수 있다.
⑤ 설명서를 따라 하면 누구나 <u>간편히</u> 조립할 수 있다.

30 다음 중 한글 맞춤법 규정에 맞는 것은?
① 가까히　　　② 일일히　　　③ 엄격히
④ 정확이　　　⑤ 느긋히

31 다음 중 한글 맞춤법에 맞게 표기된 문장은?
① 나라를 위해 목숨을 바쳤다.
② 그 사람이 그렇게나 좋든가?
③ 하느라고 한 것이 이 모양이다.
④ 가게 문이 다쳐서 학용품을 사지 못했다.
⑤ 뭐던지 열심히 하는 모습이 보기 좋구나.

32 다음 중 밑줄 친 말의 쓰임이 바르지 <u>않은</u> 것은?
① 그는 편지 봉투에 우표를 <u>붙였다</u>.
② 난로를 켜기 위해 연탄에 불을 <u>붙였다</u>.
③ 나는 요즘 공부에 흥미를 <u>붙일</u> 수가 없다.
④ 그는 고향에 있는 여동생에게 편지를 <u>붙였다</u>.
⑤ 엄마는 책상을 벽에 <u>붙여서</u> 분위기를 바꾸었다.

수행평가형
33 〈보기〉에서 한글 맞춤법 규정에 어긋난 것을 모두 골라 바르게 고쳐 쓰시오.

〈 보기 〉
"솔직이 고백하면 용서해 줄게. 어제 칠판에 메모지를 부친 게 누구니?"

_____

_____

암기 톡톡 🖍

• **한글 맞춤법 – 형태에 관한 것**
① 체언과 조사, 용언의 어간과 어미는 구별하여 적는다.
② 종결형에서 사용되는 어미 '-오'는 '오'로 적는다.
③ 사이시옷은 순우리말, 또는 순우리말과 한자어로 된 합성어로서 앞말이 모음으로 끝난 경우에 받치어 적는다.

• **한글 맞춤법 – 띄어쓰기와 그 밖의 것**
① 의존 명사, 단위를 나타내는 명사 및 열거하는 말 등은 띄어 쓴다.
② 보조 용언은 띄어 씀을 원칙으로 하되, 경우에 따라 붙여 씀도 허용한다.
③ 어미 '-(으)ㄹ거나, -(으)ㄹ걸, -(으)ㄹ게, -(으)ㄹ수록'은 예사소리로 적는다.
④ 지난 일을 나타내는 어미는 '-더라, -던'으로, 물건이나 일의 내용을 가리지 아니하는 뜻을 나타내는 조사와 어미는 '(-)든지'로 적는다.

(3) 표준어 규정과 표준 발음법

개념 쏙쏙! 내신 쑥쑥!

개념 053 표준어 규정

(1) **표준어** : 한 나라에서 공용으로 쓰는 규범으로서의 언어
  ① 표준어 사정 원칙(총칙 제1항) : 표준어는 교양 있는 사람들이 두루 쓰는 현대 서울말로 정함을 원칙으로 한다.

(2) **자음 관련 표준어 규정**
  ① **제5항** : 어원에서 멀어진 형태로 굳어져서 널리 쓰이는 것은, 그것을 표준어로 삼는다. 예 강낭콩, 사글세
  ② **제7항** : 수컷을 이르는 접두사는 '수-'로 통일한다.
    예 수꿩, 수나사, 수놈, 수소
    다만 1, 다음 단어에서는 접두사 다음에서 나는 거센소리를 인정한다. 예 수캉아지, 수캐, 수컷, 수탉 등
    다만 2, 다음 단어의 접두사는 '숫-'으로 한다.
    예 숫양, 숫염소, 숫쥐

(3) **모음 관련 표준어 규정**
  ① **제8항** : 양성 모음이 음성 모음으로 바뀌어 굳어진 단어는 음성 모음 형태를 표준으로 삼는다.
    예 깡충깡충, 쌍둥이, 발가숭이, 오뚝이 등
  ② **제9항 [붙임 2]** : 기술자에게는 '-장이', 그 외에는 '-쟁이'가 붙는 형태를 표준으로 삼는다.
    예 미장이, 유기장이, 멋쟁이, 소금쟁이
  ③ **제12항** : '웃-' 및 '윗-'은 명사 '위'에 맞추어 '윗-'으로 통일한다. 예 윗눈썹, 윗니, 윗도리, 윗몸
    다만 1, 된소리나 거센소리 앞에서는 '위-'로 한다.
    예 위쪽, 위층, 위팔
    다만 2, '아래, 위'의 대립이 없는 단어는 '웃-'으로 발음되는 형태를 표준으로 삼는다. 예 웃어른, 웃옷

| 01~03 | 다음 설명이 맞으면 ○표, 틀리면 X표를 하시오.

01 표준어는 한 나라에서 공용으로 쓰는 언어이다. (　　)

02 어원에서 멀어진 형태로 굳어져서 널리 쓰이는 단어는 그것을 표준어로 삼는다. (　　)

03 수컷을 이르는 접두사는 모두 '수-'로 써야 한다. (　　)

| 04~07 | 다음 괄호 안에서 표준어 규정에 맞는 것을 골라 ○표 하시오.

04 아빠가 (숫놈 , 수놈) 강아지를 데려오셨다.

05 (위층 , 윗층)으로 올라가는 계단이 가파르다.

06 우리 언니는 옷을 잘 입는 (멋쟁이 , 멋장이)다.

07 (웃어른 , 윗어른)께는 항상 인사를 잘 드려야 한다.

08 다음 밑줄 친 말이 표준어인 것은?

① 그는 삭월세를 산다.

② 그는 웃니가 고르지 않다.

③ 토끼가 깡총깡총 뛰어갔다.

④ 동물원에는 흰색 숫양이 산다.

⑤ 어머니께서 강남콩을 사 오셨다.

09 다음 중 표준어가 아닌 것은?

① 미장이　　　② 쌍둥이　　　③ 발가숭이
④ 소금쟁이　　　⑤ 고집장이

수능형
10 〈보기〉를 참고할 때 표준어에 해당하는 것은?

〈 보기 〉
제12항 '웃-' 및 '윗-'은 명사 '위'에 맞추어 '윗-'으로 통일한다.
　다만 1, 된소리나 거센소리 앞에서는 '위-'로 한다.
　다만 2, '아래, 위'의 대립이 없는 단어는 '웃-'으로 발음되는 형태를 표준어로 삼는다.

① 윗돈　　　② 윗변　　　③ 윗쪽
④ 웃니　　　⑤ 웃턱

수행평가형
| 11~12 | 〈보기〉의 ㉠, ㉡에 들어갈 알맞은 말을 표준어 규정에 맞게 쓰시오.

〈 보기 〉
• '어깨에서 팔꿈치까지의 부분'을 뜻하는 말은 '(㉠)'이겠구나.
• '맨 겉에 입는 옷'을 의미하는 말은 '아래옷'과 반대되는 말이 아니니 '(㉡)'이겠구나.

11 ㉠ : (　　　　　　　　　)

12 ㉡ : (　　　　　　　　　)

암기 톡톡
• **표준어 규정**
  ① 수컷을 이르는 접두사는 '수-'로 통일. 단 '숫양, 숫염소, 숫쥐'는 제외
  ② 기술자에게는 '-장이', 그 외에는 '-쟁이'
  ③ '웃-' 및 '윗-'은 명사 '위'에 맞추어 '윗-'으로 통일. 단 된소리나 거센소리 앞에서는 '위-', '아래, 위'의 대립이 없는 단어는 '웃-'

개념 054 표준 발음법 ①

(1) **제1항** : 표준 발음법은 표준어의 실제 발음을 따르되, 국어의 전통성과 합리성을 고려하여 정함을 원칙으로 한다.

(2) **모음의 발음**

① **제5항** : 'ㅑ, ㅒ, ㅕ, ㅖ, ㅘ, ㅙ, ㅛ, ㅝ, ㅞ, ㅠ, ㅢ'는 이중 모음으로 발음한다.

다만 1. 용언의 활용형에 나타나는 '져, 쪄, 쳐'는 [저, 쩌, 처]로 발음한다.

⑩ 가지어 → 가져[가저], 찌어 → 쪄[쩌]

다만 2. '예, 례' 이외의 'ㅖ'는 [ㅔ]로도 발음한다.

⑩ 계시다[계:시다/게:시다], 시계[시계/시게], 지혜[지혜/지헤]

다만 3. 자음을 첫소리로 가지고 있는 음절의 'ㅢ'는 [ㅣ]로 발음한다.

⑩ 늴리리, 닁큼, 무늬, 띄어쓰기, 희망, 유희

다만 4. 단어의 첫음절 이외의 '의'는 [ㅣ]로, 조사 '의'는 [ㅔ]로 발음함도 허용한다.

⑩ 주의[주의/주이], 협의[혀비/혀비], 우리의[우리의/우리에], 강의의[강:의의/강:이에]

| 13~15 | 다음 설명이 맞으면 ○표, 틀리면 X표를 하시오.

13 표준 발음법은 표준어의 실제 발음을 따라 정한다.
( )

14 'ㅑ, ㅕ, ㅘ, ㅛ, ㅝ, ㅠ, ㅢ'는 이중 모음으로 발음한다.
( )

15 '계산'의 '계'는 [계]나 [게]로 발음해도 되지만, '차례'의 '례'는 [례]로만 발음해야 한다. ( )

| 16~18 | 다음 밑줄 친 단어의 발음으로 올바른 것을 괄호 안에서 모두 골라 ○표 하시오.

16 별빛이 희미하다. ([히미] , [희미])

17 할머니께서는 집에 계신다. ([계:신다] , [게:신다])

18 이 찻잔은 무늬가 화려하다. ([무늬] , [무니])

| 19~20 | 다음 단어의 올바른 발음을 바르게 연결하시오.

19 차례 •

      • ㉠ [차례]

      • ㉡ [차레]

      • ㉢ [유히]

20 유희 •

      • ㉣ [유희]

21 다음 밑줄 친 부분을 이중 모음으로만 발음해야 하는 것은?

① 팔을 다쳐 움직이기가 불편하다.

② 우리의 목표는 꿈을 이루는 것이다.

③ 시계를 보니 벌써 아홉 시가 넘었다.

④ 학교에서의 선후배 예절은 엄격하다.

⑤ 사전 협의 없이 일을 진행하면 안 된다.

22 〈보기〉의 ㉠~㉤ 중 표준 발음에 해당하지 않는 것은?

〈 보기 〉
• 긍정적인 마음을 ㉠가져야[가저야] 한다.
• ㉡협의[혀비]를 거쳐서 결정한 사안이다.
• 젊은이들에게 ㉢희망[희망]과 용기를 불어넣다.
• 문화 유적에는 조상들의 ㉣지혜[지혜]가 담겨 있다.
• ㉤우리의[우리에] 힘을 합치면 못할 일이 뭐가 있겠어요?

① ㉠   ② ㉡   ③ ㉢

④ ㉣   ⑤ ㉤

수행평가형 | 중3 학업성취도평가 |

| 23~24 | 〈자료 1〉을 참고하여 〈자료 2〉의 ㉠과 ㉡에 들어갈 표준 발음을 쓰시오.

〈 자료 1 〉
※ **표준 발음법**

제5항 'ㅑ, ㅒ, ㅕ, ㅖ, ㅘ, ㅙ, ㅛ, ㅝ, ㅞ, ㅠ, ㅢ'는 이중 모음으로 발음한다.

다만 3. 자음을 첫소리로 가지고 있는 음절의 'ㅢ'는 [ㅣ]로 발음한다.

〈 자료 2 〉
(1) 그는 굳은 의지를[㉠] 보였다.
(2) 그는 분위기를 띄우려고[㉡] 노력했다.

23 ㉠ : [   ]

24 ㉡ : [   ]

25 다음은 국어 수업 중 일부이다. A에 들어갈 말로 적절하지 <u>않은</u> 것은?

> 선생님 : 국어의 모음에는 단모음과 이중 모음이 있는데, 이중 모음은 단모음과 달리 발음할 때 입술 모양이나 혀의 위치가 바뀝니다. 그런데 이중 모음 가운데 'ㅢ'는 이중 모음으로 발음하는 것이 원칙이지만, 조사로 쓰일 경우에는 단모음 [ㅔ]로, 단어에서 첫음절이 아닐 경우에는 단모음 [ㅣ]로 발음하는 것도 허용합니다. 그러면 칠판의 예시를 보고 'ㅢ'가 각각 어떻게 발음될 수 있는지 말해 봅시다.

> 의사의 호의(好意)
> ㉠   ㉡   ㉢

> 학생 : (A   )

① ㉠의 'ㅢ'는 입술 모양이나 혀의 위치가 바뀌면서 발음되겠군요.

② ㉡은 조사이므로 ㉡의 'ㅢ'는 이중 모음뿐만 아니라 단모음으로도 발음할 수 있겠군요.

③ ㉢은 단어의 첫음절이 아니므로 ㉢의 'ㅢ'는 [ㅣ]로 발음하는 것도 가능하겠군요.

④ ㉠과 ㉡의 'ㅢ'는 서로 다른 소리로 발음할 수도 있겠군요.

⑤ ㉡과 ㉢의 'ㅢ'는 단모음으로 발음될 때 동일한 소리로 발음되겠군요.

26 〈보기〉의 밑줄 친 부분의 표준 발음을 모두 쓰시오.

> 〈 보기 〉
> <u>민주주의의 꽃</u>

암기톡톡

• 표준 발음법 ①
① 'ㅑ, ㅒ, ㅕ, ㅖ, ㅘ, ㅙ, ㅛ, ㅝ, ㅞ, ㅠ, ㅢ'는 이중 모음으로 발음
② '예, 례' 이외의 'ㅖ'는 [ㅔ]로도 발음
③ 자음을 첫소리로 가지고 있는 음절의 'ㅢ'는 [ㅣ]로 발음
④ 단어의 첫음절 이외의 '의'는 [ㅣ]로, 조사 '의'는 [ㅔ]로 발음하는 것도 허용

개념 055 표준 발음법 ②

(1) 받침의 발음

① **제8항** : 받침소리로는 'ㄱ, ㄴ, ㄷ, ㄹ, ㅁ, ㅂ, ㅇ'의 7개 자음만 발음한다.

② **제9항** : 받침 'ㄲ, ㅋ', 'ㅅ, ㅆ, ㅈ, ㅊ, ㅌ', 'ㅍ'은 어말 또는 자음 앞에서 각각 대표음 [ㄱ, ㄷ, ㅂ]으로 발음한다.
> 예 닦다[닥따], 있대[읻따], 솥[솓], 덮대[덥따]

③ **제10항** : 겹받침 'ㄳ', 'ㄵ', 'ㄼ, ㄽ, ㄾ', 'ㅄ'은 어말 또는 자음 앞에서 각각 [ㄱ, ㄴ, ㄹ, ㅂ]으로 발음한다.
> 예 넋[넉], 앉대[안따], 여덟[여덜], 값[갑]

> 다만, '밟-'은 자음 앞에서 [밥]으로 발음하고, '넓-'은 다음과 같은 경우에 [넙]으로 발음한다.
> 예 • 밟다[밥:따], 밟지[밥:찌], 밟는[밥:는 → 밤:는]
> • 넓-죽하다[넙쭈카다], 넓-둥글다[넙뚱글다]

④ **제11항** : 겹받침 'ㄺ, ㄻ, ㄿ'은 어말 또는 자음 앞에서 각각 [ㄱ, ㅁ, ㅂ]으로 발음한다.
> 예 닭[닥], 맑대[막따], 젊대[점:따], 읊고[읍꼬]

> 다만, 용언의 어간 말음 'ㄺ'은 'ㄱ' 앞에서 [ㄹ]로 발음한다.
> 예 맑게[말께], 묽고[물꼬], 얽거나[얼꺼나]

| **27~29** | 다음 설명이 맞으면 ○표, 틀리면 X표를 하시오.

27 'ㄱ, ㄴ, ㄷ, ㄹ, ㅁ, ㅂ, ㅇ' 이외의 받침은 대표음인 7개 자음 중 하나로 바꾸어 발음한다. (   )

28 받침 'ㄳ', 'ㄵ', 'ㄼ, ㄽ, ㄾ', 'ㅄ'은 언제나 각각 [ㄱ, ㄴ, ㄹ, ㅂ]으로 발음한다. (   )

29 겹받침 'ㄺ'은 조건에 따라 [ㄱ]으로도 발음되고 [ㄹ]로도 발음된다. (   )

| **30~32** | 다음 빈칸에 들어갈 알맞은 발음을 쓰시오.

30 '옷, 있다, 꽃, 솥, 뱉다'에서 받침소리는 모두 대표음인 [   ]으로 발음한다.

31 겹받침 'ㄼ'은 어말이나 자음 앞에서 [   ]로 발음하지만, '밟-'은 자음 앞에서 [   ]으로 발음한다.

32 겹받침 'ㄺ, ㄻ, ㄿ'은 어말 또는 자음 앞에서 각각 [   ], [   ], [   ]으로 발음한다.

33 다음 중 받침소리가 나머지와 <u>다른</u> 하나는?

① 피읖   ② 웃다   ③ 젖소
④ 믿다   ⑤ 바깥

34 밑줄 친 부분의 받침이 나머지와 달리 발음되는 것은?

① 시냇물이 매우 <u>맑다.</u>

② 팥죽이 <u>묽게</u> 쑤어졌다.

③ 반죽이 <u>묽지</u> 않고 되다.

④ <u>맑던</u> 하늘이 금세 어두워졌다.

⑤ 흙탕물이 섞여서 개울이 <u>맑지</u> 않다.

35 〈보기〉의 표준 발음법에 대한 사례로 적절하지 <u>않은</u> 것은?

〈 보기 〉
제10항 겹받침 'ㄳ', 'ㄵ', 'ㄼ, ㄽ, ㄾ', 'ㅄ'은 어말 또는 자음 앞에서 각각 [ㄱ, ㄴ, ㄹ, ㅂ]으로 발음한다.

① 앉다[안따] ② 없다[업ː따]

③ 외곬[외골] ④ 핥다[할따]

⑤ 여덟[여덥]

36 〈보기〉를 참고하여 발음한 것으로 적절한 것은?

〈 보기 〉
• 받침소리는 'ㄱ, ㄴ, ㄷ, ㄹ, ㅁ, ㅂ, ㅇ'으로 발음된다.

• 겹받침에 관한 발음 규정은 다음과 같다.
  – 겹받침 'ㄳ', 'ㄵ', 'ㄼ, ㄽ, ㄾ', 'ㅄ'은 어말 또는 자음 앞에서 [ㄱ, ㄴ, ㄹ, ㅂ]으로 발음한다. 다만 '밟다'만은 예외적으로 [밥ː따]로 발음한다.
  – 겹받침 'ㄺ, ㄻ, ㄿ'은 어말 또는 자음 앞에서 [ㄱ, ㅁ, ㅂ]으로 발음한다. 다만 용언의 어간 말음 'ㄺ'은 'ㄱ' 앞에서 [ㄹ]로 발음한다.

① '넓고'는 [넙꼬]로 발음해야겠군.

② '닭고'는 [닥ː꼬]로 발음해야겠군.

③ '묽고'는 [묵꼬]로 발음해야겠군.

④ '읊고'는 [읍꼬]로 발음해야겠군.

⑤ '훑고'는 [훈꼬]로 발음해야겠군.

| 37~38 | 〈보기〉에 제시된 단어들의 표준 발음을 쓰시오.

〈 보기 〉
ㄱ 넓죽하다   ㄴ 넓둥글다

37 ㄱ : [   ]

38 ㄴ : [   ]

| 고1 모의고사 |

39 다음은 '받침의 발음'에 대한 의문을 해결한 과정이다. ㉠과 ㉡에 들어갈 내용을 짝지은 것으로 적절한 것은?

의문	'옷에'의 경우 '옷'의 받침 'ㅅ'이 뒤 음절 첫소리로 연음되어 [오세]로 발음되는 데 비해, '옷 안'은 왜 [오단]으로 다르게 발음될까?

⇩

활동	1. 교과서에서 관련 내용을 찾아본다. 　자음으로 끝나는 말 뒤에 모음으로 시작하는 형식 형태소가 올 때는 앞 음절의 받침을 그대로 뒤 음절의 첫소리로 옮겨 발음한다. 다만, 뒤에 모음으로 시작하는 실질 형태소가 연결되는 경우에는 앞 음절의 받침을 대표음으로 바꾸어서 뒤 음절의 첫소리로 옮겨 발음한다. 2. '대표음'에 관한 표준 발음법 규정을 찾아본다. 제9항 받침 'ㄲ, ㅋ', 'ㅅ, ㅆ, ㅈ, ㅊ, ㅌ', 'ㅍ'은 어말 또는 자음 앞에서 각각 대표음 [ㄱ, ㄷ, ㅂ]으로 발음한다.

⇩

결론	'옷 안'이 [오단]으로 발음되는 이유는 '옷 안'의 '안'이 '에'와 달리 ＿＿＿㉠＿＿＿ 이기 때문이군. 이 원리대로라면 '숲 위'는 ＿＿＿㉡＿＿＿로 발음해야겠군.

	㉠	㉡
①	실질 형태소	[수뷔]
②	실질 형태소	[수퓌]
③	실질 형태소	[숩퓌]
④	형식 형태소	[수뷔]
⑤	형식 형태소	[수퓌]

• **표준 발음법 ②**
① 받침소리로는 'ㄱ, ㄴ, ㄷ, ㄹ, ㅁ, ㅂ, ㅇ'의 7개 자음만 발음
② 받침 'ㄲ, ㅋ', 'ㅅ, ㅆ, ㅈ, ㅊ, ㅌ', 'ㅍ'은 어말 또는 자음 앞에서 각각 대표음 [ㄱ, ㄷ, ㅂ]으로 발음
③ 겹받침 'ㄳ', 'ㄵ', 'ㄼ, ㄽ, ㄾ', 'ㅄ'은 어말 또는 자음 앞에서 각각 [ㄱ, ㄴ, ㄹ, ㅂ]으로 발음. 다만, '밟-'은 자음 앞에서 [밥]으로, '넓-'은 '넓죽하다[넙쭈카다], 넓둥글다[넙뚱글다]'의 경우에 [넙]으로 발음
④ 겹받침 'ㄺ, ㄻ, ㄿ'은 어말 또는 자음 앞에서 각각 [ㄱ, ㅁ, ㅂ]으로 발음. 다만 용언의 어간 말음 'ㄺ'은 'ㄱ' 앞에서 [ㄹ]로 발음

(1) 받침의 발음

① **제12항** : 받침 'ㅎ'의 발음은 다음과 같다.
- 'ㅎ(ㄶ, ㅀ)' 뒤에 'ㄱ, ㄷ, ㅈ'이 결합되는 경우에는, 뒤 음절 첫소리와 합쳐서 [ㅋ, ㅌ, ㅊ]으로 발음한다.
  예 놓고[노코], 좋던[조:턴], 쌓지[싸치]
- 'ㅎ(ㄶ, ㅀ)' 뒤에 'ㅅ'이 결합되는 경우에는, 'ㅅ'을 [ㅆ]으로 발음한다. 예 닿소[다:쏘], 많소[만:쏘], 싫소[실쏘]
- 'ㅎ' 뒤에 'ㄴ'이 결합되는 경우에는, [ㄴ]으로 발음한다.
  예 놓는[논는], 쌓네[싼네]

② **제13항** : 홑받침이나 쌍받침이 모음으로 시작된 조사나 어미, 접미사와 결합되는 경우에는, 제 음가대로 뒤 음절 첫소리로 옮겨 발음한다. 예 깎아[까까], 옷이[오시]

③ **제14항** : 겹받침이 모음으로 시작된 조사나 어미, 접미사와 결합되는 경우에는, 뒤엣것만을 뒤 음절 첫소리로 옮겨 발음한다. (이 경우, 'ㅅ'은 된소리로 발음함.)
  예 넋이[넉씨], 앉아[안자], 닭을[달글]

④ **제15항** : 받침 뒤에 모음 'ㅏ, ㅓ, ㅗ, ㅜ, ㅟ'들로 시작되는 실질 형태소가 연결되는 경우에는, 대표음으로 바꾸어서 뒤 음절 첫소리로 옮겨 발음한다.
  예 밭 아래[바다래], 늪 앞[느밥], 맛없다[마덥따]
  다만, '맛있다, 멋있다'는 [마싣따], [머싣따]로도 발음할 수 있다.

| 40~43 | 다음 단어의 발음이 맞으면 ○표, 틀리면 X표를 하시오.

40 많고[만:코] (   )

41 쌓네[싼네] (   )

42 값을[갑슬] (   )

43 겉옷[거돋] (   )

| 44~46 | 다음 밑줄 친 단어의 발음으로 올바른 것을 괄호 안에서 골라 ○표 하시오.

44 물건을 세로로 쌓지 마라. ([싸치] , [싿지])

45 그 일만은 하기 싫소. ([실소] , [실쏘])

46 책은 책상 위에 놓는 것이 좋다. ([논는] , [노흔])

47 다음 중 받침 'ㅎ(ㄶ, ㅀ)'의 발음이 올바르지 <u>않은</u> 것은?
① 좋던[조:턴]
② 않던[안턴]
③ 닳지[달치]
④ 닿소[단:쏘]
⑤ 놓고[노코]

48 〈보기〉의 규정을 참고할 때 표준 발음으로 적절하지 <u>않은</u> 것은?

〈 자료 〉

제14항 겹받침이 모음으로 시작된 조사나 어미, 접미사와 결합되는 경우에는, 뒤엣것만을 뒤 음절 첫소리로 옮겨 발음한다. (이 경우, 'ㅅ'은 된소리로 발음함.)

① 닭이[다기]
② 젊은[절믄]
③ 없어[업:써]
④ 넋이[넉씨]
⑤ 여덟을[여덜블]

49 다음 단어의 발음이 올바르지 <u>않은</u> 것은?
① 옷이[오시]
② 밭에[바데]
③ 덮이다[더피다]
④ 앞으로[아프로]
⑤ 쫓아서[쪼차서]

50 다음 중 밑줄 친 부분의 발음이 올바르지 <u>않은</u> 것은?
① 우현은 꽃병에 꽃을[꼬슬] 꽂았다.
② 성규는 집에 책가방을 놓고[노코] 나갔다.
③ 동우는 체육복이 없어[업:써] 친구에게 빌렸다.
④ 성열은 키가 커서 코트를 입으면 멋있다[머싣따].
⑤ 명수는 발에 닿는[단:는] 흙의 부드러움을 좋아한다.

| 51~52 | 〈보기〉에 제시된 단어들의 표준 발음을 쓰시오.

〈 보기 〉

㉠ 맛없다   ㉡ 헛웃음

51 ㉠ : [   ]
52 ㉡ : [   ]

암기 톡톡

• 표준 발음법 ③
① 받침 'ㅎ(ㄶ, ㅀ)' 뒤에 'ㄱ, ㄷ, ㅈ'이 결합되는 경우에는 [ㅋ, ㅌ, ㅊ]으로 발음
② 'ㅎ(ㄶ, ㅀ)' 뒤에 'ㅅ'이 결합되는 경우에는 'ㅅ'을 [ㅆ]으로 발음
③ 'ㅎ' 뒤에 'ㄴ'이 결합되는 경우에는 [ㄴ]으로 발음
④ 겹받침이 모음으로 시작된 조사나 어미, 접미사와 결합되는 경우에는, 뒤엣것만을 뒤 음절 첫소리로 옮겨 발음
⑤ 받침 뒤에 모음 'ㅏ, ㅓ, ㅗ, ㅜ, ㅟ'들로 시작되는 실질 형태소가 연결되는 경우에는, 대표음으로 바꾸어서 뒤 음절 첫소리로 옮겨 발음

개념 057 표준 발음법 ④

(1) 음의 동화

① **제18항** : 받침 'ㄱ(ㄲ, ㅋ, ㄳ, ㄺ), ㄷ(ㅅ, ㅆ, ㅈ, ㅊ, ㅌ, ㅎ), ㅂ(ㅍ, ㄼ, ㄿ, ㅄ)'은 'ㄴ, ㅁ' 앞에서 [ㅇ, ㄴ, ㅁ]으로 발음한다. ⓐ 국물[궁물], 있는[인는], 앞마당[암마당]

(2) 경음화

① **제23항** : 받침 'ㄱ(ㄲ, ㅋ, ㄳ, ㄺ), ㄷ(ㅅ, ㅆ, ㅈ, ㅊ, ㅌ), ㅂ(ㅍ, ㄼ, ㄿ, ㅄ)' 뒤에 연결되는 'ㄱ, ㄷ, ㅂ, ㅅ, ㅈ'은 된소리로 발음한다. ⓐ 국밥[국빱], 깎다[깍따], 닭장[닥짱]

② **제24항** : 어간 받침 'ㄴ(ㄵ), ㅁ(ㄻ)' 뒤에 결합되는 어미의 첫소리 'ㄱ, ㄷ, ㅅ, ㅈ'은 된소리로 발음한다. ⓐ 신고[신ː꼬], 껴안다[껴안따], 앉고[안꼬]

③ **제25항** : 어간 받침 'ㄼ, ㄾ' 뒤에 결합되는 어미의 첫소리 'ㄱ, ㄷ, ㅅ, ㅈ'은 된소리로 발음한다. ⓐ 넓게[널께], 핥다[할따], 훑소[훌쏘]

④ **제26항** : 한자어에서, 'ㄹ' 받침 뒤에 연결되는 'ㄷ, ㅅ, ㅈ'은 된소리로 발음한다. ⓐ 갈등[갈뜽], 절도[절또]

⑤ **제27항** : 관형사형 '-(으)ㄹ' 뒤에 연결되는 'ㄱ, ㄷ, ㅂ, ㅅ, ㅈ'은 된소리로 발음한다. ⓐ 할 것을[할꺼슬], 갈 데가[갈떼가], 할 바를[할빠를]

| **53~56** | 다음 단어의 발음이 맞으면 ○표, 틀리면 X표를 하시오.

53 깎는[깡는] (　　　)

54 맞는[만는] (　　　)

55 옆집[엽집] (　　　)

56 갈증[갈증] (　　　)

| **57~59** | 다음 밑줄 친 단어의 표준 발음을 쓰시오.

57 정아가 맛있는 밥을 <u>먹는</u> 중이다.
[　　　　　　　　]

58 집에 <u>있던</u> 가구를 깨끗이 청소하고 정리하였다.
[　　　　　　　　]

59 아무리 힘들어도 거짓말을 <u>할 수는</u> 없었다.
[　　　　　　　　]

60 다음 단어의 표준 발음이 적절하지 않은 것은?

① 신고[신ː꼬]　　　　② 닭고[담ː꼬]

③ 껴안다[껴안따]　　④ 더듬지[더듬찌]

⑤ 만날 사람[만날사ː람]

61 〈보기〉의 ㉠에 추가할 수 있는 단어로 적절한 것은?

〈 보기 〉

〈표준 발음법〉

제18항 받침 'ㄱ(ㄲ, ㅋ, ㄳ, ㄺ), ㄷ(ㅅ, ㅆ, ㅈ, ㅊ, ㅌ, ㅎ), ㅂ(ㅍ, ㄼ, ㄿ, ㅄ)'은 'ㄴ, ㅁ' 앞에서 [ㅇ, ㄴ, ㅁ]으로 발음한다.
ⓐ 국민[궁민], 앞마당[암마당] ･･･････････ ㉠

① 국물　　　　　② 먹이

③ 밤낮　　　　　④ 손재주

⑤ 가을걷이

62 〈보기〉의 규정에 해당하는 단어들이 적절하게 연결된 것은?

〈 보기 〉

〈표준 발음법〉

제23항 받침 'ㄱ(ㄲ, ㅋ, ㄳ, ㄺ), ㄷ(ㅅ, ㅆ, ㅈ, ㅊ, ㅌ), ㅂ(ㅍ, ㄼ, ㄿ, ㅄ)' 뒤에 연결되는 'ㄱ, ㄷ, ㅂ, ㅅ, ㅈ'은 된소리로 발음한다. ⓐ 국밥[국빱]

제26항 한자어에서, 'ㄹ' 받침 뒤에 연결되는 'ㄷ, ㅅ, ㅈ'은 된소리로 발음한다. ⓐ 갈등[갈뜽]

	제23항	제26항
①	국물	결단
②	막대	발전
③	밥그릇	결출
④	솜이불	일식
⑤	옷고름	열기구

암기톡톡

• 표준 발음법 ④

① 받침 'ㄱ(ㄲ, ㅋ, ㄳ, ㄺ), ㄷ(ㅅ, ㅆ, ㅈ, ㅊ, ㅌ, ㅎ), ㅂ(ㅍ, ㄼ, ㄿ, ㅄ)'은 'ㄴ, ㅁ' 앞에서 [ㅇ, ㄴ, ㅁ]으로 발음

② 된소리로 발음하는 경우
 - 받침 'ㄱ(ㄲ, ㅋ, ㄳ, ㄺ), ㄷ(ㅅ, ㅆ, ㅈ, ㅊ, ㅌ), ㅂ(ㅍ, ㄼ, ㄿ, ㅄ)' 뒤에 연결되는 'ㄱ, ㄷ, ㅂ, ㅅ, ㅈ'
 - 어간 받침 'ㄴ(ㄵ), ㅁ(ㄻ)' 뒤에 결합되는 어미의 첫소리 'ㄱ, ㄷ, ㅅ, ㅈ'
 - 한자어에서, 'ㄹ' 받침 뒤에 연결되는 'ㄷ, ㅅ, ㅈ'

01 〈보기〉의 한글 맞춤법 규정에 대한 설명으로 적절하지 **않은** 것은?

〈보기〉

제1항 한글 맞춤법은 표준어를 ㉠소리대로 적되, ㉡어법에 맞도록 함을 원칙으로 한다.

① '오빠'는 ㉠을 따른 것이겠군.
② '신라'는 ㉡을 따른 것이겠군.
③ '짐꾼'은 ㉠을 따른 것이겠군.
④ '아끼다'는 ㉡을 따른 것이겠군.
⑤ '예쁘다'는 ㉠을 따른 것이겠군.

수능형

| 고1 모의고사 |

02 다음 대화를 바탕으로 〈보기〉의 밑줄 친 단어에 대해 설명한 것으로 적절하지 **않은** 것은?

학생 : 선생님, 한글 맞춤법 제1항에 표준어를 소리대로 적는다고 되어 있는데, 이건 표준어를 발음 형태대로 적는다는 뜻이에요?

선생님 : 맞아, 그러면 표기할 때 편하지. 그런데 뜻이 얼른 파악되지 않는 경우도 있어. 그래서 어법에 맞도록 한다는 또 하나의 원칙이 붙어 있어.

학생 : 어법에 맞도록 한다는 건 무슨 의미예요?

선생님 : 어근의 형태를 파악하기 쉽도록 각 형태소의 본 모양을 밝히어 적는다는 말이야.

〈보기〉

가-1. 지리산은 전라, 충청, 경상도 어름에 있다.
가-2. 썰매를 타고 얼음을 지쳤다.

나-1. 자세를 반듯이 해라.
나-2. 오늘 반드시 다 마치도록 해라.

① 가-1은 소리대로 적어 표기하기에 편리하다.
② 가-2는 의미 파악이 쉽도록 어법에 맞게 적은 것이다.
③ 가-1, 가-2는 발음만으로는 의미를 구분할 수 없다.
④ 나-1처럼 형태소의 본 모양을 적으면 뜻이 쉽게 파악된다.
⑤ 나-2는 어근의 본뜻이 파악되도록 어법에 맞게 적은 것이다.

03 〈보기〉를 참고할 때 띄어쓰기가 바르게 된 것은?

〈보기〉

문장의 각 단어는 띄어 씀을 원칙으로 한다. 단, 조사는 독립성이 없으므로 다른 단어와 달리 앞말에 붙여 쓴다.

① 저는 좀 무서 웠어요.
② 그 일은 그녀도 할 수 있다.
③ 어젯밤에는 잠을 잘 못잤어요.
④ 이미 시합에 진것은 어쩔 수 없다.
⑤ 너는 반드시 착한사람이 되어야 한다.

04 〈보기〉의 한글 맞춤법 규정에 **어긋나는** 것은?

〈보기〉

제5항 한 단어 안에서 뚜렷한 까닭 없이 나는 된소리는 다음 음절의 첫소리를 된소리로 적는다.

다만, 'ㄱ, ㅂ' 받침 뒤에서 나는 된소리는, 같은 음절이나 비슷한 음절이 겹쳐 나는 경우가 아니면 된소리로 적지 아니한다.

① 낙찌
② 살짝
③ 씩씩
④ 거꾸로
⑤ 소쩍새

수능형

| 고1 모의고사 |

05 〈보기〉의 한글 맞춤법 규정을 ⓐ~ⓔ와 바르게 연결한 것은?

〈보기〉

ㄱ. **제14항** 체언은 조사와 구별하여 적는다.
ㄴ. **제33항** 체언과 조사가 어울려 줄어지는 경우에는 준 대로 적는다.

• 너는 ⓐ무얼 좋아하니?
• ⓑ이건 값이 너무 비싸다.
• ⓒ너희 사진은 어디에 있니?
• 나는 항상 ⓓ여기에 있을게.
• ⓔ그게 바로 문제의 핵심이다.

① ⓐ-ㄱ
② ⓑ-ㄱ
③ ⓒ-ㄴ
④ ⓓ-ㄴ
⑤ ⓔ-ㄴ

06 〈보기〉의 한글 맞춤법을 참고할 때 표기가 올바른 것은?

〈 보기 〉

제11항 한자음 '라, 려, 레, 료, 류, 리'가 단어의 첫머리에 올 적에는, 두음 법칙에 따라 '야, 여, 예, 요, 유, 이'로 적는다.

[붙임 1] 단어의 첫머리 이외의 경우에는 본음대로 적는다. 다만, 모음이나 'ㄴ' 받침 뒤에 이어지는 '렬, 률'은 '열, 율'로 적는다.

① 사례(謝禮)   ② 력사(歷史)
③ 례의(禮儀)   ④ 취업율(就業率)
⑤ 경쟁율(競爭率)

07 〈보기 1〉을 바탕으로 〈보기 2〉의 ㉠~㉤에 대해 탐구한 내용으로 적절하지 않은 것은?

〈 보기 1 〉

〈한글 맞춤법〉

제15항 용언의 어간과 어미는 구별하여 적는다.

[붙임 1] 두 개의 용언이 어울려 한 개의 용언이 될 적에, 앞말의 본뜻이 유지되고 있는 것은 그 원형을 밝히어 적고, 그 본뜻에서 멀어진 것은 밝히어 적지 아니한다.

제19항 어간에 '-이'나 '-음/-ㅁ'이 붙어서 명사로 된 것과 '-이'나 '-히'가 붙어서 부사로 된 것은 그 어간의 원형을 밝히어 적는다.

제23항 '-하다'나 '-거리다'가 붙는 어근에 '-이'가 붙어서 명사가 된 것은 그 원형을 밝히어 적는다.

〈 보기 2 〉

• 나는 모퉁이를 ㉠도라가다 예쁜 꽃을 보았다.
• 바닷물이 빠지자 갯벌이 ㉡드러났다.
• 날씨가 너무 더워서 ㉢얼음이 녹았다.
• 건축 기사가 건물의 ㉣노피를 측량했다.
• 요새 동생이 밥을 잘 먹지 못해 ㉤홀쭈기가 되었다.

① ㉠은 제15항 [붙임 1]을 적용해 '돌아가다'로 정정해야겠군.
② ㉡은 제15항 [붙임 1]을 적용해 '드러났다'로 표기한 것이 적절하군.
③ ㉢은 제19항을 적용해 '얼음'으로 표기한 것이 적절하군.
④ ㉣은 제23항을 적용해 '높이'로 정정해야겠군.
⑤ ㉤은 제23항을 적용해 '홀쭉이'로 정정해야겠군.

08 〈보기〉를 바탕으로 한글 맞춤법에 대해 탐구한 내용으로 적절하지 않은 것은?

〈 보기 〉

제15항 용언의 어간과 어미는 구별하여 적는다. ·········· ㉮
  예 먹어(○)/머거(×), 좋고(○)/조코(×)

[붙임 1] 두 개의 용언이 어울려 한 개의 용언이 될 적에, 앞말의 본뜻이 유지되고 있는 것은 그 원형을 밝히어 적고, 그 본뜻에서 멀어진 것은 밝히어 적지 아니한다. ······································· ㉯
  (1) 앞말의 본뜻이 유지되고 있는 것
    예 늘어나다
  (2) 본뜻에서 멀어진 것
    예 사라지다, 쓰러지다

[붙임 2] 종결형에서 사용되는 어미 '-오'는 '요'로 소리 나는 경우가 있더라도 그 원형을 밝혀 '오'로 적는다. ·· ㉰
  예 이리로 오시오.

① ㉮를 보니, 어간이 표시하는 의미와 어미가 표시하는 의미가 쉽게 파악될 수 있게 표기한 것이라 할 수 있군.
② '고개를 넘어 가다.'에서 '넘어'로 적는 것은 ㉮의 '먹어'를 표기할 때 적용된 규정을 따른 것이군.
③ '격차가 벌어지다.'에서 '벌어지다'로 적는 것은 ㉯의 '사라지다'를 표기할 때 적용된 규정을 따른 것이군.
④ '교실로 들어가다.'에서 '들어가다'로 적는 것은 ㉯의 '앞말의 본뜻이 유지되고 있는 것'에 해당하기 때문이군.
⑤ '이것이 당신 것이오?'에서 '것이오'로 적는 것은 ㉰의 '오시오'를 표기할 때 적용된 규정을 따른 것이군.

09 〈보기〉의 한글 맞춤법 규정이 바르게 적용되지 않은 것은?

〈 보기 〉

제19항 어간에 '-이'나 '-음/-ㅁ'이 붙어서 명사로 된 것과 '-이'나 '-히'가 붙어서 부사로 된 것은 그 어간의 원형을 밝히어 적는다.

① 길이   ② 믿음
③ 많이   ④ 밝히
⑤ 미다지

| 10~11 | 다음 글을 읽고 물음에 답하시오.

〈 보기 〉

'홀쭉이'와 '홀쭈기' 중 무엇이 올바른 표기일까? 이런 질문에 답을 제시해 주고 있는 것이 바로 한글 맞춤법이다. 한글 맞춤법 제1항을 보면, '한글 맞춤법은 표준어를 소리대로 적되, 어법에 맞도록 함을 원칙으로 한다.'라고 나와 있다.

한글 맞춤법의 기본적인 원칙은 표준어를 소리 나는 대로 적는 것이다. 그러나 단어나 문장이 만들어지는 과정에서 소리가 바뀌는 경우에는 사정이 달라진다. 그래서 함께 제시된 것이 '어법에 맞도록' 적는다는 원칙이다. 어법에 맞게 적는다는 것은 형태소들이 만나 소리가 바뀔지라도 형태소의 본 모양을 밝히어 적는 것을 의미한다.

국어의 단어와 문장은 형태소들이 결합하여 만들어진다. 형태소는 체언이나 용언의 어간 등 실질적인 의미를 표시하는 실질 형태소와, 접사나 용언의 어미, 조사처럼 실질 형태소에 결합하여 보조적 의미를 덧붙이거나 문법적 관계를 표시하는 형식 형태소로 나뉜다. 예를 들어 '꽃나무', '덮개'를 보면 실질 형태소(꽃, 나무)끼리 만나 이루어지거나 실질 형태소(덮-)에 형식 형태소(-개)가 붙어 단어가 만들어진다. 또한 '모자를 쓰다'에서는 실질 형태소(모자, 쓰-)에 각각 형식 형태소(를, -다)가 붙어 문장이 만들어진다.

그렇다면 어떠한 경우에 '어법에 맞도록' 적어야 할까? 체언에 조사가 붙거나 용언의 어간에 어미가 붙어 소리가 바뀔 때 형태를 밝히어 적는다. 예를 들어 '꽃이'는 [꼬치]로, '잡아'는 [자바]로 발음되지만 각각 '꽃이'와 '잡아'와 같이 실질 형태소와 형식 형태소를 구별하여 적어야 한다.

두 개의 용언이 어울려 한 개의 용언이 될 때에 '들어가다'처럼 앞말의 본뜻이 유지되고 있는 것은 그 원형을 밝히어 적는다. 다만, '드러나다'처럼 앞말이 그 본뜻에서 멀어진 것은 원형을 밝히어 적지 않는다.

어근에 접사가 붙어 새로운 말이 만들어질 때에도 소리 나는 대로 적지 않고 형태를 밝히어 적는다. 예를 들어 '삶'은 '살다'의 어간 '살-'에 접미사 '-ㅁ'이 붙어서 파생된 명사로 [삼:]이라 발음되지만 '삶'으로 적는다. 그리고 '많이'는 '많다'의 어간 '많-'에 접미사 '-이'가 붙어서 부사가 된 것으로 [마:니]라고 발음되지만 '많이'로 적는다. 이처럼 ㉠용언의 어간에 '-이'나 '-음/-ㅁ'이 붙어서 명사로 된 것과 ㉡용언의 어간에 '-이'나 '-히'가 붙어서 부사가 된 것은 그 어간의 원형을 밝히어 적는다. 다만, ㉢어간에 '-이'나 '-음'이 붙어서 명사로 바뀐 것이라도 그 어간의 뜻과 멀어진 것은 원형을 밝히어 적지 않는다.

10 윗글을 바탕으로 〈보기〉를 탐구한 내용으로 적절하지 않은 것은?

〈 보기 〉

• 먹을 것은 많았지만, 마음 편히 먹고 있을 수만은 없었다.
　　ⓐ　ⓑ　　　　　　　　　　　　　　ⓒ

• 집으로 돌아오다가 너무 지쳐 쓰러질 뻔했다.
　　　　ⓓ　　　　　　　　ⓔ

① ⓐ는 용언의 어간 '먹-'에 어미 '-을'이 결합했으므로 형태를 밝히어 적었군.

② ⓑ는 체언 '것'에 조사 '은'이 붙었으므로 형태를 밝히어 적었군.

③ ⓒ는 실질 형태소 '수'와 형식 형태소 '만', '은'이 결합했으므로 형태를 밝히어 적지 않았군.

④ ⓓ는 앞말의 본뜻이 유지되고 있으므로 형태를 밝히어 적었군.

⑤ ⓔ는 앞말이 본뜻에서 멀어졌으므로 형태를 밝히어 적지 않았군.

11 윗글의 ㉠~㉢에 해당하는 예로 적절하지 않은 것은?

① ㉠ : 나는 고양이에게 먹이를 주었다.

② ㉠ : 모두들 그의 정신력을 높이 칭찬했다.

③ ㉡ : 나는 그 사실을 익히 들어 알고 있다.

④ ㉢ : 그는 상처에서 흐르는 고름을 닦았다.

⑤ ㉢ : 그들은 새로 만든 도로의 너비를 측정했다.

12 다음은 수업의 일부이다. 이를 참고할 때, 띄어쓰기가 바르게 된 문장은?

학생 : 선생님, '뿐'은 앞말에 붙여 쓰는 경우도 있고 띄어 쓰는 경우도 있던데 어떻게 띄어 써야 하나요?

선생님 : 품사에 따라 띄어쓰기가 달라져요. '나에게는 너뿐이야.'에서처럼 '너'라는 체언 뒤에 붙어서 한정의 뜻을 나타낼 때의 '뿐'은 조사이기 때문에 앞말에 붙여 써야 해요. 그런데 '그녀는 조용히 웃을 뿐이었다.'에서의 '뿐'은 체언을 수식하는 관형어 '웃을' 뒤에 붙어서 '따름'이라는 뜻을 나타내는 의존 명사이기 때문에 앞말과 띄어 써야 해요.

학생 : '뿐'과 같이 띄어쓰기가 달라지는 예가 더 있나요?

선생님 : 대표적인 예로 '대로, 만큼'이 있어요.

① 아는대로 모두 말하여라.

② 마음이 약해질대로 약해졌다.

③ 모든 것이 자기 생각 대로 되었다.

④ 손님들은 먹을 만큼 충분히 먹었다.

⑤ 그 사람은 말 만큼은 누구보다 앞선다.

| 고1 모의고사 |

13 〈보기〉를 참고할 때, 밑줄 친 부분이 한글 맞춤법에 맞게 쓰인 것은?

〈 보기 〉

〈한글 맞춤법〉

제56항 '-더라, -던'과 '-든지'는 다음과 같이 적는다.

1. 지난 일을 나타내는 어미는 '-더라, -던'으로 적는다. (ㄱ을 취하고, ㄴ을 버림.)

ㄱ	ㄴ
깊던 물이 얕아졌다.	깊든 물이 얕아졌다.

2. 물건이나 일의 내용을 가리지 아니하는 뜻을 나타내는 조사와 어미는 '(-)든지'로 적는다. (ㄱ을 취하고, ㄴ을 버림.)

ㄱ	ㄴ
배든지 사과든지 마음대로 먹어라.	배던지 사과던지 마음대로 먹어라.

① 영화나 보러 가던가.
② 그 사람 말 잘하든데!
③ 얼마나 깜짝 놀랐든지 몰라.
④ 어찌하던지 간에 나는 신경 안 써.
⑤ 무엇이든지 주저하지 말고 시작해 봐.

14 〈보기〉의 표준어 규정을 참고할 때, 단어의 표기가 적절하지 않은 것은?

〈 보기 〉

〈표준어 규정〉

제7항 수컷을 이르는 접두사는 '수-'로 통일한다.

다만 1. 다음 단어에서는 접두사 다음에서 나는 거센소리를 인정한다. 접두사 '암-'이 결합하는 경우에도 이에 준한다.

⟮예⟯ 수캉아지, 수컷, 수탕나귀, 수평아리

① 수놈
② 숫소
③ 수꿩
④ 암캉아지
⑤ 암탕나귀

15 다음 중 표준어에 해당하는 것은?

① 멋장이
② 유기쟁이
③ 구두쟁이
④ 개구장이
⑤ 대장장이

16 〈보기〉의 표준 발음법을 참고할 때, 단어의 표기대로만 발음해야 하는 것은?

〈 보기 〉

〈표준 발음법〉

제5항 'ㅑ, ㅒ, ㅕ, ㅖ, ㅘ, ㅙ, ㅛ, ㅝ, ㅞ, ㅠ, ㅢ'는 이중 모음으로 발음한다.

다만 2. '예, 례' 이외의 'ㅖ'는 [ㅔ]로도 발음한다.

다만 4. 단어의 첫음절 이외의 '의'는 [ㅣ]로, 조사 '의'는 [ㅔ]로 발음함도 허용한다.

① 예절
② 의의
③ 예의
④ 주의
⑤ 시계

17 〈보기〉의 표준 발음법을 참고하여 다음 밑줄 친 ㉠~㉣에 들어갈 표준 발음을 모두 쓰시오.

〈 보기 〉

〈표준 발음법〉

제5항 'ㅑ, ㅒ, ㅕ, ㅖ, ㅘ, ㅙ, ㅛ, ㅝ, ㅞ, ㅠ, ㅢ'는 이중 모음으로 발음한다.

다만 3. 자음을 첫소리로 가지고 있는 음절의 'ㅢ'는 [ㅣ]로 발음한다.

다만 4. 단어의 첫음절 이외의 '의'는 [ㅣ]로, 조사 '의'는 [ㅔ]로 발음함도 허용한다.

• 그녀의[㉠] 꿈은 의사[㉡]가 되는 것이다.
• 그는 도자기에 무늬[㉢]를 새기며 희망[㉣]을 다졌다.

㉠ : [   ]
㉡ : [   ]
㉢ : [   ]
㉣ : [   ]

18 〈보기〉의 표준 발음법을 참고할 때, 단어의 발음이 적절하지 <u>않은</u> 것은?

〈 보기 〉

제8항 받침소리로는 'ㄱ, ㄴ, ㄷ, ㄹ, ㅁ, ㅂ, ㅇ'의 7개 자음만 발음한다.

제9항 받침 'ㄲ, ㅋ', 'ㅅ, ㅆ, ㅈ, ㅊ, ㅌ', 'ㅍ'은 어말 또는 자음 앞에서 각각 대표음 [ㄱ, ㄷ, ㅂ]으로 발음한다.

① 앞[압] ② 꽃[꼳]
③ 솥[솓] ④ 부엌[부억]
⑤ 찾다[찯따]

---

19 〈보기〉는 받침이 있는 말의 표준 발음에 대한 규정의 일부이다. 이를 바탕으로 할 때, 밑줄 친 부분의 발음이 적절한 것은?

〈 보기 〉

제9항 받침 'ㄲ, ㅋ', 'ㅅ, ㅆ, ㅈ, ㅊ, ㅌ', 'ㅍ'은 어말 또는 자음 앞에서 각각 대표음 [ㄱ, ㄷ, ㅂ]으로 발음한다.

제13항 홑받침이나 쌍받침이 모음으로 시작된 조사나 어미, 접미사와 결합되는 경우에는, 제 음가대로 뒤 음절 첫소리로 옮겨 발음한다.

① <u>밭을[바츨]</u> 갈고
② <u>빛이[비시]</u> 많아서
③ <u>솥뚜껑[솓뚜껑]</u> 열고
④ <u>무릎을[무르블]</u> 꿇고
⑤ <u>부엌에서[부어게서]</u> 설거지를 하고

---

20 〈보기〉의 ㉠에 추가할 수 있는 단어와 표준 발음으로 적절한 것은?

〈 보기 〉

〈표준 발음법〉

제13항 홑받침이나 쌍받침이 모음으로 시작된 조사나 어미, 접미사와 결합되는 경우에는, 제 음가대로 뒤 음절 첫소리로 옮겨 발음한다.
    예 옷이[오시], 있어[이써], 낮이[나지] ………… ㉠

① 밭에[바체] ② 깎아[까까]
③ 꽂아[꼳아] ④ 앞으로[아브로]
⑤ 덮이다[덥피다]

---

21 〈보기〉의 표준 발음법을 참고할 때, 밑줄 친 단어의 표준 발음이 바르지 <u>않은</u> 것은?

〈 보기 〉

제10항 겹받침 'ㄳ', 'ㄵ', 'ㄼ, ㄽ, ㄾ', 'ㅄ'은 어말 또는 자음 앞에서 각각 [ㄱ, ㄴ, ㄹ, ㅂ]으로 발음한다.

제11항 겹받침 'ㄺ, ㄻ, ㄿ'은 어말 또는 자음 앞에서 각각 [ㄱ, ㅁ, ㅂ]으로 발음한다.

① 각자의 <u>몫[목]</u>
② 물이 <u>맑다[막따]</u>.
③ 그는 <u>젊다[점:따]</u>.
④ 참외 <u>여덟[여덥]</u> 개
⑤ 상자를 <u>옮겨라[옴겨라]</u>.

---

22 다음은 표준 발음에 대한 수업 장면의 일부이다. 각 예에 적용된 내용과 그 발음이 모두 바른 것은?

〈 보기 〉

학생 : 선생님, 저번 시간에 ⓐ홑받침이나 쌍받침이 모음으로 시작된 조사나 어미, 접미사와 결합되는 경우에는, 제 음가대로 뒤 음절 첫소리로 옮겨 발음한다고 하셨으니까 '막일'은 [마길]로 발음해야 하나요?

선생님 : 그렇지 않아요. ⓑ합성어 및 파생어에서, 앞 단어나 접두사의 끝이 자음이고 뒤 단어나 접미사의 첫음절이 '이, 야, 여, 요, 유'인 경우에는, [ㄴ] 소리를 첨가하여 [니, 냐, 녀, 뇨, 뉴]로 발음해야 하기 때문에 '막일'은 [망닐]로 발음해야 해요.

학생 : 그러면 '막일'에서 '일'이 [닐]로 발음되는 건 이해가 되는데, '막'은 왜 [망]으로 발음이 되는 거죠?

선생님 : 그것은 ⓒ받침소리 [ㄱ, ㄷ, ㅂ]은 [ㄴ, ㅁ] 소리 앞에서 [ㅇ, ㄴ, ㅁ]으로 발음되는 현상 때문입니다. 그래서 [막닐]이 아니라 [망닐]로 발음해야 됩니다.

학생 : 아, 그렇군요. 말씀해 주신 것 말고도 제가 더 알아 둬야 할 것이 있나요?

선생님 : ⓓ[ㄴ] 소리가 첨가된 후, 이 [ㄴ] 소리가 받침소리 [ㄹ] 뒤에서 [ㄹ]로 발음되는 현상도 있습니다. '물약'을 [물략]으로 발음하는 것이 이에 해당해요.

	예	적용 내용	발음
①	눈+요기	ⓐ	[눈뇨기]
②	내복+약	ⓑ, ⓒ	[내:봉냑]
③	색+연필	ⓑ, ⓒ	[색년필]
④	들+일	ⓑ, ⓓ	[들:닐]
⑤	칼+날	ⓑ, ⓓ	[칼랄]

수능형 | 고1 모의고사 |

23 〈보기 1〉의 표준 발음법에 따라 〈보기 2〉의 ㉠~㉤을 발음한다고 할 때, 적절하지 <u>않은</u> 것은?

─〈 보기 1 〉─

〈표준 발음법〉

제9항 받침 'ㄲ, ㅋ', 'ㅅ, ㅆ, ㅈ, ㅊ, ㅌ', 'ㅍ'은 어말 또는 자음 앞에서 각각 대표음 [ㄱ, ㄷ, ㅂ]으로 발음한다.

제12항 'ㅎ(ㄶ, ㅀ)' 뒤에 'ㄱ, ㄷ, ㅈ'이 결합되는 경우에는, 뒤 음절 첫소리와 합쳐서 [ㅋ, ㅌ, ㅊ]으로 발음한다.

제14항 겹받침이 모음으로 시작된 조사나 어미, 접미사와 결합되는 경우에는, 뒤엣것만을 뒤 음절 첫소리로 옮겨 발음한다. (이 경우, 'ㅅ'은 된소리로 발음함.)

제23항 받침 'ㄱ(ㄲ, ㅋ, ㄳ, ㄺ), ㄷ(ㅅ, ㅆ, ㅈ, ㅊ, ㅌ), ㅂ(ㅍ, ㄼ, ㄿ, ㅄ)' 뒤에 연결되는 'ㄱ, ㄷ, ㅂ, ㅅ, ㅈ'은 된소리로 발음한다.

─〈 보기 2 〉─

주름이 ㉠많던 그 이마에는
㉡젊어 품었던 꿈들 사라졌지만
너희가 없으면 나도 ㉢없단다.
㉣꽃처럼 ㉤웃던 우리 어머니

① ㉠은 제12항 규정에 따라 [만:턴]으로 발음해야겠군.

② ㉡은 제14항 규정에 따라 [절머]로 발음해야겠군.

③ ㉢은 제14항, 제23항 규정에 따라 [업:딴다]로 발음해야겠군.

④ ㉣은 제9항 규정에 따라 [꼳]으로 발음해야겠군.

⑤ ㉤은 제9항, 제23항 규정에 따라 [욷:떤]으로 발음해야겠군.

─〈 보기 〉─

학생 1 : '국밥'의 표준 발음은 [국밥]이야, [국빱]이야?

학생 2 : 표준 발음법 제23항에 따르면, [국빱]이 맞아.
···································· ㉠

학생 3 : '아무리 뻗대도 소용이 없다.'에서 '뻗대도'는 받침 'ㄷ' 뒤에 'ㄷ'이 연결되기 때문에 [뻗대도]로 발음하겠네.
···································· ㉡

학생 2 : '그가 집에 간다.'에서 '간다'는 [간다]로 발음하는데, '껴안다'는 왜 [껴안따]로 발음하지?

학생 3 : '간다'의 기본형이 '가다'이므로 'ㄴ'은 어간 받침이 아니야. 그래서 표준 발음법 제24항을 적용할 수 없어.

학생 1 : 표준 발음법 제24항에 따르면, '껴안다'는 [껴안따]로 발음하는 것이 맞아.···································· ㉢

학생 2 : 그러면 '그녀를 수양딸로 삼고 싶었다.'에서 '삼고'는 어간 받침 'ㅁ' 뒤에 'ㄱ'이 결합되어 [삼:꼬]로 발음해야겠네. ···································· ㉣

학생 3 : '결과(結果)'는 [결과]로 발음하는데, '갈등(葛藤)'은 왜 [갈뜽]으로 발음하지?

학생 1 : '갈등(葛藤)'은 표준 발음법 제26항에 따라 [갈뜽]으로 발음하지만, '결과(結果)'는 여기에 해당되지 않아.
···································· ㉤

① ㉠   ② ㉡   ③ ㉢

④ ㉣   ⑤ ㉤

수능형 | 고1 모의고사 |

24 다음은 표준 발음법의 일부이고, 〈보기〉는 이를 학습하는 과정에서 학생들이 나눈 대화이다. ㉠~㉤ 중 적절하지 <u>않은</u> 것은?

제23항 받침 'ㄱ(ㄲ, ㅋ, ㄳ, ㄺ), ㄷ(ㅅ, ㅆ, ㅈ, ㅊ, ㅌ), ㅂ(ㅍ, ㄼ, ㄿ, ㅄ)' 뒤에 연결되는 'ㄱ, ㄷ, ㅂ, ㅅ, ㅈ'은 된소리로 발음한다.

제24항 어간 받침 'ㄴ(ㄵ), ㅁ(ㄻ)' 뒤에 결합되는 어미의 첫소리 'ㄱ, ㄷ, ㅅ, ㅈ'은 된소리로 발음한다.

제26항 한자어에서, 'ㄹ' 받침 뒤에 연결되는 'ㄷ, ㅅ, ㅈ'은 된소리로 발음한다.

수능형

25 〈보기〉의 표준 발음법이 적용된 예를 바르게 짝지은 것은?

─〈 보기 〉─

제23항 받침 'ㄱ(ㄲ, ㅋ, ㄳ, ㄺ), ㄷ(ㅅ, ㅆ, ㅈ, ㅊ, ㅌ), ㅂ(ㅍ, ㄼ, ㄿ, ㅄ)' 뒤에 연결되는 'ㄱ, ㄷ, ㅂ, ㅅ, ㅈ'은 된소리로 발음한다.

제24항 어간 받침 'ㄴ(ㄵ), ㅁ(ㄻ)' 뒤에 결합되는 어미의 첫소리 'ㄱ, ㄷ, ㅅ, ㅈ'은 된소리로 발음한다.

	제23항	제24항
①	빻고	닮고
②	덮개	꽃고
③	깎다	값지다
④	꽃다발	젊다
⑤	더듬고	신다

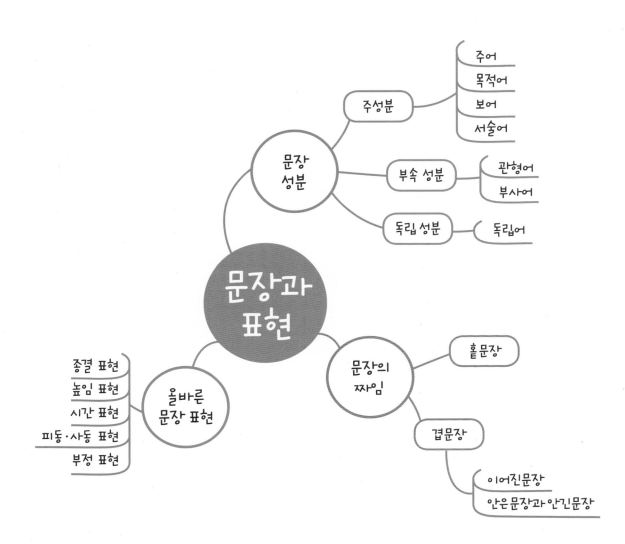

III
문장과 표현

(1) 문장 성분

개념 쏙쏙! 내신 쑥쑥!

개념 058 주성분

(1) **문장** : 생각이나 감정을 완결된 내용으로 표현하는 최소의 언어 형식

(2) **문장의 기본 짜임**
　① 누가/무엇이 + 어찌하다(동사) 예 개가 짖는다.
　② 누가/무엇이 + 어떠하다(형용사) 예 하늘이 파랗다.
　③ 누가/무엇이 + 무엇이다(체언 + 서술격 조사)
　　예 우리는 학생이다.

(3) **문장 성분** : 문장 안에서 일정한 문법적 기능을 하는 각 부분. 크게 주성분, 부속 성분, 독립 성분으로 나뉨
　→ 결합되는 조사나 위치에 따라 문장 성분이 달라져.

(4) **주성분** : 문장의 뼈대를 이루는 필수적인 문장 성분으로 주어, 서술어, 목적어, 보어가 있음

예

영호는	빵을	먹었다.	영호는	선생님이	되었다.
주어	목적어	서술어	주어	보어	서술어

주어	• 문장에서 서술어의 주체가 되는 성분 • 체언에 주격 조사 '이/가, 께서, 에서', 보조사가 결합한 형태로 나타남 　예 철수가 잔다. 선생님께서 가신다. → 주격 조사 　학교에서 축제를 개최한다. → 주격 조사 　철수는 밥을 먹는다. → 보조사
목적어	• 문장에서 서술의 대상이 되는 성분 • 목적격 조사 '을/를', 보조사가 결합한 형태로 나타남 　예 철수가 밥을 먹는다. → 목적격 조사 　철수가 밥만 먹는다. → 보조사
보어	• 서술어 '되다, 아니다'의 내용을 보충해 주는 성분 • 보격 조사 '이/가'가 결합한 형태로 나타남 　예 나는 신이 아니다. → 보격 조사
서술어	• 주어의 동작, 상태, 성질을 나타내는 성분 • 용언이나 '체언+서술격 조사'의 형태로 나타남 　예 하늘이 파랗다. → 용언(형용사) 　강아지가 달린다. → 용언(동사) 　그는 아버지이다. → 체언 + 서술격 조사(이다) • 서술어가 꼭 필요로 하는 문장 성분의 개수를 서술어의 자릿수라고 함 　예 두 자리 서술어 '흔들다' : 나는 손을 흔들었다. 　→ 꼭 필요한 문장 성분(주어, 목적어) 2개 　세 자리 서술어 '주다' : 나는 성주에게 과자를 주었다. 　→ 꼭 필요한 문장 성분(주어, 필수적 부사어, 목적어) 　3개

| **01~03** | 다음 밑줄 친 말의 문장 성분이 바르게 연결된 것에는 ○표, 아닌 것에는 X표를 하시오.

01 영희가 학교에 간다. – 목적어　　　　（　　）

02 얼음은 녹아서 물이 된다. – 주어　　　　（　　）

03 가을 하늘이 몹시 높다. – 서술어　　　　（　　）

| **04~07** | 다음 빈칸에 들어갈 알맞은 말을 〈보기〉에서 골라 쓰시오.

〈보기〉
　주어　　목적어　　보어　　서술어

04 문장에서 주체가 되며 주로 체언에 격 조사나 보조사가 붙어 나타나는 성분을 (　　　　　)라고 한다.

05 '되다, 아니다'가 요구하는 성분에서 주어를 제외하면 (　　　　　)가 남는다.

06 주로 용언으로 나타나며 주어의 상태나 성질, 동작 등을 나타내는 성분을 (　　　　　)라고 한다.

07 서술어의 상태나 성질, 동작 등의 대상을 나타내는 성분을 (　　　　　)라고 한다.

| **08~11** | 다음 문장 성분과 관련된 설명을 바르게 연결하시오.

08　주어　　•　　• ㉠　주로 격 조사 '이/가, 께서, 에서'가 붙어 나타난다.

09　목적어　　•　　• ㉡　주로 격 조사 '이/가'가 붙어 나타난다.

10　보어　　•　　• ㉢　주로 체언에 격 조사 '이다'가 붙거나 용언의 활용형으로 나타난다.

11　서술어　　•　　• ㉣　주로 격 조사 '을/를'이 붙어 나타난다.

12 〈보기〉의 ㉠~㉢에 해당하는 문장으로 적절하지 <u>않은</u> 것은?

〈보기〉
　문장의 기본 골격은 ㉠'무엇이 어찌하다(동사).', ㉡'무엇이 어떠하다(형용사).', ㉢'무엇이 무엇이다(체언+조사).'로 분류할 수 있다.

① ㉠ : 영호는 볶음밥을 먹었다.
② ㉠ : 우리가 노력 끝에 목적지에 도착했다.
③ ㉡ : 시험 날짜가 점점 다가왔다.
④ ㉡ : 점심시간이 너무 짧다.
⑤ ㉢ : 내가 이 아이의 아버지이다.

13 다음 중 문장의 짜임이 다른 하나는?

① 우리가 착하다.　　　　② 자연이 멋지다.

③ 장미가 아름답다.　　　④ 수박이 시원하다.

⑤ 그녀가 모델이다.

14 다음 중 주성분만으로 이루어진 문장은?

① 영희는 접시를 닦고 말렸다.

② 영희는 빵을 쟁반에 얹었다.

③ 영희는 지금 '삼국지'를 읽는다.

④ 영희는 상냥한 그녀를 부러워한다.

⑤ 영희는 우리나라의 음악을 좋아한다.

15 다음 문장 성분을 분석한 것으로 알맞지 <u>않은</u> 것은?

① <u>강아지가</u>　<u>밥을</u>　<u>먹는다.</u>
　　주어　　　목적어　　서술어

② <u>우리는</u>　<u>학생이</u>　<u>아니다.</u>
　　주어　　　주어　　　서술어

③ <u>군인들이</u>　<u>물만</u>　<u>마신다.</u>
　　주어　　　목적어　　서술어

④ <u>개미가</u>　<u>과자를</u>　<u>가져간다.</u>
　　주어　　　목적어　　서술어

⑤ <u>학교에서</u>　<u>축제를</u>　<u>개최한다.</u>
　　주어　　　목적어　　서술어

16 〈보기〉에서 목적어가 나타난 문장을 모두 골라 바르게 묶은 것은?

〈 보기 〉
ㄱ. 네가 우리를 살렸다.
ㄴ. 키가 크려면 잠을 일찍 자라.
ㄷ. 나무에 햇볕이 잘 들고 있다.
ㄹ. 잠자리가 사마귀에게 먹히지 않았다.
ㅁ. 우리가 밥만 먹으며 살 수는 없지 않은가.

① ㄱ, ㄴ, ㄷ　　② ㄱ, ㄴ, ㄹ　　③ ㄱ, ㄴ, ㅁ

④ ㄴ, ㄷ, ㅁ　　⑤ ㄴ, ㄹ, ㅁ

17 〈보기〉의 빈칸에 들어갈 문장 성분으로 알맞은 것은?

〈 보기 〉
우리는 (　　　　) 먹고 있다.

① 주어　　　② 보어　　　③ 목적어

④ 서술어　　⑤ 관형어

18 〈보기〉를 바탕으로 '주어'에 대해 탐구한 내용으로 적절하지 <u>않은</u> 것은?

〈 보기 〉
ㄱ. 새가 날아간다.
ㄴ. 어디 갔니, 영희는?
ㄷ. 우리 지금부터 조용히 하자.
ㄹ. 우리 반이 승리했음이 분명하다.
ㅁ. 어서 빨리 밥 먹고 학교에 가거라.

① ㄱ과 ㄷ을 보면, 주격 조사는 생략할 수도 있구나.

② ㄱ과 ㄹ을 보면, 주격 조사의 형태는 앞말과 관계가 없구나.

③ ㄱ과 ㅁ을 보면, 상황에 따라 주어가 생략될 수도 있구나.

④ ㄴ과 ㄷ을 보면, 주어의 위치는 이동할 수도 있구나.

⑤ ㄷ과 ㄹ을 보면, 한 단어뿐 아니라 여러 단어가 묶인 절이 주어가 될 수도 있구나.

19 〈보기〉를 바탕으로 '주어'에 대해 탐구한 내용으로 적절하지 <u>않은</u> 것은?

〈 보기 〉
　지난 토요일에 ㉠사촌 동생이 왔다. 뭘 할까 고민하다 ㉡사촌 동생에게 미술관에 가자고 했다. ㉢지하철이 있었지만, 한 정거장이라 걸어가기로 했다. 재미있게 놀다 오라고 하시며 ㉣어머니께서 용돈을 주셨다. 걷다 생각해 보니, ㉤우리가 함께 노는 것도 오랜만이었다. 다들 바빠서인지 ㉥친척도 서로 만나기가 쉽지 않은 듯하다.

① ㉠, ㉣, ㉥을 보니, 주어는 '무엇이 어찌한다/어떠하다'에서 '무엇이'에 해당하는군.

② ㉠과 ㉣을 비교해 보니, 서술어가 필요로 하는 문장 성분에 따라 주격 조사의 형태가 달라지는군.

③ ㉡을 보니, 문맥상 주어를 분명히 알 수 있을 경우에는 주어가 생략되기도 하는군.

④ ㉢과 ㉤을 비교해 보니, 자음 뒤에서는 '이', 모음 뒤에서는 '가'가 주격 조사로 쓰이는군.

⑤ ㉥을 보니, 체언뿐 아니라 명사절도 주어가 될 수 있군.

20 다음 중 목적어가 들어 있는 문장이 <u>아닌</u> 것은?

① 꽃에 물을 많이 주어라.
② 사랑은 관심을 필요로 한다.
③ 사람은 사람답게 살아야 한다.
④ 열정은 노력을 배신하지 않는다.
⑤ 철수가 반찬과 밥도 먹고 있구나.

수능형

21 〈보기〉를 바탕으로 '목적어'에 대해 탐구한 내용으로 적절하지 <u>않은</u> 것은?

〈보기〉

ㄱ어제 아침에 나는 죽을 먹었다. 내가 ㄴ죽을 먹은 건, 배탈이 났기 때문이다. ㄷ그런 나를 어머니께서 보시고, "좀 괜찮니?" 하시면서 ㄹ보리차를 끓여 주었다. 따뜻한 보리차가 좋아서 어머니께 같이 드시지 않겠냐고 여쭤보았다. 어머니께서는 "그럼, 같이 ㅁ보리차나 마실까?" 하면서 환하게 웃으셨는데 ㅂ그 얼굴이 참 아름다우셨다.

① ㄱ과 ㄷ을 보니, 목적어는 동작을 나타내는 서술어의 대상으로 쓰이는군.
② ㄱ과 ㄷ을 비교해 보니, 문장 안에서 목적어의 자리는 고정적이지 않군.
③ ㄱ과 ㅁ을 비교해 보니, 목적어가 생략될 수도 있군.
④ ㄱ과 ㅂ을 비교해 보니, 목적어가 필요 없는 문장도 있군.
⑤ ㄴ과 ㄹ을 보니, 자음 뒤에는 '을', 모음 뒤에는 '를'이라는 목적격 조사가 쓰이는군.

22 〈보기〉를 참고할 때 보어가 나타나 있는 문장은?

〈보기〉

'이것은 물이 아니다.'에서 '물이'의 문장 성분은 무엇일까? 흔히 주어라고 생각하지만 이는 보어이다. 보어란 주어와 서술어만으로는 뜻이 불완전한 문장에서 그 불완전한 곳을 보충하여 뜻을 완전하게 하는 수식어를 말한다. 국어에서는 '되다', '아니다' 앞에 조사 '이', '가'와 결합하여 나타나는 문장 성분을 말한다.

① 기린은 목이 길다.
② 그녀는 손이 크다.
③ 그는 머리가 하얗다.
④ 수재는 화가가 되었다.
⑤ 그 강아지는 발이 빨랐다.

수행평가형

23 〈보기〉의 문장에서 보어를 모두 찾아 쓰시오.

〈보기〉

나는 중학생이 되었고, 누나는 대학생이 되었다.

수능형

24 다음 〈자료〉를 바탕으로 문장 성분에 대해 탐구한 내용으로 적절하지 <u>않은</u> 것은?

〈자료〉

(가) 물이 얼음이 되었다.
(나) 물이 얼음으로 되었다.
(다) 부모님께서 선물을 동생에게 주셨다.
(라) 그는 나에게 핀잔을 주었다.

① (가)의 '얼음이'는 서술어 '되다'가 꼭 필요로 하는 성분이다.
② (나)의 '얼음으로'는 없어도 문장에는 큰 영향을 주지 않는다.
③ (다)의 '동생에게'와 (라)의 '나에게'는 서술어 '주다'가 꼭 필요로 하는 성분이다.
④ (다), (라)에서 서술어 '주다'는 세 개의 문장 성분을 요구한다는 것을 알 수 있다.
⑤ (가)~(라)를 통해 서술어에 따라 요구하는 문장 성분의 수가 다를 수 있음을 알 수 있다.

수행평가형

25 〈보기〉의 대답에서 생략된 문장 성분을 쓰고, 이를 채워 온전한 문장으로 바꾸어 쓰시오.

〈보기〉

"누가 라면을 먹니?"
"영수."

암기 톡톡

• **문장의 주성분**
① 주어 : 서술어의 주체 역할을 함
② 목적어 : 목적격 조사 '을/를'이 없더라도 '을/를'을 붙여 자연스러우면 목적어임
③ 보어 : 서술어가 반드시 '되다, 아니다'임
④ 서술어 : 주체의 동작(동사), 상태(형용사), 성질(체언+조사)을 설명함

개념 059 부속 성분과 독립 성분

(1) 부속 성분 : 주로 주성분을 꾸며 주는 역할을 하는 성분. 필수 성분은 아니지만 생략할 수 없는 경우도 있음

> 예 그건 내가 <u>사랑할 수 있는</u> 것이다. → 필수 관형어
> 꽃이 <u>예쁘게</u> 생겼다. → 필수 부사어

관형어	• 체언 앞에서 그 체언을 수식하는 문장 성분 • 관형사, 체언, 체언+관형격 조사 '의', 관형사형 어미가 붙은 용언 등이 관형어가 됨 　예 <u>새</u> 집 → 관형사 　<u>우리</u> 마을 → 체언 　<u>철수의</u> 가방 → 체언 + 관형격 조사 　<u>사랑하는</u> 사람들 → 용언의 관형사형 • 필수 관형어의 경우 생략이 불가능함 　예 내가 너를 <u>사랑할</u> 수 있다. 　　→ 필수 관형어의 경우 의존 명사 앞에 와.
부사어	• 주로 용언을 수식하는 문장 성분 • 용언 외에 관형어나 다른 부사어, 문장 등을 수식하기도 하고, 문장이나 단어를 이어 주기도 함 • 부사, 체언+부사격 조사, 부사형 어미가 붙은 용언 등이 부사어가 됨 　예 <u>빨리</u> 가자. → 부사 　<u>철수에게</u> 주어라. → 체언 + 부사격 조사 　<u>빠르게</u> 가자. → 부사형 어미가 붙은 용언 • 보조사가 붙어 쓰이기도 함 　예 <u>철수에게도</u> 주어라. → 보조사 '도'가 붙었어. • 부사어의 종류 ┌ 성분 부사어 : 문장 성분을 수식함 └ 문장 부사어 : 문장 전체를 수식함 ┌ 수의적 부사어 : 생략 가능함 └ 필수 부사어 : 문장에서 생략 불가능함 　예 내가 그를 나의 <u>후계자로</u> 삼았다. 　　→ 필수 부사어의 경우 주로 세 자리 서술어 앞에 와. 　　예 삼다, 여기다, 주다, 받다, 빌리다 등

(2) 독립 성분 : 다른 문장 성분들과 관계를 맺지 않고 독립적으로 쓰이는 성분. 어떤 단어든 독립어가 될 수 있음

독립어	• 문장의 어느 성분과도 직접적인 관련이 없음 • 감탄사, 체언+호격 조사, 제시어 등이 독립어가 됨 　예 <u>앗!</u> 깜짝이야. → 감탄사 　<u>지현아</u> 어디 가니? → 체언 + 호격 조사 　<u>청춘,</u> 그것은 아름다운 그 자체이다. → 제시어

| 26~29 | 다음 문장에서 관형어를 모두 찾아 쓰시오.

26 이것은 친구의 안경이다. (　　　　　　)

27 우리 학교는 언덕에 있다. (　　　　　　)

28 새 신발을 신으면 기분이 좋다. (　　　　　　)

29 흐르는 물에 당근을 깨끗이 씻으세요. (　　　　　　)

| 30~32 | 다음 문장에서 부사어를 모두 찾아 쓰시오.

30 바람이 너무 세다. (　　　　　　)

31 영수가 부모님께 선물을 드렸다. (　　　　　　)

32 교복은 항상 단정하게 입어야 한다. (　　　　　　)

| 33~35 | 다음 문장에서 독립어를 모두 찾아 쓰시오.

33 우아, 우리가 이겼다. (　　　　　　)

34 명수야, 벌써 집에 가니? (　　　　　　)

35 추억, 그건 떠올리면 모두 아름답다. (　　　　　　)

| 36~38 | 다음 빈칸에 들어갈 알맞은 말을 〈보기〉에서 골라 쓰시오.

> ─〈 보기 〉─
> 관형어　　부사어　　독립어

36 체언을 수식하며, 대부분 문장에서 생략해도 되는 성분을 (　　　　　　)라고 한다.

37 다른 문장 성분과 관련을 맺지 않고 사용되는 성분을 (　　　　　　)이라고 한다.

38 (　　　　　　)는 보통 생략이 가능하지만, 때로는 생략했을 때 문장의 의미가 완전하지 않을 수 있다.

| 39~41 | 다음 문장 성분과 특징을 바르게 연결하시오.

39	관형어	•	• ㉠	격 조사 '의'가 붙으면 항상 이 성분이 됨
40	부사어	•	• ㉡	주로 용언이나 부사를 수식함
41	독립어	•	• ㉢	감탄사가 그대로 이 성분이 되는 경우가 많음

42 밑줄 친 말의 문장 성분을 바르게 파악하지 못한 것은?

① 방학이 <u>너무</u> 길다. – 관형어

② <u>아!</u> 드디어 새해가 되었구나. – 독립어

③ 영호는 볶음밥을 <u>맛있게</u> 먹었다. – 부사어

④ <u>그렇게도</u> 기다리던 방학이 되었다. – 관형어

⑤ 온갖 고생 끝에 <u>목적지에</u> 도착했다. –부사어

43 다음 중 부사어가 2개 이상 쓰인 문장은?

① 수박이 아주 시원하다.

② 그녀가 여기에서 사는 사람이다.

③ 환하게 빛나는 장미가 너무 아름답다.

④ 나무는 집이 되어 인간에게 혜택을 준다.

⑤ 운동장에서 신나는 축제를 개최할 것이다.

44 다음 중 관형어가 쓰이지 <u>않은</u> 문장은?

① 영수가 우리의 반장이다.

② 우리 마을에 동굴이 생겼다.

③ 사과나무의 그림자가 드리워졌다.

④ 강물이 졸졸졸 노래를 부르며 흘러간다.

⑤ 환한 사람은 다른 사람도 기쁘게 만든다.

45 다음 중 문장에 사용된 부속 성분의 개수가 다른 것은?

① 바람처럼 빨리 하늘을 날아라.

② 겨울이 매우 천천히 다가왔다.

③ 고양이 인형은 동물이 아니다.

④ 멋진 사람이 맛있는 빵을 만들었다.

⑤ 저기에 작은 자동차가 달리고 있다.

수능형

46 〈보기〉는 국어 수업 시간의 일부이다. ㉠에 대한 대답으로 적절하지 <u>않은</u> 것은?

───────〈 보기 〉

선생님 : 문장 성분에는 주성분, 부속 성분, 독립 성분이 있어요. 먼저 주성분은 주어, 서술어, 목적어, 보어와 같이 문장 형성에 꼭 필요한 성분이에요. 그리고 부속 성분은 관형어나 부사어처럼 주성분을 수식하거나 의미를 한정하는 문장 성분을 말하는데, 주성분이 아니기 때문에 생략이 가능합니다. 하지만 '나는 엄마와 닮았다.'의 '엄마와'처럼 문장 형성에 반드시 필요한 경우도 있어요. 끝으로 독립어처럼 다른 문장 성분과는 상관없이 독립적으로 쓰이는 문장 성분을 독립 성분이라고 해요. ㉠<u>다음 문장을 보고 각 문장 성분을 분석해 볼까요?</u>

• 여러분, 날씨가 정말 좋죠?
• 냄새가 예상보다 매우 강하다.
• 식탁 위에 차가운 물이 있어.
• 내 꿈은 커서 의사가 되는 것이다.
• 할아버지는 그를 후계자로 여긴다.

① '여러분'은 주어로서 주성분이에요.

② '매우'는 부사어로서 서술어 '강하다'를 수식해요.

③ '차가운'은 관형어로서 문장에서 생략이 가능해요.

④ '의사가'는 보어로서 문장에서 필수적인 성분이에요.

⑤ '후계자로'는 부사어이지만 문장 형성에 반드시 필요해요.

수능형

47 〈보기〉를 참고하여, 〈자료〉의 문장 성분을 파악한 내용으로 적절하지 <u>않은</u> 것은?

───────〈 보기 〉

문장 성분에는 문장의 골격이 되는 주성분, 주성분을 수식하는 부속 성분, 다른 성분과는 직접 관련이 없는 독립 성분이 있다. 주성분에는 주어, 서술어, 목적어, 보어가 있고, 부속 성분에는 관형어, 부사어가 있으며, 독립 성분에는 독립어가 있다.

───────〈 자료 〉

㉠ 영희가 학교에 간다.

㉡ 왕은 용감한 기사를 언제나 믿었다.

㉢ 선생님께서만 사실을 말씀해 주셨다.

㉣ 틀림없이 그들은 살아서 돌아올 것이다.

㉤ 글쎄, 그 문제에 대해서는 더 생각을 해 보겠네.

① ㉠ : 부속 성분이 한 개 사용되었어.

② ㉡ : 부속 성분이 두 개 사용되었어.

③ ㉢ : '선생님께서만'은 서술어를 꾸미는 부사어이므로 부속 성분이구나.

④ ㉣ : '틀림없이'는 부속 성분으로 문장 전체를 수식하는구나.

⑤ ㉤ : '글쎄'는 독립어로 문장의 다른 성분과 직접적인 관련이 없구나.

수행평가형

| **48~49** | 〈보기〉를 읽고 물음에 답하시오.

───────〈 보기 〉

과연 이 두 헌 책을 영수가 가져갈까?

48 〈보기〉의 문장에 쓰인 관형어를 모두 찾아 쓰시오.

────────────────

49 위의 관형어들이 꾸며 주는 단어를 찾아 쓰시오.

────────────────

50 다음 중 특정한 문장 성분을 꾸미는 부사어가 쓰이지 <u>않은</u> 문장은?(정답 2개)

① 병아리가 삐악삐악 노래한다.

② 설마 그녀가 우리를 찾아올까?

③ 우리가 바로 이곳을 지배하게 될 것이다.

④ 그러나 악마는 우리를 소유하지 못할 것이다.

⑤ 빠르게 달리는 말이 가장 먼저 도착하지는 않는다.

수능형

51 〈보기 1〉을 참고하여, 〈보기 2〉의 ⓐ~ⓔ를 유형이 같은 것끼리 바르게 짝지은 것은?

─〈보기1〉─

체언을 꾸며 주는 역할을 하는 관형어는 형성 방법에 따라 다음과 같은 유형으로 나누어 볼 수 있다.

(1) 관형사 : <u>첫</u> 서리가 내렸다.
(2) 체언 : <u>고향</u> 소식을 들었다.
(3) 체언＋조사 : <u>바다의</u> 품에 안기고 싶다.
(4) 용언의 어간＋관형사형 어미 : <u>넓은</u> 들판이 펼쳐졌다.

─〈보기2〉─

등굣길에 ⓐ<u>초등학교</u> 친구를 만났다. 오랜만에 ⓑ<u>만난</u> 친구와 길을 걸으며 ⓒ<u>옛</u> 생각을 떠올렸다. 함께 지내던 ⓓ<u>때의</u> ⓔ<u>온갖</u> 기억들을 떠올리며 이야기하다 보니 금세 갈림길에 도착했다.

① ⓐ, ⓒ　　　　② ⓐ, ⓓ　　　　③ ⓑ, ⓓ
④ ⓒ, ⓓ　　　　⑤ ⓒ, ⓔ

수능형

52 〈보기〉의 ㉠에 해당하는 말이 쓰인 문장을 바르게 짝지은 것은?

─〈보기〉─

부사어는 다른 말을 꾸며 주는 성분의 하나이므로 대개 문장을 구성하는 데에 꼭 필요하지는 않다. 그러나 어떤 서술어는 부사어를 반드시 요구하기도 하는데, 이처럼 문장의 성립에 반드시 필요한 부사어를 ㉠'필수적 부사어'라 한다. 해당 문장의 서술어가 무엇이냐에 따라 동일한 '체언＋격 조사' 구성의 부사어라도 필수적 부사어일 수도 있고 아닐 수도 있다.

① ┌ 나는 <u>삼촌과</u> 영화를 보았다.
　└ 어제 본 것은 <u>이것과</u> 꽤 비슷하다.
② ┌ 그들은 <u>몽둥이로</u> 멧돼지를 잡았다.
　└ 왕은 그 용감한 기사를 <u>사위로</u> 삼았다.
③ ┌ 인공위성이 <u>궤도에서</u> 이탈하였습니다.
　└ 우리는 <u>공원에서</u> 선생님을 만났습니다.
④ ┌ 이 지역의 기후는 <u>벼농사에</u> 적합하다.
　└ 나는 <u>오후에</u> 할머니 댁을 방문했습니다.
⑤ ┌ 선생님께서 <u>지혜에게</u> 선행상을 주셨다.
　└ 홍길동 씨는 <u>친구에게</u> 5만 원을 빌렸다.

수행평가형

|53~54| 〈보기〉를 읽고 물음에 답하시오.

─〈보기〉─

부사어는 문장을 이루는 데 반드시 필요한 것은 아니다. 그러나 서술어에 따라서는 부사어를 반드시 필요로 하는 경우도 있다. 이때 사용되는 부사어를 ⓐ<u>필수적 부사어</u>라 하는데, 이 경우에는 부사어를 생략하면 완전한 문장을 이룰 수 없다.

영수는 할머니와 몹시 닮았다.

위 문장에 쓰인 부사어는 '　㉠　'와 '　㉡　'인데 '　㉠　'는 생략해도 문장이 어색하지 않지만, '　㉡　'는 부사어임에도 불구하고 생략했을 때 문장의 의미가 완전하지 않다.

53 ㉠과 ㉡에 들어갈 알맞은 말을 각각 쓰시오.

㉠ : ＿＿＿＿＿＿＿　　㉡ : ＿＿＿＿＿＿＿

54 다음 밑줄 친 말 중 〈보기〉의 ⓐ에 해당하지 <u>않는</u> 것은?

① 길이 <u>지도와</u> 달라 찾아가기 어렵다.
② 삼촌은 낯선 사람도 <u>친구처럼</u> 대했다.
③ 이 드라마 주인공은 <u>경찰서에</u> 다닌다.
④ 친구들은 모두 나를 <u>범인으로</u> 여겼다.
⑤ 형식은 수업을 마치고 <u>학교에서</u> 집으로 갔다.

수행평가형

55 〈보기〉를 참고하여, 〈자료〉의 문장에 사용된 문장 성분을 분석하여 쓰시오.

─〈보기〉─

주어　　서술어　　목적어　　보어
관형어　　부사어　　독립어

─〈자료〉─

명수야, 학교가 끝나면 같이 집에 가자.

─────────

암기 톡톡

• **문장의 부속 성분**
① 관형어 : 체언을 수식함
② 부사어 : 용언, 관형어, 다른 부사어, 문장 전체를 수식하거나 문장이나 단어를 이어 주기도 함

• **문장의 독립 성분**
－ 독립어 : 문장의 다른 성분들과 직접적인 관련이 없음. 감탄사, 체언＋호격 조사, 제시어 등

(2) 문장의 짜임

개념 060 홑문장과 겹문장

(1) **홑문장** : 주어와 서술어의 관계가 한 번만 나타나는 문장

  예 철수가 잔다.
  영수가 친구를 만난다.
  박쥐는 조류가 아니다.
  선생님께서 학교에 가신다.

(2) **겹문장** : 주어와 서술어의 관계가 두 번 이상 나타나는 문장 → 겹문장에서 두 서술어의 주어가 같으면 한쪽의 주어가 생략되기 때문에 주어가 하나인 것처럼 보여. 그래서 겹문장인지를 확인하려면 서술어의 개수를 세는 것이 좋아. 이때 '떠나 버렸다'처럼 용언이 겹쳐 사용되더라도 하나의 서술어로 판단해야 해.

  ① **이어진문장** : 둘 이상의 홑문장이 대등하거나 종속적으로 이어진 문장

    예 누나는 자고 나는 숙제했다.
    비가 와서 길이 매우 질다.
    왕은 슬픔에 빠져서 죽고 말았다.

  ② **안은문장** : 다른 홑문장을 하나의 문장 성분으로 안고 있는 문장

    예 철수가 영수와 만나기로 약속했다.
    장미는 예쁜 꽃이다.
    토끼가 앞발이 짧다. → '앞발이 짧다'라는 홑문장이 서술어의 기능을 하고 있기 때문에 겹문장이야.

| 01~05 | 다음 문장이 홑문장이면 '홑', 겹문장이면 '겹'을 쓰시오.

01 꽃이 매우 예쁘다. ( )

02 예쁜 꽃이 피었다. ( )

03 코끼리가 코가 매우 길다. ( )

04 별이 눈이 부시게 빛나고 있다. ( )

05 나는 치킨을, 동생은 빵을 먹었다. ( )

06 〈보기〉의 밑줄 친 ㉠의 예로 적절하지 않은 것은?

〈 보기 〉

  문장에는 주어와 서술어가 한 번만 나타나는 '홑문장'과 두 번 이상 나타나는 ㉠'겹문장'이 있다. 겹문장에는 '안은문장'과 '이어진문장'이 있다.

① 겨울이 오면 가을이 지나간다.

② 가랑비가 소리도 없이 내린다.

③ 우리는 어제 학교로 돌아왔다.

④ 엄마는 우리가 돌아온 사실을 모른다.

⑤ 사람은 나무를 심고 숲은 사람을 만든다.

07 〈보기〉는 '문장의 종류'에 대한 학습 자료이다. ㉠에 들어갈 예문으로 적절한 것은?

〈 보기 〉

[문장의 종류]

• 홑문장 : 주어와 서술어가 한 번만 나타나는 문장

  예 날씨가 맑다.

• 겹문장 : 주어와 서술어가 두 번 이상 나타나는 문장

  – 안은문장 : 다른 문장 속에 들어가 하나의 성분처럼 쓰이는 홑문장을 포함하고 있는 문장

    예 ____㉠____

  – 이어진문장 : 둘 이상의 홑문장이 대등하거나 종속적으로 이어진 문장

    예 봄이 오면 꽃이 핀다.

① 바람이 불고, 비가 내린다.

② 영수는 성적이 좋은 학생이다.

③ 예서가 교실에서 책을 읽었다.

④ 그는 갔고 그의 예술은 남아 있다.

⑤ 우리 집 마당에 비둘기가 날아왔다.

08 〈보기〉의 빈칸에 들어갈 말로 적절하지 않은 것은?

〈 보기 〉

선생님 : 다음 문장들을 활용하여 겹문장에 대해 탐구해 봅시다.

  ㉠ 햇살이 들어왔다. ㉡ 햇살이 따사롭다.
  ㉢ 꽃이 피었다. ㉣ 꽃이 아름답다.

학생 : [   ]

① '꽃이 아름답게 피었다.'는 ㉣이 ㉢에 안겨 있는 문장이에요.

② '햇살이 들어오니 꽃이 피었다.'는 ㉠과 ㉢이 이어진 문장이에요.

③ '햇살이 따사롭고, 꽃이 아름답다.'는 ㉡과 ㉣이 이어진 문장이에요.

④ '아름다운 꽃이 피었다.'는 ㉣이 ㉢의 서술어를 꾸며 주는 문장이에요.

⑤ '따사로운 햇살이 들어왔다.'는 ㉡이 ㉠에 안기면서 겹치는 주어가 생략된 문장이에요.

개념 061 이어진문장

(1) **이어진문장** : 문장과 문장이 단순하게 연결 어미로 이어진 형태의 문장 → 예문처럼 '주어 + 서술어 + 주어 + 서술어'의 형태로 이루어짐.

> <u>영수가 여기에 남고</u> <u>철수는 저기로 가거라</u>. (대등)
>   주어   서술어 주어   서술어
>
> <u>내가 집에 가니까</u> <u>동생이 집에 있었다</u>. (종속)
>   주어   서술어   주어   서술어

(2) **이어진문장의 종류** : 대등하게 이어진 문장, 종속적으로 이어진 문장

대등하게 이어진 문장	• 각 홑문장(절)의 의미 관계가 '나열', '대조', '선택' 등으로 이루어짐
	• 두 절의 앞뒤를 바꾸어도 의미가 크게 변하지 않음
	• 주로 대등적 연결 어미 '-고, -(으)며, -지만, -(으)나, -든지, -거나' 등이 쓰임
	  ◉ 나는 가고 너는 온다.
	     겨울은 가지만 봄이 온다.

종속적으로 이어진 문장	• 각 홑문장(절)의 의미 관계가 '인과, 이유, 의도, 조건, 결과' 등으로 대등하지 못하고 종속적임
	• 두 절의 앞뒤를 바꾸면 문장이 성립하지 않거나 의미가 완전히 달라짐
	• 주로 종속적 연결 어미 '-(으)려고, -(으)니까, -(으)면, -(아/어)서' 등이 쓰임
	  ◉ 그가 자려고 다시 돌아왔다.
	     밥을 먹으니까 배가 부르다.
	     우리 함께 걸어서 집에 가자.

| **09~13** | 다음 문장이 이어진문장이면 ○표, 아니면 X표를 하시오.

09 밥을 먹던 영희가 웃음을 터뜨렸다.   (   )

10 네가 공부하면 나도 공부할 것이다.   (   )

11 역시 희수는 성당에서 나를 기다렸다.   (   )

12 길가에 벚꽃이 아름답게 피어 있었다.   (   )

13 망아지가 언덕에서 신나게 뛰어놀았다.   (   )

| **14~18** | 다음 문장이 대등하게 이어진 문장이면 '대', 종속적으로 이어진 문장이면 '종'을 쓰시오.

14 낮말은 새가 듣고, 밤말은 쥐가 듣는다.   (   )

15 나는 씻으러 목욕탕에 갔다.   (   )

16 바나나는 까고 사과는 깎아라.   (   )

17 이것이 닭이고 저것이 오리이다.   (   )

18 나는 피곤해서 침대에 누웠다.   (   )

19 다음 중 이어진문장이 아닌 것은?

① 인생은 짧으나 예술은 길다.

② 나는 고개를 넘어서 집으로 돌아갔다.

③ 밥을 많이 먹었지만 배가 부르지 않았다.

④ 내가 집에 가는데 저쪽에서 누군가 달려왔다.

⑤ 그는 친구가 가장 소중하다는 사실을 깨달았다.

수행평가형 | 중3 학업성취도평가 |

20 〈자료〉의 밑줄 친 두 문장을 문맥에 맞게 한 문장으로 이어 쓰시오.

> 〈 자료 〉
>
> 날씨 정보입니다. 내일은 전국이 대체로 맑겠습니다. 기온은 평년보다 2~3도가량 높겠고, 습도는 낮겠습니다. [대기가 매우 건조하다.] [등산객은 산불에 유의하기 바란다.]

수능형

21 〈보기〉의 설명과 관련이 없는 문장은?

> 〈 보기 〉
>
> 앞의 절과 뒤의 절의 의미가 독립적이지 못하고 종속적인 관계에 있는 문장을 종속적으로 이어진 문장이라고 한다. 이때 앞의 절과 뒤의 절이 조건, 의도, 양보 등 어떤 의미 관계를 가지느냐에 따라 다음과 같이 다양한 종속적 연결 어미가 사용된다.
>
> • 자연이 없<u>으면</u> 인간도 없다. → 조건
> • 소풍을 가<u>려고</u> 새 옷을 샀다. → 의도
> • 비가 오<u>더라도</u> 우리는 반드시 출발한다. → 양보

① 빈대 잡으려고 초가삼간 태운다.

② 가는 말이 고와야 오는 말이 곱다.

③ 가는 토끼 잡으려다 잡은 토끼 놓친다.

④ 호랑이에게 물려 가도 정신만 차리면 산다.

⑤ 가루는 칠수록 고와지고 말은 할수록 거칠어진다.

22 다음 중 대등하게 이어진 문장은?

① 나는 배가 고파서 밥을 먹었다.

② 하늘은 맑았고 바람도 잠잠했다.

③ 날씨가 더우니 해수욕장에 가지.

④ 까치가 울면 반가운 손님이 온다.

⑤ 비가 올지라도 체육 대회는 계획대로 개최한다.

수능형

23 〈보기〉를 바탕으로 이어진문장에 대해 탐구한 내용으로 적절하지 <u>않은</u> 것은?

〈 보기 〉

홑문장 두 개가 이어질 때 앞 문장이 뒤 문장과 동등한 자격으로 이어진 문장을 '대등하게 이어진 문장'이라고 하고, 앞 문장이 뒤 문장에 의미상 종속된 문장을 '종속적으로 이어진 문장'이라고 한다.

다음 예문 (가)와 (나)는 대등하게 이어진 문장이고, (다)~(바)는 종속적으로 이어진 문장이다. 이를 통해 이어진 문장의 특징을 탐구해 보자.

(가) 나는 식당에서 밥도 먹고 음료도 마셨다.
(나) 어제 기분은 좋았지만 오늘 기분은 별로다.
(다) 나는 지우개를 사서 친구에게 주었다.
　　 나는 친구에게 주어서 지우개를 샀다.*
(라) 기분이 좋으면 산책을 하자.
　　 산책을 기분이 좋으면 하자.
(마) 동생은 어제 준비물을 두고 가서 오늘 가지고 갔다.
(바) 날씨가 좋아서 축구 경기를 {했다. / 해라.* / 하자.*}

(*은 문법적으로 잘못된 것임.)

① (가)와 (나)로 볼 때 대등하게 이어진 문장은 앞뒤 문장이 서로 '나열', 또는 '대조' 등의 의미를 지니는군.

② (가)와 (다)로 볼 때 대등하게 이어진 문장은 종속적으로 이어진 문장과 달리 앞 문장과 뒤 문장의 위치를 바꾸어도 의미상 큰 차이가 없군.

③ (나)와 (마)로 볼 때 대등하게 이어진 문장에서는 용언에 '-지만'이라는 어미가 쓰이는 반면 종속적으로 이어진 문장에서는 용언에 '-고'라는 어미가 쓰이는군.

④ (라)로 미루어 볼 때 종속적으로 이어진 문장에서는 앞 문장이 뒤 문장 안으로 이동해도 의미상 변화가 없을 수 있군.

⑤ (바)로 미루어 볼 때 종속적으로 이어진 문장 중에는 연결 어미 뒤에 명령문이나 청유문이 쓰일 수 없는 경우가 있군.

수행평가형

24 〈보기〉의 두 문장을 〈조건〉에 맞게 이어 쓰시오.

〈 보기 〉

하늘이 맑았다. 우리는 소풍을 갔다.

〈 조건 〉

앞 절이 뒤 절의 원인에 해당하는 겹문장

수능형

25 〈보기 1〉을 바탕으로 〈보기 2〉를 탐구한 결과로 적절하지 <u>않은</u> 것은?

〈 보기1 〉

이어진문장

둘 이상의 홑문장이 이어져 있는 문장으로, 주어가 같은 홑문장이 이어질 때는 주어를 하나만 사용할 수도 있음.

• **대등하게 이어진 문장**

둘 이상의 홑문장이 동등한 자격으로 이어진 문장으로, 앞 절과 뒤 절이 '나열, 대조, 선택' 등의 의미 관계를 가짐.

• **종속적으로 이어진 문장**

앞 홑문장과 뒤 홑문장의 의미가 독립적이지 못하고 종속적으로 이어진 문장으로, 앞 절과 뒤 절이 '원인, 조건, 의도' 등의 의미 관계를 가짐.

〈 보기2 〉

ㄱ. 암벽 등반은 힘들고 재미있다.
ㄴ. 암벽 등반은 힘들어서 재미있다.
ㄷ. 암벽 등반은 힘들지만 재미있다.

① ㄱ, ㄴ, ㄷ은 '암벽 등반은 힘들다.'와 '암벽 등반은 재미있다.'라는 두 홑문장이 이어진 문장이군.

② ㄱ, ㄴ, ㄷ은 앞 절과 뒤 절의 순서를 바꾸어도 의미에 변화가 생기지 않는 이어진문장이군.

③ ㄱ, ㄴ, ㄷ에서 뒤 절의 주어가 없는 것은 앞 절과 주어가 같기 때문이군.

④ ㄱ, ㄷ은 두 홑문장이 각각 나열, 대조의 의미를 갖는 어미 '-고'와 '-지만'으로 연결된 대등하게 이어진 문장이군.

⑤ ㄴ은 두 홑문장이 원인의 의미를 갖는 어미 '-어서'로 연결된 종속적으로 이어진 문장이군.

26 다음 중 문장의 짜임이 <u>다른</u> 하나는?

① 지우는 주먹을, 강호는 가위를 냈다.
② 눈이 오지 않아서 썰매를 타지 못했다.
③ 철희는 자전거를 타고, 석렬이는 밀었다.
④ 나는 과일을 좋아하지만 야채는 싫어한다.
⑤ 사장님이 음식을 나르고 종업원이 손님을 맞았다.

개념 062 안은문장과 안긴문장

(1) **안은문장** : 한 문장이 다른 홑문장을 한 성분으로 안아서 겹문장이 된 것 → 주어+(주어+서술어)+서술어의 형태로 나타나.

(2) **안긴문장** : 안은문장 속에서 문장 성분처럼 쓰이는 홑문장
→ 이처럼 주어와 서술어를 갖추고 있지만 독립하여 쓰이지 못하고 다른 문장의 한 성분으로 쓰이는 것을 '절'이라고 해.

　나는 <u>그가 옳음을</u> 깨달았다. → 명사처럼 쓰이니까 명사절!
　주어 (주어 + 서술어) 서술어

　<u>비가 소리도 없이</u> 내린다. → 부사처럼 쓰이니까 부사절!
　주어 (주어 + 서술어) 서술어

(3) **안긴문장의 종류**

명사절	• 용언이나 서술격 조사에 명사형 어미 '-(으)ㅁ, -기', 또는 의존 명사 '-는 것'이 붙어 나타남 • 뒤에 오는 조사에 의해 주어, 목적어, 부사어 등 여러 가지 성분으로 쓰임 　예 밥을 먹기가 힘들다. 　우리는 그가 왕이 되었음을 알았다. 　나는 그가 거짓말을 했다는 것을 믿을 수 없다.
관형절	• 용언이나 서술격 조사에 관형사형 어미 '-(으)ㄴ, -(으)ㄹ, -는, -던'이 붙어 나타남 　예 저것은 우리가 먹은 과일이다.
부사절	• 용언이나 서술격 조사에 부사형 어미 '-게, -도록, -듯이' 등이나 접미사 '-이'가 붙어 나타남 　예 학생들은 밤이 새도록 토론을 하였다.
서술절	• 서술어의 기능을 하는 절 • 안은문장이 '주어+(주어+서술어)'의 형태로 나타남 • 다른 안긴문장과 달리 조사나 어미가 결합하지 않음 　예 코끼리가 코가 길다.
인용절	• 다른 사람의 말을 인용한 것이 절의 형식으로 쓰임 • 인용격 조사 '고(간접 인용), 라고(직접 인용)'가 결합함 　예 친구가 함께 영화를 보러 가자고 했어. 　친구가 "함께 영화를 보러 가자."라고 했어.

| 27~30 | 다음 안은문장에서 안긴문장에 밑줄을 그으시오.

27 내 친구는 성격이 좋다.

28 어제 본 영화는 재미있었다.

29 누나가 소리도 없이 다가왔다.

30 아저씨는 자기가 물을 가져왔다고 외쳤다.

| 31~33 | 다음 문장이 어떤 절을 안은 문장인지 쓰시오.

31 영희는 그가 드디어 돌아왔음을 알게 되었다.

(　　　　　)

32 아버지께서 조금 늦는다고 전화를 하셨다.

(　　　　　)

33 그는 예고도 없이 이별을 통보했다.

(　　　　　)

---

34 다음을 '이어진문장'과 '안은문장'으로 구분할 때 문장의 종류가 다른 것은?

① 그는 소리도 없이 내게 왔다.

② 할아버지께서는 인정이 많으시다.

③ 나는 철수가 돌아오기를 기다렸다.

④ 나는 그가 준비물을 가져오지 않았다고 들었다.

⑤ 호랑이는 죽어서 가죽을 남기고, 사람은 죽어서 이름을 남긴다.

수행평가형 | 중3 학업성취도평가 |

35 〈자료〉를 읽고 ㉠에 알맞은 문장을 쓰시오.

〈 자료 〉

예 1)과 같이 한 문장에서 어떤 말을 꾸미는 부분을 분리하여 두 문장으로 만들 수 있다.

예 1)
문장 : 민호와 본 영화가 감동적이었다.
1단계 : 민호와 보았다.　　　/ 영화가 감동적이었다.
2단계 : 민호와 영화를 보았다.　/ 영화가 감동적이었다.

이런 방법으로 예 2)의 문장을 두 문장으로 분리하면 다음과 같다.

예 2)
문장 : 어제 읽은 소설이 재미있었다.
1단계 : 어제 읽었다.　　　/ 소설이 재미있었다.
2단계 : 　　㉠　　　/ 소설이 재미있었다.

---

36 다음 중 문장의 짜임을 바르게 파악하지 못한 것은?

① 누나는 시력이 좋다. → 서술절을 안은 문장

② 그 일을 하기는 어렵다. → 명사절을 안은 문장

③ 저 방은 땀이 나게 덥다. → 부사절을 안은 문장

④ 네가 깜짝 놀랄 일이 생겼어. → 관형절을 안은 문장

⑤ 나는 손을 내밀어서 햇살에 손을 적셨다. → 서술절을 안은 문장

37 〈보기〉를 참고할 때, ⊙~⑩의 예시로 적절하지 않은 것은?

〈보기〉

안은문장은 다른 홑문장을 하나의 문장 성분으로 안고 있는 문장을 말하는데, 그 홑문장이 문장 속에서 어떤 기능을 하느냐에 따라 그 종류가 달라진다. ⊙명사절을 안은 문장은 주어, 목적어, 보어로 쓰이는 절을 안은 문장이며, ⓒ관형절을 안은 문장은 관형어의 기능을 하여 체언을 수식하는 절을 안은 문장이다. ⓒ부사절을 안은 문장은 부사어의 기능을 하여 서술어를 수식하는 절을 안은 문장이고, ⓔ서술절을 안은 문장은 서술어의 기능을 하는 절을 안은 문장이다. 마지막으로 ⑩인용절을 안은 문장은 다른 사람의 말이나 생각을 인용한 것을 절의 형식으로 안은 문장을 말한다.

① ⊙ : 나는 그가 영웅임을 깨달았다.
② ⓒ : 그는 한 번도 책을 본 기억이 없다.
③ ⓒ : 우리는 누구의 도움도 없이 그 일을 해냈다.
④ ⓔ : 나는 그가 가기를 기다렸다.
⑤ ⑩ : 그는 나에게 여기로 오라고 말했다.

38 〈자료〉를 참고하여, 〈보기〉에 제시된 문장의 짜임을 분석하여 쓰시오.

〈자료〉

서술어가 둘 이상인 문장을 겹문장이라 하는데, 이 중 여러 형태로 변형된 절을 품은 문장을 안은문장이라 한다. 이때 안기는 절의 종류는 다섯 가지이다.

• 명사절 : 서술어가 '-(으)ㅁ', '-기', '-ㄴ/인 것'의 형태로 변형되어 안긴 절
• 서술절 : '기린은 목이 길다.'에서처럼 서술어로 안긴 절
• 관형절 : 서술어가 체언(명사, 대명사, 수사)을 수식하도록 변형되어 안긴 절
• 부사절 : 문장의 서술어가 부사로 파생하여 안긴 절
• 인용절 : 다른 사람이 한 말을 인용하는 형식의 절. 직접 인용과 간접 인용으로 나뉜다.

〈보기〉

형우네는 언제나 분위기가 좋았다.

39 〈보기〉의 ⊙에 해당하는 예로 적절한 것은?

〈보기〉

• 재희는 봉사활동에 아무도 모르게 참여한다.

위 문장에서 '아무도 모르게'는 단어가 아니라 주어인 '아무도'와 서술어인 '모르다'로 이루어진 문장이다. 이 문장은 '재희는 봉사활동에 참여한다.'라는 문장에서 서술어 '참여한다'를 수식하여 '어떻게'라는 의미를 더해 주면서 수식하고 있다. 이런 역할을 하면서 안겨 있는 문장을 ⊙부사절이라 한다.

① 이 일을 하기가 쉽지 않다.
② 빙수는 이가 시리도록 차가웠다.
③ 은기는 꼭 꿈을 이루겠다고 말했다.
④ 승희는 마음이 따뜻한 사람을 좋아한다.
⑤ 민우는 우리가 어제 돌아온 사실을 모른다.

40 〈보기〉에 제시된 ⊙, ⓒ의 문장 성분과 문장 구조에 대한 설명으로 옳은 것은?

〈보기〉

⊙ 나는 정부가 이런 난국을 잘 수습하기를 기대했다.
ⓒ 우리는 그것이 아주 새 물건임을 깨달았다.

① ⊙에는 관형어가 있지만, ⓒ에는 관형어가 없다.
② ⊙에는 명사절이 안겨 있지만, ⓒ에는 부사절이 안겨 있다.
③ ⊙의 안긴문장은 주어로 쓰였지만, ⓒ의 안긴문장은 목적어로 쓰였다.
④ ⊙의 안긴문장 속에는 부사어가 있지만, ⓒ의 안긴문장 속에는 부사어가 없다.
⑤ ⊙의 안긴문장 속에는 목적어가 있지만, ⓒ의 안긴문장 속에는 목적어가 없다.

41 〈보기〉는 문장의 종류에 대한 탐구 과정과 결론이다. ⓐ~ⓒ에 들어갈 말로 적절한 것은?

─〈 보기 〉─

[의문]

'그가 범인이 아니다.'와 '집이 마당이 넓다.'는 모두 홑문장일까?

[탐구 과정]

1. 홑문장과 안은문장에 대해 조사하기

홑문장은 주어와 서술어의 관계가 한 번 나타나는 문장이고, 안은문장은 하나의 홑문장이 더 큰 문장에 안겨 특정 문장 성분의 역할을 하는 것이다.

2. 두 문장에서 주어 찾기

(1) '그가', '범인이' 모두 주어로 가정해 보자.

　㉠ 그가 아니다.　　　㉡ 범인이 아니다.

⇨ ㉠에서는 그가 '무엇이' 아닌지, ㉡에서는 '누가' 범인이 아닌지를 보충해 주어야 한다. 즉 이 문장은 주어 외에 보충하는 성분이 하나 더 필요한 　ⓐ　이다.

(2) '집이', '마당이' 모두 주어로 가정해 보자.

　㉢ 집이 넓다.　　　㉣ 마당이 넓다.

⇨ ㉢, ㉣은 보충하는 성분 없이 문장이 성립된다. 다만 ㉢은 그 의미가 본래 문장의 의미와 　ⓑ　. 따라서 '넓다'의 주어는 '마당이'이고, '마당이 넓다'가 '집이'의 　ⓒ　 역할을 하므로 '집이 마당이 넓다.'는 안은문장이라 할 수 있다.

	ⓐ	ⓑ	ⓒ
①	홑문장	같다	주어
②	홑문장	다르다	서술어
③	홑문장	다르다	주어
④	안은문장	같다	서술어
⑤	안은문장	다르다	서술어

42 〈보기〉의 문장을 이해한 내용으로 적절하지 <u>않은</u> 것은?

─〈 보기 〉─

농부들은 비가 오기만을 기다린다.

① 겹문장 중 안은문장이다.

② 안긴문장에는 주어와 서술어가 있다.

③ 안긴문장이 목적어 역할을 하고 있다.

④ 주어와 서술어의 관계가 두 번 이상 나타난다.

⑤ 안은문장과 안긴문장의 주어가 같아 주어 하나가 생략되었다.

43 〈보기〉의 문장 성분과 문장 구조에 대해 이해한 내용으로 적절한 것은?

─〈 보기 〉─

㉠ 철수는 발에 땀이 나도록 뛰었다.

㉡ 철수는 자기를 도와준 사람을 몰라보았다.

① ㉠은 부사절을 안은 겹문장이고 ㉡은 홑문장이다.

② ㉠은 관형절이 안겨 있고, ㉡은 부사절이 안겨 있다.

③ ㉠의 안긴문장에는 부사어가 없지만, ㉡의 안긴문장에는 부사어가 있다.

④ ㉠에서 안긴문장의 서술어는 형용사이고, ㉡에서 안긴문장의 서술어는 동사이다.

⑤ ㉠의 안긴문장에는 주어가 나타나 있지만, ㉡의 안긴문장에는 주어가 생략되어 있다.

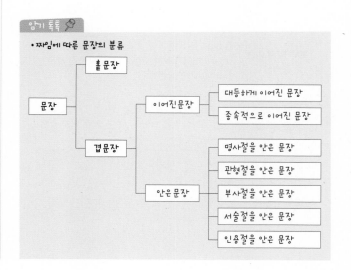

암기 톡톡

• 짜임에 따른 문장의 분류

(3) 문장 성분의 호응과 바른 문장 쓰기

개념 쏙쏙! 내신 쑥쑥!

개념 063 문장 성분의 호응과 바른 문장 쓰기

(1) 문장 성분의 호응 : 문장을 구성하는 여러 문장 성분들이 서로 자연스럽게 어울려 완결된 문장을 구성하는 것

주어와 서술어의 호응	• 짝을 이루는 주어와 서술어가 어울리도록 해야 하며 지나치게 생략해서는 안 됨 예 중요한 것은 화재를 조심해야 한다. 　　　주어　　　　　　서술어 → 중요한 것은 화재를 조심해야 한다는 점이다.
목적어와 서술어의 호응	• 서술어가 필요한 목적어가 사용되면 서술어를 갖추어 써야 함 예 나는 어제 음악과 영화를 보았다. 　　　　　목적어　　　서술어 → 나는 어제 음악을 듣고 영화를 보았다.
부사어와 서술어의 호응	• 일부 부사어들은 특정한 어미와 서술어를 필요로 함 예 그는 결코 여기서 빠져 나갈 것이다. 　　　부사어　　　　　　서술어 → 그는 결코 여기서 빠져 나가지 못할 것이다.
수식어와 피수식어의 호응	• 수식어(꾸미는 말)와 피수식어(꾸밈을 받는 말)가 가까워야 의미가 명확해짐 예 한결같이 어려운 이웃을 돕자. 　부사어(수식어)　　　서술어(피수식어) → 어려운 이웃을 한결같이 돕자.

(2) 중의적 표현 : 하나의 단어나 문장이 두 가지 이상의 의미로 해석될 수 있는 표현

수식 범위에 따른 중의성	예 아름다운 그의 동생 → '아름다운'이 '그'를 수식하는지 '동생'을 수식하는지 불분명해. → 아름다운 그의, 동생 / 그의 아름다운 동생 / 아름다운, 그의 동생
비교 대상의 중의성	예 남편은 나보다 영화를 더 좋아한다. → 비교 대상이 '나'와 '영화'인지, '남편'과 '나'인지 불분명해. → 남편은 나를 좋아하는 것보다 영화를 더 좋아한다. / 남편은 내가 영화를 좋아하는 것보다 더 많이 영화를 좋아한다.
접속 조사에 따른 중의성	예 사과와 귤 두 개 → 무엇이 '두 개'인지 불분명해. → 사과와 귤 각각 두 개씩 / 사과와 귤을 합해서 두 개
조사 '의'에 의한 중의성	예 어머니의 사진 → 어머니가 찍힌 사진 / 어머니가 찍은 사진 / 어머니가 소유한 사진
부정 범위에 따른 중의성	예 나는 빵 안 먹었다. → 나는 빵이 아니라 밥을 먹었다. / 나 말고 다른 사람이 빵을 먹었다. / 나는 빵을 먹지 않고 만들었다.

(3) 불필요한 추측 표현 : 감정, 평가와 관련된 말은 추측 표현을 사용하지 않음
예 영화가 재미있는 것 같습니다. → 영화가 재미있습니다.

| 01~04 | 다음 문장 표현이 명확하고 올바르면 ○표, 그렇지 않으면 X표를 하시오.

01 나는 지금 몹시 배가 고픈 것 같다. (　　　)

02 너희는 여기서 반드시 나가야 한다. (　　　)

03 하루 종일 비와 바람이 세차게 불었다. (　　　)

04 영희는 나를 좋아하는 것보다 독서를 더 좋아한다.
(　　　)

| 05~08 | 다음은 중의적으로 해석될 수 있는 문장들이다. 명확한 의미가 드러나도록 고쳐 쓰시오.

05 아버지의 그림이 전시장에 걸려 있다.

_____

06 키가 큰 영수의 동생은 농구를 정말 잘한다.

_____

07 멋진 슈퍼맨의 자동차가 거리를 질주하고 있다.

_____

08 슈퍼마켓에서 참외와 자두 두 개를 사서 집으로 왔다.

_____

| 09~11 | 다음 밑줄 친 부분들을 고려하여 빈칸에 들어갈 알맞은 말을 〈보기〉에서 골라 쓰시오.

〈보기〉

만약　　마치　　비록

09 (　　　　　　) 건강하지는 <u>않았지만</u> 오랫동안 기다렸던 아들을 드디어 만날 수 있게 되어 정말 기뻤다.

10 (　　　　　　) 대열에서 뒤떨어지게 <u>되면</u> 헤매지 말고 구조대를 기다려야 한다.

11 반장은 (　　　　　　) 자기가 담임 선생님인 <u>듯이</u> 아이들에게 이래라저래라 했다.

12 〈보기〉의 ㉠~㉤ 중, 어색한 부분은?

〈보기〉

문화 탐사반에서 ㉠<u>활동하기</u> ㉡<u>위해서는</u> ㉢<u>결코</u> ㉣<u>성실해야</u> ㉤<u>합니다.</u>

① ㉠　　② ㉡　　③ ㉢　　④ ㉣　　⑤ ㉤

13 밑줄 친 부분의 관계를 고려하였을 때, 바르게 쓰인 문장은?

① 설마 네가 이 밥을 다 <u>먹었다</u>.

② <u>혹시</u> 아직도 널 <u>기다리고 있었어</u>.

③ <u>앞으로</u> 나는 공부를 열심히 <u>해야겠어</u>.

④ 내가 만난 사람은 <u>결코</u> <u>평범한 사람이었다</u>.

⑤ <u>왜냐하면</u> 친구의 소중함을 느낄 수 있는 <u>기회이다</u>.

수행평가형

| 14~15 | 〈보기〉를 읽고 물음에 답하시오.

〈 보기 〉
ㄱ. 나는 너보다 영수를 더 좋아해.
ㄴ. 나는 아름다운 하늘을 좋아한다.
ㄷ. 아름다운 고향의 산천을 생각한다.
ㄹ. 철수는 아름다운 강산을 잊을 수가 없었다.

14 〈보기〉에서 뜻이 다양하게 해석되는 문장을 모두 찾아 그 기호를 쓰시오.

_____

15 위에서 고른 문장 중 하나를 선택하여 하나의 의미만 명확히 드러나도록 바르게 고쳐 쓰시오.

_____

16 다음 중 어법에 맞고 자연스러운 문장은?

① 이번 시험은 여간 어렵지 않았다.

② 그때 저는 어쩔 수 없었던 것 같아요.

③ 내가 초대한 친구들이 다 오지 않았다.

④ 사람들이 즐겁게 노래와 춤을 추고 있다.

⑤ 그 사람은 이제 막 갓 대학에 입학한 학생이다.

수능형

17 다음은 학생의 자기주도학습 노트이다. 〈과제 수행〉에 들어갈 수 있는 내용으로 적절하지 <u>않은</u> 것은?

〈오늘 배운 내용〉
• 다음의 경우 잘못된 문장이 된다.
 - 문장 성분 간의 호응이 이루어지지 않은 경우
 - 반드시 필요한 문장 성분이 생략된 경우
 - 문장이 중의적으로 해석되는 경우

〈과제〉
• 다음 문장이 올바르지 못한 이유를 생각해 보고 문장들을 올바른 문장으로 고쳐 보세요.

 ㄱ. 철수는 노래하는 것을 전혀 싫어한다.
 ㄴ. 이곳의 풍부한 일조량은 키우기에 적합하다.
 ㄷ. 만약 민수가 아파서 너는 그를 돌봐줘야 한다.
 ㄹ. 인간은 운명을 개척하기도 하고 순응하기도 한다.
 ㅁ. (아버지가 용감한 경우) 용감한 영호의 아버지는 위기에 처한 사람을 구했다.

〈과제 수행〉
[   ]

① ㄱ의 '전혀'는 서술어와 호응하지 않으므로 '전혀'를 '매우'로 바꿔야 한다.

② ㄴ에는 반드시 필요한 목적어가 생략되어 있으므로 '키우기에'의 대상이 될 수 있는 '농작물을'과 같은 말을 넣어야 한다.

③ ㄷ의 '아파서'는 '만약'과 호응하지 않으므로 '아프니'로 바꿔야 한다.

④ ㄹ에는 반드시 필요한 문장 성분이 생략되어 있으므로 '순응하기도' 앞에 '운명에'를 추가해야 한다.

⑤ ㅁ은 수식 관계가 불분명하여 중의적으로 해석되므로 '용감한'을 '아버지는'의 앞으로 옮겨야 한다.

암기 톡톡

• **문장 성분의 호응**
문장의 의미가 명확해지도록 문장 안에서 앞에 어떤 말이 오면 그에 호응하는 말이 따라와야 함

• **중의적 표현**
하나의 단어나 문장이 두 가지 이상의 의미로 해석될 수 있는 표현 → 의미가 명확히 드러나도록 표현해야 함

01 〈보기〉의 선생님의 질문에 대한 답으로 적절한 것은? (정답 2개)

〈 보기 〉

선생님 : 문장 성분에는 주성분과 부속 성분이 있어요. 주성분은 문장을 이루는 데 꼭 필요한 성분을 말합니다. 다음 문장의 ㉠~㉤ 중 주성분은 무엇일까요?

어떤 사람이 문밖으로 살짝 나왔다.
  ㉠   ㉡   ㉢   ㉣   ㉤

① ㉠   ② ㉡   ③ ㉢   ④ ㉣   ⑤ ㉤

| 중3 학업성취도평가 |

02 〈자료〉의 ㉠~㉤ 중 ⓐ에 해당하는 것은?

〈 자료 〉

막내가 중학생이 되자, 삼촌도 무척이나 즐거워하셨다.
  ㉠   ㉡   ㉢   ㉣   ㉤

이 문장에서 문장을 이루는 데 꼭 필요한 성분을 고르세요.

그중에 특별한 의미만을 더하는 조사와 결합되어 있는 문장 성분을 고르세요. ⇨ ⓐ

⇩

그중에 '누가', '무엇이'에 해당하는 문장 성분을 고르세요. ⇨

그중에 동작이나 상태의 주체 역할을 하는 문장 성분을 고르세요.

① ㉠   ② ㉡   ③ ㉢   ④ ㉣   ⑤ ㉤

03 밑줄 친 단어 중 〈보기〉의 ㉠의 예로 적절하지 않은 것은?

〈 보기 〉

주어는 대개 체언에 주격 조사가 붙어 나타나지만 ㉠주격 조사 생략 후 보조사만 붙을 수도 있다. 예를 들어 '철수가 학생이다.'와 달리 '철수는 학생이다.'는 '는'이라는 보조사가 붙어 주어를 이루고 있다.

① 성주도 광주에 가기로 했다.
② 그의 아내마저 그를 외면했다.
③ 동생만 아무 말도 하지 않았다.
④ 그는 달리기가 매우 빠른 편이다.
⑤ 할머니께서 오랜만에 집에 오셨다.

04 다음 〈자료〉를 참고하여 〈보기〉의 서술어가 몇 자리 서술어인지 쓰시오.

〈 자료 〉

문장에서 서술어는 그 성격에 따라 필요로 하는 문장 성분들의 개수가 다른데, 이를 서술어의 자릿수라고 한다. 주어 하나만을 필요로 하는 서술어를 한 자리 서술어라고 한다. 어떤 서술어는 주어 이외에 목적이나 보어, 또는 부사어 중 하나를 반드시 요구하기도 하는데, 이를 두 자리 서술어라고 한다. 그리고 어떤 서술어는 문장 성분을 세 개 요구하기도 하는데, 이를 세 자리 서술어라고 한다.

〈 보기 〉

그는 교직을 평생의 직업으로 삼았다.

05 〈보기〉를 통해 문장 성분을 탐구한 내용으로 적절하지 않은 것은?

〈 보기 〉

ㄱ. 아이가 큰 침대에서 귀엽게 잔다.
ㄴ. 직원들이 식당에서 저녁을 먹는다.
ㄷ. 그 아이는 예쁘게 생겼다.
ㄹ. 자연스러운 것이 아름답다.
ㅁ. 우리도 언제 시작될지 모른다.

① ㄱ은 여러 문장 성분으로 이루어져 있지만 꼭 필요한 것은 주어와 서술어뿐이야.
② ㄴ에서 필수적인 문장 성분은 네 개야.
③ ㄷ을 보면 부사어도 필수적인 문장 성분이 될 수 있어.
④ 관형어는 일반적으로 생략될 수 있지만 ㄹ처럼 필수적인 경우도 있어.
⑤ ㅁ에는 필수적인 문장 성분이 빠졌으니 서술어 '시작되다'의 주어를 보충해야 해.

06 밑줄 친 단어 중 〈보기〉의 문장 성분이 <u>아닌</u> 것은?

〈 보기 〉
- 관형어 : 체언 앞에서 체언의 뜻을 꾸미는 구실을 하는 문장 성분

① 어젯밤에 <u>꽤</u> 많은 비가 내렸다.
② 대청소를 하며 <u>헌</u> 옷을 내다 버렸다.
③ 온 가족이 함께 <u>즐거운</u> 시간을 보냈다.
④ 너의 <u>모든</u> 소망이 이루어지기를 바란다.
⑤ 수연이는 <u>소중한</u> 추억이 깃든 일기장을 찾았다.

07 〈보기〉의 예로 적절하지 <u>않은</u> 것은?

〈 보기 〉
관형어는 체언을 수식하는 문장 성분이다. 관형어가 체언을 수식하는 방법에는 다음과 같이 여러 가지가 있다.

- 관형사가 그대로 관형어가 되는 경우
- 체언에 관형격 조사 '의'가 결합되는 경우
- '의'가 생략되어 '체언+체언'의 구성으로 된 경우
- 용언 어간에 관형사형 어미가 결합되는 경우

① 그는 <u>새</u> 집을 지었다.
② 그녀는 <u>겨우</u> 목적지에 도착했다.
③ 엄마는 <u>한적한</u> 시골 풍경을 좋아한다.
④ 이곳은 <u>아버지께서</u> 다니던 중학교이다.
⑤ 대통령께서는 <u>국민의</u> 단결을 호소하셨다.

08 〈보기〉를 통해 '부사어'의 특징을 학습한 내용으로 적절하지 <u>않은</u> 것은?

〈 보기 〉
보름달은 ㉠<u>아주</u> 아름답다. 보름달은 친한 ㉡<u>친구처럼</u> 다정하다. ㉢<u>대체</u> 누가 보름달을 만들었을까. 밝은 보름달이 ㉣<u>점점</u> 다가온다. 보름달을 ㉤<u>친구에게</u> ㉥<u>반드시</u> 보여 주고 싶다.

① ㉠과 ㉣을 비교해 보니 부사어는 형용사를 수식하기도 하고 동사를 수식하기도 하는군.
② ㉡과 ㉣을 보니, 부사어는 그 문장 내에서 문장 끝만 제외하면 어느 곳으로 옮겨도 자연스럽군.
③ ㉢과 ㉤을 비교해 보니 부사어 중에는 생략될 수 있는 것도 있고, 없는 것도 있군.
④ ㉢과 ㉥을 비교해 보니 부사어는 문장 전체를 수식하기도 하고 특정한 문장 성분을 수식하기도 하는군.
⑤ ㉤과 ㉥을 보니, 문장 안에서 부사어가 연달아 쓰이기도 하는군.

09 〈보기〉의 밑줄 친 부분과 짜임이 같은 문장은?

〈 보기 〉
문장은 주어와 서술어를 기본 골격으로 하는데, 주어와 서술어의 관계가 몇 번 나타나느냐에 따라 홑문장과 겹문장으로 나뉜다. <u>주어와 서술어의 관계가 한 번 나타나는 문장은 홑문장</u>, 두 번 이상 나타나는 문장은 겹문장이라고 한다.

① 지호는 입이 정말 크다.
② 그는 집에서 늘 구두를 신고 있다.
③ 나는 현수가 최선을 다했음을 알았다.
④ 기준은 나에게 "네가 좋아."라고 말했다.
⑤ 기영은 모두가 그의 말을 듣도록 큰 소리로 말했다.

_{수능형}
10 〈보기〉를 참고할 때, 〈자료〉의 겹문장에 사용된 연결 어미의 성격이 같은 것끼리 묶인 것은?

〈 보기 〉
연결 어미는 두 개의 문장을 이어 주는 기능을 한다. 연결 어미는 두 문장을 대등적으로 이어 주는 대등적 연결 어미, 앞의 문장을 뒤의 문장에 종속시키는 종속적 연결 어미, 본용언에 보조 용언을 이어 주는 보조적 연결 어미로 나뉜다.

〈 자료 〉
㉠ 내가 떠나면 문을 잠가라.
㉡ 인생은 짧고 예술은 길다.
㉢ 동생을 찾으러 공원에 갈까?
㉣ 눈이 오거나 비가 오거나 한다.

① ㉠ / ㉡, ㉢, ㉣
② ㉡ / ㉠, ㉢, ㉣
③ ㉢ / ㉠, ㉡, ㉣
④ ㉠, ㉡ / ㉢, ㉣
⑤ ㉠, ㉢ / ㉡, ㉣

11 〈보기〉의 빈칸에 들어갈 문장으로 알맞지 <u>않은</u> 것은?

〈 보기 〉

안은문장은 전체 문장 속에 다시 주어와 서술어가 있는 절이 안겨 있는 문장을 의미한다.

- 명사절을 안은 문장
  예 나는 네가 다시 일어서기를 바란다.
  　　　　　명사절
- 부사절을 안은 문장
  예 ▢

① 꽃잎이 소리도 없이 흩날린다.
② 그는 아무도 모르게 떠났구나.
③ 태양이 눈이 부시게 반짝였다.
④ 나는 아침 해가 뜨기를 기다렸다.
⑤ 영수의 방은 먼지도 없이 깨끗하네.

12 ㉮, ㉯의 문장을 다음과 같이 분석한다고 할 때, 이에 대한 설명으로 적절하지 <u>않은</u> 것은?

〈 보기 〉

㉮ 성아는 키가 크다.

㉯ 선생님은 내일 날씨가 좋으면 견학을 간다고 말씀하셨다.

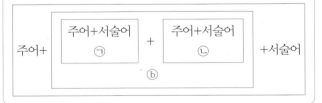

① ㉮에는 주어와 서술어의 관계가 두 번, ㉯에는 세 번 나타나 있다.
② ㉮의 안긴문장 ⓐ는 전체 문장의 서술어이다.
③ ㉮의 ⓐ에서는 안긴문장을 만드는 어미가 쓰이지 않았다.
④ ㉯의 ㉡에서는 주어가 생략되어 있다.
⑤ ㉯의 ㉠과 ㉡은 대등한 관계로 이어져 있다.

13 〈보기〉의 두 문장을 비교한 내용으로 적절한 것은?

〈 보기 〉

㉠ 우리는 구름이 낀 하늘을 보았다.
㉡ 할아버지께서 우리에게 세뱃돈을 주시던 때가 아직도 기억난다.

① ㉠과 ㉡에는 모두 관형절이 안겨 있다.
② ㉠과 ㉡ 모두 안긴문장 속에 부사어가 있다.
③ ㉠과 ㉡에는 모두 세 자리 서술어가 사용되었다.
④ ㉠에는 목적어가 없지만 ㉡에는 목적어가 들어 있다.
⑤ ㉠과 달리 ㉡의 안긴문장 속에는 보어가 사용되었다.

14 〈보기〉의 중의적 표현이 지닌 의미로 보기 어려운 것은?

〈 보기 〉

희수는 어제 걸어서 운동장에 가지 않았다.

① 희수가 어제 걸어서 간 곳은 운동장이 아니라 다른 곳이다.
② 희수는 어제 운동장에 걸어서 가지 않고 다른 방법으로 갔다.
③ 어제 걸어서 운동장에 간 사람은 희수가 아니라 다른 사람이다.
④ 희수는 어제 운동장에 갈 때가 아니라 집에 돌아올 때 걸어서 왔다.
⑤ 희수가 걸어서 운동장에 간 것은 어제가 아닌 다른 날 있었던 일이다.

수행평가형
15 문장 성분의 호응을 고려하여 다음 문장을 바르게 고쳐 쓰시오.

〈 보기 〉

제가 특히 내세울 만한 점은 친구를 잘 돕습니다.

| 16~17 | 다음 글을 읽고 물음에 답하시오.

올바른 문장이란 문장 성분이 잘 갖추어진 문장이다. 문장 성분이란 문장 안에서 일정한 문법적 기능을 하는 각 부분들을 일컫는다. 문장 성분은 문장을 이루는 데 골격이 되는 주성분, 주로 주성분의 내용을 수식하는 부속 성분, 다른 문장 성분과는 직접적인 관련이 없는 독립 성분으로 나뉜다.

주성분에는 주어, 서술어, 목적어, 보어가 있다. 주어는 문장에서 동작의 주체, 혹은 상태나 성질의 주체를 나타내는 성분이다. 서술어는 주어의 동작, 상태, 성질 따위를 풀이하는 기능을 하는 성분이다. 목적어는 서술어의 동작 대상이 되는 성분이고, 보어는 '되다, 아니다'와 같은 서술어가 필요로 하는 문장 성분 중에서 주어를 제외한 성분이다. 부속 성분에는 관형어와 부사어가 있다. 관형어는 주로 체언*을 수식하고, 부사어는 주로 용언*을 수식하는 성분이다. 독립 성분에 해당하는 독립어는 문장의 어느 성분과도 직접적인 관련이 없는 성분이다.

[A]
┌─ 이러한 문장 성분들이 제대로 갖추어지지 않아서 문장이 올바르지 않은 경우는 주로 다음과 같다. 첫째, 문장 성분 간의 호응이 이루어지지 않은 경우이다. 여기에는 주어와 서술어의 호응, 목적어와 서술어의 호응, 부사어와 서술어의 호응이 이루어지지 않은 경우 등이 있다. 가령 "내가 가장 원하는 것은 자전거를 가지고 싶다."는 주어 '내가 가장 원하는 것은'과 서술어 '가지고 싶다'가 어울리지 않아 잘못된 문장이다. "지수는 시간이 나면 음악과 책을 듣는다."는 목적어 '책을'과 서술어 '듣는다'가 어울리지 않아서, "다들 시험 치느라 여간 힘들다."는 부사어 '여간'과 서술어 '힘들다'가 어울리지 않아서 잘못된 문장이다. 둘째, 반드시 필요로 하는 문장 성분이 생략된 경우이다. 여기에는 문장 안에서 목적어나 부사어가 반드시 필요함에도 불구하고 생략된 경우 등이 있다. 예컨대 "나도 읽었다."는 서술어 '읽었다'가 반드시 필요로 하는 목적어가 생략되어서, "아이가 편지를 넣었다."는 서술어 '넣었다'가 반드시 필요로 하는 부└─ 사어가 생략되어서 잘못된 문장이다.

*체언 : 문장에서 주로 주어, 목적어, 보어가 되는 자리에 오는 단어들.
*용언 : 문장의 주어를 서술하는 기능을 가진 단어들.

16 윗글을 바탕으로 다음 문장을 분석한 내용으로 적절한 것은?

> 야호! 우리가 드디어 힘든 관문을 통과했어.

	주성분	부속 성분	독립 성분
①	우리가, 통과했어	힘든, 관문을	야호, 드디어
②	우리가, 힘든, 관문을	통과했어	야호, 드디어
③	우리가, 드디어, 통과했어	힘든, 관문을	야호
④	우리가, 관문을, 통과했어	드디어, 힘든	야호
⑤	관문을, 통과했어	우리가, 힘든	야호, 드디어

17 다음은 [A]에 대한 학습 활동지 중 일부이다. 작성한 내용으로 적절하지 않은 것은?

┌──────────────────────────────────┐
학습 활동 : 올바른 문장 표현 익히기

• 잘못된 문장
㉠ 그는 친구에게 보냈다.
㉡ 이번 일은 결코 성공해야 한다.
㉢ 그의 뛰어난 점은 필기를 잘한다.
㉣ 할아버지께서 입학 선물을 주셨다.
㉤ 사람들은 즐겁게 춤과 노래를 부르고 있다.

• 잘못된 이유
㉠ 서술어가 반드시 필요로 하는 목적어가 생략됐어. ①
㉡ 부사어와 서술어가 어울리지 않아. ②
㉢ 주어와 서술어가 어울리지 않아. ③
㉣ 서술어가 반드시 필요로 하는 부사어가 생략됐어.
㉤ 목적어와 서술어가 어울리지 않아.

• 고쳐 쓴 문장
㉠ 그는 친구에게 답장을 보냈다.
㉡ 이번 일은 반드시 성공해야 한다.
㉢ 그의 뛰어난 점은 필기를 잘한다는 것이다.
㉣ 할아버지께서 어제 입학 선물을 주셨다. ④
㉤ 사람들은 즐겁게 춤을 추고 노래를 부르고 있다. ⑤
└──────────────────────────────────┘

(1) 종결 표현

개념 쏙쏙! 내신 쑥쑥!

종결 표현

(1) 문장의 종결 표현 : 문장을 끝맺는 표현으로 서술어의 종결 어미를 통해 실현됨
　→ 문장의 종결 표현을 통해 문장의 의미뿐 아니라 화자의 심리나 태도를 나타낼 수도 있어.

(2) 평서문 : 말하는 이가 듣는 이에게 특별한 요구 없이 하고 싶은 말을 단순하게 나타냄
　예) 철수가 잔다.
　　선생님께서 학교에 가십니다.

(3) 의문문 : 말하는 이가 듣는 이에게 질문하여 대답을 요구함

설명 의문문	'누구, 왜, 어찌' 등과 같은 의문사가 포함되어 그에 대한 설명을 요구함 예) 그는 누구와 밥을 먹었니? 　→ 듣는 이에게 '누구'에 대한 설명을 요구하고 있어.
판정 의문문	종결 표현 앞의 의문 내용에 대한 듣는 이의 '예' 또는 '아니요'의 대답을 요구함 예) 너는 철수와 축구를 했니? 　→ 듣는 이에게 '예' 또는 '아니요'의 대답을 요구하고 있어.
수사 의문문 (반어 의문문)	청자의 대답을 요구하지 않는 의문문. 수사적인 표현 효과를 드러냄 예) 내가 그것도 못 하겠니? 　→ 긍정의 의미를 강조하는 반어적 의문문이야. 여기는 얼마나 아름다우냐? 　→ 의문문 형식이지만 실제로는 감탄의 뜻을 나타내고 있어. 계속 놀기만 하고 숙제는 안 할래? 　→ 의문문 형식이지만 실제로는 명령의 뜻을 나타내고 있어.

(4) 명령문 : 말하는 이가 듣는 이에게 어떤 행동을 하도록 요구함. '-(아)라/-(어)라', '-아/-어' 등의 종결 어미를 통해 실현됨
　예) 오늘부터 매일 운동을 해라.
　　날이 추우니 창문을 닫아.

(5) 청유문 : 말하는 이가 듣는 이에게 어떤 행동을 함께 하자고 요청함. '-자, -세, -(으)ㅂ시다' 등의 종결 어미를 통해 실현됨
　예) 같이 공원에 가자.
　　내일 함께 영화를 보러 가세.
　　이번 주 일요일에는 함께 산에 갑시다.

(6) 감탄문 : 말하는 이가 듣는 이를 거의 의식하지 않거나 독백조로 자기의 느낌을 표현함
　예) 오늘은 날씨가 정말 춥구나!

(7) 직접 발화와 간접 발화
　① **직접 발화** : 문장의 형식과 의도가 일치하는 표현
　　예) (우는 아이에게) 그만 울어라.
　　　→ 명령(의도)이 목적인 명령문(형식)
　② **간접 발화** : 문장의 형식과 의도가 일치하지 않는 표현
　　예) (우는 아이에게) 아직도 울고 있니?
　　　→ 그만 울라는 명령(의도)이 목적인 의문문(형식)

| 01~05 | 다음 문장의 종류를 〈보기〉에서 찾아 쓰시오.

〈 보기 〉
평서문　　의문문　　명령문　　청유문　　감탄문

01 저 분이 국어 선생님이셔. 　　　　(　　　)
02 아기가 참 예쁘게 생겼네! 　　　　(　　　)
03 모두 빨리 밖으로 나가십시오. 　　　(　　　)
04 내 소원은 왜 이루어지지 않을까? 　(　　　)
05 우리 함께 보다 나은 세상을 만들어 가자. (　　)

| 06~09 | 〈보기〉의 ㉠~㉣에 대한 설명이 맞으면 〇표, 틀리면 X표를 하시오.

〈 보기 〉
㉠ 대한민국의 수도는 서울이다.
㉡ 모두들 밥 먹으러 오세요.
㉢ 저 하늘엔 별이 반짝이고 있구나!
㉣ 우리 모두 큰 소리로 외쳐 봅시다.

06 ㉠은 말하는 이가 듣는 이에게 사실을 전달하는 문장이다.
　　　　　　　　　　　　　　　　(　　　)

07 ㉡은 말하는 이가 듣는 이에게 어떤 행동을 하도록 요청하는 평서문이다. 　　　　　　　　(　　　)

08 ㉢은 말하는 이가 듣는 이를 의식하지 않거나 독백 상태에서 자기 느낌을 표현하는 감탄문이다. (　　　)

09 ㉣은 '-ㅂ시다'라는 종결 어미를 사용한 청유문으로, 문장의 형식과 표현 의도가 일치한다. 　(　　　)

10 다음 중 듣는 이의 대답을 요구하지 **않는** 의문문은?
① (책상 위의 사과를 보며) 누가 사과를 가져왔니?
② (하영이 생일을 앞두고 진희에게) 하영이 생일 선물로 뭐가 좋을까?
③ (어제 학교에서 축구를 한 윤기에게) 어제 진호도 학교에서 축구했니?
④ (지난주에 몸이 아파서 결석한 친구에게) 지난주에 왜 학교에 나오지 않았니?
⑤ (오랜만에 철수네 집에 온 철수 삼촌이) 내가 설마 철수한테 책 한 권 못 사 줄까?

| 11~13 | 〈보기〉를 참고하여 제시된 문장의 종류와 표현 의도를 쓰시오.

〈 보기 〉

"내가 설마 그 일도 못 하겠니?"

문장의 종류	의문문
의도	'그 일'을 할 수 있다는 긍정을 강조함

11 (식사 중에 엄마가 아들에게) "음식은 천천히 먹어야 소화가 잘 되겠지?"

문장의 종류	
의도	

12 (밤늦게까지 밖에서 같이 놀던 친구에게) "밤이 너무 늦었다."

문장의 종류	
의도	

13 (사람이 많은 전철에서) "좀 내립시다."

문장의 종류	
의도	

14 다음 중 문장의 형식과 의도가 일치하는 말은?

① (지각한 학생에게) "지금 몇 시니?"

② (책을 잃어버린 동생에게) "어디서 잃어버렸어?"

③ (금연 구역에서 흡연하는 사람에게) "표지판이 안 보이시나요?"

④ (여행을 가자고 하는 친구에게) "너 내 마음을 어떻게 알았니?"

⑤ (극장에서 의자를 발로 차는 뒷사람에게) "조심 좀 해주시겠어요?"

15 밑줄 친 말이 듣는 이에게 요청하는 내용이 <u>아닌</u> 것은?

①
┌ A : 저기요. <u>좀 내립시다.</u>
└ B : 아, 예. 저도 여기서 내려요.

②
┌ A : <u>어디 보자. 내가 사탕을 다 먹었나?</u>
└ B : 거기서 뭐 찾아요?

③
┌ A : 약을 바른 곳은 어떤가? <u>한번 보세.</u>
└ B : 많이 좋아졌습니다.

④
┌ A : 저, <u>모자를 벗어 주실 수 있을까요?</u>
└ B : 아, 제가 방해가 되었네요. 죄송합니다.

⑤
┌ A : <u>우리 조금만 더 기다릴래요?</u>
└ B : 좋아요. 10분만이에요.

16 다음 밑줄 친 말이 〈보기〉의 ㉠에 가장 가까운 것은?

〈 보기 〉

청유문은 말하는 이가 듣는 이에게 같이 행동할 것을 요청하는 문장이다. 즉, 청유문은 청유형 어미 '-자', '-(으)ㅂ시다' 등이 붙는 서술어의 행동을 대화 참여자가 공동으로 하도록 유발하는 것이다. 그러나 간혹 듣는 이만 행하게 되는 행동이나 ㉠말하는 이만 행하려는 행동을 나타내는 경우에도 청유형의 어미를 쓰기도 한다.

① (형이 떠드는 동생들에게) 조용히 좀 하자.

② (할머니가 손주에게 약을 먹이며) 자, 약 먹자.

③ (힘없어 보이는 친구에게) 오늘 야구나 보러 가자.

④ (회의가 길어질 때) 이 문제는 나중에 다시 논의합시다.

⑤ (식사를 먼저 마친 친구들이 자꾸 말을 걸 때) 밥 좀 먹자.

17 다음 중 〈보기〉의 ㉠, ㉡이 모두 사용된 것은?

〈 보기 〉

의문문이란 문장의 종결 표현 가운데 하나로, 말하는 사람이 듣는 사람에게 질문에 대한 대답을 요구하면서 내용을 전달하는 문장이다. 의문문은 다양한 유형으로 나누어지는데, 구체적인 설명을 요구하는 의문문을 ㉠설명 의문문이라 하고, 단순히 긍정이나 부정의 대답을 요구하는 의문문을 판정 의문문이라 한다. 또한 굳이 대답을 요구하지 않으면서 서술이나 명령, 감탄의 효과를 나타내는 의문문이 있는데 이를 ㉡수사 의문문이라 한다.

① 저녁 먹었어? 아니면 나랑 같이 먹을까?

② 저 동물 이름이 뭐야? 정말 멋지지 않니?

③ 저 자동차 이름이 뭐니? 우리나라 차 맞아?

④ 여기 정말 좋지 않니? 다음에 지우랑 또 올까?

⑤ 너 아직도 정신 못 차렸구나? 이제 정말 열심히 해야 되지 않겠니?

• 문장의 종결 표현
① 평서문 ② 의문문 ③ 명령문 ④ 청유문 ⑤ 감탄문

• 직접 발화와 간접 발화
형식과 의도가 일치하면 직접 발화, 일치하지 않으면 간접 발화 → 의문문 형식으로 '명령'의 내용을 전달할 수도 있음

(2) 높임 표현

개념 065 높임 표현

(1) **주체 높임** : 문장의 주어(서술어의 주체)를 높이는 방법

- 주격 조사 '께서', 서술어에 선어말 어미 '-(으)시-'를 붙임
  예 아버지께서 신문을 보신다.
- 높임을 나타내는 특수한 어휘 사용 : 진지, 댁, 연세/춘추, 약주, 성함/존함, 이·그·저분, 계시다, 편찮으시다, 주무시다, 돌아가시다, 잡수시다(드시다) 등
- 주체 높임법의 종류

직접 높임	문장의 주어를 직접 높임 예 어머니께서 시장에 가신다.
간접 높임	높여야 할 대상과 관련된 말('신체, 소유물, 생각, 시간' 등)을 높여 주어를 간접적으로 높임. '-(으)시-'를 사용 예 선생님은 고양이가 있으시다. → '계시다'를 쓰면 안 돼.

(2) **객체 높임** : 문장의 목적어나 부사어가 지시하는 대상, 즉 서술어의 객체를 높이는 방법

- 부사격 조사 '에게' 대신 '께'를 사용함
- 특수 어휘 '모시다, 드리다, 뵙다(뵈다), 여쭙다' 등을 사용. 주체 높임과 구별됨

  예 나는 아버지께 선물을 드렸다.
  → 부사어 '아버지'를 높이는 표현이야.
  이모는 할머니를 모시고 서울로 가셨다.
  → '모시고'는 목적어 '할머니'를 높이는 객체 높임이고, '가셨다(가시었다)'는 주어 '이모'를 높이는 주체 높임이야.

(3) **상대 높임** : 말하는 이가 듣는 이를 높이거나 낮추어 말하는 방법

- 종결 어미(문장의 맨 끝에서 문장을 끝맺는 어미)나 보조사 '요'를 사용함
  → 문장 맨 끝에 붙는 종결 어미를 통해 듣는 이를 높이거나 낮춘다는 의미야.

격식체				비격식체	
하십시오체 (아주높임)	하오체 (예사높임)	하게체 (예사낮춤)	해라체 (아주낮춤)	해요체 (두루높임)	해체 (두루낮춤)
가십시오	가(시)오	가게	가라	가(세)요	가

| 01~04 | 다음 문장에 주체 높임이 나타나 있으면 '주', 객체 높임이 나타나 있으면 '객', 둘 다 나타나 있으면 '주객'을 쓰시오.

01 어머니께서는 발이 작으시다.　　　　(　　　)

02 네가 선생님께 직접 여쭈어봐.　　　　(　　　)

03 저는 할머니를 모시고 갈게요.　　　　(　　　)

04 형님께서 요즘에 고민이 많으시다.　　　(　　　)

| 05~08 | 높임 표현을 고려하여 밑줄 친 부분을 바르게 고쳐 쓰시오.

05 그 문제는 선생님께 물어보자.

_____

06 주례 선생님의 말씀이 계시겠습니다.

_____

07 선생님께서는 주말에 시간이 안 계신대요.

_____

08 제가 할머니를 모시고 공원에 다녀오실게요.

_____

09 〈보기〉의 ㉠~㉤의 높임 표현에 대한 설명으로 적절하지 않은 것은?

〈 보기 〉

선생님 : (학급 학생들에게) 자, ㉠과제물 내세요.
학생 1 : 죄송해요, 선생님. 깜빡 잊고 안 가져왔어요.
선생님 : 아, ㉡그러셨어요?
학생 1 : ㉢내일 선생님께 주면 안 될까요?
선생님 : 그래. ㉣내일은 꼭 갖고 와.
학생 1 : ㉤감사합니다. 선생님. 사랑해요.

① ㉠ : 다수의 학생들에게 하는 말이므로 듣는 이를 높이는 표현을 쓰고 있다.

② ㉡ : '-시-'가 사용되었지만 주체를 정중하게 높이는 표현은 아니다.

③ ㉢ : 객체인 '선생님'을 높이기 위해서는 '주면'을 '드리시면'으로 바꿔야 한다.

④ ㉣ : 듣는 이가 아랫사람이므로 상대를 아주 낮추는 상대 높임을 사용하고 있다.

⑤ ㉤ : '감사해요'보다 더 공손한 태도를 드러내는 상대 높임을 사용하고 있다.

10 〈자료〉의 높임법을 참고하여 〈보기〉의 문장을 바르게 이해한 것은?

─────────────────〈 자료 〉

- 주체 높임 : 행위의 주체를 높이는 방법이다. 주격 조사로 '-께서'를 붙이고, 서술어에 선어말 어미 '-시-'를 붙인다.
- 객체 높임 : 행위가 미치는 대상을 높이는 방법이다. 대상은 목적어나 부사어로 나타난다. 부사격 조사 '께'나 '드리다, 모시다, 여쭙다' 등 몇 개의 동사에 의해 제한적으로 실현된다.
- 상대 높임 : 말을 듣는 사람을 높이는 방법이다. 서술어의 형태에 따라 높임의 등급이 여럿으로 나누어진다.

─────────────────〈 보기 〉

ㄱ. 아버지께서 삼촌을 집에 오라고 하셨어.

ㄴ. 아버지께서 어제 할아버지를 뵙고 오셨다.

ㄷ. 오늘은 날씨가 좋으니 외출을 마음껏 하십시오.

① ㄱ은 '아버지'와 '삼촌'을 모두 높이고 있다.

② ㄱ의 '하셨어'에 포함된 '-시-'는 '삼촌'을 높인다.

③ ㄴ은 주체 높임과 객체 높임을 모두 실현하고 있다.

④ ㄴ의 '아버지'는 객체이고 '할아버지'는 주체이다.

⑤ ㄷ에서 '좋으니'의 형태를 바꾸면 말을 듣는 이를 달리 높일 수 있다.

11 〈보기〉는 높임 표현에 대한 설명이다. ㉠과 ㉡이 함께 사용된 예문으로 가장 적절한 것은?

─────────────────〈 보기 〉

높임 표현은 말하는 이가 어떤 대상에 대하여 자신의 높고 낮은 정도에 따라 언어적으로 다르게 표현하는 방식을 말한다. 높임 표현은 그 대상이 누구냐에 따라 문장의 주체를 높이는 ㉠주체 높임법, 서술의 객체를 높이는 ㉡객체 높임법, 화자가 청자에 대하여 높이거나 낮추어 말하는 상대 높임법이 있다.

① 종수가 기철에게 다가왔다.

② 어머니는 형 걱정이 많으시다.

③ 아버지께서 할머니를 모시고 오신다.

④ 영이가 아저씨께 빵을 선물로 드렸다.

⑤ 할아버지께서는 운동을 좋아한다고 하십니다.

12 〈보기〉의 대화에 나타난 높임 표현을 탐구한 내용으로 적절하지 **않은** 것은?

─────────────────〈 보기 〉

삼촌 : 기철아, 아빠 어디 가셨니? .... ⓐ

기철 : 아버지께서 할머니를 모시고 병원 가셨어요. .... ⓑ

삼촌 : 형수님, 어머니 어디 편찮으십니까? .... ⓒ

기철 모 : 어머님께서 몸살 기운이 있으시대요. .... ⓓ

① ⓐ의 '가셨니?'는 청자는 낮추고 주체는 높인 표현이다.

② ⓑ의 '께서'는 주격 조사로 주체를 높이는 기능을 한다.

③ ⓑ의 '할머니' 자리에 '동생'이 나타나면 '모시고'는 '데리고'로 바꿔야 한다.

④ ⓒ의 '편찮으시-'는 청자를 높이기 위해 선택한 어휘이다.

⑤ ⓓ의 '있으시대요'를 '계시대요'로 고치면 어색한 높임 표현이 된다.

13 〈보기〉를 참고할 때, 높임 표현이 바르지 **않은** 것은?

─────────────────〈 보기 〉

주체 높임에서 '있다'의 경우, 말하는 이가 주어를 직접 높일 때에는 '계시다'를, 주어와 관련된 대상을 통하여 주어를 간접적으로 높일 때에는 '계시다' 대신에 '-으시-'가 붙은 '있으시다'를 사용한다.

① 부모님께서는 주무시고 계십니다.

② 그분에게는 세 살 된 따님이 있으시다.

③ 교장 선생님의 말씀이 있으시겠습니다.

④ 다음에는 국기 하강식이 있으시겠습니다.

⑤ 할아버지께서는 여전히 건강이 좋으십니다.

14 〈보기〉를 높임 표현을 고려하여 바르게 고쳐 쓰시오.

─────────────────〈 보기 〉

철수야, 선생님이 너 빨리 오시래.

암기 톡톡

- **우리말의 높임 표현**

① 주체 높임 : 주어, 서술의 주체를 높임 → '께서', '-시-', '-님' + 계시다, 주무시다, 잡수시다 등

② 객체 높임 : 서술의 객체, 목적어나 부사어가 지시하는 대상을 높임 → '께', 드리다, 모시다, 뵙다 등

③ 상대 높임 : 듣는 이를 높이거나 낮춤 → '-ㅂ니다' 등

(3) 시간 표현

개념 066 시간 표현

(1) **시제** : 어떤 동작이나 상태가 과거에 일어난 일인지, 현재 일어나고 있는 일인지, 혹은 앞으로 일어날 일인지를 표현하는 것

과거 시제	• 사건시(사건이 일어난 시점)가 발화시(말하는 시점)보다 앞서 있는 시제 • 선어말 어미 '-았/었-', '-더-'를 사용함 　예 영수가 전화를 받<u>았</u>다. 영수가 전화를 받<u>더</u>라. • 동사에 관형사형 어미 '-(으)ㄴ'을 사용함 　예 어제 읽<u>은</u> 책 좀 줘. 　　→ 형용사나 서술격 조사 '이다'에 '-(으)ㄴ'이 붙으면 현재 시제가 되니 조심해야 해. • 형용사나 서술격 조사 '이다'에 관형사형 어미 '-던'을 사용함 예 어리<u>던</u> 네가 이렇게 컸구나. • '어제', '옛날' 등의 시간 부사어를 사용함
현재 시제	• 사건시와 발화시가 일치하는 시제 • 동사에 선어말 어미 '-ㄴ/는-', 관형사형 어미 '-는'을 사용함 　예 동생은 책을 읽<u>는</u>다. 저기 오<u>는</u> 사람 누구니? 　　→ 형용사에 선어말 어미 '-ㄴ/는-'을 사용하면 잘못된 표현이 되니 조심해야 해. 예 내 동생은 참 예쁜다.(×) • 형용사나 서술격 조사 '이다'에 관형사형 어미 '-(으)ㄴ'을 사용함 　예 정원에 큰 나무들이 많<u>은</u>. • '지금', '오늘' 등의 시간 부사어를 사용함
미래 시제	• 사건시가 발화시보다 나중인 시제 • 선어말 어미 '-겠-'을 사용함 　예 나는 내일 도서관에 가<u>겠</u>다. • 관형사형 어미 '-(으)ㄹ'과 '-(으)ㄹ + 것'을 사용함 　예 나랑 같이 갈 사람 있어? 　　나는 내일 도서관에 <u>갈 것</u>이다. 　　→ '-겠-'이나 '-(으)ㄹ 것'은 미래는 물론 현재나 과거의 일에 대한 추측을 나타낼 수도 있어. 또 의지나 가능성의 의미를 띠기도 해. 　　예 지금쯤 눈이 그쳤<u>겠</u>다. 지금 동생이 기다리고 있<u>을 것</u>이다. 　　나는 반드시 과학자가 되<u>겠</u>다.

(2) **동작상** : 발화시를 기준으로 동작이나 사건이 진행되고 있는지 완료된 것인지를 표현하는 것으로, 진행상과 완료상이 있음

진행상	• 동작이 진행되고 있음을 표현함 • '-고 있다', '-아/어 가다' 등을 사용함 　예 나는 밥을 다 먹어 간다. → 현재 시제 + 진행상 　　나는 밥을 먹고 있었다. → 과거 시제 + 진행상
완료상	• 동작이 끝나 그 결과가 지속됨을 표현함 • '-아/어 버리다', '-아/어 있다' 등을 사용함 　예 밥을 다 먹어 버렸다. → 과거 시제 + 완료상 　　우주는 지금 앉아 있다. → 현재 시제 + 완료상

| 01~04 | 다음 문장에 나타난 시제를 쓰시오.

01 철수가 밥을 먹는다. 　　　　　(　　　　　)

02 오늘따라 햇빛이 환하다. 　　　　　(　　　　　)

03 이러다 장갑을 잃어버리겠다. 　　　　　(　　　　　)

04 어제 오른 산에는 큰 절이 있었다. 　　　(　　　　　)

| 05~07 | 다음 문장에 나타난 시제 표현을 〈보기〉에서 모두 골라 쓰시오.

〈 보기 〉
과거　　현재　　미래　　진행상　　완료상

05 날이 더워서 꽃이 시들어 간다.
（　　　　　　　　　　　　　　）

06 윤호는 동생의 야구공을 치워 버렸다.
（　　　　　　　　　　　　　　）

07 하늘에서 눈이 펑펑 내리고 있었어!
（　　　　　　　　　　　　　　）

08 다음 중 〈보기〉와 같은 시제 표현이 사용된 문장은?

〈 보기 〉
서울에 가셨던 아버지께서 오늘 오후에 돌아오셨다.

① 옆집에서 개 짖는 소리가 들려온다.
② 천장에서 물방울이 똑똑 떨어지고 있다.
③ 친구에게 답장이 오기를 기다리는 중이다.
④ 일주일 전부터 명수가 학교에 오지 않았다.
⑤ 내일은 더 즐거운 일들이 나를 기다릴 것이다.

수행평가형

| 09~10 | 〈보기〉를 보고 물음에 답하시오.

〈 보기 〉

　말하는 이가 말하는 시점을 '발화시'라고 하고 동작이나 상태가 일어나는 시점을 '사건시'라고 하는데, 사건시와 발화시의 선후 관계를 따지면 시제를 알 수 있다. 사건시가 발화시보다 앞서면 과거 시제, 사건시와 발화시가 일치하면 현재 시제, [　　　　　　　　]미래 시제에 해당한다.

---

09 〈보기〉의 빈칸에 들어갈 알맞은 말을 쓰시오.

---

10 〈보기〉를 참고하여, ㉠~㉢에 나타난 시제가 무엇인지 각각 쓰시오.

〈 자료 〉

㉠ 어제 전화로 할머니와 약속을 잡았다.
㉡ 지금 밖을 내다보니 눈이 내리고 있다.
㉢ 다음 주말에 재난 영화가 개봉할 것이다.

㉠ : (   )
㉡ : (   )
㉢ : (   )

| 고1 모의고사 |

11 〈보기〉의 ⓐ에 해당하는 예로 적절한 것은?

〈 보기 〉

미래 시제를 나타내는 선어말 어미 '―겠―'은 용언의 어간에 붙어 화자의 추측이나 ⓐ의지, 가능성의 의미로 쓰인다.

① 나는 이번 시험에 합격하고야 말겠다.
② 그렇게 쉬운 것은 삼척동자도 알겠다.
③ 이 많은 일을 어떻게 혼자 다 하겠니?
④ 오늘 눈이 많이 와서 길이 미끄럽겠다.
⑤ 지금 떠나면 내일 새벽에 도착하겠구나.

12 〈보기〉의 밑줄 친 부분의 사례에 해당하는 것은?

〈 보기 〉

선어말 어미 '―겠―'은 일반적으로 미래 시제를 나타내기 위하여 사용되며, 미래의 일에 대한 추측이나 가능성, 말하는 이의 의지 등을 나타내기도 한다. 그러나 특정한 담화 상황에서는 말하는 이의 완곡한 태도를 나타내기 위해 사용되기도 한다.

① 이 속도라면 밤에야 도착하겠군.
② 제가 잠시 구경해도 되겠습니까?
③ 동생은 강아지를 보러 가겠다고 한다.
④ 12월에는 지금보다 날씨가 추워지겠지?
⑤ 잠시 후면 대통령 내외분이 식장으로 입장하시겠습니다.

수능형

13 〈보기〉에 나타난 시간 표현에 대해 이해한 내용으로 적절하지 **않은** 것은?

〈 보기 〉

(가) a. 그 음식을 먹은 사람은 모두 두 명이다.
      b. 그 음식을 먹는 사람은 모두 두 명이다.

(나) a. 어떤 이가 가는 기척이 들린다.
      b. 어떤 이가 가는 기척이 들렸다.

(다) a. 채원이는 김포에 가다가 왔다.
      b. 채원이는 김포에 갔다가 왔다.

(라) a. 도영이는 지금은 평촌에 가 있겠다.
      b. 도영이는 내일은 평촌에 가 있겠다.

① (가) : a의 '―은'은 과거의 동작을 나타내고, b의 '―는'은 현재의 동작을 나타낸다.
② (나) : a의 '―는'과 b의 '―는'은 모두 동작이 진행되고 있는 상태를 나타낸다.
③ (다) : a의 '가다가'와 b의 '갔다가'는 모두 과거에 이루어진 행위이다.
④ (다) : a의 '가다가'는 목적지에 가는 중에 새로운 동작이 나타난 것을, b의 '갔다가'는 목적지에 도착한 후 새로운 동작이 나타난 것을 보여 준다.
⑤ (라) : a와 b의 '―겠―'은 모두 현재의 시점에서 미래의 일을 추측하고 있음을 나타낸다.

암기 톡톡

• **우리말의 시제 표현**
- 과거 : 사건시가 발화시보다 앞섬
- 현재 : 사건시와 발화시가 일치함
- 미래 : 사건시가 발화시보다 나중임

• **동작상**
- 진행상 : 동작이 진행되고 있음. '-고 있다, -아/어 가다'
- 완료상 : 동작이 완료됨. '-아/어 버리다, -아/어 있다'

(4) 피동 표현과 사동 표현

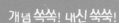

개념 067 **피동 표현과 사동 표현**

(1) 능동 표현과 피동 표현

능동 표현	• 주어가 어떤 동작을 자기 힘으로 하는 것을 나타내는 표현 예 호랑이가 사슴을 <u>잡았다</u>. 　　어머니가 아이를 <u>안았다</u>.
피동 표현	• 주어가 다른 주체에 의해 어떤 동작을 당하게 되는 것을 나타내는 표현 예 사슴이 호랑이에게 <u>잡혔다</u>. • 용언＋피동 접미사(-이-, -히-, -리-, -기-) 　→ 파생적 피동 문이라고 해. 예 사슴이 호랑이에게 <u>잡혔다</u>(← 잡히었다). 　　아이가 어머니에게 <u>안겼다</u>(← 안기었다). • 용언＋'-어지다', '-게 되다' → 통사적 피동 문이라고 해. 예 아름다운 풍경이 <u>펼쳐졌다</u>(← 펼치어졌다). • 명사＋피동 접미사(-되다, -당하다, -받다) 예 수익금은 모두 문화 사업에 <u>사용되었다</u>. 　　범인이 경찰에게 <u>체포당했다</u>. 　　누구에게나 <u>사랑받는</u> 사람이었다.

(2) 주동 표현과 사동 표현

주동 표현	• 주어가 어떤 동작을 직접 하는 것을 나타내는 표현 예 영희가 밥을 <u>먹는다</u>. 　　동생이 옷을 <u>입었다</u>.
사동 표현	• 주어가 다른 대상에게 어떤 동작을 하도록 시키는 것을 나타내는 표현 예 엄마가 영희에게 밥을 <u>먹인다</u>. • 용언＋사동 접미사(-이-, -히-, -리-, -기-, -우-, -구-, -추-) → 파생적 사동 문이라고 해. 예 아빠가 동생에게 옷을 <u>입혔다</u>(← 입히었다). 　　그가 담 높이를 <u>낮추었다</u>. • 용언＋'-게 하다' → 통사적 사동 문이라고 해. 예 엄마가 동생에게 옷을 <u>입게 했다</u>. • 명사＋사동 접미사(-시키다) 예 엄마는 동생을 <u>입원시켰다</u>.

(3) 올바른 피동·사동 표현

－ 피동 접미사와 '-어지다', 사동 접미사 등은 중복하여 쓸 경우 잘못된 표현이 되므로 주의해야 함

예 그녀는 우리에게 <u>잊혀졌다</u>.(잊- + -히- + -어지다)
　　　　　　　　　　　→ 잊었다

　　그는 슈퍼맨으로 <u>불리운다</u>.(부르- + -리- + -우- + -ㄴ다)
　　　　　　　　　　　→ 불린다

－ 불필요한 피동 표현이나 사동 표현을 사용하지 않아야 함

예 수출이 <u>감소되고</u> 수입이 늘었다.
　　　　→ 감소하고 (불필요한 피동 표현)

　　교육 환경을 <u>개선시켜야</u> 한다.
　　　　　　　　　→ 개선해야 한다. (불필요한 사동 표현)

| 01~04 | 다음 문장이 피동 표현이면 '피', 사동 표현이면 '사'를 쓰시오.

01 어제는 물건이 잘 팔렸다. 　　　　(　　　)

02 영희는 정답을 모두 맞혔다. 　　　(　　　)

03 보일러를 틀어 방을 덥혔다. 　　　(　　　)

04 그는 경찰에게 쫓기고 있었다. 　(　　　)

| 05~08 | 〈보기〉의 접미사와 제시된 주어를 활용하여 문장을 사동 표현으로 바꾸어 쓰시오.

〈 보기 〉
－이－, －히－, －리－, －기－, －우－, －구－, －추－

05 동생이 울었다. [주어 : 형이]
(　　　　　　　　　　　　　　　)

06 동생이 잔다. [주어 : 엄마가]
(　　　　　　　　　　　　　　　)

07 얼음이 녹았다. [주어 : 태양이]
(　　　　　　　　　　　　　　　)

08 명수가 이번 학기 회장을 맡았다. [주어 : 선생님이]
(　　　　　　　　　　　　　　　)

| 09~11 | 올바른 피동 표현을 고려하여, 다음 문장을 바르게 고쳐 쓰시오.

09 그 책은 작년에 쓰여졌다.
(　　　　　　　　　　　　　　　)

10 그는 여기서 천재라고 불려진다.
(　　　　　　　　　　　　　　　)

11 열려진 창문으로 모기가 들어온다.
(　　　　　　　　　　　　　　　)

12 다음 중 피동 표현을 만든 방법이 **다른** 하나는?

① 도둑이 경찰에게 잡혔다.

② 수민이가 반장으로 뽑혔다.

③ 동생은 결국 전학을 가게 되었다.

④ 빨래는 손으로 해야 더 잘 빨린다.

⑤ 화면에 여러 색깔 글씨가 쉽게 쓰였다.

13 〈자료〉를 바탕으로 이해한 ㉠의 예로 적절하지 <u>않은</u> 것은?

| 중3 학업성취도평가 |

〈 자료 〉

㉠<u>피동 표현</u>은 주어가 다른 힘에 의해 어떤 행동을 당한 것을 나타내는 표현으로, 스스로 한 것이 아니라 남에 의해 그렇게 되었다는 것을 강조한다. 동사의 어간에 피동 접미사 '−이−, −히−, −리−, −기−'가 붙어서 만들어진다.

① 합의의 결과가 보이다.
② 친구에게 손해를 보이다.
③ 이야기의 결말이 보이다.
④ 벽에 걸려 있는 시계가 보이다.
⑤ 멀리 건물 사이로 하늘이 보이다.

수행평가형 | 중3 학업성취도평가 |

| **14~15** | 다음 〈자료〉를 보고 물음에 답하시오.

〈 자료 〉

우리를 탈출한 후 열흘 동안 행방이 묘연하던 반달가슴곰 '아름이'가 드디어 잡혔다. 지난 12일 낮 12시 동물원 인근 야산에 숨어 있던 아름이는 열흘 동안 곰의 흔적을 추적해 온 사육사에게 발견되었다. 이어서 동물원에서 지원 팀이 도착하고 한바탕 추격전을 벌인 끝에 ㉠아름이는 사육사에게 생포되었다. 아름이는 동물원에서 건강 검진을 받고 안정을 되찾았다고 한다.

14 ㉠을 '사육사는'을 주어로 하는 문장으로 바꾸어 쓰시오.

사육사는

15 다음 문장은 〈자료〉에 대한 설명이다. 빈칸에 공통으로 들어갈 말을 〈자료〉에서 찾아 쓰시오.

이 글에서는 진술의 초점을 '⬚⬚⬚'에게 두어, '⬚⬚⬚'이/가 행위를 당하는 것을 나타내는 표현을 주로 사용하고 있다.

16 〈보기〉에서 설명한 사동 표현의 예로 알맞지 <u>않은</u> 것은?

〈 보기 〉

사동 표현은 주어가 다른 대상에게 동작을 하게 하거나 특정한 상태에 이르도록 하는 문장을 가리킨다. 이러한 표현은 동사에 접미사를 붙여 표현하거나, '−게 하다'를 붙여 표현할 수 있다.

① 누나가 형을 울렸다.
② 할머니가 손자에게 밥을 먹였다.
③ 아버지가 아들에게 옷을 입혔다.
④ 선생님께서 도현에게 책을 읽혔다.
⑤ 친구들은 그 아이를 이유 없이 놀렸다.

수능형

17 〈보기〉를 바탕으로 '사동 표현'에 대해 탐구한 내용으로 적절하지 <u>않은</u> 것은?

〈 보기 〉

어떤 동작이나 행위를 자기 스스로 행하는 것을 주동이라 하고, 주어가 남에게 어떤 동작을 하도록 시키는 것을 사동이라 한다.

• 주동문 : 동생이 밥을 먹는다. ⋯⋯⋯⋯⋯⋯⋯⋯ ㉠
• 사동문
  − 형이 동생에게 밥을 먹인다. ⋯⋯⋯⋯⋯⋯⋯⋯ ㉡
  − 형이 동생에게 밥을 먹게 했다. ⋯⋯⋯⋯⋯⋯⋯ ㉢

① ㉠과 ㉢에서 '밥을 먹는' 행동을 하는 주체는 같다.
② ㉠을 ㉡이나 ㉢으로 바꾸면, ㉠의 주어가 ㉡, ㉢에서는 부사어로 쓰인다.
③ ㉠에 없던 주어 '형'이 ㉡, ㉢에 나타난 것은 사동 표현이 행위를 시키는 주체에 초점을 두기 때문이다.
④ ㉠의 동사 '먹다'의 어간 '먹−'에 ㉡의 사동 접사 '−이−' 또는 ㉢의 '−게 하다'를 붙이면 사동문을 만들 수 있다.
⑤ ㉢의 경우, 형이 직접 동생에게 밥을 먹였을 수도 있고, 동생에게 밥을 먹도록 지시만 했을 수도 있는 중의성이 생긴다.

암기 톡톡

• 능동 표현 vs 피동 표현

| 능동 : 주어가 동작을 자기 힘으로 함 | ↔ | 피동 : 주어가 다른 주체에 의해 동작을 당함 |

• 주동 표현 vs 사동 표현

| 주동 : 주어가 동작을 직접 함 | ↔ | 사동 : 주어가 다른 대상에게 동작을 하도록 시킴 |

(5) 부정 표현

개념 068 부정 표현

(1) 부정 표현 : 문장의 내용 전부 또는 일부를 부정하는 표현으로 길이에 따라 짧은 부정문과 긴 부정문으로 나뉨

짧은 부정문	• 용언 앞에 부정 부사 '안', '못'을 넣어 만듦 예 글씨를 안 쓴다. 글씨를 못 쓴다.
긴 부정문	• 용언의 어간 뒤에 '–지 아니하다(않다)', '–지 못하다'를 연결하여 만듦 예 글씨를 쓰지 않는다. 글씨를 쓰지 못한다.

(2) '안' 부정문과 '못' 부정문 : 부정 표현의 의미에 따른 분류

'안' 부정문	• 주체의 의지에 의해 어떤 행동을 하지 않음을 나타냄 → '의지 부정'이라고도 해. 예 영수가 학교에 안 갔다. → 짧은 부정문 영수가 학교에 가지 않았다. → 긴 부정문 • 단순 사실을 부정함 예 비가 안 왔다. → 짧은 부정문 비가 오지 않았다. → 긴 부정문
'못' 부정문	• 주체의 능력이 부족하거나 다른 외부의 원인에 의해 어떤 행동을 하지 못하는 것을 나타냄 → '능력 부정'이라고도 해. 예 영수가 학교에 못 갔다. → 짧은 부정문 영수가 학교에 가지 못했다. → 긴 부정문 • 보통 동사에만 쓰이나, 기대에 미치지 못함을 나타낼 때는 형용사에 긴 부정문 형태로 쓰임 예 하늘이 못 깨끗하다. (×) 하늘이 깨끗하지 못하다. (○)

(3) '말다' 부정문 : 명령문과 청유문의 부정문

명령문	• '–지 마/말아'의 형태로 쓰임 → 긴 부정문으로만 쓰임 예 학교에 가지 마라. (○) 학교에 가지 말아라. (○) 학교에 가지 않아라. (×) 학교에 가지 못해라. (×)
청유문	• '–지 말자'의 형태로 쓰임 → 긴 부정문으로만 쓰임 예 학교에 가지 말자. (○) 학교에 가지 않자. (×) 학교에 가지 못하자. (×)

| 01~04 | 다음 문장이 짧은 부정문이면 '짧', 긴 부정문이면 '긴'을 쓰시오.

01 어제는 날씨가 맑지 않았다. ( )

02 누나는 빵을 예쁘게 만들지 못했다. ( )

03 이제 다시는 그 사람을 안 만나겠다. ( )

04 그가 한번 집중하면 아무도 못 말린다. ( )

| 05~07 | 다음 부정 표현에 대한 설명이 맞으면 ○표, 틀리면 ✕표를 하시오.

05 평서문과 청유문은 부정 표현을 만드는 방법이 다르다. ( )

06 '못' 부정문은 능력 부정뿐 아니라 단순한 사실이나 상태를 부정할 때도 쓰인다. ( )

07 주체의 의지에 따라 어떤 행동을 하지 않음을 나타낼 때는 '안' 부정문을 사용한다. ( )

| 08~10 | 다음 문장을 관련된 특성과 바르게 연결하시오.

08 딸기는 과일이 아니다. • • ㉠ 주체의 의지 부정

09 영수가 머리를 안 감았다. • • ㉡ 주체의 능력 부정

10 그 문제는 어려워서 풀지 못했다. • • ㉢ 단순 사실의 부정

| 11~14 | 다음 빈칸에 들어갈 알맞은 부정 표현을 쓰시오.

11 밖에 비가 오니까 오늘은 산책을 가지 ( ). [청유문]

12 다리를 다쳐 학교에 ( ) 갔더니 수업을 따라잡기 어렵다.

13 차가 많이 막혀 결국 제 시간에 도착하지 ( ) 했다.

14 지금 숙제를 ( ) 하면 내일 분명히 후회할 거야.

---

15 다음 밑줄 친 부정 표현 중 의미가 다른 하나는?

① 배가 불러서 밥을 먹지 않았다.

② 명수는 살을 빼려고 과자를 안 먹었다.

③ 사람이 너무 많아서 그 식당은 안 갔다.

④ 친구들과 놀이공원에 갔지만 즐겁지 않았다.

⑤ 이번 주말에는 공부하려고 동생과 놀지 않았다.

| 고1 모의고사 |

수능형

16 〈보기〉의 ㄱ~ㄷ을 통해 부정 표현에 대해 탐구한 내용으로 적절하지 <u>않은</u> 것은?

〈 보기 〉
ㄱ. 나팔꽃이 안 예쁘다.
ㄴ. 그는 다리를 다쳐 축구를 못 한다.
ㄷ. 고래는 어류가 아니다.

① ㄱ에서 '안'을 '못'으로 바꾸면 어색한 문장이 된다.
② ㄱ에서 '안'은 '예쁘다'라는 상태를 부정하기 위해 사용되었다.
③ ㄴ에서 '못'은 축구를 하고자 하는 '그'의 의지를 부정하고 있다.
④ ㄴ에서 '못 한다'는 '하지 못한다'로 바꾸어도 어법상 문제가 없다.
⑤ ㄷ에서 '아니다'는 '고래'가 '어류'라는 것을 부정하기 위해 사용되었다.

수능형

17 〈보기〉의 ㉠~㉤에 대한 반응으로 적절하지 <u>않은</u> 것은?

〈 보기 〉
동구 : 지현아, 국어 과제 했어?
지현 : ㉠아니, ㉡못 했어. 어젯밤에 응급실에 가야 했거든.
동구 : ㉢아니, 건강 지킴이 지현이가 웬일이야? ㉣어디가 안 좋아?
지현 : 집에 가다가 넘어졌는데, 인대가 늘어났대. ㉤아직도 통증이 없어지지 않아.
동구 : 그럼 ㉥지금 양호실에 같이 가지 않을래?
지현 : 좀 더 참아 보려고. 고마워.

① ㉠은 상대가 묻는 말에 대한 '부정'을, ㉢은 화자의 '놀라움'을 나타내는 말이군.
② ㉡에 사용된 '못'은 '동작'을, ㉣에 사용된 '안'은 '상태'를 부정하고 있군.
③ ㉡은 '부사'를, ㉤은 '보조 동사'를 활용하여 만든 부정문이군.
④ ㉣과 ㉥은 모두 부정의 형태를 활용하고 있는 의문문에 해당하는군.
⑤ ㉤은 '않-'을 활용하여 ㉥과 다르게 '의지'의 부정을 나타내고 있군.

수능형

18 〈보기〉를 통해 부정 표현의 특성을 탐구한 내용으로 적절하지 <u>않은</u> 것은?

〈 보기 〉
ㄱ. 연주는 국어 공부를 안 했다.
　　연주는 국어 문제가 어려워서 못 풀었다.
ㄴ. 이 방은 이제 바람이 들어오지 {않는다 / 못한다}.
ㄷ. 오늘은 친구와 놀지 {*않아라 / *못해라 / 마라}.
ㄹ. 나는 결코 거짓말을 {*했다 / 안 했다}.
　　나는 분명히 거짓말을 {했다 / 안 했다}.
ㅁ. 방 안이 {안 / *못} 따뜻하다.

* 비문법적 표현

① ㄱ을 보니, '안' 부정문은 '의지 부정'을 나타내고, '못' 부정문은 '능력 부정'을 나타내는군.
② ㄴ을 보니, 행동 주체의 의지를 부정할 때는 '긴 부정문'만 쓸 수 있군.
③ ㄷ을 보니, 명령문의 부정 표현은 보조 용언 '말다'를 활용하여 나타내는군.
④ ㄹ을 보니, 어떤 부사는 반드시 부정 표현과 함께 쓰여야 하는군.
⑤ ㅁ을 보니, 형용사를 부정할 때에는 부사 '못'을 사용할 수 없군.

수행평가형

19 〈보기〉를 통해 알 수 있는 명령문의 올바른 부정 표현 방법을 쓰시오.

〈 보기 〉
자전거를 타지 마라.
자전거를 {*안 타라 / *못 타라}.
자전거를 타지 {*않아라 / *못해라}.

* 비문법적 표현

암기 톡톡

• 우리말의 부정 표현

종류	의미	형태	
		짧은 부정	긴 부정
'안' 부정문	단순 부정 의지 부정	안(아니)	-지 않다(아니하다) 아니다
'못' 부정문	능력 부정 외부 원인에 의한 부정	못	-지 못하다
'말다' 부정문	금지	-	-지 마(라)/말아(라) -지 말자

01 〈보기〉에서 설명하는 문장의 종결 방식이 사용된 것은?

〈 보기 〉

　청유형 문장은 말하는 이가 듣는 이에게 어떤 행동을 함께하자고 요청하는 문장 종결 방식이다.

　㉠ 명수야, 전학 간 학교에서는 잘 지내니?
　㉡ 나는 항상 붙어 다니던 네가 없어 무척 외롭구나!
　㉢ 얼마 전에 학교 운동장에 농구대가 새로 생겼는데, 그걸 보고 네 생각이 많이 났다.
　㉣ 이제 자주 얼굴을 보기는 힘들겠지만 이렇게 편지라도 주고받자.
　㉤ 이 편지를 받으면 내게 꼭 답장해 줘.

① ㉠　　② ㉡　　③ ㉢　　④ ㉣　　⑤ ㉤

| 중3 학업성취도평가 |

02 ㉠의 문장 종결 방식이 하는 기능으로 가장 적절한 것은?

〈 자료 〉

은수 : 와! 드디어 수업이 다 끝났어!
서희 : 은수야, 우리 가는 길에 떡볶이 먹을까?
은수 : 미안해. ㉠오늘은 엄마와 약속이 있어.

① 화자가 청자에게 자신의 생각을 전달하고 있다.
② 화자가 독백하는 상태에서 느낌을 표현하고 있다.
③ 화자가 청자에게 어떤 행동을 하도록 요구하고 있다.
④ 화자가 청자에게 질문하여 그 대답을 요구하고 있다.
⑤ 화자가 청자에게 어떤 행동을 함께하도록 요청하고 있다.

03 〈보기〉를 설명하고자 할 때, 그 사례로 가장 적절한 것은?

〈 보기 〉

　말하는 이가 듣는 이에게 어떤 행동을 하도록 요구하는 문장을 명령문이라고 한다. 말하는 이와 듣는 이가 말을 주고받을 수 있는 상황이며, 말하는 이가 듣는 이의 행동을 요구하는 명령문의 경우 '-아라/어라'를 붙여 표현한다.

① 너 자신을 알라.
② 명수야, 그러다 쓰러질라.
③ 윤수야, 지우개 좀 가져와라.
④ 준호야, 학교에 가지 않겠니?
⑤ 인영아, 쓰레기 좀 치워 줄래?

| 04~05 | 다음을 읽고 물음에 답하시오.

　우리말의 문장은 종결 표현에 따라 화자가 사건의 내용을 객관적으로 진술하는 평서문, 화자가 청자에게 대답을 요구하는 의문문, 화자가 청자에게 어떤 행동을 요구하는 명령문, 화자가 청자에게 어떤 행동을 같이할 것을 요청하는 청유문, 화자가 청자를 의식하지 않고 자기의 느낌을 표현하는 감탄문 등으로 나뉜다. 그런데 문장의 종류가 실제 언어 사용에서의 기능과 일치하지 않는 경우도 있다. 우리가 사용하는 문장의 최종적인 기능은 그 문장이 쓰이는 맥락에 의해서 결정되기 때문이다. 예를 들어 문장의 종류는 의문문이지만 명령문이나 청유문의 기능을 하는 경우가 존재한다.

수능형

04 윗글을 바탕으로 〈자료〉를 이해한 내용으로 알맞지 않은 것은?

〈 자료 〉

　㉠ (달력을 보며) 세월이 빨리도 흐르는구나.
　㉡ (창문을 열고 있는 동생에게) 추우니까 창문을 닫아라.
　㉢ (밖을 내다보며) 지금 밖에서 내리는 것은 함박눈이다.
　㉣ (함께 산에 오르는 친구들에게) 정상이 얼마 남지 않았으니 힘을 내자.
　㉤ (식탁에서 스마트폰에 집중하고 있는 아이에게 엄마가) 빨리 밥을 먹지 못하겠니?

① ㉠ : 청자를 의식하지 않고 자신의 느낌을 표현한 감탄문이군.
② ㉡ : 화자가 청자에게 어떤 행동을 하도록 요구하는 기능을 하는군.
③ ㉢ : 사건의 내용을 객관적으로 진술하는 평서문이군.
④ ㉣ : 화자가 청자에게 어떤 행동을 같이할 것을 요청하는 청유문이군.
⑤ ㉤ : 화자가 청자에게 대답을 요구하는 기능을 하는 의문문이군.

수행평가형

05 윗글을 참고하여 〈보기〉 문장의 종류와 기능을 한 문장으로 쓰시오.

〈 보기 〉

　(엄마가 감기에 걸린 동생에게) 자, 약 먹자.

수능형

| 06~07 | 다음을 읽고 물음에 답하시오.

'I like you.'를 번역할 때, 듣는 이가 친구라면 '난 널 좋아해.'라고 하겠지만, 할머니라면 '저는 할머니를 좋아해요.'라고 할 것이다. 왜냐하면 우리말은 상대에 따라 높임 표현이 달리 실현되기 때문이다.

'높임 표현'이란 말하는 이가 어떤 대상을 높이거나 낮추는 정도를 구별하여 표현하는 방법을 말한다. 국어에서 높임 표현은 높임의 대상에 따라 주체 높임, 상대 높임, 객체 높임으로 나누어진다.

주체 높임은 서술의 주체를 높이는 방법이다. 주체 높임을 실현하기 위해 선어말 어미 '-(으)시-'를 사용하며, 주격 조사 '이/가' 대신에 '께서'를 쓰기도 한다. 그 밖에 '계시다', '주무시다' 등과 같은 특수 어휘를 사용하여 높임을 드러내기도 한다. 그리고 주체 높임에는 직접 높임과 간접 높임이 있다. 직접 높임은 높임의 대상인 주체를 직접 높이는 것이고, ㉠간접 높임은 높임의 대상인 주체의 신체 일부, 소유물, 가족 등을 높임으로써 주체를 간접적으로 높이는 것이다.

상대 높임은 말하는 이가 듣는 이를 높이거나 낮추어 말하는 방법이다. 상대 높임은 주로 종결 표현을 통해 실현되는데, 아래와 같이 크게 격식체와 비격식체로 나뉜다.

	하십시오체	예 합니다, 합니까? 등
격식체	하오체	예 하오, 하오? 등
	하게체	예 하네, 하는가? 등
	해라체	예 한다, 하냐? 등
비격식체	해요체	예 해요, 해요? 등
	해체	예 해, 해? 등

격식체는 격식을 차리는 자리나 공식적인 상황에서 주로 사용하며, 비격식체는 격식을 덜 차리는 자리나 사적인 상황에서 주로 사용한다. 그렇기 때문에 같은 대상이라도 공식적인 자리인지 사적인 자리인지에 따라 높임 표현이 달리 실현되기도 한다.

객체 높임은 목적어나 부사어가 지시하는 대상, 즉 서술의 객체를 높이는 방법이다. 객체 높임은 '모시다', '여쭈다' 등과 같은 특수 어휘를 통해 실현되며, 부사격 조사 '에게' 대신 '께'를 사용하기도 한다.

06 다음 문장 중 ㉠의 예로 적절한 것은?

① 아버지께서 요리를 하셨다.
② 교수님께서는 책이 많으시다.
③ 어머니께서 음악회에 가셨다.
④ 선생님께서 우리의 이름을 부르신다.
⑤ 할아버지께서는 마을 이장이 되셨다.

07 윗글을 바탕으로 〈보기〉의 ⓐ~ⓔ를 탐구한 내용으로 적절하지 <u>않은</u> 것은?

〈 보기 〉

(복도에서 친구와 만난 상황)

성호 : 지수야, ⓐ선생님께서 발표 자료 가져오라고 하셨어.

지수 : 지금 바빠서 ⓑ선생님께 자료 드리기 어려운데, 네가 가져다 드리면 안 될까?

성호 : ⓒ네가 선생님을 직접 뵙고, 자료를 드리는 게 좋을 것 같아. / **지수** : 알았어.

(교무실로 선생님을 찾아간 상황)

선생님 : 지수야, 이번 수업 시간에 발표해야지? 발표 자료 가져왔니?

지수 : 여기 있어요. ⓓ열심히 준비했어요.

선생님 : 그래, 준비한 대로 발표 잘 하렴.

(수업 중 발표 상황)

지수 : ⓔ이상으로 발표를 마치겠습니다.

성호 : 궁금한 점이 있는데, 질문해도 되겠습니까?

① ⓐ : 조사 '께서'와 선어말 어미 '-시-'를 사용하여 서술의 주체인 선생님을 높이고 있군.
② ⓑ : 조사 '께'와 특수 어휘 '드리다'를 사용하여 서술의 객체인 선생님을 높이고 있군.
③ ⓒ : 특수 어휘 '뵙다'를 사용하여 서술의 주체인 선생님을 높이고 있군.
④ ⓓ : 듣는 사람인 선생님을 높이기 위해 '준비했어요'라는 종결 표현을 사용하고 있군.
⑤ ⓔ : 수업 중 발표하는 공식적인 상황이므로 '마치겠습니다'라고 격식체를 사용하고 있군.

08 〈보기〉의 높임 표현에 대한 설명으로 적절하지 <u>않은</u> 것은?

〈 보기 〉

ㄱ. 희수가 할머니께 신발을 사 드렸다.
ㄴ. 이모께서 밖으로 나가시는 모습이 보였다.
ㄷ. 엄마, 숙부께서 할아버지를 뵙자고 하시네요.
ㄹ. 선생님, 이번에는 제 말씀을 좀 들어 보십시오.

① ㄱ의 '드렸다'는 주체를 높이기 위해서 사용된 것이군.
② ㄴ과 ㄷ의 '께서'와 '-시-'는 주체를 높이기 위해서 사용된 것이군.
③ ㄷ의 '뵙자고'는 객체를 높이기 위해서 사용된 것이군.
④ ㄷ의 '요'와 ㄹ의 '-십시오'는 듣는 이를 높이기 위해서 사용된 것이군.
⑤ ㄹ의 '말씀'은 상대방을 높이기 위해서 자신의 말을 낮춘 것이군.

09 〈보기〉의 ㄱ～ㅁ을 높임법에 맞게 수정한 내용으로 적절하지 <u>않은</u> 것은?

〈 보기 〉

ㄱ. 할아버지께서 이때쯤에 낮잠을 잔다.
ㄴ. 또 불편한 점이 계시면 연락 주십시오.
ㄷ. 손님, 이 상품의 디자인이 제일 좋습니다.
ㄹ. 선생님, 선생님께 먼저 물어볼 게 있어요.
ㅁ. 제가 회장님을 찾아왔는데, 보기 어렵네요.

① ㄱ : '잔다'를 주체 높임법에 맞게 '주무신다'로 수정해야 한다.
② ㄴ : '계시면'을 주체 높임법에 맞게 '있으시면'으로 수정해야 한다.
③ ㄷ : '좋습니다'를 주체 높임법에 맞게 '좋으십니다'로 수정해야 한다.
④ ㄹ : '물어볼'을 객체 높임법에 맞게 '여쭈어볼'로 수정해야 한다.
⑤ ㅁ : '보기'를 객체 높임법에 맞게 '뵙기'로 수정해야 한다.

10 다음 〈자료〉를 바탕으로 과거 시제의 표현 방법을 탐구한 내용으로 적절하지 <u>않은</u> 것은?

〈 자료 〉

ㄱ. 겨울에 읽은 책이 꽤 많다.
ㄴ. 그해 겨울 바닷가는 정말 춥더라.
ㄷ. 은주는 어릴 때 그 동네에 살았었다.
ㄹ. 가을에 붉던 산이 눈이 내려 하얗게 변했다.
ㅁ. 비가 이렇게 오는 걸 보니 내일 소풍은 다 갔네.

① ㄱ : 동사 어간에 관형사형 어미 '-(으)ㄴ'을 붙여 과거 시제를 표현하는군.
② ㄴ : 과거 어느 때의 일이나 경험을 회상할 때에 '-더-'를 사용하는군.
③ ㄷ : '-았었/었었-'은 발화시보다 전에 발생하여 현재와는 단절된 사건을 표현하는 데 쓰이는군.
④ ㄹ : 과거 시제를 표현하는 데 관형사형 어미 '-던'을 사용하는군.
⑤ ㅁ : 선어말 어미 '-았/었-'을 붙여 과거 시제를 표현하는군.

11 〈보기〉의 ㉠과 ㉡에 해당하는 예문으로 적절하지 <u>않은</u> 것은?

〈 보기 〉

시간을 표현하는 방법에는 시제와 동작상이 있다. 시제는 화자가 말하는 시점인 발화시와 동작이나 사건이 일어나는 시점인 사건시의 관계에 따라 과거, 현재, 미래 시제로 나뉜다. 동작상은 말하는 시점을 기준으로 동작이 일어나고 있는 모습을 표현한 것으로, 동작이 진행되고 있음을 나타내는 ㉠진행상과 동작이 이미 끝나 그 결과가 지속됨을 나타내는 ㉡완료상이 있다.

① ㉠ : 비행기가 지금 들어오고 있다.
② ㉠ : 옷깃이 바람에 펄럭이고 있었다.
③ ㉠ : 지금쯤이면 고기가 잘 익어 있겠다.
④ ㉡ : 마당에 꽃들이 말라 버렸다.
⑤ ㉡ : 희수는 공부할 내용을 정리해 두었다.

12 〈보기〉를 바탕으로 피동 표현과 사동 표현에 대해 탐구한 내용으로 적절하지 <u>않은</u> 것은?

〈 보기 〉

주동문 : 동생이 공원에서 울었다.
사동문 : 누나가 동생을 공원에서 울렸다(울리었다).

능동문 : 개가 쥐를 물었다.
피동문 : 쥐가 개에게 물렸다(물리었다).

① 주동문의 주어는 사동문으로 변환할 때에는 목적어가 된다.
② 능동문의 목적어는 피동문으로 변환할 때에는 주어가 된다.
③ 주동문의 서술어에 특정한 접사를 결합하여 사동문의 서술어를 만들 수 있다.
④ 서술어에 쓰인 접사만으로는 사동사인지 피동사인지 구별하기 어려울 수 있다.
⑤ 사동문은 부사어를 반드시 필요로 하지만 피동문은 부사어를 필요로 하지 않는다.

수능형

13 〈보기〉를 참고하여 〈자료〉의 ㄱ~ㄹ을 이해한 내용으로 적절하지 않은 것은?

―〈 보기 〉―

주어가 동작을 직접 하는 것을 나타내는 문법 기능을 주동이라 하고, 주어가 남에게 동작을 하도록 시키는 것을 나타내는 문법 기능을 사동이라 한다. 사동문에는 사동 접미사 '-이-, -히-, -리-, -기-, -우-, -구-, -추-' 등이 붙어서 실현되는 파생적 사동문과, 어미 '-게'에 보조 용언 '하다'가 붙은 '-게 하다'로 실현되는 통사적 사동문이 있다. '서다'와 같은 일부 자동사는 사동 접미사 '-이우-'가 붙기도 한다. 주어의 직접 행위에 의한 사동을 직접 사동이라 하고, 주어의 간접 행위에 의한 사동을 간접 사동이라 한다.

―〈 자료 〉―

ㄱ. 아이가 그 신발을 신었다.
ㄴ. 나는 아이에게 그 신발을 신겼다.
ㄷ. 나는 아이에게 그 신발을 신게 했다.
ㄹ. 어머니가 물병에 물을 가득 채웠다.

① ㄱ은 ㄴ과 ㄷ 모두에 대응하는 주동문이라 할 수 있다.

② ㄴ은 파생적 사동문이고, ㄷ은 통사적 사동문이다.

③ ㄴ과 달리, ㄷ은 간접 사동으로만 해석되는 사동문이다.

④ ㄹ은 사동 접미사 '-이우-'가 붙어서 만들어진 사동문이다.

⑤ ㄹ은 직접 사동으로 볼 수도 있고, 간접 사동으로 볼 수도 있다.

14 〈보기〉의 설명을 참고할 때, 다음 중 ㉠과 비슷한 표현으로 볼 수 없는 것은?

―〈 보기 〉―

어느 책에서 '벗겨진 머리'는 잘못된 표현이고 '벗어진 머리'가 올바른 표현이라고 지적하면서, '벗겨지다'를 피동 표현이 겹쳐 사용된 '이중 피동'으로 설명한 것을 보았다. 그러나 ㉠'벗겨지다'는 '벗다'의 사동사 어간 '벗기-'에 통사적인 피동 표현 '-어지다'가 결합한 것이지 이중 피동은 아니다.

① 허리가 저절로 숙여졌다.

② 핸들이 천천히 돌려졌다.

③ 운동장이 환하게 밝혀졌다.

④ 그 사건은 이미 오래전에 잊혀졌다.

⑤ 그 죄수는 다른 교도소로 옮겨졌다.

수능형

15 〈보기〉를 참고하여 〈자료〉를 탐구한 내용으로 적절하지 않은 것은?

―〈 보기 〉―

국어의 부정 표현은 길이에 따라 짧은 부정과 긴 부정으로 나뉘고, 의미에 따라 의지 부정과 능력 부정으로 나뉜다. 이때 '안' 부정문은 의지 부정에, '못' 부정문은 능력 부정에 쓰인다. 한편 '말다' 부정문은 '안' 부정문이나 '못' 부정문이 쓰일 수 없는 명령형과 청유형에서 사용된다.

―〈 자료 〉―

ㄱ. 경희는 오늘 학교에 {안 / 못} 갔다.
ㄴ. 동우는 침대에 누워 일어나지 {않았다 / 못했다}.
ㄷ. 이번에는 동물원에 {*안 가자 / *못 가자 / 가지 말자}.
ㄹ. 저는 그 내용을 {*안 모릅니다 / 모르지 않습니다}.
ㅁ. 요즘은 가정 형편이 {안 좋다 / *못 좋다 / 좋지 않다 / 좋지 못하다}.
ㅂ. 그 바지는 통이 {안 좁다 / *못 좁다 / 좁지 않다 / *좁지 못하다}.

*는 성립되지 않으므로 비문법적인 문장임

① ㄱ은 짧은 부정인 반면, ㄴ은 긴 부정이다.

② ㄱ의 '안'과 ㄴ의 '않았다'는 의지 부정, ㄱ의 '못'과 ㄴ의 '못했다'는 능력 부정을 나타낸다.

③ ㄷ은 청유형 문장이기 때문에 '안' 부정문이나 '못' 부정문 대신 '말다' 부정문이 사용된다.

④ ㄹ의 '모르다'와 ㅁ의 '좋다'는 짧은 부정에 한하여 부정 표현이 가능하다.

⑤ ㅁ의 '좋다'와 달리 ㅂ의 '좁다'는 '못' 부정문을 사용할 수 없다.

수행평가형

16 우리말의 부정 표현을 고려하여 〈보기〉 문장의 어색한 부분에 밑줄을 긋고 이를 바르게 고쳐 쓰시오.

―〈 보기 〉―

서둘러 집으로 돌아가고 싶었지만 버스가 안 와서 가지 않았다.

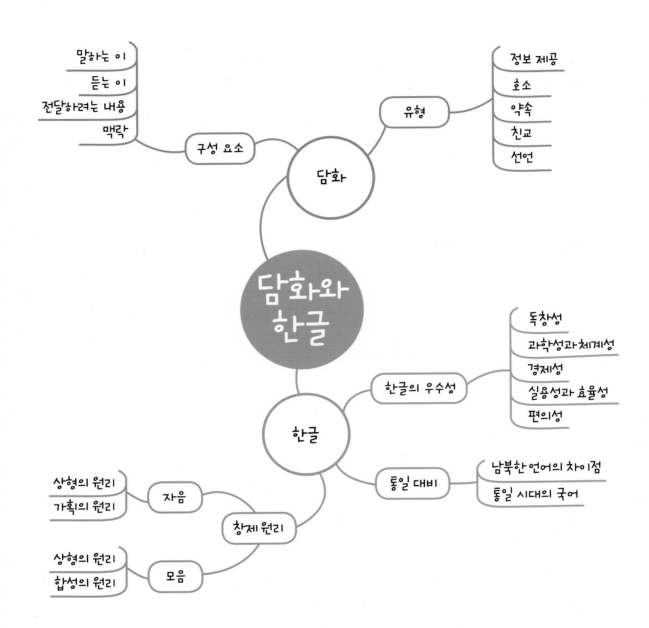

IV

담화와 한글

(1) 담화의 개념과 특성

개념 069 담화의 개념과 구성 요소

(1) 담화

① 담화의 개념 : 말하는 이(글쓴이)와 듣는 이(읽는 이)를 포함하여 구체적인 맥락 속에서 이루어지는 발화(문장)나 발화(문장)의 연속체 → 머릿속의 생각이 구체적인 의사소통 상황에서 문장 단위로 나타나는 것을 '발화(發話)'라고 해. 발화가 모여서 이루어진 것이 담화!!

② 담화의 구성 요소 : 말하는 이(글쓴이), 듣는 이(읽는 이), 전달하려는 내용, 맥락(상황 맥락, 사회·문화적 맥락)

(2) 담화의 구성 요소

① 말하는 이(글쓴이) : 전달하고자 하는 내용을 표현하는 사람

② 듣는 이(읽는 이) : 말하는 이(글쓴이)가 표현한 내용을 수용하는 사람

③ 전달하려는 내용 : 말하는 이(글쓴이)와 듣는 이(읽는 이) 사이에 주고받는 정보

④ 맥락
  – 상황 맥락 : 담화가 이루어지는 구체적인 시간과 공간
  – 사회·문화적 맥락 : 담화에 영향을 주는 사회·문화·역사적 상황 및 언어 공동체의 의식이나 가치 등

지역	같은 언어를 사용하더라도 지역에 따라 말이 달라지기도 하는데, 이를 '지역 방언'이라고 함 예 '부추'를 경상, 전북 등에서는 '정구지'라고 함
세대	세대에 따라 사용하는 언어가 달라지기도 함 예 젊은 세대는 '문상(문화 상품권)', '열공(열심히 공부함)' 등의 줄인 말을 즐겨 사용함
문화	문화권에 따라 그 나라만의 관습적인 언어 표현을 사용하기도 함 예 뜨거운 국물을 마시면서 '시원하다'라고 하는 것
역사적 상황	특정한 역사를 배경으로 한 담화는 말하는 이와 듣는 이가 그 역사적 상황과 정서를 같이 공유하고 있을 때 원활한 의사소통이 이루어질 수 있음

| 01~03 | **다음 설명이 맞으면 ○표, 틀리면 X표를 하시오.**

01 머릿속의 생각이 구체적인 의사소통 상황에서 문장으로 나타나는 것을 발화라고 한다. ( )

02 구체적인 맥락 속에서 이루어지는 발화의 연속체를 담화라고 한다. ( )

03 담화는 말하는 이(글쓴이), 듣는 이(읽는 이), 전달하려는 내용으로 구성된다. ( )

| 04~06 | **다음 빈칸에 들어갈 알맞은 말을 〈보기〉에서 골라 쓰시오.**

〈 보기 〉
사회·문화적 맥락   의사소통   상황 맥락

04 담화가 이루어지는 맥락을 고려해야 담화의 의미를 이해하며 원활하게 ( )을 할 수 있다.

05 담화가 이루어지는 구체적인 시간과 공간을 ( )이라고 한다.

06 ( )은 담화에 영향을 주는 사회·문화적·역사적 상황 및 언어 공동체의 의식이나 가치 등을 의미한다.

| 07~09 | **다음은 담화의 구성 요소이다. 관계있는 것끼리 바르게 연결하시오.**

07 아침, 점심, 등교 시간, 점심시간 등 •   • ㉠ 공간

08 집, 도서관, 교실, 운동장 등 •   • ㉡ 시간

09 칭찬, 감사, 격려, 설득, 양보 등 •   • ㉢ (담화의) 목적

10 **담화에 대한 설명으로 적절하지 않은 것은?**

① 머릿속의 생각이 구체적인 의사소통 상황에서 문장 단위로 나타나는 것을 담화라고 한다.

② 담화는 담화 참여자, 전달하려는 내용, 상황 맥락, 사회·문화적 맥락으로 구성된다.

③ 말하는 이(글쓴이)는 전달하고자 하는 내용을 표현하는 사람이다.

④ 말하는 이(글쓴이)와 듣는 이(읽는 이)의 의도나 처지, 관계에 따라 담화 내용이나 표현 등이 달라진다.

⑤ 같은 말이라도 담화가 이루어지는 상황 맥락이 달라지면 그 뜻이 달라질 수 있다.

11 〈보기〉의 (가)와 (나)에서 밑줄 친 기영의 말이 뜻하는 바가 달라지는 요인으로 가장 적절한 것은?

〈 보기 〉

(가) (교실에서 영어 시험을 준비하는 친구에게)
　　기영 : 잘 봐.
(나) (도서관에 가기 위해 집을 나서면서 집에 있는 동생에게)
　　기영 : 잘 봐.

① 성별　　　　② 지역　　　　③ 공간
④ 국적　　　　⑤ 세대

수행평가형

12 〈보기〉는 담화의 사회·문화적 맥락에 대한 설명이다. ㉠에 공통으로 들어갈 알맞은 말을 쓰시오.

〈 보기 〉

　특정한 (　㉠　)를 배경으로 한 담화는 말하는 이(글쓴이)와 듣는 이(읽는 이)가 그 (　㉠　)적 상황과 정서를 같이 공유하고 있을 때 원활한 의사소통이 이루어질 수 있다.

개념 070 담화의 표현 요소와 담화의 유형

(1) 담화의 표현 요소

① 지시 표현 : 사람이나 사물, 사건을 가리키는 말. 말하는 이(글쓴이)와 듣는 이(읽는 이)의 거리에 따라 달리 표현됨
　예 이것, 그것, 저것, 이렇게, 그렇게
② 생략 표현 : 말하는 이(글쓴이)가 전달하고자 하는 정보가 장면이나 맥락을 통해 충분히 전달될 수 있을 때 사용. 정보성이나 경제성을 드러내는 표현으로 쓰임
　예 민영 : 명수 뭐 하니?
　　　인철 : (명수가) 자.
③ 높임 표현 : 말하는 이(글쓴이)와 듣는 이(읽는 이)의 상하 관계와 친소(친함과 친하지 않음) 관계에 따라 구별하여 씀
　예 수연 : 어머니, 이제 오세요?
　　　수연 : 진우야, 이제 오니?
④ 심리적 태도 표현 : 주로 용언의 어미를 통해 말하는 이(글쓴이)의 심리적 태도를 드러냄
　예 성규는 책을 읽고 있겠다 / 있니 / 있구나……
　　　→ '있겠다'는 추측, '있니'는 의문, '있구나'는 감탄의 태도를 드러냄

(2) 담화의 유형

① 정보 제공 담화 : 듣는 이(읽는 이)에게 정보를 제공하는 것이 목적인 담화
　예 뉴스, 보고서
② 호소 담화 : 듣는 이(읽는 이)를 설득하는 것이 목적인 담화
　예 광고, 연설, 논설문
③ 약속 담화 : 발화의 내용을 수행하겠다는 말하는 이(글쓴이)의 다짐을 담고 있는 담화
　예 맹세, 선서, 보증서
④ 친교 담화 : 말하는 이(글쓴이)와 듣는 이(읽는 이) 사이의 인간관계 형성을 위한 담화
　예 잡담, 인사말, 문안 편지
⑤ 선언 담화 : 말하는 이(글쓴이)가 자신의 의견이나 주장을 외부에 정식으로 밝히는 담화
　예 개회 선언, 임명장

| **13~15** | 다음 밑줄 친 지시 표현이 가리키는 것을 쓰시오.

13 나는 아이들에게 꽃을 그려 보라고 하였다. 장미를 그리고 싶다면 <u>그것</u>을 그려 보라고 하였다.
　　　　　　　　　　　(　　　　　　)

14 경주에 도착하면 <u>거기</u>서는 지수가 안내를 하기로 했다.
　　　　　　　　　　　(　　　　　　)

15 아침에 비가 와서 우산을 가져왔는데, 낮에 비가 그치는 바람에 깜박 잊고 교실에 <u>그것</u>을 놓고 왔다.
　　　　　　　　　　　(　　　　　　)

수행평가형

16 〈보기〉의 밑줄 친 부분에서 생략된 내용을 복원하여 쓰시오.

〈 보기 〉

예은 : 오늘 도서관에서 누구 만났어?
완수 : <u>정아.</u>

| **17~19** | 다음 설명이 맞으면 ○표, 틀리면 X표를 하시오.

17 뉴스, 보고서처럼 정보를 제공하는 것이 목적인 담화를 선언 담화라고 한다.　　　　　　　(　　)
18 광고, 설교, 연설문은 호소 담화에 속한다.　(　　)
19 약속 담화는 발화의 내용을 수행하겠다는 다짐을 담고 있는 담화이다.　　　　　　　　　　(　　)

| 20~24 | 다음 담화에 해당하는 유형을 〈보기〉에서 찾아 쓰시오.

〈 보기 〉

정보 제공 담화　　호소 담화

약속 담화　　친교 담화　　선언 담화

20 경호 : 수진아, 오랜만이야. 요즘 잘 지내?

(　　　　　　　)

21 연희 : 형진아, 이따 도서관에 오면 책을 빌려줄게.

(　　　　　　　)

22 선생님 : 김명수를 이번 학기 회장으로 임명합니다.

(　　　　　　　)

23 연설자 : 파괴되고 있는 자연을 외면한다면 우리의 삶도 함께 파괴될 겁니다. 여러분의 관심이 필요합니다.

(　　　　　　　)

24 기자 : 12시 뉴스를 말씀드리겠습니다. 한국은행이 올해 국내 총생산(GDP) 성장률 전망을 지난 5월 3.0%에서 2.7%로 0.3%포인트 내렸습니다.

(　　　　　　　)

26 〈보기 1〉을 참조하여 〈보기 2〉의 ⓐ~ⓕ 중, 가리키는 대상이 같은 것끼리 묶은 것은?

〈 보기 1 〉

'이', '그', '저'는 대상과 말하는 이, 듣는 이 사이의 거리에 따라 선택되는 단어이다. '이'는 말하는 이에게 좀 더 가까운 대상을, '그'는 말하는 이에게는 멀지만 듣는 이에게 가까운 대상을, 그리고 '저'는 말하는 이와 듣는 이 모두에게 멀리 떨어진 대상을 가리킬 때 사용한다.

〈 보기 2 〉

영미 : ⓐ이 책은 너무 따분해. 수철아, ⓑ그 책 다 읽었니?

수철 : ⓒ이 책을 다 읽으려면 아직 멀었어. ⓓ그 책이 재미없으면 ⓔ저 책을 읽어 봐.

영미 : ⓕ저 책은 이미 읽어 봤어.

① ⓐ, ⓒ　　　　　　② ⓐ, ⓓ

③ ⓑ, ⓔ　　　　　　④ ⓑ, ⓕ

⑤ ⓒ, ⓕ

25 〈보기〉의 ㉠~㉢에 대한 설명으로 적절하지 <u>않은</u> 것은?

〈 보기 〉

학생 : 안녕하세요? 인터뷰 때문에 원장님을 ㉠뵈러 왔습니다.

직원 : 지금 ㉡계시긴 한데 혹시 미리 약속은 하셨나요?

학생 : ㉢이틀 전에 제가 원장님과 통화를 했는데, 오늘 오라고 ㉣말씀하셨어요.

직원 : 아, 그러세요? ㉤저쪽으로 들어가시면 됩니다.

학생 : (노크 후 방 안으로 들어서며) 원장님, 안녕하세요? 오늘 뵙기로 한 김○○입니다.

원장 : 아, ㉥김 선생님 따님이군요. ㉦지난번에 전화로 약속을 잡았었죠? 이쪽에 앉으세요.

학생 : 고맙습니다. 그럼 그때 ㉧말씀을 드렸던 주제로 인터뷰를 시작하겠습니다.

① ㉠과 ㉡은 동일한 인물을 높이기 위해 사용한 표현이다.

② ㉢과 ㉦은 동일한 날을 지칭하는 표현이다.

③ ㉣과 ㉧은 화자가 자신의 행위를 낮추기 위해 사용한 표현이다.

④ ㉤은 화자와 청자로부터 멀리 떨어진 곳을 지시하는 표현이다.

⑤ ㉥은 현재의 담화 상황에 참여하지 않는 인물을 지칭하는 표현이다.

27 〈보기〉의 ㉠~㉤에 대한 설명으로 적절하지 <u>않은</u> 것은?

〈 보기 〉

효준 : 여기 운동화 정말 많다. 뭘 사야 할지 모르겠어.

유로 : 그래? 그럼 내가 하나 골라 줄까? ㉠저건 어때?

효준 : ㉡저기 진열되어 있는 거 말이야?

유로 : 그래. 가서 한번 신어 봐.

효준 : (진열대 앞으로 가서) ㉢이거 말하는 거지?

유로 : (뒤따라오며) 응, ㉣그거.

효준 : 디자인은 괜찮네. 그런데 조금 비싼 것 같지 않아?

유로 : 그러면 전에 우리 같이 갔던 □□ 매장에서 할인 행사 중이던데 ㉤거기 한번 가 보자.

효준 : 좋아. 같은 물건이면 싼 것이 더 좋지.

① ㉠은 '효준'과 '유로' 모두에게 멀리 있는 사물을 가리키는 표현이다.

② ㉡을 사용하여 '효준'이 지시한 장소는 ㉠이 나타내는 장소와 동일하다.

③ ㉢은 '유로'보다 '효준'에게 가까이 있는 사물을 가리키는 표현이다.

④ ㉣을 사용하여 '유로'가 가리킨 사물은 ㉢이 나타내는 사물과 동일하다.

⑤ ㉤은 '효준'과 '유로'의 눈에 현재 보이지 않는 장소를 가리키는 표현이다.

28 〈보기〉의 ㉠~㉤에 대한 설명으로 적절하지 <u>않은</u> 것은?

〈보기〉

지완 : (밖에서 들어오며) 어휴, 춥다! (무릎 담요를 가리키며) ㉠그것 좀 줘 봐.

원세 : (담요를 건네주며) 많이 추워? 그럼 ㉡저 난로 옆으로 가서 몸 좀 녹여. 일기예보에서는 날이 풀린다고 하던데.

지완 : 나도 ㉢그렇게 뉴스에서 들었거든. 그런데도 좀 춥네.

원세 : ㉣그나저나 너, 다음 주에 제출할 작품은 다 완성했니?

지완 : ㉤그거? 천천히 하면 되지 뭐.

원세 : (웃으며) 넌 여전히 발등에 불이 떨어져야 일을 하는구나.

① ㉠은 '지완'이 지시하는 대상이 '원세'에게 가까이 있음을 나타낸다.

② ㉡은 '원세'가 지시하는 대상을 '지완'이도 볼 수 있음을 전제로 한다.

③ ㉢은 '원세'가 직전에 한 말을 대신 표현하여 담화의 중복을 피한다.

④ ㉣은 지금까지 둘이 나눈 대화의 화제를 다른 데로 돌리는 기능을 한다.

⑤ ㉤은 '지완'이 지시하는 대상이 자신이 이미 언급했던 대상임을 나타낸다.

29 〈보기〉의 ㉠~㉤에 나타난 심리적 태도로 적절하지 <u>않은</u> 것은?

〈보기〉

○ 어미를 사용하여 추정, 감탄, 단정, 확인, 의지, 전달 등의 화자의 심리적 태도를 드러낼 수 있다.

영희 : 너 오늘 산에 간다고 했잖아. 오늘 간 거 ㉠맞지?

철수 : 아니, 못 갔어. 내일은 꼭 가고 ㉡말겠어.

영희 : 그럼 너희 형은?

철수 : 아마 ㉢갔을걸. 아까 엄마 말씀이 ㉣갔다더라고.

영희 : 우와, 너희 형은 정말로 ㉤대단하구나.

① ㉠ : 확인   ② ㉡ : 의지

③ ㉢ : 추정   ④ ㉣ : 단정

⑤ ㉤ : 감탄

30 〈보기〉의 ㉠~㉤에 대한 설명으로 적절하지 <u>않은</u> 것은?

〈보기〉

지수 : 성모야, 내가 낀 장갑 어때?

성모 : ㉠그것 참 예쁘네. 어디서 샀어?

지수 : 우리 언니가 생일 선물로 준 건데, 우리 동네 시장에 있는 가게에서 샀대. 거기 가르쳐 줄까?

성모 : ㉡여기서 쉽게 찾아갈 수 있을까?

지수 : ㉢저기 학교 앞 정류소에서 11번 버스를 타고 다섯 번째 정류소에서 내리면 편의점이 있을 거야. ㉣거기서 우측 골목으로 조금 더 가면 바로 ㉤그곳이야.

① ㉠은 '지수'가 끼고 있는 '장갑'을 가리키는 말이다.

② ㉡은 '성모'와 '지수'가 대화하고 있는 장소를 가리키는 말이다.

③ ㉢은 듣는 이인 '성모'와 가까이 있는 장소를 가리키는 말이다.

④ ㉣은 대화 상황에서 눈에 보이지 않는 장소로, '편의점'을 가리키는 말이다.

⑤ ㉤은 '지수'의 언니가 장갑을 산 '가게'를 가리키는 말이다.

31 다음 중 담화의 의도를 표현하는 방식이 나머지와 <u>다른</u> 하나는?

① (버스 문 앞에 있는 사람에게) 내립시다.

② (동생이 언니에게) 주말에 영화 보러 가자.

③ (반장이 떠드는 학생에게) 시끄러워 집중이 안 돼.

④ (밤늦게 게임을 하는 아들에게) 내일 학교 안 가니?

⑤ (사장이 실수가 잦은 직원에게) 일한 지 몇 년이 되었죠?

암기 톡톡

• **담화의 개념과 구성 요소**

① 담화 : 구체적인 맥락 속에서 이루어지는 발화(문장)나 발화(문장)의 연속체

② 담화의 구성 요소 : 말하는 이(글쓴이), 듣는 이(읽는 이), 전달하려는 내용, 맥락(상황 맥락, 사회·문화적 맥락)

• **담화의 표현 요소와 담화의 유형**

① 담화의 표현 요소 : 지시 표현, 생략 표현, 높임 표현, 심리적 태도 표현 등

② 담화의 유형 : 정보 제공 담화, 호소 담화, 약속 담화, 친교 담화, 선언 담화

01 〈보기〉의 ㉠의 예로 가장 적절한 것은?

〈 보기 〉

　명령문은 대개 용언의 어간에 '–아라/–어라'를 붙여 직접적으로 말하는 이의 요구를 표현한다. 그런데 발화 상황에 따라 말하는 이가 요구하는 바를 평서문을 통해 듣는 이에게 간접적으로 표현할 수도 있다. ㉠청자에게 어떠한 행동을 하지 않도록 주의하게 하는 경우가 그중 하나인데, 이때는 염려됨을 나타내는 종결 어미를 사용한다.

① (늦게 귀가한 아들에게 엄마가) 좀 일찍 다녀라.
② (떠들고 있는 아이에게 할머니가) 조용히 좀 해라.
③ (급하게 내리막길을 내려가는 아들에게 아빠가) 그러다 넘어질라.
④ (새로운 식당에 다녀온 언니가 동생에게) 그 집은 반찬이 정말 맛있더라.
⑤ (중학생을 대상으로 한 강연에서 연설자가) 젊은이들이여, 세상을 바꿔라.

02 〈보기〉의 ㉠~㉤에 대한 설명으로 적절하지 않은 것은?

〈 보기 〉

　정국과 은영이 학교 매점에서 대화를 나누고 있다.

정국 : 어릴 적 친구가 미술 전시회에 초대했는데, 같이 갈 사람이 없어서 고민이야. (말끝을 흐리며) 꼭 와 달라고 했는데…… 이번 주말에 뭐 해?
은영 : 글쎄, 아직 계획은 없어. 어, ㉠그건 혹시 나한테 전시회에 같이 가자는 소리?
정국 : (웃으면서) 괜찮다면. 친구가 ㉡자기 그림이 걸린다고 신신당부를 해서 말이야. ㉢더구나 미술 수행 평가인 전시회 감상문 쓰기도 해야 하고.
은영 : 미술 전시회라니 재미있겠다. 어디에서 하는데?
정국 : 잠깐만, 초대장을 확인해 볼게. (잠시 후) ㉣여기 보니까 장소는 구립 미술관이래.
은영 : 와, 나 ㉤거기 근처에 볼일이 있었는데. 좋아, 그러면 토요일에 같이 가자.

① ㉠은 앞서 언급된 정국의 말인 '이번 주말에 뭐 해?'를 가리키고 있다.
② ㉡은 담화의 맥락을 고려할 때, 문장의 화자인 정국을 가리키고 있다.
③ ㉢은 앞의 내용에 새로운 내용을 덧붙이는 기능을 하며, '게다가'로 바꾸어 쓸 수 있다.
④ ㉣은 가리키는 대상인 '초대장'이 대화 상황에서 눈에 보이는 대상임을 나타내고 있다.
⑤ ㉤은 앞에서 정국이 이야기한 곳인 '구립 미술관'을 가리키고 있다.

수능형

03 〈보기〉를 참고할 때, 청자가 맥락을 고려하여 담화의 의미를 해석한 예로 볼 수 없는 것은?

〈 보기 〉

　담화의 의미는 일차적으로 담화에 제시된 언어적 표현들에 의해 형성된다. 하지만 담화는 구체적인 상황 속에서 이루어지는 의사소통 행위이므로, 담화의 의미는 맥락을 참고하여 해석되어야 한다. 예를 들어, 지하철에서 시끄럽게 떠드는 아이들을 보고 언짢아진 승객이 "아이들이 참 활발하네요."라는 말을 아이 엄마에게 건넸다면 승객의 발화 의도는 맥락을 고려하여 해석되어야 한다. 만약 아이 엄마가 승객의 발화 의도를 칭찬으로 이해하고 "감사합니다. 제가 아이들을 워낙 밝게 키워서요."라고 대답한다면, 이는 맥락을 고려하여 담화의 의미를 파악한 것이라고 보기 어려울 것이다.

① ┌ 학생 1 : (빈 의자를 가리키며) 여기 자리 있나요?
　└ 학생 2 : 아니요. 앉으세요.
② ┌ 손님 : (상점을 나가면서 인사치레로) 다음에 올게요.
　└ 점원 : 네. 다음에 오시는 예약은 언제로 잡을까요?
③ ┌ 엄마 : (얇은 옷을 입고 나갈 준비를 하는 딸에게) 날씨가 춥다.
　└ 딸 : 괜찮아요. 금방 들어올 건데요, 뭐.
④ ┌ 교사 : (에어컨이 꺼진 교실에 들어오며) 얘들아, 너희 덥지 않니?
　└ 학생 : 에어컨을 켤게요.
⑤ ┌ 관광객 : (스마트폰으로 지도를 보여 주며) 연남동이 어디인지 아세요?
　└ 행인 : 죄송하지만 저도 처음이에요.

수능형
04 〈보기 1〉을 참고하여 〈보기 2〉를 이해한 내용으로 적절하지 <u>않은</u> 것은?

〈 보기1 〉

실제 발화의 의미는 말하는 이, 듣는 이, 장면 등 담화를 구성하고 있는 다양한 요소들을 고려해야만 제대로 이해할 수 있다. 발화에서의 지시 표현은 시간적, 공간적 장면이 있어야 그 의미를 정확히 이해할 수 있고, 높임 표현도 구체적인 발화 상황을 고려했을 때 인물들 사이의 상하 관계나 친소 관계를 정확하게 파악할 수 있다. 또한, 확신이나 추정 등 말하는 이의 심리적 태도나 의도, 생략된 내용 등을 정확하게 파악하려면 담화 맥락과 상황을 고려해야 한다.

〈 보기 2 〉

희진 : 여기 있던 빵 누가 치웠어? (기철을 쳐다보며) ㉠네가 먹었지?

기철 : 아니, 내가 먹은 건 아니고 아까 민호가 배고프다고 해서 줬어.

희진 : 아이고, ㉡참 잘하셨네요.

기철 : 그 빵이 네 빵이었어? 미안해, ㉢대신 이 과자라도 먹을래?

희진 : 그거? 그래, ㉣먹을래. (과자를 먹다가 건네며) 근데 넌 배 안 고파?

기철 : ㉤난 점심 먹었어.

① ㉠ : 희진의 행위를 고려할 때 '먹었지?'라는 표현은 어떤 사실에 대해 의심하면서 이를 확인하려는 심리를 전달한다.

② ㉡ : 발화 상황을 고려할 때 '참 잘하셨네요.'는 표현된 진술과 발화의 의도가 일치하지 않음을 알 수 있다.

③ ㉢ : 이어지는 희진의 반응을 고려할 때 '이'라는 지시 표현은 '과자'가 기철보다는 희진에게 가까운 위치에 있음을 나타낸다.

④ ㉣ : 기철의 직전 발화 내용을 고려할 때 행위의 주체와 대상이 생략되었음을 알 수 있다.

⑤ ㉤ : 과자를 건네는 희진의 행위와 마지막 물음에 담긴 의도를 고려할 때 제안을 거절하려는 기철의 심리가 담겨 있다.

수능형
05 〈보기〉의 (가)를 바탕으로 (나)를 이해한 내용으로 적절하지 <u>않은</u> 것은?

〈 보기 〉

(가) 하나 이상의 발화가 유기적으로 연결된 것을 담화(談話)라고 한다. 담화를 정확하고 적절하게 이해하기 위해서는 담화 내부의 ⓐ언어적 맥락뿐만 아니라 비언어적 맥락 또한 파악해야 한다. 비언어적 맥락에는 담화가 이루어지는 시간, 장소, 목적 등을 포함하는 ⓑ상황 맥락과 국가, 제도, 문화 등을 포함하는 사회·문화적 맥락이 있다.

(나)

○ 쌀쌀한 교실에서

선희 : 조금 춥구나!

철호 : 나도 조금 추워!

영수 : 창문 닫아 줄까? ·················· ㉠

철호 : 고마워. 일어나기가 귀찮아서 참고 있었어. ····· ㉡

선희 : 영수야, 난 그냥 조금 쌀쌀해서 한 말이었어. ··· ㉢

○ 사람들로 붐비는 버스에서

승객 1 : 내립시다.

승객 2 : 전 이번에 안 내리는데요. ·············· ㉣

승객 1 : 좀 비켜 달라고요! ·················· ㉤

① ㉠ : '영수'는 '선희'와 '철호'의 발화를 ⓑ를 중심으로 이해하였다.

② ㉡ : '철호'는 '영수'가 자신의 발화를 ⓑ를 중심으로 정확히 이해했음을 알려 주었다.

③ ㉢ : '선희'는 '영수'에게 앞선 자신의 발화가 ⓐ를 중심으로 이해되어야 함을 밝혔다.

④ ㉣ : '승객 2'는 '승객 1'의 발화를 ⓑ를 중심으로 이해하였다.

⑤ ㉤ : '승객 1'은 '승객 2'가 ⓐ를 중심으로 이해하도록 말하였다.

(1) 한글의 창제 원리와 한글의 우수성

개념 쏙쏙! 내신 쑥쑥!

개념 071 한글의 창제 정신

(1) 한글 창제 이전의 문자 생활

① 우리나라 말을 표기하기 위한 글자가 없었음

② 우리말을 표기하기 위해 중국의 문자인 한자를 사용함

→ 한자의 음과 뜻을 빌려서 우리말을 표기하는 것을 차자 표기라고
하며, '이두, 구결, 향찰' 등이 있었어. 하지만 애초에 한자를 잘
알아야 쓸 수 있었다는 게 문제!!

(2) 우리 문자의 필요성과 한글의 창제 정신

① 우리 문자의 필요성 : 우리말과 중국 말은 말소리와 문장 구조가 달라서, 한자로 우리말을 표기하는 데 근본적인 한계가 있었음. 또한 한자의 글자 수가 많아 일반 백성들은 배우기가 힘들었음

② 훈민정음의 창제와 반포 : 세종 대왕이 1443년에 '훈민정음'을 창제하고 1446년에 이를 반포함

→ '훈민정음'은 '백성을 가르치는 바른 소리'라는 뜻이야.

③ 훈민정음의 창제 정신

자주 정신	우리말이 중국 말과 달라 문자로 서로 통하지 않으므로, 우리말에 맞는 문자가 필요함
애민 정신	문자를 몰라 자신의 뜻을 표현하지 못하는 백성들을 불쌍하게 여김
창조 정신	이전까지 쓰던 한자와는 완전히 다른 28개의 새로운 글자(자음과 모음)를 만듦
실용 정신	누구나 쉽게 익혀서 날마다 편하게 쓸 수 있는 글자를 만들고자 함

| 01~03 | 다음 설명이 맞으면 ○표, 틀리면 X표를 하시오.

01 한글 창제 이전에는 우리말이 없었다. ( )

02 한자의 음과 뜻을 빌려 우리말을 표기하는 것을 차자 표기라고 한다. ( )

03 세종 대왕은 1446년에 훈민정음을 만들었다. ( )

| 04~06 | 훈민정음의 창제 정신과 그에 해당하는 내용을 바르게 연결하시오.

04 자주 정신 • • ㉠ 문자로 의사소통하지 못하는 백성들을 불쌍하게 여김

05 애민 정신 • • ㉡ 쉽게 익히고 편안하게 쓸 수 있는 글자를 만들고자 함

06 실용 정신 • • ㉢ 우리말이 중국 말과 달라 우리 문자가 필요함

---

07 〈보기〉에 대한 설명으로 가장 적절한 것은?

〈 보기 〉

이두, 구결, 향찰

① 한글 창제 이후의 표기법들이다.

② 한자의 음과 뜻을 빌려 쓴 표기법이다.

③ 우리글을 표기하기 위한 여러 가지 방법이다.

④ 한자를 배우지 못한 사람도 사용할 수 있는 방법이다.

⑤ 우리 문자가 없을 때 한자를 좀 더 편하게 쓰기 위해 만들어진 방법이다.

08 다음 중 훈민정음 창제와 관련된 내용으로 적절하지 <u>않은</u> 것은?

① 훈민정음은 세종 대왕이 1443년에 만들었다.

② 한자를 참고하여 자음자와 모음자를 만들었다.

③ 훈민정음은 '백성을 가르치는 바른 소리'라는 뜻이다.

④ 훈민정음으로 우리말을 제대로 표기할 수 있는 문자를 갖게 되었다.

⑤ 훈민정음에는 백성을 가엽게 여기는 세종 대왕의 마음이 들어 있다.

수행평가용

09 〈보기〉는 훈민정음 창제의 목적과 정신이 담겨 있는 '훈민정음 언해본'의 내용이다. ㉠이 가리키는 내용이 무엇인지 쓰시오.

〈 보기 〉

우리나라의 말이 중국과 달라 한자와는 서로 통하지 아니하여서, 이런 까닭에 어리석은 백성이 말하고자 하는 바가 있어도 끝내 제 뜻을 펴지 못하는 사람이 많다. 내가 ㉠이것을 가엾게 생각하여 새로 스물여덟 글자를 만드니, 모든 사람으로 하여금 쉽게 익혀서 날마다 쓰는 데 편하게 하고자 할 따름이다.

암기 톡톡

• 한글의 창제 정신

① 자주 정신   ② 애민 정신

③ 창조 정신   ④ 실용 정신

개념 072 자음의 창제 원리

(1) 자음자의 창제 원리

① 상형의 원리 : 발음 기관의 모양을 본떠 기본자 'ㄱ, ㄴ, ㅁ, ㅅ, ㅇ'을 만듦

② 가획의 원리 : 자음 기본자에 획을 더해 새로운 글자(ㄱ → ㅋ / ㄴ → ㄷ, ㅌ / ㅁ → ㅂ, ㅍ / ㅅ → ㅈ, ㅊ / ㅇ → ㆆ, ㅎ)를 만듦. 획을 하나씩 더할 때마다 소리가 더 세지는 특징이 있음

③ 이체자 : 모양이 다른 글자. 'ㆁ, ㄹ, ㅿ'이 있음

→ 훈민정음 창제 당시 자음은 'ㄱ, ㅋ, ㄴ, ㄷ, ㅌ, ㅁ, ㅂ, ㅍ, ㅅ, ㅈ, ㅊ, ㅇ, ㆆ, ㅎ, ㆁ, ㄹ, ㅿ'으로 모두 17자였어.

(2) 병서법과 연서법

① 병서법 : 자음자를 옆으로 나란히 쓰는 방법. 각자 병서(같은 자음을 나란히 쓰는 것)와 합용 병서(서로 다른 자음을 나란히 쓰는 것)
   예 ㄲ, ㄸ, ㅃ, ㅆ, ㆅ / ㅺ, ㅄ, ㅼ, ㅽ, ㅾ, ㅄ 등

② 연서법 : 자음자 둘을 위아래로 잇대어 쓰는 방법
   예 ㅱ, ㅸ, ㅹ, ㅿ

(3) 훈민정음 자음 표

발음 위치와 본뜬 모양		기본자	가획자	이체자
	혀뿌리가 목구멍을 막는 모양 어금닛소리	ㄱ	ㅋ	ㆁ
	혀가 윗잇몸에 닿는 모양 혓소리	ㄴ	ㄷ, ㅌ	ㄹ
	입의 모양 입술소리	ㅁ	ㅂ, ㅍ	
	이의 모양 잇소리	ㅅ	ㅈ, ㅊ	ㅿ
	목구멍의 모양 목구멍소리	ㅇ	ㆆ, ㅎ	

│10~12│ 다음 설명이 맞으면 ○표, 틀리면 X표를 하시오.

10 훈민정음 창제 당시의 자음은 17자이다. ( )

11 자음 기본자의 창제 원리는 상형과 가획의 원리이다. ( )

12 연서법은 자음자 둘을 위아래로 잇대어 쓰는 방법이다. ( )

13 자음자의 창제 원리에 대한 설명으로 적절하지 <u>않은</u> 것은?

① 자음 기본자는 상형의 원리로 만들어졌다.

② 기본자를 바탕으로 더 많은 자음을 만들었다.

③ 기본자에 획을 더하면 소리가 점점 세어진다.

④ 이체자는 기본자와 발음 위치가 전혀 다르다.

⑤ 자음 기본자는 입, 혀, 목구멍 등 발음 기관의 모양을 본떴다.

14 다음 중 글자를 만든 방식이 <u>다른</u> 하나는?

① ㅋ   ② ㄷ   ③ ㅎ

④ ㅈ   ⑤ ㅅ

15 다음 중 가획의 원리를 보여 주는 사례가 <u>아닌</u> 것은?

① ㄱ → ㅋ   ② ㅁ → ㅱ

③ ㄷ → ㅌ   ④ ㅂ → ㅍ

⑤ ㅅ → ㅈ

16 훈민정음 자음자에 대한 설명으로 적절한 것은?

① 'ㅈ → ㅉ → ㅊ'의 원리로 가획이 된다.

② 'ㅅ, ㅇ'은 자연의 모양을 본떠 만든 글자이다.

③ 자음 기본자는 'ㄱ, ㄴ, ㄷ, ㄹ, ㅁ, ㅂ, ㅇ'이다.

④ 'ㄱ, ㅋ, ㆁ'은 같은 위치에서 발음되는 소리이다.

⑤ 기본자의 창제 원리에는 병서법과 연서법도 해당된다.

17 〈보기〉에 제시된 자음의 공통점으로 가장 적절한 것은?

〈 보기 〉
ㄲ, ㄸ, ㅃ, ㅆ, ㅉ

① 상형의 원리로 만들어진 글자이다.

② 새로 만든 28자에 포함되는 글자이다.

③ 기본자에서 획을 가장 많이 더한 글자이다.

④ 자음의 기본자를 나란히 써서 만든 글자이다.

⑤ 둘 이상의 같은 자음을 가로로 붙여 쓴 글자이다.

암기 톡톡

• **자음의 창제 원리**
① 상형의 원리 : 발음 기관의 모양을 본떠 기본자(ㄱ, ㄴ, ㅁ, ㅅ, ㅇ)를 만듦
② 가획의 원리 : 기본자에 획을 더하여 만듦
③ 이체자 : 모양을 달리하여 만든 글자

(1) 모음자의 창제 원리

① 상형의 원리 : '하늘, 땅, 사람'의 모양[우주 자연의 모습]을 본떠 기본자인 '·, ㅡ, ㅣ'를 만듦

② 합성의 원리 : 기본자인 '·, ㅡ, ㅣ'를 위아래, 좌우로 결합하여 초출자와 재출자를 만듦

→ 훈민정음 창제 당시 모음은 '·, ㅡ, ㅣ, ㅗ, ㅜ, ㅏ, ㅓ, ㅛ, ㅠ, ㅑ, ㅕ'로 모두 11자였어.

| 초출자 | 기본자인 '·'와 'ㅡ, ㅣ'를 한 번만 합성함 | ㅏ, ㅓ, ㅗ, ㅜ |
| 재출자 | 초출자에 '·'를 다시 합성함 | ㅑ, ㅕ, ㅛ, ㅠ |

(2) 훈민정음 모음 표

상형	기본자	초출자	재출자
하늘의 둥근 모양	하늘[天] ·	· + ㅡ → ㅗ	ㅗ + · → ㅛ
땅의 평평한 모양	땅[地] ㅡ	ㅡ + · → ㅜ	ㅜ + · → ㅠ
사람이 서 있는 모양	사람[人] ㅣ	ㅣ + · → ㅏ	ㅏ + · → ㅑ
		· + ㅣ → ㅓ	ㅓ + · → ㅕ

| 18~20 | 다음 설명이 맞으면 ○표, 틀리면 ✕표를 하시오.

18 모음의 창제 원리는 상형과 합성의 원리이다. (   )

19 훈민정음 창제 당시의 모음은 11자이다. (   )

20 모음은 발음 기관의 모양을 본떠 만들었다. (   )

| 21~23 | 모음의 기본자와 본뜬 모양을 바르게 연결하시오.

21 · •

22 ㅡ •

23 ㅣ •

• ㉠

• ㉡

• ㉢

24 〈보기〉는 훈민정음 모음 기본자의 창제 원리에 대한 내용이다. 이에 해당하는 글자는?

〈 보기 〉

혀가 오그라져 소리가 깊으니 하늘이 자시(子時)에 열린 것처럼 맨 먼저 만들어졌다. 그 둥근 모양은 하늘을 본떴다.

① ㅏ   ② ·   ③ ㅡ

④ ㅗ   ⑤ ㅣ

25 〈보기〉에서 설명하는 모음에 해당하지 않는 것은?

〈 보기 〉

훈민정음의 모음은 기본자에 다른 기본자를 한 번 더하고, 여기에 '·'를 한 번 더 결합하여 만들었다.

① ㅛ   ② ㅑ   ③ ㅜ

④ ㅕ   ⑤ ㅠ

26 모음의 기본자가 한 번 결합하여 이루어진 글자가 아닌 것은?

① ㅑ   ② ㅜ   ③ ㅗ

④ ㅏ   ⑤ ㅓ

27 훈민정음의 모음 창제 원리에 대한 설명으로 가장 적절한 것은?

① 초출자는 기본자에 획을 더하여 만들어졌다.

② ㅛ, ㅠ는 '·'에 'ㅣ'가 결합하여 만들어졌다.

③ 모음은 기본자, 초출자, 재출자로 이루어졌다.

④ 기본자 중 땅의 모양을 본떠 만든 글자는 'ㅣ'이다.

⑤ '·, ㅡ, ㅣ'를 제외한 나머지 글자는 병서의 원리에 의해 만들어졌다.

수행평가형
28 모음의 기본자가 만들어진 원리를 구체적으로 각각 쓰시오.

암기톡톡
• **모음의 창제 원리**
① 상형의 원리 : '하늘, 땅, 사람'의 모양을 본떠 기본자를 만듦
② 합성의 원리 : 기본자인 '·, ㅡ, ㅣ'를 결합하여 초출자와 재출자를 만듦

개념 074 한글의 우수성

(1) **한글의 우수성** : 세상의 수많은 문자 중에서 만든 사람, 만든 시기, 만든 동기, 만든 원리 등이 문헌으로 남아 있는 몇 안 되는 문자이다.
  ① 독창성 : 한글은 다른 글자를 모방하거나 변형한 것이 아니라 새롭게 처음으로 만든 글자임
  ② 과학성과 체계성 : 발음 기관의 모양과 발음의 특성을 반영하여 글자를 만듦으로써, 같은 발음 기관에서 나오거나 소리가 비슷한 글자들은 글자 모양이 비슷함
  ③ 경제성 : 현재 사용되는 24개의 자모만으로 1만 자가 넘는 글자를 만들 수 있음
  ④ 실용성과 효율성 : 하나의 글자가 하나의 소리로 발음되는 음소 문자로 누구나 쉽게 읽고 쓸 수 있으며, 소리를 내는 단위인 음절 단위로 모아씀으로써 독해하기 쉬움
  ⑤ 편의성 : 자음자와 모음자의 수가 비슷하여 왼손과 오른손을 번갈아 가며 글자를 입력할 수 있으므로, 컴퓨터나 휴대 전화 등에서 입력이 빠르고 편리함
  → 한글은 정보화 사회에 아주 유용한 문자야.

(2) **한글의 우수성에 대한 세계적인 인식**
  ① 1989년 유네스코에서 〈세종 대왕 문해상〉을 제정 : 문맹 퇴치에 기여한 개인이나 단체에 수여하는 상으로, 훈민정음의 가치와 의의를 알 수 있음
  ② 1997년 유네스코에서 『훈민정음(해례본)』을 세계 기록 유산으로 지정함 → 『훈민정음(해례본)』은 새로 만든 문자 '훈민정음'의 창제 목적과 이 문자의 음가 및 운용법, 그리고 이들에 대한 해설과 용례를 붙인 책이야. 우리가 사용하는 언어인 한글(훈민정음)과는 다른 개념이지.

| 29~31 | 다음 설명이 맞으면 ○표, 틀리면 ✕표를 하시오.

29 한글은 수많은 문자 중 만든 사람과 시기가 문헌으로 존재하는 몇 안 되는 문자이다. ( )

30 한글은 하나의 글자가 하나의 소리로 발음되는 음소 문자이다. ( )

31 우리가 사용하는 언어인 한글은 1997년 유네스코 세계 기록 유산으로 지정되었다. ( )

| 32~34 | 다음 빈칸에 들어갈 알맞은 말을 쓰시오.

32 1989년 유네스코에서 문맹 퇴치에 기여한 개인이나 단체를 기리기 위하여 ( )을 만들었다.

33 한글은 현재 사용되는 ( )개의 자모로 1만 자가 넘는 글자를 만들 수 있는 경제적인 문자이다.

34 한글은 소리를 내는 단위인 ( ) 단위로 모아 쓰는 효율적인 문자이다.

35 다음 중 한글의 우수성에 해당하지 <u>않는</u> 것은?
① 체계성   ② 과학성   ③ 경제성
④ 실용성   ⑤ 모방성

36 〈보기〉를 통해 알 수 있는 한글의 우수성으로 적절한 것은?

〈 보기 〉
　한글은 초성과 중성, 종성을 합쳐서 음절 단위로 모아쓰는 방식을 사용한다.

① 뜻을 이해하기 쉽고, 문장을 읽기가 편하다.
② 사용된 글자를 파악하는 데 시간이 오래 걸린다.
③ 음절 단위로 쓰기 때문에 정보 전달력이 떨어진다.
④ 초성과 중성, 종성을 합쳐서 쓰기 때문에 글자가 복잡하다.
⑤ 모아쓰기 방식으로 인해 비슷한 글자들은 구별하기가 어렵다.

37 정보화 시대에 두드러지는 한글의 우수성에 대한 설명으로 가장 적절한 것은?
① 발음 기관의 모양을 본떠 만들어졌으므로 과학적이다.
② 창제 원리가 철학적이므로 정보를 암호화하는 데 유리하다.
③ 하나의 글자가 하나의 소리와 의미를 지니고 있어 쉽게 읽고 쓸 수 있다.
④ 자음자와 모음자의 수가 비슷하여 컴퓨터 자판에 자음과 모음을 적절히 배치할 수 있다.
⑤ 같은 발음 기관에서 나오거나 소리가 비슷한 글자들은 모양이 비슷하게 만들어져 있으므로 체계적이다.

수행평가형
38 한글이 독창적인 문자라는 평가를 받는 이유가 무엇인지 쓰시오.

_____
_____
_____

암기 톡톡
• 한글의 우수성
① 독창성, 과학성과 체계성, 경제성, 실용성과 효율성, 편의성
② 한글의 우수성을 세계적으로 인정받고 있음

(2) 남북한 언어의 차이점과 통일 시대의 국어 개념 쏙쏙! 내신 쑥쑥!

개념 075 남북한 언어의 차이점

(1) 남북한 언어 이질화의 원인

① 남북 분단 → 가장 근본적인 원인이야.

② 언어 규범의 차이 → 남한은 '표준어', 북한은 '문화어'로 언어 규범이 달라.

③ 이념과 정치 체제의 차이

④ 철자법 개정, 국어 순화 및 북한의 '말다듬기 사업' 등
→ '말다듬기 사업'은 북한에서 시행한 언어 사업이야. 고유어를 기본으로 한 하나의 체계로 단어들을 발전시키는 것을 목표로 했어.

(2) 남북한 언어의 차이점

① 맞춤법

내용	예
두음 법칙	남한(○) : 여자 / 북한(×) : 녀자
사잇소리 현상	남한(○) : 바닷가 / 북한(×) : 바다가
띄어쓰기	남한 : 단어별로 띄어 씀(좋은 것) 북한 : 의미 단위로 띄어 씀(좋은것)

② 음운 : 일부 자음의 이름이 다르고, 사전 배열 순서에도 차이가 있음
　예 남한 : ㄱ(기역), ㄷ(디귿), ㅅ(시옷)…
　　　북한 : ㄱ(기윽), ㄷ(디읃), ㅅ(시읏)…

③ 어휘 : 상대적으로 가장 큰 차이가 남

어휘 사정	남한	거위, 맷돌, 도시락, 앙가슴
	북한	게사니, 망돌, 곽밥, 동가슴
언어 정책 (말다듬기 사업)	남한	녹차, 냉수욕, 도넛
	북한	푸른차, 찬물미역, 가락지빵
이념과 제도	남한	자본주의 : 총선, 부가 가치세, 수능
	북한	공산주의 : 천리마운동, 량권
문화 (의미의 변화)	남한	동무 : 늘 친하게 어울리는 사람
	북한	동무 : 혁명을 위하여 함께 싸우는 사람을 친근하게 이르는 말

(3) 남북한의 어휘 비교

① 북한에만 있는 말 : 남한에서는 쓰이지 않는 어휘
　예 망탕(되는대로 마구), 숙보다(깔보다), 청년동맹
　－ 말다듬기를 통해 새로 생긴 어휘
　　예 목댕기(넥타이), 나리옷(드레스), 손기척(노크)
　－ 남한에서는 쓰이지 않는 관용 표현
　　예 가슴벽을 두드리다/울리다(감동을 주다, 심금을 울리다)

② 형태는 같으나 뜻이 다르거나 더해진 말
　예 소행(남한에서는 부정적인 느낌을 주지만 북한에서는 긍정적인 의미), 세포('당 기본 조직'이란 뜻으로도 씀)

③ 이념과 체제의 차이를 반영한 새말
　예 남한 : 새내기, 주말농장, 효도 관광
　　　북한 : 가두녀성(직장에 다니지 않고 가정에 있는 여성), 동요분자(사상이나 입장이 철저하지 못하여 이리저리 흔들리는 사람)

| 01~03 | 다음 설명이 맞으면 ○표, 틀리면 ×표를 하시오.

01 남북한 언어 이질화의 가장 큰 원인은 분단이다. (　　　)

02 남북한 모두 띄어쓰기를 하는 단위는 동일하다. (　　　)

03 남북한의 언어는 어휘, 문장, 어법 등 전반적인 면에서 차이가 있다. 　　　　　　　　　　　　　(　　　)

04 다음 중 남북한 언어 차이의 원인으로 적절하지 않은 것은?

① 서로 다른 정치 체제

② 표준어와 문화어 제정

③ 주요 산업 분야의 차이

④ 한국 전쟁으로 인한 단절

⑤ 말다듬기 사업과 철자법 개정

05 〈보기〉를 통해 알 수 있는 남북한 언어 차이와 관련된 음운 현상은?

〈 보기 〉

	남한	북한
노인(老人)	노인	로인

① 구개음화　　　　　　② 두음 법칙

③ 띄어쓰기　　　　　　④ 'ㅣ' 모음 역행 동화

⑤ 사잇소리 현상

| 06~08 | 다음은 언어 정책으로 인해 달라진 남북한의 어휘이다. 같은 의미를 가진 단어끼리 연결하시오.

06 녹차　　·　　　　　　·㉠　나뉜옷

07 냉수욕　　·　　　　　·㉡　찬물미역

08 투피스　　·　　　　　·㉢　푸른차

09 다음 중 남한의 단어와 형태는 같지만 의미가 다른 북한의 단어는?

① 거위　　　　　　　② 도넛

③ 동무　　　　　　　④ 도시락

⑤ 앙가슴

수능형

10 〈자료〉는 남한과 북한의 사전에서 찾은 단어를 사전에 실린 순서대로 정리한 표이다. 이에 대한 판단으로 적절하지 <u>않은</u> 것은?

〈 자료 〉

남한의 사전에서 찾은 것	북한의 사전에서 찾은 것
• **낙지** 문어과의 하나. 여덟 개의 발이 있고 거기에 수많은 빨판이 있다. • **뜰** 집 안의 앞뒤나 좌우로 가까이 딸려 있는 빈 터. • **잇몸** 이뿌리를 싸고 있는 살. • **킥오프**(kickoff) 축구에서 시합이 시작될 때, 공을 중앙선의 가운데에 놓고 차는 일. • **트랙터**(tractor) 무거운 짐이나 농기계를 끄는 특수 자동차.	• **낙지** 연체동물의 한 가지. 다리는 열 개인데 입을 둘러싸고 있다. • **첫차기** 축구 경기에서 경기장 중앙선에 놓여 있는 공을 경기 시작을 위하여 맨 처음에 차는 것 • **뜨락또르**(tractor) 농사일을 하거나 짐을 나르는 데 쓰이는 농기계의 하나. • **이몸** 이뿌리를 싸고 있는 살.

① '낙지'는 남북한에서 서로 다른 대상을 가리키는구나.

② 북한에서는 '킥오프'에 해당하는 말을 고유어로 쓰는구나.

③ '뜰'과 '뜨락또르'를 보니 남한과 북한은 사전의 단어 배열 순서가 같구나.

④ '트랙터'와 '뜨락또르'는 같은 외래어를 남북한이 서로 다르게 표기한 것이구나.

⑤ '잇몸'과 '이몸'을 보니 북한에서는 합성어를 만들 때 사이시옷(ㅅ)을 안 넣는구나.

| 11~13 | 북한에서는 외래어를 고유어로 바꾸어 쓰는 경우가 많다. 아래의 단어에 해당하는 남한 단어들을 바르게 연결하시오.

11 목댕기 •   • ㉠ 노크

12 나리옷 •   • ㉡ 드레스

13 손기척 •   • ㉢ 넥타이

---

14 다음 중 남북한의 언어 동질성 회복을 위한 방안이 <u>아닌</u> 것은?

① 남북한 언어의 공통점을 찾으려고 노력한다.

② 통일사전을 편찬하기 위해 남북한 교류를 늘린다.

③ 북한말을 쓰면서 익숙하게 하여 언어 차이를 줄인다.

④ 남북한의 언어는 본질적으로 하나라는 의식을 갖는다.

⑤ 남북한 언어학자들이 활발하게 만나서 맞춤법을 통일하려는 노력을 한다.

---

15 다음 중 북한에서만 쓰이는 말이 <u>아닌</u> 것은?

① 세포   ② 청년동맹

③ 동요분자   ④ 옷벗는칸

⑤ 가슴벽을 두드리다

수행평가형

16 〈보기〉의 ㉠에 들어갈 알맞은 말을 쓰시오.

〈 보기 〉

남한의 맞춤법은 '한글 맞춤법(1988)'을, 북한의 맞춤법은 '조선말 규범집(1987)'을 따르고 있다. 이 둘은 모두 1933년 조선어 학회가 제정한 '(㉠   )'을 뿌리에 두고 있다.

개념 076 **통일 시대의 국어**

(1) 남북한 언어의 동질성 회복 방안

① 차이점보다는 공통점을 찾으려는 노력이 필요함
   → 남북한은 언어 이질성보다 동질성이 더 많다.

② 남북한의 언어 이질화를 막아야 한다는 의지를 지속적으로 가져야 함

③ 남북한의 활발한 교류를 통해 언어 차이를 극복해야 함

④ 통일에 대비하여 언어 차이를 최소화하기 위해 정책적으로 공통어를 제정하려는 노력을 계속해야 함
   – 남북한 언어학자들의 교류를 통해 남북한 어문 규범을 통일하려는 노력이 필요함
   → 한글 맞춤법, 표준어, 학술 및 전문 용어, 외래어 표기, 규범 문법, 통일사전 편찬 등

⑤ 남북한의 언어는 본질적으로 하나라는 의식을 가져야 함
   – 남북한의 맞춤법은 조선어 학회의 '한글 맞춤법 통일안(1933년)'을 기준으로 제정됨

암기톡톡

• **남북한 언어의 차이점**
  – 남북한 언어 이질화의 원인 : 남북 분단, 언어 규범의 차이, 이념과 정치 체제의 차이, 철자법 및 말다듬기 사업 등

• **통일 시대의 국어**
  – 남북한의 언어는 본질적으로 하나라는 인식을 갖고, 동질성을 회복하기 위한 노력을 계속해야 함

수능형 | 고1 모의고사 |

01 〈보기〉를 바탕으로 '훈민정음 자음의 제자 원리'에 대해 탐구한 것으로 적절하지 <u>않은</u> 것은?

〈 보기 〉

훈민정음의 자음은 발음 기관을 상형하여 기본자 'ㄱ, ㄴ, ㅁ, ㅅ, ㅇ'을 만들고, 기본자에 획을 더하여 기본자보다 소리가 더 세게 나는 가획자를 만들었다. 각각의 기본자와 가획자는 같은 위치에서 나는 소리를 나타낸다. 그런데 'ㆁ, ㄹ, ㅿ'은 각각 'ㄱ, ㄴ, ㅅ'과 소리 나는 위치는 같지만, 가획의 방법에 따라 만든 글자가 아니기 때문에 '이체자'라고 한다. 이를 표로 정리하면 다음과 같다.

구분	어금닛소리	혓소리	입술소리	잇소리	목청소리
기본자	ㄱ	ㄴ	ㅁ	ㅅ	ㅇ
가획자	ㅋ	ㄷ, ㅌ	ㅂ, ㅍ	ㅈ, ㅊ	ㆆ, ㅎ
이체자	ㆁ	ㄹ		ㅿ	

① 'ㅋ'은 기본자 'ㄱ'에 가획을 한 것이군.

② 'ㄴ, ㄹ'은 같은 위치에서 소리 나는 글자군.

③ 이체자 'ㅿ'은 기본자 'ㅅ'을 가획하여 만들었군.

④ 'ㅎ'은 가획자이므로 'ㅇ'보다 소리가 더 세게 나겠군.

⑤ 자음의 기본자는 모두 모양을 본뜨는 방식을 사용하여 만들었군.

02 다음 〈조건〉에 따라 만든 자음자는?

〈 조건 〉

1. 기본자에 획을 한 번 더하여 글자를 만드시오.
2. 위에서 만든 글자 중 순음 밑에 'ㅇ'을 세로로 이어 쓰시오.

① ㆅ   ② ㅸ   ③ ㅃ

④ ㅍ   ⑤ ㅁ

수행평가형

03 〈보기〉에서 설명하는 글자를 1음절로 쓰시오.

〈 보기 〉

• 초성 : 혀뿌리가 목구멍을 막는 모양을 본뜬 글자의 각자 병서자
• 중성 : 하늘의 모양을 본뜬 기본자의 아래쪽에 'ㅡ'를 결합한 초출자
• 종성 : 혀가 윗잇몸에 닿는 모양을 본뜬 기본자의 위치에서 소리가 나는 이체자

(   )

수능형 | 고1 모의고사 |

04 〈보기〉를 바탕으로 ⓐ~ⓒ에 대해 이해한 내용으로 적절하지 <u>않은</u> 것은?

〈 보기 〉

[자료]

[현대어 해석]

가운뎃소리는 모두 열한 자(字)다. 'ㆍ'는 혀를 오그라지게 해서 조음하고 소리는 깊으니, …… 모양이 둥근 것은 하늘을 본뜬 것이다. 'ㅡ'는 혀를 조금 오그라지게 해서 조음하고 소리는 깊지도 얕지도 않으니, …… 모양이 평평함은 땅을 본뜬 것이다. 'ㅣ'는 혀를 오그라들지 않게 조음하고 소리가 얕으니, …… 그 모양이 서 있는 꼴은 사람을 본뜬 것이다.

– 「훈민정음 제자해(訓民正音 制字解)」 –

① ⓐ는 ⓒ와 달리 발음할 때 얕은 소리가 나겠군.

② ⓑ는 ⓐ와 달리 글자 모양이 평평하게 생겼군.

③ ⓒ는 ⓐ와 달리 발음할 때 혀가 오그라들지 않겠군.

④ ⓐ, ⓑ, ⓒ는 모두 가운뎃소리 열한 자에 포함되는군.

⑤ ⓐ, ⓑ, ⓒ는 대상의 모양을 본뜬 것이라는 공통점이 있군.

05 〈보기〉를 통해 알 수 있는 내용이 <u>아닌</u> 것은?

〈 보기 〉

한글 'ㅏ'	영어 알파벳 'a'
아침[아] 휴개[아] 미나리[아]	art[아] table[에이] human[어]

① 영어 알파벳과 달리 한글은 글자만 보고도 쉽게 읽을 수 있다.

② 'ㅏ'는 항상 [아]로만 소리 나는데, 'a'는 단어에 따라 다르게 소리 난다.

③ 'a'는 'ㅏ'에 비해 하나의 글자로 많은 소리를 표현할 수 있으므로 경제적이다.

④ 'ㅏ'와 달리 'a'는 글자와 소리가 관련이 없어 소리의 특성을 짐작하기가 어렵다.

⑤ 한글은 하나의 글자가 하나의 소릿값을 지니고 있지만 영어 알파벳은 그렇지 않다.

06 〈보기〉의 휴대 전화 자판에 적용된 한글 창제의 원리로 가장 적절한 것은?

〈보기〉

1 ㅣ	2 ·	3 ―
4 ㄱㅋ	5 ㄴㄹ	6 ㄷㅌ
7 ㅂㅍ	8 ㅅㅎ	9 ㅈㅊ
.,	0 ㅇㅁ	␣

왼쪽의 휴대 전화 자판에서 '다담'을 입력하려면 '6-1-2-6-1-2-0-0'의 순서로 자판을 누르면 된다.

① 상형의 원리　　② 가획의 원리
③ 합성의 원리　　④ 병서의 원리
⑤ 연서의 원리

수행평가형

| **07~08** | 〈보기〉는 자음자와 모음자를 풀어쓴 것이다. 〈보기〉를 모아쓰기의 방식으로 다시 쓰고, 이를 통해 알 수 있는 모아쓰기의 장점을 쓰시오.

〈보기〉

ㄱㅡㄴㅏㅁㅁㅐㄴㅡㄴㅆㅏㅇㄷㅜㅇㅇㅣㅇㅣㄷㅏ.

07 모아 쓴 문장 : ＿＿＿＿＿＿＿＿＿＿

08 장점 : ＿＿＿＿＿＿＿＿＿＿

＿＿＿＿＿＿＿＿＿＿＿＿＿＿＿

09 남북한의 언어 규범에 대한 내용으로 적절하지 <u>않은</u> 것은?

① 남한은 표준어, 북한은 문화어를 공용어로 사용한다.
② 표준어와 문화어는 일부 자음의 이름이 다르고, 사전 배열 순서에도 차이가 있다.
③ 남한의 표준어는 교양 있는 사람들이 두루 쓰는 현대의 서울말을 기준으로 한다.
④ 남한의 '말다듬기 사업'으로 인해, 남북한 언어의 이질화가 심화되었다.
⑤ 남북한 언어의 이질화는 같은 민족으로서의 동질성을 약화시킬 수 있기에 이를 극복하려는 노력이 필요하다.

10 다음 중 남한과 북한에서의 표기와 발음이 같은 단어로 가장 적절한 것은?

① 역사　　② 남녀
③ 노인　　④ 양심
⑤ 예절

수능형

| 중3 학업성취도평가 |

11 〈자료〉에 제시된 남한말과 북한말에 대한 설명으로 적절하지 <u>않은</u> 것은?

〈자료〉

	남한말	북한말
(가)	나이테 : 나무의 줄기나 가지 따위를 가로로 자른 면에 나타나는 둥근 테.	해돌이 : 나무줄기에 해마다 한 돌기씩 생기는 줄무늬.
(나)	낙서(落書) : 글자, 그림 따위를 장난으로 아무 데나 함부로 씀.	락서(落書) : 글자나 그림 같은 것을 함부로 쓰거나 그리는 것.
(다)	냇가 : 냇물의 가장자리.	내가 : 물과 기슭이 닿는 부분 또는 그 부근.
(라)	달걀 : 닭이 낳은 알.	닭알 : 닭이 낳은 알.
(마)	타이어(tire) : 자동차, 자전거 따위의 바퀴 굴통에 끼우는 테.	다이야(tire) : 차바퀴의 바깥 둘레에 끼우게 된 바퀴테.

① (가)는 같은 대상을 가리키는 단어가 다른 예이다.
② (나)는 두음 법칙의 적용 여부가 다른 예이다.
③ (다)는 사이시옷(ㅅ)의 사용 여부가 다른 예이다.
④ (라)는 뜻이 같은 단어를 같은 형태로 표기하는 예이다.
⑤ (마)는 같은 대상을 가리키는 외래어를 다르게 표기하는 예이다.

12 다음 중 남북한의 언어 차이를 극복하기 위한 방안으로 적절하지 <u>않은</u> 것은?

① 남북한의 언어에 대해 서로 이해하려고 노력한다.
② 통일에 대비해서 일상적인 생활 용어부터 조정해 나간다.
③ 서로 간에 차이가 있음을 잘못된 것으로 판단하지 않는다.
④ 남북한의 활발한 교류를 통해 언어적 차이를 좁혀 나간다.
⑤ 남한의 표준어와 북한의 문화어 중 하나를 골라서 새로운 공통어로 만든다.

Memo

Memo

Memo

시험에
나오는
문제는
다 담았다!

다담

중학국어 문법
1200제
2nd Edition

정답과 해설

쏠티북스

시험에
나오는
문제는
다 담았다!

다담

중학국어 문법
1200제
2nd
Edition

정답과 해설

(1) 언어의 본질과 기능

개념 쓱쓱! 내신 쑥쑥! 　　　　　　　| 본문 10쪽 |

01 ○　02 ×　03 ○　04 사회성　05 역사성　06 자의성　07 ㉠
08 ㉢　09 ㉡　10 ②　11 ⑤　12 (언어의) 역사성　13 ○　14 ×
15 ○　16 정보적　17 감정, 태도　18 명령적　19 ②　20 ①　21 ⑤
22 친교적 기능

02

이게 정답!　언어마다 그 언어를 사용할 때 적용되는 일정한 규칙이 있는데, 그 규칙에 따라 언어를 사용해야 하는 것을 언어의 '규칙성'이라 한다.

06

이게 정답!　언어는 일정한 내용(의미)을 일정한 형식(말소리)으로 나타내는 기호 체계로, 이러한 언어의 내용과 형식 사이에는 아무런 필연성이 없다. 즉, 언어의 의미와 말소리는 우연히 결합된 것으로, 이와 같은 언어의 성질을 언어의 '자의성'이라 한다.

10　　　　　　　　　　　　　　　　　　　　　답 ②

이게 정답!　언어에는 그 언어를 사용할 때 지켜야 할 일정한 규칙이 있는데, 이를 언어의 '규칙성'이라 한다. 우리말인 국어에도 지켜야 할 문법 규칙이 있는데, 〈보기〉의 문장들은 시제 표현과 조사의 사용이 문법 규칙에 어긋나 있다. 이처럼 규칙에 어긋난 표현을 사용하면 다른 사람들과 의사소통을 원활하게 할 수 없게 된다.

11　　　　　　　　　　　　　　　　　　　　　답 ⑤

이게 정답!　제한된 말과 글로 무수히 많은 상황을 표현할 수 있는 언어의 성질을 언어의 '창조성'이라고 한다. '꽃이 예뻐요.'라는 말을 배운 아이가 '나비가 예뻐요.', '구름이 예뻐요.'와 같은 말을 만들어 쓸 수 있는 것은 언어의 '창조성'과 관련이 있다.
왜 답이 아니지?　① 언어의 '사회성'과 관련이 있다.
② 언어의 '자의성'과 관련이 있다.
③ 언어의 '규칙성'과 관련이 있다.
④ 언어의 '역사성'과 관련이 있다.

12　　수행평가형

이게 정답!　언어는 시간이 흐름에 따라 끊임없이 새로 생기기도 하고, 의미나 형태가 변하기도 하며 아예 사라지기도 한다. 이를 언어의 '역사성'이라고 하는데, 〈보기〉에서 조선 시대에 쓰이던 '즈믄'이라는 말이 사라지고 '아파트'라는 말이 새로 생겨난 것은 언어의 '역사성'과 관련이 있다.

14

이게 정답!　"이곳은 서울이다."라는 말은 대상(장소)을 가리키는 기능을 하므로 언어의 지시적 기능이 드러나 있다.

19　　　　　　　　　　　　　　　　　　　　　답 ②

이게 정답!　언어의 기능 중 명령적 기능은 상대방의 생각이나 감정을 움직여 어떤 행동을 하도록 하는 기능이다. 말하는 이가 어떤 행동을 하도록 하는 것이 아니다.
왜 답이 아니지?　① 언어의 지시적 기능에 해당한다.
③ 언어의 정서적 기능에 해당한다.
④ 언어의 정보적 기능에 해당한다.
⑤ 언어의 친교적 기능에 해당한다.

20　　　　　　　　　　　　　　　　　　　　　답 ①

이게 정답!　언어의 기능 중 지시적 기능은 어떤 대상을 가리키는 기능이다. ①은 앞에 있는 물건이 장갑이라는 것을 지시하고 있으므로 언어의 지시적 기능이 나타나 있다.
왜 답이 아니지?　② 언어의 명령적 기능이 나타나 있다.
③ 언어의 정서적 기능이 나타나 있다.
④ 언어의 친교적 기능이 나타나 있다.
⑤ 언어의 정보적 기능이 나타나 있다.

21　　수능형　　　　　　　　　　　　　　　　　답 ⑤

이게 정답!　㉤ "아, 정말 배부르다!"는 말하는 이인 손님의 감정과 태도(떡볶이를 먹어서 배가 부름)를 나타내고 있으므로 언어의 정서적 기능이 나타나 있다.
왜 답이 아니지?　① ㉠ "어서 오세요."는 주인이 손님에게 건네는 인사말이므로 친교적 기능이 나타나 있다.
② ㉡ "떡볶이 주세요."는 손님이 주인에게 떡볶이를 달라고 요구하는 것이므로 명령적 기능이 나타나 있다.
③, ④ ㉢ "주문하신 음식 나왔습니다."는 손님이 주문한 떡볶이가 나왔다는 정보를 전달하고 있으며, ㉣ "가격은 4,000원입니다." 역시 떡볶이의 가격이 4,000원이라는 정보를 전달하고 있으므로 정보적 기능이 나타나 있다.

22　　수행평가형

이게 정답!　㉠은 명수가 아저씨에게 건네는 인사말이다. ㉠에 대해 아저씨가 대답을 하지 않고 다른 이야기를 하고 있으므로, ㉠이 친교적 기능으로 사용되고 있음을 알 수 있다.

대단원 완성문제! 　　　　　　　　　| 본문 12쪽 |

01 ④　02 ④　03 ⑤　04 (언어의) 역사성　05 ②　06 ④　07 (언어의) 역사성　08 사라진 경우　09 ①　10 ③　11 언어의 사회성
12 언어의 역사성　13 정서적　14 ②　15 ④　16 정보적 기능　17 ⑤

01　　　　　　　　　　　　　　　　　　　　　답 ④

이게 정답!　언어의 내용과 형식은 그 언어를 사용하는 사람들 사이의 사회적 약속이므로 개인이 함부로 바꾸어 쓸 수 없다(언어의 '사회성'). 그러나 언어는 시간이 흐르면서 새로 생기기도 하고, 사라지기도 하며, 소리나 의미가 변하기도 한다.

02　답 ④

이게 정답!　언어는 시간이 흐르면서 새로 생기기도 하고, 사라지기도 하며, 소리나 의미가 변하기도 하는데, 이를 언어의 '역사성'이라고 한다.

왜 답이 아니지?　① 언어의 '기호성'에 대한 설명이다.

② 언어의 '사회성'에 대한 설명이다.

③ 언어의 '규칙성'에 대한 설명이다.

⑤ 언어의 '창조성'에 대한 설명이다.

03　답 ⑤

이게 정답!　(가)에서 '모든 사람이 우리 모두 그렇게 하자고 약속한 거'라고 하였으며, (나)에서는 '언어는 그 언어를 사용하는 사람들 사이의 약속'이라고 하였다. 즉, (가)와 (나) 모두 언어의 '사회성'에 대해 이야기하고 있음을 알 수 있다.

04　수행평가형

이게 정답!　시간의 흐름에 따라 어떤 말이 사라지거나 새로운 언어가 생기는 것, 그리고 언어의 의미가 바뀌는 것 등은 언어의 '역사성'에 의한 것이다.

05　답 ②

이게 정답!　언어의 내용(의미)과 형식(말소리)의 결합 관계에는 필연성이 없는데, 이를 언어의 '자의성'이라고 한다. '사과'라는 대상을 우리말에서는 '사과'라고 하고, 영어에서는 'apple'이라고 하는 것은 언어의 '자의성'에 의한 것이다.

06　답 ④

이게 정답!　〈보기〉에서는 언어의 '역사성'에 대해 설명하고 있다. '컴퓨터', '커피'처럼 옛날에는 없던 말이 지금은 사용되고 있는 것은 언어의 '역사성'과 관련이 있는 내용이다.

왜 답이 아니지?　① 언어의 '규칙성'과 관련이 있다.

② 언어의 '자의성'과 관련이 있다.

③ 언어의 '사회성'과 관련이 있다.

⑤ 언어의 '창조성'과 관련이 있다.

07　수행평가형

이게 정답!　시간의 흐름에 따라 언어가 새로 생기거나 사라지거나 의미가 바뀌는 것을 언어의 '역사성'이라 한다.

08　수행평가형

이게 정답!　〈보기〉에 제시된 '온(100)'이나 '즈믄(1,000)' 같은 말은 옛날에는 쓰였으나 지금은 쓰이지 않는 말이므로, 시간의 흐름에 따라 언어가 '사라진 경우'에 해당한다.

09　답 ①

이게 정답!　〈보기〉에 제시된 수수께끼의 답에 대해 모든 사람들이 '연'이라고 답하는 것은, 말을 쓰는 사람들이 그 대상을 '연'이라고 부르자고 약속했기 때문이다. 이러한 약속은 사회적 약속이기 때문에 어떤 한 사람이 마음대로 바꿀 수 없는데, 이를 언어의 '사회성'이라고 한다.

10　답 ③

이게 정답!　우리말에서 '먹는다'라는 서술어 앞에는 그에 해당하는 목적어가 와야 하며, 목적격 조사로 '을'이나 '를'을 써야 한다. 이처럼 언어에는 그 언어를 사용할 때 적용되는 일정한 규칙이 있는데, 이를 언어의 '규칙성'이라 한다.

11　수행평가형

이게 정답!　언어의 '사회성'에 대한 내용이다.

12　수행평가형

이게 정답!　언어의 '역사성'에 대한 내용이다.

13　수행평가형

이게 정답!　말하는 이의 감정이나 태도 등을 표현하는 것을 언어의 정서적 기능이라 한다.

14　답 ②

이게 정답!　〈보기〉의 ㉠은 의문문의 형태로 되어 있으나 듣는 이에게 '공부를 그만하고 잘 것'을 요구하고 있으므로 언어의 명령적 기능이 나타나 있다고 볼 수 있다.

15　답 ④

이게 정답!　〈보기〉에는 아침에 일어나 인사를 나누는 가족들의 모습이 나타나 있다. 인사말과 같은 것은 말하는 이와 듣는 이가 친분을 확인하고 서로 친밀한 관계를 유지하도록 해 주는 기능을 하는데, 이를 언어의 친교적 기능이라 한다.

16　수행평가형

이게 정답!　수성 펜의 가격이 700원이라는 정보를 전달하고 있으므로, 언어의 정보적 기능에 해당한다.

17　답 ⑤

이게 정답!　'즐거운 주말 보내세요.'와 같은 인사를 주고받는 이유는 말하는 이와 듣는 이가 친분을 확인하고 서로 친밀한 관계를 유지하도록 하기 위해서이다. 이때에는 말의 내용보다는 말하는 행위 자체가 더 중요한 역할을 한다. 듣는 이에게 즐거운 주말을 보내도록 명령하는 것이 아니므로 언어의 명령적 기능에 해당하지 않는다.

(1) 음성과 음운, 음절

개념 쏙쏙! 내신 쑥쑥!
| 본문 14쪽 |

01 ㉡ 02 ㉠ 03 ㉢ 04 × 05 × 06 ○ 07 ○ 08 × 09 음운
10 비분절 음운 11 네(4) 12 모음 13 ① 14 ③ 15 4, 3 16 4, 2
17 5, 2

05
이게 정답! 음운은 말의 뜻을 구별해 주는 소리의 가장 작은 단위로, '님'과 '남'이 다른 뜻의 말이 되게 하는 'ㅣ'와 'ㅏ', '물'과 '불'이 다른 뜻의 말이 되게 하는 'ㅁ'과 'ㅂ' 따위를 이른다. 음운은 언어별로 사람들의 관념에 따라 그 수가 달라질 수 있는데, 예를 들어 우리말의 'ㄹ'을 영어에서는 'l'과 'r'의 두 개의 음운으로 인식한다.

08
이게 정답! 소리의 길이나 높낮이, 세기 등은 비분절 음운으로, 자음이나 모음처럼 명확하게 나눌 수는 없지만 말의 뜻을 구별해 주는 기능을 하므로 음운에 해당한다.

11
이게 정답! 우리말의 음절은 '모음 하나로 된 음절', '자음+모음으로 된 음절', '모음+자음으로 된 음절', '자음+모음+자음으로 된 음절'의 네 가지 종류로 나눌 수 있다.

13   답 ①
이게 정답! 사람의 발음 기관을 통해 내는 구체적이고 물리적인 소리는 '음운'이 아니라 '음성'이다.

14   답 ③
이게 정답! ① '강촌'의 음운은 'ㄱ+ㅏ+ㅇ+ㅊ+ㅗ+ㄴ'으로 모두 6개이다. ② '병아리'의 음운은 'ㅂ+ㅕ+ㅇ+ㅏ+ㄹ+ㅣ'로 모두 6개이다. ③ '어머니'의 음운은 'ㅓ+ㅁ+ㅓ+ㄴ+ㅣ'로 모두 5개이다. ④ '우물가'의 음운은 'ㅜ+ㅁ+ㅜ+ㄹ+ㄱ+ㅏ'로 모두 6개이다. ⑤ '무지개'의 음운은 'ㅁ+ㅜ+ㅈ+ㅣ+ㄱ+ㅐ'로 모두 6개이다. 따라서 음운의 개수가 나머지와 다른 것은 ③ '어머니'이다.

15 수행평가형
이게 정답! '이야기'의 음운은 'ㅣ+ㅑ+ㄱ+ㅣ'로 4개, 음절은 [이야기]로 3개이다.

16 수행평가형
이게 정답! '부엌'의 음운은 'ㅂ+ㅜ+ㅓ+ㅋ'으로 4개, 음절은 [부억]으로 2개이다.

17 수행평가형
이게 정답! '시간'의 음운은 'ㅅ+ㅣ+ㄱ+ㅏ+ㄴ'으로 5개, 음절은 [시간]으로 2개이다.

(2) 자음과 모음의 체계

개념 쏙쏙! 내신 쑥쑥!
| 본문 15쪽 |

01 × 02 ○ 03 ○ 04 ○ 05 19 06 비음 07 울림소리 08 ④
09 ① 10 ④ 11 ② 12 ㅁ 13 소리의 세기 14 ⑤ 15 ○ 16 ×
17 × 18 10 19 고모음, 중모음, 저모음 20 입술 모양 21 ㉢
22 ㉠ 23 ㉡ 24 ④ 25 ③ 26 ② 27 ② 28 ㅔ 29 ⑤ 30 ⑤
31 3 32 3

01
이게 정답! 자음은 소리를 낼 때 공기의 흐름이 발음 기관의 장애를 받으면서 나는 소리이다.

07
이게 정답! 비음 'ㄴ, ㅁ, ㅇ'과 유음 'ㄹ'은 소리 낼 때 목청이 떨려 울리는 울림소리에 해당한다.

08   답 ④
이게 정답! 자음을 조음 위치에 따라 분류할 때 'ㅈ, ㅉ, ㅊ'은 센입천장소리에 해당한다.
왜 답이 아니지? ⑤ '예사소리-된소리-거센소리' 모두 소리 내는 위치와 방법은 같다. 얼마나 세게 소리를 내느냐에 따라 다른 소리가 나는 것이다.

09   답 ①
이게 정답! ① 'ㅊ'은 공기의 흐름을 막았다가 서서히 터뜨리면서 마찰이 일어나는 소리인 파찰음이며, ② 'ㅋ', ③ 'ㄷ', ④ 'ㅃ', ⑤ 'ㅍ'은 공기의 흐름을 막았다가 순간적으로 터뜨리면서 내는 소리인 파열음이다.

10   답 ④
이게 정답! ④ 'ㅁ'은 두 입술 사이에서 소리 나는 입술소리이며, ① 'ㄴ', ② 'ㄷ', ③ 'ㄹ', ⑤ 'ㅅ'은 윗잇몸과 혀끝 사이에서 소리 나는 잇몸소리이다.

11   답 ②
이게 정답! ② 'ㅇ'은 혀의 뒷부분과 여린입천장 사이에서 소리 나는 여린입천장소리이다.

12 수행평가형
이게 정답! 〈보기〉에서 '두 입술 사이에서 나는 소리'는 입술소리로, 'ㅁ, ㅂ, ㅃ, ㅍ'이 해당한다. 또 '입 안의 통로를 막고 코로 공기를 내보내면서 내는 소리'는 비음으로, 'ㅁ, ㄴ, ㅇ'이 해당한다. 입술소리 중 비음에 속하는 것은 'ㅁ'이다.

13 수행평가형
이게 정답! 우리말 자음은 '소리의 세기'에 따라 '예사소리, 된소리,

거센소리'로 분류할 수 있다. '예사소리-된소리-거센소리'의 체계를 갖고 있는 것은 국어 자음의 두드러진 특징 중 하나로, 대개는 예사소리보다 된소리가 좀 더 강하고 단단한 느낌이고, 된소리보다 거센소리가 좀 더 세고 거친 느낌을 준다.

14
답 ⑤

이게 정답! 우리말의 자음은 소리의 세기에 따라 소리의 느낌이 다른데, 예사소리보다 된소리와 거센소리가 더 크고, 강하고, 단단한 느낌을 준다. 그런데 ⑤에 제시된 '좇다'와 '쫓다'는 예사소리 'ㅈ'과 된소리 'ㅉ'에 따라 느낌이 달라지는 것이 아니라, 서로 다른 뜻을 지닌 단어이기 때문에 〈보기〉의 예로 적절하지 않다. '좇다'는 '남의 말이나 뜻을 따르다.', '쫓다'는 '어떤 대상을 잡거나 만나기 위하여 뒤를 급히 따르다.'라는 뜻을 지닌 별개의 단어이다.

16

이게 정답! 우리말 모음은 단모음 10개와 이중 모음 11개를 합해 모두 21개이다.

17

이게 정답! 이중 모음은 발음하는 동안 입술이나 혀가 움직이는 모음이다. 발음하는 동안 입술이나 혀가 움직이지 않는 것은 단모음이다.

24
답 ④

이게 정답! 모음은 소리의 세기에 따라 분류할 수 없다. 소리의 세기에 따라 분류할 수 있는 것은 모음이 아니라 자음이다. 자음은 소리의 세기에 따라 '예사소리-된소리-거센소리'로 분류된다.

25
답 ③

이게 정답! '소리 나는 위치'는 자음을 분류하는 기준이다.
왜 답이 아니지? ① 입술 모양에 따라 '평순 모음'과 '원순 모음'으로 분류할 수 있다.
② 혀의 높낮이에 따라 '고모음, 중모음, 저모음'으로 분류할 수 있다.
④ 혀의 최고점의 위치에 따라 '전설 모음'과 '후설 모음'으로 분류할 수 있다.
⑤ 발음할 때 입술이나 혀가 움직이는지 움직이지 않는지에 따라 '단모음'과 '이중 모음'으로 분류할 수 있다.

26 수능형
답 ②

이게 정답! 〈보기〉에 제시된 표를 참고할 때 'ㅔ'는 '전설 모음, 평순 모음, 중모음'이고, 'ㅐ'는 '전설 모음, 평순 모음, 저모음'임을 알 수 있다. 즉, 'ㅔ'와 'ㅐ'는 혀의 높이에서 차이가 나므로, '개'를 발음할 때에는 '게'에 비해 입을 더 크게 벌려서 혀의 높이를 낮추어야 한다.
왜 답이 아니지? ① 'ㅔ'와 'ㅐ'는 모두 평순 모음이므로 둘 다 입술을 평평하게 해야 한다.
③ 'ㅔ'와 'ㅐ'는 모두 단모음이므로 둘 다 소리 내는 동안 입술과 혀를 움직이지 말아야 한다.
④ 'ㅔ'와 'ㅐ'는 모두 평순 모음이므로 둘 다 입술을 평평하게 해야

한다. 그러나 'ㅔ'는 중모음이고 'ㅐ'는 저모음이므로, '개'를 발음할 때에는 입을 더 크게 벌려야 한다.
⑤ 'ㅔ'와 'ㅐ'는 모두 전설 모음이므로 둘 다 혀의 최고점이 앞쪽에 있다는 느낌으로 발음해야 한다.

27
답 ②

이게 정답! 단모음은 'ㅏ, ㅐ, ㅓ, ㅔ, ㅗ, ㅚ, ㅜ, ㅟ, ㅡ, ㅣ'로 모두 10개이며, 선택지에서 단모음에 해당하는 것으로만 묶인 것은 ② 'ㅏ, ㅐ, ㅚ'이다.
왜 답이 아니지? ① 'ㅖ'가 이중 모음이다.
③ 'ㅝ'가 이중 모음이다.
④ 'ㅘ'가 이중 모음이다.
⑤ 'ㅙ'가 이중 모음이다.

28 수행평가형

이게 정답! 〈보기〉에서 혀의 높이가 중간이라는 것은 '중모음', 입술을 평평하게 하여 소리 낸다는 것은 '평순 모음', 혀의 최고점의 위치가 앞쪽에 있다는 것은 '전설 모음'을 의미한다. 이 같은 조건을 모두 만족하는 모음은 'ㅔ'이다.

29
답 ⑤

이게 정답! 〈보기〉에서 설명하는 모음은 이중 모음으로, ⑤ '빙글빙글 회전목마'에는 이중 모음이 사용되지 않았다. '회전'의 'ㅚ'는 단모음이다.
왜 답이 아니지? ① '우유'의 'ㅠ'가 이중 모음에 해당한다.
② '과자'의 'ㅘ'가 이중 모음에 해당한다.
③ '무늬'의 'ㅢ'가 이중 모음에 해당한다.
④ '원두막'의 'ㅝ'가 이중 모음에 해당한다.

30
답 ⑤

이게 정답! '참외'에 사용된 모음은 'ㅏ, ㅚ'로, 모두 단모음에 해당한다.
왜 답이 아니지? ① '요리'에 사용된 모음은 'ㅛ, ㅣ'로, 이 중 'ㅛ'가 이중 모음에 해당한다.
② '예절'에 사용된 모음은 'ㅖ, ㅓ'로, 이 중 'ㅖ'가 이중 모음에 해당한다.
③ '과일'에 사용된 모음은 'ㅘ, ㅣ'로, 이 중 'ㅘ'가 이중 모음에 해당한다.
④ '의사'에 사용된 모음은 'ㅢ, ㅏ'로, 이 중 'ㅢ'가 이중 모음에 해당한다.

31~32 수행평가형

이게 정답! 〈보기〉의 문장에 사용된 모음을 분류하면 다음과 같다.

친	구	와	함	께	영	화	를	보	았	다
ㅣ	ㅜ	ㅘ	ㅏ	ㅔ	ㅕ	ㅘ	ㅡ	ㅗ	ㅏ	ㅏ

이 중 고모음에 해당하는 것은 'ㅣ, ㅜ, ㅡ'이고, 이중 모음에 해당하는 것은 'ㅘ, ㅕ, ㅘ'이다. 따라서 고모음은 3번, 이중 모음은 3번 나타나 있다.

대단원 완성문제! 🐝
| 본문 18쪽 |

01 ② 02 ⑤ 03 ③ 04 ㅆ, ㅏ, ㄱ 05 ㅏ, ㅜ 06 ① 07 ④ 08 ③
09 ④ 10 ⑤ 11 ④ 12 ① 13 ② 14 ② 15 ④ 16 ⑤ 17 촛불,
책상 18 ④ 19 ② 20 ③ 21 ① 22 ② 23 ② 24 ④ 25 ⑤
26 ⑤ 27 ④ 28 ① 29 ③ 30 ㅐ 31 ① 32 ③ 33 ④ 34 개
35 홀

01
답 ②

이게 정답! 음운은 말의 뜻을 구별해 주는 소리의 가장 작은 단위로, 우리말의 음운에는 각각의 자음과 모음인 분절 음운, 그리고 소리의 길이나 높낮이와 같은 비분절 음운이 있다. 비분절 음운 역시 음운의 한 종류이므로 말의 뜻을 구별해 주는 기능을 한다.

왜 답이 아니지? ① 음운은 해당 언어를 사용하는 사람들의 관념에 따라 그 수가 달라질 수 있으므로 음운 체계 역시 언어에 따라 달라진다.
③ 우리말에서는 모음만으로 음절을 이룰 수 있다.
④ 공기의 흐름이 발음 기관의 장애를 받지 않고 나는 소리는 자음이 아니라 모음이다.
⑤ 공기의 흐름이 발음 기관의 장애를 받으면서 나는 소리는 이중 모음이 아니라 자음이다.

02
답 ⑤

이게 정답! 〈보기〉의 ㉠은 '음성', ㉡은 '음운'에 대한 설명이다. 선택지 ⑤에 제시된 소리의 길이나 높낮이, 억양 등은 비분절 음운에 해당하므로 적절한 내용이다.

왜 답이 아니지? ① 재채기나 하품은 말을 할 때 사용하는 소리가 아니므로 음성에 해당하지 않는다. 재채기나 하품 등은 자연에서 일어나는 소리인 음향으로 보아야 한다.
② 음성은 구체적이고 물리적인 소리이므로 같은 음운이라 할지라도 발음하는 사람이나 장소, 상황에 따라 그 소리가 달라진다.
③ 여러 사람이 머릿속에서 같은 소리로 인식하는 소리는 음성이 아니라 음운이다. 음운은 모든 사람이 동일한 소릿값으로 생각하는 추상적이고 관념적인 소리이다.
④ 독립하여 발음할 수 있는 최소 단위는 음운이 아니라 음절이다.

03
답 ③

이게 정답! 〈보기〉에 제시된 단어들은 비분절 음운인 소리의 길이에 따라 의미가 달라지는 단어들이다. 따라서 사람의 얼굴에 있는 '눈[眼]'과 하늘에서 내리는 '눈:[雪]'은 소리의 길이에 따라 뜻이 구별되는 것이지, 소리의 높낮이에 따라 뜻이 구별되는 것이 아니다.

왜 답이 아니지? ① '말:[言]'과 '말[馬]'은 소리의 길이에 따라 의미가 달라지므로 서로 다른 단어이다.
② 우리말에서 소리의 길이는 말의 뜻을 구별해 주는 비분절 음운에 해당한다.
④ '맛있는 밤을 먹다.'의 '밤'은 먹는 '밤:[栗]'이므로 길게 발음해야 한다.
⑤ ㉣에 따르면 두 음절의 단어에서도 앞 글자의 소리의 길이에 따라 의미가 달라짐을 알 수 있다. '성인(成人)−성:인(聖人)' 역시 앞 글자의 소리의 길이에 따라 의미가 달라지므로, ㉣에 해당하는 예로 들 수 있다.

04 수행평가형

이게 정답! '싹'은 'ㅆ+ㅏ+ㄱ'이라는 3개의 음운으로 이루어져 있다.

05 수행평가형

이게 정답! '싹'과 '쑥'의 의미가 구별되는 것은 '싹'에 쓰인 음운 'ㅏ'와 '쑥'에 쓰인 음운 'ㅜ'가 서로 다르기 때문이다. 음운이 달라지면 단어의 의미도 달라진다.

06 수능형
답 ①

이게 정답! 우리말 음절의 초성 자리에는 자음이 둘 이상 오지 못한다. 제시된 자료 중 '끼'의 'ㄲ', '딸'의 'ㄸ'은 각각 된소리에 해당하는 하나의 자음이다.

왜 답이 아니지? ② 중성 자리에 모음이 오는 것을 네 유형 모두에서 확인할 수 있다.
③ ㄷ과 ㄹ 유형에서 종성 자리에 자음이 오는 것을 확인할 수 있다.
④ ㄱ 유형은 초성과 종성 없이 중성으로만 이루어진 음절, ㄷ 유형은 초성이 없는 음절, ㄴ 유형은 종성이 없는 음절임을 알 수 있다.
⑤ 네 유형 모두에 중성이 포함되어 있음을 알 수 있다.

07
답 ④

이게 정답! 두 개의 음운으로 하나의 음절을 이루기 위해서는 '자음+모음'이나 '모음+자음'의 형태여야 한다. 〈보기〉의 문장에서 '자음+모음'이나 '모음+자음'의 형태로 된 음절은 '미, 리, 내, 은, 하, 수, 하, 리, 다'로 모두 9개이다.
참고로, 〈보기〉에서 모음 하나로 된 음절은 '우, 이' 2개이며, '자음+모음+자음'으로 된 음절은 '는, 를, 뜻, 는, 말' 5개이다.

08
답 ③

이게 정답! 자음은 모음 없이 홀로 발음되지 않으며, 소리의 길이에 따라 뜻을 구별할 수 있는 것도 아니다. 소리의 길이에 따라 뜻이 달라지는 것은 음절 단위에서이다.

왜 답이 아니지? ① 자음은 소리를 낼 때 공기의 흐름이 발음 기관의 장애를 받으면서 나는 소리이다.
② 자음은 소리 나는 위치에 따라 '입술소리, 잇몸소리, 센입천장소리, 여린입천장소리, 목청소리'로, 소리 내는 방법에 따라 '파열음, 파찰음, 마찰음, 비음, 유음'으로 나눌 수 있다.
④ 자음은 목청의 떨림 유무에 따라 '안울림소리와 울림소리(ㄴ, ㄹ, ㅁ, ㅇ)'로 나뉜다.
⑤ 자음은 소리의 세기에 따라 '예사소리, 된소리, 거센소리'로 나뉜다.

09
답 ④

이게 정답! 〈보기〉는 자음을 소리 내는 방법에 따라 '파열음, 파찰음, 마찰음, 비음, 유음'으로 분류한 것이다.

왜 답이 아니지? ① 입술 모양은 단모음을 평순 모음과 원순 모음으로 분류하는 기준이다.
② 소리의 크기는 자음의 분류 기준에 해당하지 않는다.
③ 소리의 세기에 따라 '예사소리−된소리−거센소리'로 분류할 수 있다.
⑤ 소리 나는 위치에 따라 '입술소리, 잇몸소리, 센입천장소리, 여린입천장소리, 목청소리'로 분류할 수 있다.

10 답 ⑤

이게 정답! 'ㅇ'은 목청소리가 아니라 여린입천장소리에 해당하는 자음이다.

11 답 ④

이게 정답! 〈조건〉의 내용을 살펴보자. 'ㄱ. 발음 기관이 좁혀진 사이로 공기가 비집고 나오면서 마찰하여 나는 소리'는 마찰음으로 'ㅅ, ㅆ, ㅎ'이 해당한다. 그중에서 'ㄴ. 잇몸소리'이자 'ㄷ. 예사소리'에 해당하는 것은 'ㅅ'이다.

12 답 ①

이게 정답! 〈보기〉에 제시된 '바지락'은 'ㅂ+ㅏ+ㅈ+ㅣ+ㄹ+ㅏ+ㄱ'의 음운으로 구성되어 있다. 이 중 자음은 'ㅂ, ㅈ, ㄹ, ㄱ'으로, 'ㅂ'은 입술소리, 'ㅈ'은 센입천장소리, 'ㄹ'은 잇몸소리, 'ㄱ'은 여린입천장소리에 해당한다. 목청소리는 사용되지 않았다.

13 답 ②

이게 정답! 파열음이면서 잇몸소리에 해당하는 자음은 'ㄷ'이다.
왜 답이 아니지? ① 'ㅂ'은 파열음이면서 입술소리이다.
③ 'ㄱ'은 파열음이면서 여린입천장소리이다.
④ 'ㅈ'은 파찰음이면서 센입천장소리이다.
⑤ 'ㅇ'은 비음이면서 여린입천장소리이다.

14 답 ②

이게 정답! 'ㅇ'은 여린입천장소리이며, 센입천장에서 나는 소리는 'ㅈ, ㅉ, ㅊ'이다.

15 답 ④

이게 정답! ①, ②, ③, ⑤는 '예사소리-된소리-거센소리'로 연결되어 있는 반면, ④는 '예사소리-된소리-예사소리'로 연결되어 있다. 마찰음에는 거센소리가 없다.

16 답 ⑤

이게 정답! 'ㄴ', 'ㅁ', 'ㅇ', 'ㄹ'은 모두 울림소리인 반면, 'ㄱ'은 안울림소리이다.

17 수행평가형

이게 정답! 〈보기 1〉에 제시된 센입천장소리에는 'ㅈ, ㅉ, ㅊ'이 있으며, 이 중 크고 거친 느낌의 소리는 거센소리를 뜻하므로 〈보기 1〉을 모두 만족하는 자음은 'ㅊ'이 된다. 〈보기 2〉에서 'ㅊ'이 들어간 단어는 '촛불'과 '책상'이다.

18 답 ④

이게 정답! 우리말 자음은 '예사소리-된소리-거센소리'의 체계를 갖고 있는데, 일반적으로 예사소리보다 된소리가 좀 더 강하고 단단한 느낌이고, 된소리보다 거센소리가 좀 더 세고 거친 느낌이다. ① '졸졸'에는 예사소리가 사용되었으며, ② '깜박깜박', ③ '뒤뚱뒤뚱', ⑤ '딸랑딸랑'에는 된소리가, ④ '카랑카랑'에는 거센소리가 사용되었다. 따라서 소리의 세기가 가장 강한 것은 ④ '카랑카랑'이다.

19 답 ②

이게 정답! 〈보기〉의 'ㅣ, ㅟ, ㅡ, ㅜ'는 혀의 위치가 높은 고모음이고, 'ㅔ, ㅚ, ㅓ, ㅗ'는 혀의 위치가 중간인 중모음, 'ㅐ, ㅏ'는 혀의 위치가 낮은 저모음이다. 따라서 〈보기〉와 같이 모음을 분류한 기준은 혀의 높낮이임을 알 수 있다.
왜 답이 아니지? ① 입술 모양은 모음을 평순 모음과 원순 모음으로 분류하는 기준이다.
③ 목청의 울림은 자음을 울림소리와 안울림소리로 분류하는 기준이다. 모음은 모두 울림소리에 해당한다.
④ 소리 나는 위치는 자음을 '입술소리, 잇몸소리, 센입천장소리, 여린입천장소리, 목청소리'로 분류하는 기준이다.
⑤ 혀의 최고점의 위치는 모음을 전설 모음과 후설 모음으로 분류하는 기준이다.

20 답 ③

이게 정답! 〈자료〉는 단모음을 '입술의 모양'에 따라 분류한 것으로, ㉠은 발음할 때 입술을 둥글게 오므리는 모음, 즉 원순 모음에 해당한다. 선택지에서 원순 모음에 해당하는 것은 'ㅜ'이다. 나머지 'ㅐ, ㅔ, ㅡ, ㅣ'는 평순 모음에 해당한다.

21 답 ①

이게 정답! 모음은 혀의 최고점의 위치에 따라 전설 모음(ㅣ, ㅔ, ㅐ, ㅟ, ㅚ)과 후설 모음(ㅡ, ㅓ, ㅏ, ㅜ, ㅗ)으로 나눌 수 있다. 선택지에서 후설 모음으로만 짝지어진 것은 ① 'ㅡ, ㅜ'이다.
왜 답이 아니지? ② 'ㅐ'가 전설 모음이다.
③ 'ㅐ, ㅔ' 모두 전설 모음이다.
④ 'ㅚ, ㅟ' 모두 전설 모음이다.
⑤ 'ㅣ'가 전설 모음이다.

22 답 ②

이게 정답! 발음할 때 입술이나 혀가 고정되어 움직이지 않는 모음을 단모음이라 하는데, 선택지에서 단모음으로만 묶인 것은 'ㅐ, ㅔ, ㅟ, ㅚ'이다.
왜 답이 아니지? ① 'ㅣ, ㅟ'만 단모음이다.
③ 'ㅘ, ㅑ, ㅢ, ㅛ' 모두 이중 모음이다.
④ 'ㅔ, ㅚ'만 단모음이다.
⑤ 'ㅟ, ㅚ'만 단모음이다.

23 답 ②

이게 정답! 모음 'ㅣ, ㅔ, ㅐ'는 모두 전설, 평순 모음에 해당하며, 혀의 높이에 따라 고모음, 중모음, 저모음으로 분류된다. 따라서 순서대로 'ㅣ → ㅔ → ㅐ'를 발음할 때 혀의 높이가 점점 낮아짐을 알 수 있다.

24 답 ④

이게 정답! 입술 모양을 기준으로 할 때 'ㅗ', 'ㅚ', 'ㅟ', 'ㅜ'는 원순 모음이고, 'ㅡ'는 평순 모음이다.

25 답 ⑤

이게 정답! 입술을 둥글게 하여 소리 내는 모음은 원순 모음으로,

'ㅗ, ㅚ, ㅜ, ㅟ'가 있다. ⑤ '신발장'에 쓰인 모음 'ㅣ, ㅏ, ㅏ'는 모두 평순 모음으로, 원순 모음은 사용되지 않았다.

왜 답이 아니지? ① '수박'의 'ㅜ'는 원순 모음, 'ㅏ'는 평순 모음이다.

② '호두'의 'ㅗ, ㅜ' 모두 원순 모음이다.

③ '쇠고기'의 'ㅚ, ㅗ'는 원순 모음, 'ㅣ'는 평순 모음이다.

④ '윗마을'의 'ㅟ'는 원순 모음, 'ㅏ, ㅡ'는 평순 모음이다.

26   답 ⑤

이게 정답! 평순 모음에는 'ㅏ, ㅐ, ㅓ, ㅔ, ㅡ, ㅣ'가 있다. 평순 모음으로만 이루어진 것은 '할머니'로, 'ㅏ, ㅓ, ㅣ'는 모두 평순 모음에 해당한다.

왜 답이 아니지? ① '무김치'의 'ㅣ, ㅣ'는 평순 모음, 'ㅜ'는 원순 모음이다.

② '동장군'의 'ㅏ'는 평순 모음, 'ㅗ, ㅜ'는 원순 모음이다.

③ '생선회'의 'ㅐ, ㅓ'는 평순 모음, 'ㅚ'는 원순 모음이다.

④ '달동네'의 'ㅏ, ㅔ'는 평순 모음, 'ㅗ'는 원순 모음이다.

27   답 ④

이게 정답! 〈보기〉에서 '전설 모음, 원순 모음, 고모음'에 해당하는 모음은 'ㅟ'이며, '후설 모음, 원순 모음, 중모음'에 해당하는 모음은 'ㅗ'이다. 'ㅟ'와 'ㅗ'가 모두 사용된 것은 '쥐포'이다.

왜 답이 아니지? ① '아우'의 'ㅏ'는 '후설 모음, 평순 모음, 저모음'이며, 'ㅜ'는 '후설 모음, 원순 모음, 고모음'이다.

② '외고'의 'ㅚ'는 '전설 모음, 원순 모음, 중모음'이고, 'ㅗ'는 '후설 모음, 원순 모음, 중모음'이다.

③ '얼굴'의 'ㅓ'는 '후설 모음, 평순 모음, 중모음'이고, 'ㅜ'는 '후설 모음, 원순 모음, 고모음'이다.

⑤ '위층'의 'ㅟ'는 '전설 모음, 원순 모음, 고모음'이고, 'ㅡ'는 '후설 모음, 평순 모음, 고모음'이다.

28   답 ①

이게 정답! 모음을 길게 발음할 때 시작과 끝소리가 다른 것은 이중 모음에 해당한다. 선택지에서 이중 모음으로만 짝지어진 것은 'ㅑ, ㅘ'이다.

왜 답이 아니지? ② 'ㅗ, ㅓ'는 모두 단모음이다.

③ 'ㅐ'는 단모음, 'ㅖ'는 이중 모음이다.

④ 'ㅐ'는 단모음, 'ㅟ'는 이중 모음이다.

⑤ 'ㅕ'는 이중 모음, 'ㅣ'는 단모음이다.

29   답 ③

이게 정답! '김소월'의 'ㅝ', '표주박'의 'ㅛ'가 이중 모음에 해당한다.

왜 답이 아니지? ① '도르래, 은하수', ② '고무신, 바닷물', ④ '나루터, 도자기'에는 단모음만 사용되었을 뿐, 이중 모음은 사용되지 않았다.

⑤ '왜가리'에는 이중 모음 'ㅙ'가 사용되었으나, '뒷동산'에는 이중 모음이 사용되지 않았다.

30 수행평가형

이게 정답! 모음 체계도를 참고할 때 '저모음, 평순 모음, 전설 모음'에 해당하는 것은 'ㅐ'이다.

31 수능형   답 ①

이게 정답! 단모음 체계표를 참고할 때 'ㅐ'는 저모음(개모음), 'ㅔ'는 중모음(반개모음)이므로, 'ㅐ'는 'ㅔ'에 비해 입을 더 크게 벌려 혀의 높이를 낮춰서 발음해야 한다.

32   답 ③

이게 정답! 〈보기〉에 나타난 승리 조건 중 첫 번째는 전설 모음을, 두 번째는 평순 모음을, 세 번째는 고모음을 의미한다. 이를 모두 만족시키는 모음은 'ㅣ'이다.

33   답 ④

이게 정답! 〈조건〉의 내용을 살펴보면,

• 첫소리 : 예사소리이면서 센입천장소리인 자음은 'ㅈ'이다.

• 가운뎃소리 : 후설 모음이면서 평순 모음인 저모음은 'ㅏ'이다.

• 끝소리 : 비음이면서 입술소리인 자음은 'ㅁ'이다.

따라서 〈조건〉을 모두 만족시키는 글자는 '잠'임을 알 수 있다.

34 수행평가형

이게 정답! 여린입천장소리에는 'ㄱ, ㄲ, ㅋ, ㅇ'이 있으며, '전설/평순/저모음'은 'ㅐ'이다. 〈보기〉에서 이 조건을 만족시키는 글자는 '개'이다.

35 수행평가형

이게 정답! 목청소리는 'ㅎ', '후설/평순/고모음'은 'ㅡ', 유음은 'ㄹ'이다. 〈보기〉에서 이 조건을 만족시키는 글자는 '흘'이다.

(1) 음절의 끝소리 규칙

개념 쏙쏙! 내신 쑥쑥! 🐝
| 본문 22쪽 |

01 ○ 02 ○ 03 ✕ 04 변동 05 축약 06 첨가 07 ✕ 08 ○
09 ✕ 10 [ㄷ] 11 [ㅂ] 12 [ㅂ] 13 ③ 14 ② 15 ⑤ 16 ①
17 음절의 끝소리 규칙 18 ③ 19 [ㄷ] 20 ①

03
이게 정답! 두 음운이 합쳐져 하나의 음운으로 소리 나는 현상은 음운의 축약이다. 음운의 탈락은 두 음운이 만날 때 그중 한 음운이 사라져 소리 나지 않는 현상을 의미한다.

07
이게 정답! 우리말의 음절 끝소리에서 발음되는 자음은 'ㄱ, ㄴ, ㄷ, ㄹ, ㅁ, ㅂ, ㅇ' 모두 7개이다.

09
이게 정답! '맑고[말꼬]', '읽다[익따]', '밝지[박찌]'로 발음되므로 '맑-'의 'ㄺ'은 'ㄱ'이 아니라 'ㄹ'로 발음됨을 알 수 있다.

13
답 ③
이게 정답! '숲'은 [숩]으로 발음되므로 음절의 끝소리가 [ㅂ]인 반면, '꽃[꼳]', '낱[낟ː]', '갓[갇ː]', '히읗[히읃]'은 모두 음절의 끝소리가 [ㄷ]이다.

14
답 ②
이게 정답! '국밥'은 [국빱]으로 발음되므로 음절의 끝소리는 변하지 않는다.
왜 답이 아니지? ① '밭[받]' ③ '낮달[낟딸]' ④ '속옷[소ː곧]' ⑤ '빚더미[빋떠미]'로 발음되므로 모두 음절의 끝소리가 [ㄷ]으로 바뀜을 알 수 있다.

15
답 ⑤
이게 정답! 우리말의 음절 끝에서는 'ㄱ, ㄴ, ㄷ, ㄹ, ㅁ, ㅂ, ㅇ'의 7개 자음만 발음된다.
왜 답이 아니지? ① '법'과 '잎[입]'은 모두 끝소리가 [ㅂ]으로 발음된다.
② '맑다'는 [막따]로 발음되므로 '맑-'의 겹받침 'ㄺ'은 [ㄱ]으로 발음됨을 알 수 있다.

16
답 ①
이게 정답! '읊다'는 [읖다 → 읍따]와 같이 발음된다. 따라서 겹받침 'ㄿ'은 뒤의 자음인 'ㅍ'이 발음되는 자음임을 알 수 있다.

17 수행평가형
이게 정답! 우리말의 음절 끝소리에서 7개 자음만 발음되는 것을 '음절의 끝소리 규칙'이라고 한다.

18
답 ③
이게 정답! 겹받침 뒤에 모음으로 시작된 조사나 어미, 접미사가 오면 뒤의 자음을 다음 음절의 첫소리로 옮겨 발음한다. 따라서 '닭이'는 [달기]로 발음해야 한다.

19 수행평가형
이게 정답! [옫ː따], [터은], [빋따], [히은], [나앋따]와 같이 〈보기〉의 모든 단어에서 음절 끝소리로 [ㄷ]이 발음된다.

20 수능형
답 ①
이게 정답! '값이'에서의 '이'는 조사에 해당하므로, 뒤엣것인 'ㅅ'을 뒤 음절 첫소리로 옮기되 'ㅅ'이므로 된소리로 바꾸어 [갑씨]로 발음해야 한다.

(2) 자음 동화

개념 쏙쏙! 내신 쑥쑥! 🐝
| 본문 24쪽 |

01 ✕ 02 ✕ 03 ○ 04 [침ː낙] 05 [성뉴] 06 [논는] 07 [줄럼끼] 08 막는, 밥만, 끝내, 급류 09 진리, 전라도 10 ③ 11 ① 12 ✕
13 ○ 14 ✕ 15 비음화, 순행 동화, 불완전 동화 16 비음화, 역행 동화, 완전 동화 17 유음화, 역행 동화, 완전 동화 18 비음화, 역행 동화, 불완전 동화 19 ① 20 ② 21 ② 22 ① 23 ② 24 ①
25 전라도, 한라산 26 ① 27 ⑤ 28 ④ 29 ① 30 발음을 쉽게 (편하게) 하려고

01
이게 정답! 자음 동화는 자음과 모음이 아니라 자음과 자음이 만날 때 일어나는 현상이다.

02
이게 정답! 비음화는 비음이 아닌 자음 'ㄱ, ㄷ, ㅂ'이 비음으로 바뀌는 현상이다.

08
이게 정답! '막는[망는], 밥만[밤만], 끝내[끋내 → 끈내], 급류[급뉴 → 금뉴]'와 같이 발음하므로 이 네 단어에서 비음화가 일어남을 알 수 있다.

09
이게 정답! '진리[질리], 전라도[절라도]'와 같이 발음하므로 이 두 단어에서 유음화가 일어남을 알 수 있다.

10
답 ③
이게 정답! '신문'은 [신문]으로 발음하므로 음운 변동 현상이 일어나지 않는다.
왜 답이 아니지? ① [궁니]로 발음되므로 비음화가 일어난다.
② [실라]로 발음되므로 유음화가 일어난다.

④ [잠는]으로 발음되므로 비음화가 일어난다.
⑤ [종노]로 발음되므로 비음화가 일어난다.

11 답 ①
이게 정답! '공로'는 [공노]로 발음되므로 비음화가 일어나지만, '권력[궐:력]', '난로[날:로]', '진리[질리]', '칼날[칼랄]'은 모두 유음화가 일어난다.

12
이게 정답! 앞 자음이 뒤 자음의 영향을 받아 바뀌는 것은 역행 동화이다.

14
이게 정답! '대관령[대:괄령]'에서는 'ㄴ'이 'ㄹ'의 영향을 받아 'ㄹ'로 바뀌었으므로 완전 동화가 일어난다.

19 답 ①
이게 정답! '담력[담:녁]'에서는 순행 동화가 일어나지만, '먹는다[멍는다], 닫는[단는], 난로[날:로], 국민[궁민]'에서는 앞 자음이 뒤 자음의 영향을 받아 바뀌는 역행 동화가 일어난다.

20 답 ①
이게 정답! '깎는[깡는]'은 'ㄲ'의 대표음 'ㄱ'이 [ㅇ]으로 바뀌는 역행 동화가 일어난다.
왜 답이 아니지? ②~⑤ '국력'은 [궁녁], '독립'은 [동닙], '속리산'은 [송니산], '협력'은 [혐녁]으로 발음되므로, 앞뒤 자음이 모두 바뀌는 상호 동화가 일어난다.

21 답 ②
이게 정답! '산신령[산실령]'에서는 'ㄴ'이 'ㄹ'로 바뀌는 유음화가 일어나며, 이는 앞뒤 자음이 같아지는 완전 동화에 해당한다.
왜 답이 아니지? '동래[동내], 왕릉[왕능], 담력[담:녁], 섭리[섬니]'에서는 두 자음이 비슷한 소리로 바뀌는 불완전 동화가 일어난다.

22 수능형 답 ①
이게 정답! '종로[종노]'에서는 순행 동화가 일어나지만, '작년[장년], 신라[실라], 밥물[밤물], 국민[궁민]'에서는 역행 동화가 일어난다.

23 답 ②
이게 정답! '난로[날:로]'는 역행 동화, '백로[뱅노]'는 상호 동화가 일어나는 단어이다.
왜 답이 아니지? '먹는[멍는], 곤란[골:란], 국민[궁민], 막는[망는], 닫는[단는], 웃는[운:는], 전리품[절:리품], 신라[실라]'에서는 모두 역행 동화가 일어난다.

24 수능형 답 ④
이게 정답! '닫는[단는]'은 'ㄷ'이 'ㄴ' 앞에서 비음 'ㄴ'으로 바뀌는 비음화(㉠)가 일어난다. '권리[궐리]'는 'ㄴ'이 유음 'ㄹ' 앞에서 'ㄹ'로 바뀌는 유음화(㉡)가 일어난다.

왜 답이 아니지? ① '먹물[멍물]'은 비음화가 일어나므로 ㉠에 해당하지만, '중력[중녁]'은 유음화가 아니라 비음화가 일어나는 단어이다.
② '설날[설:랄]'은 유음화가 일어나므로 ㉡에 해당하지만, '국밥[국빱]'은 비음화가 아니라 된소리되기가 일어나는 단어이다.
③ '입는[임는]'은 비음화가 일어나므로 ㉠에 해당하지만, '막내[망내]'는 유음화가 아니라 비음화가 일어나는 단어이다.
⑤ '물난리[물랄리]'는 유음화가 일어나므로 ㉡에 해당하지만, '솜이불[솜:니불]'은 비음화가 아니라 'ㄴ' 첨가가 일어나는 단어이다.

25 수행평가형
이게 정답! '왕십리[왕심니], 전라도[절라도], 대통령[대:통녕], 한라산[할:라산]'과 같이 발음되므로 두 자음이 같아지는 완전 동화가 일어나는 것은 '전라도'와 '한라산'이다.

26 답 ①
이게 정답! '앞마당[암마당]'은 받침 'ㅍ'(음절의 끝소리 규칙에 의해 'ㅂ'으로 바뀜)이 'ㅁ' 앞에서 [ㅁ]으로 발음되는 단어이므로 ㉠에 추가할 수 있다.
왜 답이 아니지? '한라산[할:라산], 백두산[백뚜산], 광한루[광:할루], 웃기다[욷:끼다]'는 유음화, 된소리되기, 음절의 끝소리 규칙 등이 나타나는 단어일 뿐, 〈보기〉에서 설명하고 있는 비음화 현상과는 관계가 없다.

27 수능형 답 ⑤
이게 정답! 〈보기〉에 따르면 '잡념[잠념]'은 첫 글자의 받침 'ㅂ'만 'ㄴ'의 영향을 받아 비음인 'ㅁ'으로 변화하므로 '001000'으로 표시할 수 있으며, 역행 동화가 일어난다.
왜 답이 아니지? ① '국민[궁민]'은 역행 동화가 일어난다.
② '글눈[글룬]'은 순행 동화가 일어난다.
③ '명량[명냥]'은 '000100'으로 표시되며, 순행 동화가 일어난다.
④ '신랑[실랑]'은 '001000'으로 표시되며, 역행 동화가 일어난다.

28 답 ④
이게 정답! 〈보기〉의 '줄넘기[줄럼끼]'는 'ㄴ'이 'ㄹ'로 바뀌는 유음화가 일어나는 단어이며, '관리[괄리]' 역시 유음화가 일어나는 단어이다.
왜 답이 아니지? ① '걷는[건는]', ② '입는[임는]', ③ '석류[성뉴]', ⑤ '합리[함니]' 모두 유음화가 아니라 비음화가 일어나는 단어이다.

29 수능형 답 ①
이게 정답! 〈자료〉에서는 유음화 현상에 대하여 설명하고 있다. 그와 같은 원리를 적용하여 발음해야 하는 것은 '진리[질리]'이다.
왜 답이 아니지? '협력[혐녁], 항로[항:노], 백로[뱅노], 남루[남:누]'는 모두 'ㄹ'이 'ㄴ'으로 바뀌는 비음화가 일어나는 단어이다.

30 수행평가형
이게 정답! '꽃만'을 [꼳만]이 아니라 [꼰만]으로 발음하는 것은 비음이 아닌 자음 'ㄷ'을 뒤이어 나오는 'ㅁ'과 같은 비음으로 바꿈으로써 발음을 쉽고 편하게 하기 위해서이다.

(3) 구개음화와 두음 법칙

| 본문 27쪽 |

개념 쏙쏙! 내신 쑥쑥!

01 ✕ 02 ○ 03 ○ 04 ㉠ : ㄷ, ㅌ ㉡ : 구개음화 05 ② 06 ②
07 ④ 08 ② 09 꽃밭이, 담요같이 10 ① 11 ⑤ 12 ✕ 13 ○
14 ○ 15 남녀노소 16 이발사 17 유대감 18 유학생 19 ⑤
20 ⑤ 21 두음 법칙이 적용되기 때문에 단어의 첫머리에 오는 한자
'리'는 '이'로 적어야 해.

01

이게 정답! 구개음화는 자음('ㄷ, ㅌ')과 모음('ㅣ') 사이에서 일어나는 동화 현상이다.

04 수행평가형

이게 정답! 〈보기〉에 따르면 '굳-'과 '밭'의 'ㄷ, ㅌ'(㉠)은 각각 'ㅣ'
모음으로 시작하는 형식 형태소와 만나 구개음 'ㅈ, ㅊ'으로 바뀐
다. 이처럼 구개음이 아니었던 자음이 구개음으로 바뀌는 현상을
구개음화(㉡)라고 한다.

05   답 ②

이게 정답! '빛이[비치]'는 원래 끝소리에 있던 자음 'ㅊ'이 모음으
로 시작하는 형식 형태소를 만나 뒤 음절로 옮겨 소리 나는 것이지
'ㅌ'이 'ㅊ'으로 바뀐 것이 아니다.

왜 답이 아니지? '같이[가치], 샅샅이[산싸치], 붙여[부텨 →부쳐 →
부처], 해돋이[해도지]'에서는 모두 'ㄷ, ㅌ'이 'ㅣ'로 시작하는 형식
형태소를 만나 'ㅈ, ㅊ'으로 변하였다.

06 수능형   답 ②

이게 정답! 〈보기〉에서는 구개음화에 대해 설명하고 있는데, '밭이
[바치]'에서 구개음화가 일어난다.

왜 답이 아니지? '달맞이[달마지], 꽃잎이[꼰니피], 솥에[소테], 디
딜방아[디딜빵아]'에서는 'ㄷ, ㅌ'이 'ㅈ, ㅊ'으로 변하는 음운 현상을
찾아볼 수 없다.

07   답 ④

이게 정답! '맏이[마지], 쇠붙이[쇠부치]'에서는 모두 구개음화가 일
어난다.

왜 답이 아니지? ① '곧이[고지]'에서는 구개음화가 일어나지만, '홑
이불[혼이불 → 혼니불 → 혼니불]'에서는 음절의 끝소리 규칙이 적
용된 후 'ㄴ' 첨가, 비음화가 일어난다.
② '해돋이[해도지]'에서는 구개음화가 일어나지만, '꽃이[꼬치]'에
서 [ㅊ]은 원래 있던 음절 끝 자음 'ㅊ'이 연음된 것이다.
③ '햇볕이[해뼈치/핻뼈치]'에서는 구개음화가 일어나지만, '잔디
[잔디]'에서는 음운 변동 현상이 일어나지 않는다.
⑤ '닫히다[다티다 → 다치다]'에서는 구개음화가 일어난다. 하지만
'끝인사[끄딘사]'에서는 '인사'가 형식 형태소가 아니라 실질 형태소
이기 때문에 음절의 끝소리 규칙이 적용된 후 [ㄷ]이 연음될 뿐, 구
개음화는 일어나지 않는다.

08   답 ②

이게 정답! '팥이[파치]'에서 구개음화를 확인할 수 있다.

왜 답이 아니지? ④ '곁으로'에서는 구개음화가 일어나지 않는데, 끝
소리 'ㅌ' 뒤에 오는 형식 형태소가 'ㅣ' 모음으로 시작하는 형식 형태
소가 아니기 때문이다. 따라서 '곁으로'는 [겨트로]로 발음해야 한다.

09 수행평가형

이게 정답! '꽃밭이[꼳빠치], 담요같이[담:뇨가치]'에서 구개음화를
확인할 수 있다.

10   답 ①

이게 정답! [거티다]에서 'ㅌ'이 'ㅣ'를 만나 'ㅊ'으로 변했으므로 구
개음화가 일어난 것임을 알 수 있다.

11   답 ⑤

이게 정답! 〈자료〉에서 '학생 2'는 구개음화에 대해 설명하고 있다.
구개음화는 '붙이다[부치다]'에서 일어난다.

왜 답이 아니지? ③ '잊히다[이치다]'에서는 'ㅈ'과 'ㅎ'이 만나 'ㅊ'으
로 축약되는 거센소리되기가 일어나는 것이지 구개음화가 일어나
는 것이 아니다.
④ '달맞이[달마지]'에서는 음절 끝소리에 있던 'ㅈ'이 다음 음절로
연음되는 것이지 구개음화가 일어나는 것이 아니다.

12

이게 정답! '녀석', '라디오' 같은 순우리말이나 외래어는 두음 법칙
의 적용을 받지 않는다.

19   답 ⑤

이게 정답! '오륙[오:륙]'은 아무런 음운 변동 현상도 일어나지 않는
단어이다.

왜 답이 아니지? '연세[해 년(年)], 예절[예도 례(禮)], 내일[올 래
(來)], 요리[되질할 료(料)]' 등은 두음 법칙의 사례에 해당한다.

20   답 ⑤

이게 정답! '역사'는 '력[지낼 력(歷)]' 자가 사용된 한자어로, 단어의
첫머리에 '력' 자가 와서 '역사(歷史)'가 되었다. 이는 〈보기〉에 제시
된 두음 법칙에 따른 것이다.

왜 답이 아니지? ① '운율'의 '율'은 '률[법 률(律)]'이 예외적으로 두
번째 음절에서 '율'로 표기되는 사례이다. 이는 〈보기〉에서 설명한
'ㄹ'이 탈락되는 환경과 거리가 멀다.
②, ③ '녀석, 리듬(rhythm)'은 각각 고유어와 외래어이므로 두음
법칙의 적용을 받지 않는다.
④ '낙원'은 '락[즐길 락(樂)]' 자가 사용된 한자어로 두음 법칙에 따
라 '낙원(樂園)'으로 적지만, 이는 〈보기〉에 설명된 두음 법칙이 적
용된 사례가 아니다.

21 수행평가형

이게 정답! 〈보기〉를 통해 북한에서는 두음 법칙이 적용되지 않음
을 알 수 있다. 그러나 남한에서는 한자 '리'가 단어의 첫머리에 올
수 없다. 따라서 '리용수'는 '이용수'로 적어야 한다.

(4) 된소리되기

개념 쏙쏙! 내신 쑥쑥! 🐝 | 본문 29쪽 |

01 × 02 × 03 ○ 04 ④ 05 ① 06 ① 07 굴곡, 발부 / 한자어
의 받침 'ㄹ' 뒤에 'ㄷ, ㅅ, ㅈ'이 오지 않기 때문이다.

01

이게 정답! 된소리되기는 예사소리('ㄱ, ㄷ, ㅂ, ㅅ, ㅈ')가 된소리
('ㄲ, ㄸ, ㅃ, ㅆ, ㅉ')로 바뀌어 발음되는 현상이다.

02

이게 정답! 한자어의 'ㄹ' 받침 뒤에 올 때 된소리로 바뀌어 발음되
는 것은 'ㄷ, ㅅ, ㅈ'이다.

04   답 ④

이게 정답! 받침 'ㄱ, ㄷ, ㅂ' 뒤에 'ㄱ, ㄷ, ㅂ, ㅅ, ㅈ'이 오면 '국수
[국쑤], 색시[색:씨], 몹시[몹:씨], 깍두기[깍뚜기]'와 같이 발음되
지만, '군소리'는 [군:소리]로 발음된다.

05   답 ①

이게 정답! 〈보기〉에서는 안울림소리 뒤에 예사소리 'ㄱ, ㄷ, ㅂ,
ㅅ, ㅈ'이 올 때, 이를 'ㄲ, ㄸ, ㅃ, ㅆ, ㅉ'으로 바꾸어 발음하는 된
소리되기 현상을 설명하고 있다. '앞발'은 [압발 → 압빨]과 같이 받
침 'ㅂ' 뒤에 예사소리 'ㅂ'이 와서 된소리로 발음되는 경우이므로
〈보기〉의 현상이 일어난다.
왜 답이 아니지? ②, ③, ⑤ '봄비[봄삐], 강가[강까], 들길[들:낄]'은
모두 합성어에서 사잇소리 현상이 일어나 된소리로 바뀌는 경우에
해당한다.
④ '소식'은 음운 변동 없이 [소식]으로 발음된다.

06 수능형   답 ①

이게 정답! '늦게'는 [늗게 → 늗께]로 발음되므로 받침 'ㄷ(ㅈ)' 뒤에
연결되는 'ㄱ'을 된소리로 발음하는 ㉠의 예이다. '얹다'는 [언따]로
발음되므로 어간 받침 'ㄴ(ㄵ)' 뒤에 결합되는 어미의 첫소리 'ㄷ'을
된소리로 발음하는 ㉡의 예이다.
왜 답이 아니지? ② '옆집[엽찝]'은 ㉠의 예로 적절하지만, '있고[읻
꼬]'는 ㉡이 아니라 ㉠의 예에 해당한다.
③ '국수[국쑤]'는 ㉠의 예로 적절하지만, '늙다[늑다 → 늑따]'는 ㉡
이 아니라 ㉠의 예에 해당한다.
④ '껴안다[껴안따]'는 ㉡의 예로 적절하지만, '묶어[무꺼]'는 받침의
'ㄲ'이 연음된 것으로 ㉠, ㉡과는 관련이 없다.
⑤ '머금다[머금따]'는 ㉡의 예로 적절하지만, '앉다[안따]'는 ㉠이
아니라 ㉡의 예에 해당한다.

07 수행평가형

이게 정답! '굴곡, 발부'는 한자어이고 받침이 'ㄹ'이지만 'ㄹ' 뒤에
'ㄷ, ㅅ, ㅈ'이 아니라 'ㄱ'과 'ㅂ'이 온 것이므로 된소리되기가 나타
나지 않는다.

---

(5) 음운 축약

개념 쏙쏙! 내신 쑥쑥! 🐝 | 본문 30쪽 |

01 × 02 ○ 03 × 04 자 05 자 06 모 07 ④ 08 ② 09 ①
10 • 자음 축약 : ㉡, ㉣, ㉤, ㉥ • 모음 축약 : ㉠, ㉢

01

이게 정답! 음운 축약은 두 개의 음운이 하나의 음운으로 줄어드는
현상을 의미한다. 두 음운이 만날 때 발음하기 쉽도록 서로 비슷한
음운으로 변화하는 것은 음운 동화이다.

03

이게 정답! 자음 축약은 '좋다[조:타]'와 같이 표기에 반영되지 않지
만, 모음 축약은 '사이 → 새'와 같이 표기에 반영된다.

07   답 ④

이게 정답! '뵈다'는 '보이− + −다'에서 모음 축약이 일어난 단어
이다.
왜 답이 아니지? '입학[이팍], 않다[안타], 좁혀[조펴], 맏형[마텽]'은
자음 축약이 일어나는 단어들이다.

08   답 ②

이게 정답! '쐬다'는 '쏘이− + −다'에서 모음 축약이 일어난 단어이
다. 그러나 나머지 단어는 '옳다[올타], 받히다[바티다 → 바치다],
앉히다[안치다], 박하사탕[바카사탕]'과 같이 발음되므로 모두 자음
축약이 일어난다.

09   답 ①

이게 정답! '끊기지'에서는 '끊−'의 겹받침 중 뒤의 받침 'ㅎ'이 뒤 음
절의 'ㄱ'과 합쳐져 거센소리 'ㅋ'으로 바뀐다. 따라서 [끈키지]로 발
음해야 한다.

10 수행평가형

이게 정답! 〈보기〉의 밑줄 친 단어에서 일어나는 음운 변동 현상을
살펴보면 다음과 같다.

㉠ '쐬어'	쏘이− + −어 → 쐬어	모음 축약
㉡ '맏형'	ㄷ + ㅎ → ㅌ, [마텽]	자음 축약
㉢ '뵈는'	보이− + −는 → 뵈는	모음 축약
㉣ '밝히고'	ㄱ + ㅎ → ㅋ, [발키고]	자음 축약
㉤ '꽂힌'	ㅈ + ㅎ → ㅊ, [꼬친]	자음 축약
㉥ '좁히며'	ㅂ + ㅎ → ㅍ, [조피며]	자음 축약

따라서 자음 축약에 해당하는 것은 ㉡, ㉣, ㉤, ㉥이고, 모음 축약
에 해당하는 것은 ㉠, ㉢이다.

(6) 음운 탈락

02

이게 정답!　같은 음운이 겹칠 때 한 음운이 탈락하는 것은 자음이 아니라 모음이다.

04

이게 정답!　'떴다'는 '뜨-＋-었다'에서 'ㅡ'가 탈락한 것이다.

05

이게 정답!　'저어'는 '젓다'의 활용형인 '젓-＋-어'에서 'ㅅ'이 탈락한 것이다.

06

이게 정답!　'나날이'는 '날＋날＋-이'에서 'ㄹ'이 탈락한 것이다.

09　　　　　　　　　　　　　　　　　　　　　　　답 ①

이게 정답!　'축하'는 [추카]로 발음되므로 자음 축약이 일어난 것이다. 나머지는 모두 음운 탈락 현상이 일어난다.

왜 답이 아니지?　② '활＋살'에서 'ㄹ'이 탈락한 말이다.
③ '만나-＋-았다'에서 같은 모음이 겹쳐 'ㅏ'가 탈락한 말이다.
④ '밀-＋달-＋-이'에서 'ㄹ'이 탈락한 말이다.
⑤ '솔＋나무'에서 'ㄹ'이 탈락한 말이다.

10　　　　　　　　　　　　　　　　　　　　　　　답 ③

이게 정답!　'써'는 '쓰-＋-어'에서 'ㅡ'가 탈락한 말이다.
왜 답이 아니지?　① '국화[구콰]'는 'ㄱ＋ㅎ → ㅋ'으로 자음 축약이 일어난다.
② '급하다[그파다]'는 'ㅂ＋ㅎ → ㅍ'으로 자음 축약이 일어난다.
④ '뉘어'는 '누이-＋-어'가 줄어든 것으로, 모음 축약이 일어난다.
⑤ '좁히는[조피는]'은 'ㅂ＋ㅎ → ㅍ'으로 자음 축약이 일어난다.

11　　수행평가형

이게 정답!　〈보기〉의 빈칸에는 '담그-＋-아'라는 의미를 지닌 말이 들어가야 한다. 따라서 '담가'가 적절하다. 용언 어간의 'ㅡ'가 어미 '-아/어' 앞에서 탈락되기 때문이다.

(7) 음운 첨가

03

이게 정답!　'해＋살'은 합성어에서 앞말 끝소리가 모음이고 예사소리로 시작하는 뒷말이 와서 뒷말의 예사소리가 된소리로 발음되는 경우이므로 [해쌀/핻쌀]이 바른 발음이다. 즉, 사잇소리 현상이 일어나는 단어로, 이때 앞말이 모음으로 끝나면 그 모음 받침에 'ㅅ'을 넣어 표기하므로 '해살'이 아니라 '햇살'로 적어야 한다.

04~06

이게 정답!　각각 [솜:니불], [나문닙], [나루빼/나룯빼]와 같이 발음된다.

07

이게 정답!　'물약'은 'ㄴ' 첨가와 유음화가 일어나 [물냑 → 물략]으로 발음된다.

08

이게 정답!　'말소리'는 '말'과 '소리'가 합쳐진 말로, 앞말의 끝소리가 울림소리 'ㄹ'이고, 뒷말이 예사소리로 시작된다. 따라서 'ㅅ'이 된소리로 발음되어 [말:쏘리]가 된다.

09

이게 정답!　'후＋일'은 앞말이 모음으로 끝나고 뒷말이 모음 'ㅣ'로 시작한다. 따라서 두 음운 사이에 'ㄴㄴ'이 첨가되어 [훈:닐]로 발음된다.

10

이게 정답!　'한-＋여름'은 앞말의 끝소리가 자음이고 뒷말이 모음 'ㅕ'로 시작한다. 따라서 두 음운 사이에 'ㄴ'이 첨가되어 [한녀름]으로 발음된다.

11　　　　　　　　　　　　　　　　　　　　　　　답 ⑤

이게 정답!　'대학교[대:학꾜]'는 앞말의 받침 'ㄱ' 뒤에 예사소리 'ㄱ'이 와서 된소리되기가 일어난 것으로, 사잇소리 현상과는 관계가 없다.
왜 답이 아니지?　① '냇물'은 '내＋물'이 결합한 것으로, 앞말 끝소리가 모음이고 뒷말이 'ㅁ'으로 시작하므로 [낸물]과 같이 'ㄴ' 소리가 첨가되어 발음된다. 또한 이를 'ㅅ'으로 표기하는 사잇소리 현상의 사례이다.
② '산길'은 앞말 끝소리가 'ㄴ'이고 뒷말이 예사소리로 시작하여 [산낄]과 같이 된소리로 발음하는 사잇소리 현상의 사례이다.
③ '나룻배'는 앞말 끝소리가 모음이고 뒷말이 예사소리로 시작하여 [나루빼/나룯빼]와 같이 된소리로 발음하는 사잇소리 현상의 사

레이다.
④ '물소리'는 앞말 끝소리가 'ㄹ'이고 뒷말이 예사소리로 시작하여 [물쏘리]와 같이 된소리로 발음하는 사잇소리 현상의 사례이다.

12　　答 ③
이게 정답! '눈요기'는 앞말의 끝소리가 자음 'ㄴ'이고 뒷말이 모음 'ㅛ'로 시작하므로 두 음운 사이에 'ㄴ'이 첨가되어 [눈뇨기]로 발음된다.
왜 답이 아니지? '윗옷[위돋], 올가을[올까을], 하얗다[하:야타], 솜사탕[솜:사탕]과 같이 발음되므로 'ㄴ'이 덧나는 것과는 관계가 없다.

13　　答 ②
이게 정답! '담요[담:뇨], 맨입[맨닙], 밭일[반닐]'은 'ㄴ'이 첨가되고, '풀잎[풀닙 → 풀립]'은 'ㄴ'이 첨가된 후 'ㄹ'로 바뀐다. 따라서 모두 발음할 때 음운의 개수가 늘어난다. 그러나 '등불[등뿔]'은 'ㅂ'이 'ㅃ'으로 바뀔 뿐 음운의 개수가 늘어나지는 않는다.

14　　答 ④
이게 정답! '절약'은 'ㄴ' 첨가 없이 [저략]으로 발음한다.

15　　答 ②
이게 정답! '홑이불'에서는 〈보기〉와 같이 음절 끝소리 규칙이 적용되고 'ㄴ'이 첨가된 후 비음화가 일어난다. '꽃잎'도 이와 마찬가지로 [꼳닙 → 꼰닙]으로 음절 끝소리 규칙이 적용되고 'ㄴ'이 첨가된 후 비음화가 일어난다.
왜 답이 아니지? ① '냇가'는 [내:까/낻:까]로 사잇소리 현상이 일어난다.
③ '콩엿'은 [콩녇]으로 음절 끝소리 규칙이 적용되고 'ㄴ' 첨가가 일어난다. 그러나 비음화 현상은 일어나지 않는다.
④ '바닷물'은 [바단물]로 사잇소리 현상이 일어난다.
⑤ '솜이불'은 [솜:니불]로 'ㄴ' 첨가가 일어난다.

16　수능형　　答 ④
이게 정답! 〈보기〉를 보면 사이시옷을 받치어 적는 경우는 세 가지이다. (1) 뒷말의 첫소리가 된소리로 날 경우, (2) 뒷말의 첫소리 'ㄴ, ㅁ' 앞에서 'ㄴ' 소리가 덧날 경우, (3) 뒷말의 첫소리 모음 앞에서 'ㄴㄴ' 소리가 덧날 경우가 그것이다. ⓐ~ⓔ를 이 기준에 따라 분류해 보면 다음과 같다.

ⓐ '오랫동안'	[오래똥안/오랟똥안] – 뒷말의 첫소리가 된소리로 남	(1)
ⓑ '시냇가'	[시:내까/시:낻까] – 뒷말의 첫소리가 된소리로 남	(1)
ⓒ '콧등'	[코뜽/콛뜽] – 뒷말의 첫소리가 된소리로 남	(1)
ⓓ '냇물'	[낸:물] – 뒷말의 첫소리 'ㄴ, ㅁ' 앞에서 'ㄴ' 소리가 덧남	(2)
ⓔ '잇몸'	[인몸] – 뒷말의 첫소리 'ㄴ, ㅁ' 앞에서 'ㄴ' 소리가 덧남	(2)

따라서 ⓐ, ⓑ, ⓒ가 (1)로 그 성격이 같고, ⓓ, ⓔ가 (2)로 그 성격이 같다.

17~18　수행평가형
이게 정답! 〈보기〉의 '밤길[밤낄]'과 '산불[산뿔]'은 모두 합성어에서 앞말이 울림소리로 끝나고 뒷말이 예사소리로 시작하여 예사소리가 된소리로 발음되는 사잇소리 현상이 일어난다. '밤바다'는 '밤'과 '바다'가 결합한 합성어로 앞말이 울림소리 'ㅁ'으로 끝나고, '바다'가 예사소리로 시작한다. 따라서 [밤빠다]와 같이 예사소리를 된소리로 바꾸어 발음해야 한다.

19　수행평가형
이게 정답! '풀잎'에서는 [풀닙 → 풀립]과 같이 음절의 끝소리 규칙이 적용되고 'ㄴ'이 첨가된 후(음운 첨가), 앞말의 'ㄹ' 때문에 'ㄴ'이 'ㄹ'로 변하는 유음화가 일어난다.

대단원 완성문제! 　　| 본문 34쪽 |

01 ⑤　02 ⑤　03 ④　04 ⑤　05 ②　06 ⑤　07 ③　08 ⑤　09 ①
10 ②　11 밭머리, 작년, 급류, 담력　12 ⑤　13 ④　14 ④　15 ①
16 ④　17 ⑤　18 ②　19 ①　20 ①　21 ①　22 ⑤　23 ④　24 ④
25 음절의 끝소리 규칙이 적용되면서 연음이 일어나 [낟나티]가 되고 비음화와 구개음화가 일어나 [난나치]가 된다.

01　　答 ⑤
이게 정답! 우리말의 음운 변동에서는 두 음운이 만나 소리가 변할 때 표기에 반영하는 경우가 있고 그렇지 않은 경우가 있다. 예를 들어 '국수'의 경우 된소리되기에 의해 [국쑤]로 발음되지만 표기에는 반영하지 않는다. 그러나 '놀- + -니' 같은 경우는 'ㄹ'이 탈락되어 [노니]가 되는데, 이를 표기에도 반영한다.
왜 답이 아니지? ① 음운 축약, ② 음운 탈락, ③ 음운 동화에 대한 설명이다.
④ 다양한 음운 변동 현상은 발음을 보다 쉽게 편하게 하기 위해 일어난다.

02　수능형　　答 ②
이게 정답! ㉠은 비음화, 유음화, 구개음화 같은 음운 동화 현상을 의미하고 ㉡은 음운 탈락을 의미한다. 그리고 ㉢은 음운 축약을 의미한다. '담력[담:녁], 놓은[노은], 파랗다[파:라타]'에서는 각각 비음화, 음운 'ㅎ' 탈락, 자음 축약이 일어난다.
왜 답이 아니지? ① '굳이[구지]'는 구개음화, '좋다[조:타]'는 음운 축약, '협력[혐녁]'은 비음화가 일어나므로 적절하지 않다.
③ '따님'은 'ㄹ' 탈락, '훈련[훌:련]'은 유음화, '소나무'는 'ㄹ' 탈락이 일어나므로 적절하지 않다.
④ '부삽'은 'ㄹ' 탈락, '입학[이팍]'은 음운 축약, '적시다[적씨다]'는 된소리되기가 일어나므로 적절하지 않다.
⑤ '독립[동닙]'은 비음화, '같이[가치]'는 구개음화, '마소'는 'ㄹ' 탈락이 일어나므로 적절하지 않다.

03　　答 ③
이게 정답! '좋구나[조:쿠나]'는 'ㅎ'과 'ㄱ'이 만나 'ㅋ'으로 합쳐지는 음운 축약이 일어난다.

왜 답이 아니지?　① '쌀국수[쌀국쑤]'로 발음되므로 'ㅅ'이 'ㅆ'으로 교체된다.

② '먹는다[멍는다]'로 발음되므로 'ㄱ'이 'ㅇ'으로 교체된다.

④ '집안일[지반닐]'로 발음되므로 'ㄴ'이 첨가된다.

⑤ '집현전[지편전]'으로 발음되므로 'ㅂ'과 'ㅎ'이 'ㅍ'으로 축약된다.

04 수능형　　　　　　　　　　　　　　　　답 ⑤

이게 정답!　'옷 한 벌[오탄벌]'은 음절의 끝소리 규칙에 따라 'ㅅ'이 'ㄷ'으로 교체된 후, 이 'ㄷ'이 'ㅎ'과 축약되어 'ㅌ'이 된 것이다. 즉, '탈락 – 첨가 – 축약'이 일어난 것이 아니라 '교체 – 축약'이 일어난 것이다.

05　　　　　　　　　　　　　　　　　　답 ②

이게 정답!　'낯이'는 '낯' 뒤에 모음으로 시작하는 형식 형태소가 오므로 'ㅊ'을 뒤 음절 첫소리로 옮겨 [나치]로 발음해야 한다.

왜 답이 아니지?　① '넋이'는 [넉시]로 연음되지만 된소리되기가 일어나 [넉씨]로 발음된다.

③ '곳[곧], 뭇[묻], 옷[옫]' 등에서 알 수 있듯이 끝소리 'ㅅ'은 모두 'ㄷ'으로 바뀌어 발음된다.

④ '흙이[흘기]'와 같이 겹자음 뒤에 모음으로 시작하는 형식 형태소가 오면 겹자음 중 뒤의 자음을 뒤 음절 첫소리로 옮겨 발음하므로 두 겹자음이 모두 소리 난다. 그러나 '흙과[흑꽈]'와 같이 자음으로 시작하는 말이 오면 대표음이 남고 다른 자음은 탈락한다.

⑤ 음절의 끝소리 규칙은 음절의 끝소리, 즉 받침소리로 'ㄱ, ㄴ, ㄷ, ㄹ, ㅁ, ㅂ, ㅇ'의 7개 자음만 발음한다는 것이므로 표기에는 반영되지 않는다.

06　　　　　　　　　　　　　　　　　　답 ⑤

이게 정답!　음절 끝소리에 'ㅎ'이 오면 'ㄷ'으로 발음하므로 '히읗'은 [히읃]으로 발음해야 한다.

07　　　　　　　　　　　　　　　　　　답 ①

이게 정답!　'넓다[널따]', '밟다[밥ː따]', '읊다[읍따]', '읽다[익따]', '흙과[흑꽈]'로 발음되므로 'ㄱ / ㄴ, ㄷ / ㄹ, ㅁ'과 같이 묶는 것이 적절하다.

08 수능형　　　　　　　　　　　　　　　　답 ⑤

이게 정답!　이 글의 3문단에서 '구개음화는 끝소리 'ㄷ, ㅌ'이 모음 'ㅣ'로 시작되는 조사나 접미사 앞에서 구개음 'ㅈ, ㅊ'으로 발음되는 현상'이라고 하였다. 따라서 구개음화는 동화의 결과로 자음만 바뀜을 알 수 있다.

왜 답이 아니지?　① 1문단에서 알 수 있는 내용이다.

② 마지막 문단에서 '성격이 비슷하거나 같은 소리가 연속되면 발음할 때 힘이 덜 들게 되므로 발음의 경제성이 높아진다.'라고 하였다. 따라서 음운 동화를 통해 조음 위치나 조음 방식이 바뀌면 발음의 경제성이 높아짐을 알 수 있다.

③ 구개음화는 끝소리 자음과 모음이 만날 때 일어나는 현상인 반면, 비음화와 유음화는 각각 비음 아닌 자음과 비음, 유음 아닌 자음과 유음이 만날 때 일어나는 현상이다. 따라서 구개음화와 달리 비음화와 유음화는 두 자음이 인접했을 때 일어남을 알 수 있다.

④ 구개음화는 모음 'ㅣ'로 시작되는 조사나 접미사 앞에서 'ㄷ, ㅌ'이 'ㅈ, ㅊ'으로 바뀌는 것이므로, 자음으로 시작되는 조사나 접미사 앞에서는 일어나지 않는다.

09 수능형　　　　　　　　　　　　　　　　답 ①

이게 정답!　㉠ '자음 체계표'를 보면 a. '밥물[밤물]'은 파열음 'ㅂ'이 비음 'ㅁ'의 영향으로 비음 'ㅁ'으로 바뀌는 비음화의 예이고, b. '신라[실라]'는 비음 'ㄴ'이 유음 'ㄹ'의 영향으로 유음 'ㄹ'로 바뀌는 유음화의 예이다. 이때 비음화와 유음화 모두 조음 방식만 바뀌는 것을 알 수 있다. 이와 달리 c. '굳이[구지]'는 끝소리 'ㄷ'이 모음 'ㅣ' 앞에서 'ㅈ'으로 발음되는 구개음화의 예이다. 구개음화는 잇몸소리(조음 위치)이면서 파열음(조음 방식)인 'ㄷ'이 센입천장소리(조음 위치)이면서 파찰음(조음 방식)인 'ㅈ'으로 바뀌므로 조음 위치와 조음 방식이 모두 바뀐 경우에 해당함을 알 수 있다.

10　　　　　　　　　　　　　　　　　　답 ②

이게 정답!　'벗는'은 음절의 끝소리 규칙이 적용되어 [벋는]이 되고, 'ㄷ'이 'ㄴ'의 영향을 받아 'ㄴ'이 되는 비음화가 일어나 최종적으로는 [번는]으로 발음된다. 따라서 이때 일어나는 음운의 변동은 'ㅅ + ㄴ → ㄴ + ㄴ'이 적절하다.

11 수행평가형

이게 정답!　'밭머리[받머리 → 반머리], 작년[장년], 급류[급뉴 → 금뉴], 담력[담ː녁]'으로 각각 자음 동화가 일어난다.

12 수능형　　　　　　　　　　　　　　　　답 ⑤

이게 정답!　'땀받이[땀바지]'는 앞말의 끝소리 'ㄷ'이 연음되면서 뒷말의 가운뎃소리 'ㅣ'와 만나 앞의 음운인 'ㄷ'이 'ㅈ'으로 바뀌는 교체 현상이 일어난다. 따라서 ㉡이면서 ⓐ에 해당하므로 ⑤는 적절하지 않다.

13　　　　　　　　　　　　　　　　　　답 ④

이게 정답!　'하느님'은 'ㄹ' 탈락이 일어난 단어이고, '달맞이[달마지]'는 연음 현상만 일어나는 단어이다. 따라서 이 둘에서 같은 음운 변동 현상이 일어난다고 보는 것은 적절하지 않다.

왜 답이 아니지?　① '밑이[미치], 굳이[구지]'는 모두 구개음화가 일어나는 사례이다.

② '없다[업ː따], 밝다[박따]'는 모두 음절의 끝소리 규칙이 적용되고 된소리되기가 일어나는 사례이다.

③ '칼날[칼랄], 곤란[골ː란]'은 모두 자음 동화(유음화)가 일어나는 사례이다.

⑤ '낙원 – 역사'는 모두 두음 법칙이 적용된 사례이다.

14　　　　　　　　　　　　　　　　　　답 ④

이게 정답!　'꽃이[꼬치]'의 구개음 'ㅊ'은 '꽃'에 원래 있던 음운으로 'ㅌ'이 'ㅣ'와 만나 변한 것이 아니다. '꽃이'에서는 받침의 연음만 일어난다.

왜 답이 아니지?　'맏이[마지], 가을걷이[가을거지], 닫히어[다티어 → 다치어], 같이[가치]'에서는 모두 'ㄷ, ㅌ'이 형식 형태소의 모음 'ㅣ'를 만나 'ㅈ, ㅊ'으로 변하는 구개음화가 일어난다.

15 답 ①

이게 정답! '몹시'는 된소리되기가 일어나 [몹:씨]로 발음된다.

왜 답이 아니지? '박사, 걷다, 값이, 발전'은 모두 된소리되기가 일어나는 음운 환경이므로 뒷말의 첫소리를 된소리로 발음하는 것이 적절하다.

16 답 ④

이게 정답! 〈보기〉의 '뵈어'는 '보이어'가 '뵈어'가 된 것이므로 음운 축약이 일어난 사례이다. 그러나 '담갔다'는 '담그-'에 '-았다'가 결합한 말로, '_'가 탈락되었다. 따라서 이는 적절하지 않다.

왜 답이 아니지? '옳다[올타], 따뜻한[따뜻한 → 따뜨탄], 빨갛게[빨:가케], 잡히다[자피다]'에서는 모두 '뵈어'와 마찬가지로 음운 축약이 일어난다.

17 <수능형> 답 ⑤

이게 정답! ⓤ은 '예쁘다, 고프다' 등이 '예쁘-+-어서, 고프-+-아서'와 같이 활용할 때 어간의 마지막 모음인 '_'가 탈락하여 '예뻐서, 고파서'가 되는 현상을 의미한다. '모르다'가 '몰라서, 몰랐다'와 같이 활용되는 것은 ⓤ과 같이 '_'만 탈락하는 것이 아니라 '_'가 탈락되고 'ㄹ'이 첨가된 사례이다.

18 답 ②

이게 정답! '섣달'은 '설＋달'에서 'ㄹ'이 'ㄷ'으로 바뀐 것이므로 음운의 탈락과는 관련이 없다.

왜 답이 아니지? '부삽, 바느질'에서는 'ㄹ'이 탈락하였다. '지어서'는 '짓-+-어서'에서 'ㅅ'이 탈락하였다. '돌아갔다'는 '돌아가-+-았다'에서 같은 모음이 겹쳐 'ㅏ'가 탈락하였다.

19 답 ①

이게 정답! 〈보기〉에서 공통으로 일어난 음운 변동은 'ㄹ' 탈락이다. '다달이'는 '달＋달＋-이', '미닫이'는 '밀-+닫-+-이', '우짖다'는 '울-+짖-+-다'에서 각각 'ㄹ'이 탈락하였다. 이와 같은 현상이 일어나는 것은 '말＋소'가 합쳐서 된 '마소'이다.

왜 답이 아니지? ② '스님[스님]'에서는 아무런 음운 변동도 일어나지 않는다.

③ '붙잡다[붇잡다 → 붇짭따]'에서는 음절의 끝소리 규칙이 적용되고 된소리되기가 일어난다.

④ '가을비[가을삐]'에서는 '가을'과 '비'가 결합하면서 뒷말의 예사소리가 된소리로 발음되는 사잇소리 현상이 일어난다.

⑤ '동짓달[동지딸/동짇딸]'에서는 '동지'와 '달'이 결합하면서 뒷말의 예사소리가 된소리로 발음되는 사잇소리 현상이 일어난다.

20 답 ①

이게 정답! '풀잎'은 음절의 끝소리 규칙이 적용된 후 'ㄴ' 첨가와 유음화가 일어나 [풀닙 → 풀립]으로 발음된다. 때문에 'ㅍ, ㅜ, ㄹ, ㅣ, ㅍ' 5개였던 음운이 발음할 때에는 'ㅍ, ㅜ, ㄹ, ㄹ, ㅣ, ㅂ'으로 6개가 된다.

왜 답이 아니지? '바느질[바느질], 발자국[발짜국], 사흗날[사흔날],

신바람[신빠람]'은 모두 발음할 때 음운의 개수가 변하지 않는다.

21 <수능형> 답 ①

이게 정답! '물약'은 '[물냑]'이 되면서 없던 음운인 'ㄴ'이 추가된다(첨가). 이는 앞말이 자음으로 끝나고 뒷말의 첫음절이 모음 '이, 야, 여, 요, 유'로 시작하는 경우에 뒷말의 초성 자리에 'ㄴ'이 첨가되어 '니, 냐, 녀, 뇨, 뉴'로 발음되는 'ㄴ' 첨가에 해당한다. 그리고 '[물냑]'이 '[물략]'이 되는 것은 'ㄴ'이 앞이나 뒤에 오는 유음 'ㄹ'의 영향으로 'ㄹ'로 바뀌는 현상인 유음화에 해당한다. 이는 한 음운이 다른 음운으로 바뀌는 교체에 해당한다.

22 답 ⑤

이게 정답! 〈보기〉의 '나뭇잎'을 발음할 때에는 음절의 끝소리 규칙이 적용된 후 'ㄴ' 첨가가 일어난다. 그리고 'ㄷ'이 'ㄴ'의 영향을 받아 비음화되어 'ㄴ'이 된다. 즉 음절의 끝소리 규칙, 'ㄴ' 첨가, 비음화 현상이 일어난다. '예삿일'도 [예:삳일 → 예:삳닐 → 예:산닐]로 발음되는 과정에서 음절의 끝소리 규칙과 'ㄴ' 첨가, 비음화가 일어난다.

왜 답이 아니지? ① '물엿'은 [물녇 → 물렫]으로 발음되므로 음절의 끝소리 규칙과 'ㄴ' 첨가, 유음화가 일어난다.

② '콧날'은 [콛날 → 콘날]로 발음되므로 음절의 끝소리 규칙과 비음화가 일어난다.

③ '샅샅이'는 [삳사티 → 삳싸치]로 발음되므로 음절의 끝소리 규칙과 된소리되기, 구개음화가 일어난다.

④ '시냇물'은 [시:낻물 → 시:낸물]로 발음되므로 음절의 끝소리 규칙과 비음화가 일어난다.

23 <수능형> 답 ④

이게 정답! '색연필'은 [색년필 → 생년필]로 발음되므로 '잡일'과 마찬가지로 '첨가'와 '교체'가 순서대로 일어난다.

왜 답이 아니지? ① '법학'은 'ㅂ'와 'ㅎ'이 합쳐져 'ㅊ'으로 축약되므로 적절하지 않다.

② '담요'는 'ㄴ'이 첨가되는 현상만 일어나므로 적절하지 않다.

③ '국론'은 [국논 → 궁논]으로 발음되며 비음화, 즉 교체 현상만 일어나므로 적절하지 않다.

⑤ '한여름'은 'ㄴ'이 첨가되는 현상만 일어나므로 적절하지 않다.

24 답 ④

이게 정답! ㉣ '난로'는 'ㄴ'이 'ㄹ'의 앞뒤에서 'ㄹ'로 바뀌는 유음화가 일어나므로 [날:로]로 발음해야 한다.

25 <수행평가형>

이게 정답! '낱낱이'는 음절의 끝소리 규칙이 적용되고 받침 'ㅌ'이 연음되어 [낟나티]가 된다. 이어서 'ㄷ'이 'ㄴ'의 영향을 받아 'ㄴ'으로 바뀌는 비음화와 'ㅌ'이 형식 형태소인 모음 'ㅣ'와 만나 'ㅊ'으로 바뀌는 구개음화가 일어나 [난:나치]가 된다.

(1) 품사의 개념과 분류 기준

개념 쏙쏙! 내신 쑥쑥! | 본문 40쪽 |

01 단어 02 품사 03 분류 04 ○ 05 ○ 06 × 07 영수/는/ 학교/에/ 갔다. 08 의미 09 가변어 10 독립언 11 수식언 12 체언 13 용언 14 관계언 15 × 16 ○ 17 × 18 ○ 19 ② 20 ② 21 ㉠ : 대명사 ㉡ : 부사 ㉢ : 조사 ㉣ : 감탄사 ㉤ : 형용사 22 (1) 꽃 (2) 피었네 (3) 벌써 (4) 이 (5) 어머나 23 📝 형태의 변화 유무에 따라 단어들을 분류하였다.

08
이게 정답! 우리말에서는 단어의 '형태(형태 변화 여부), 기능(문장에서의 역할), 의미(공통된 의미)'의 세 가지 기준에 따라 품사를 분류한다.

15
이게 정답! 〈보기〉의 문장은 '철수 / 가 / 헌 / 옷 / 을 / 버렸다.'와 같이 총 6개의 단어로 이루어져 있다.

17
이게 정답! '헌'은 관형사로 형태가 변하지 않는 불변어이지만, '버렸다'는 '버렸고, 버렸으니, 버렸어'와 같이 문장에서 쓰일 때 형태가 변하는 가변어이다.

19　　　　　　　　　　　　　　　　　　답 ②
이게 정답! 문장에서 주로 주어, 목적어, 보어 등으로 쓰이면서 형태가 변하지 않는 것은 명사, 대명사, 수사, 즉 체언에 해당한다.
왜 답이 아니지? ① 용언은 동사와 형용사이며, 문장에서 쓰일 때 형태가 변하는 가변어이다.
③ 관계언은 조사이며, 홀로 쓰이지 못한다.
④ 독립언은 감탄사이며, 조사와 결합할 수 없다.
⑤ 수식언은 부사와 관형사이며, 문장에서 부사어나 관형어로만 사용된다.

20　　　　　　　　　　　　　　　　　　답 ②
이게 정답! '웃는(웃다)'은 동사로, 문장 내에서 주체의 동작이나 상태, 성질 등을 서술하는 기능을 하는 용언이다.
왜 답이 아니지? ①의 '새(관형사)', ③의 '여러(관형사)', ④의 '많이(부사)', ⑤의 '가장(부사)'은 모두 다른 말을 꾸며 주는 기능을 하는 수식언이다.

21　수행평가형
이게 정답! 우리말의 단어는 형태에 따라 분류하면 불변어와 가변어로 나뉘고, 기능에 따라 분류하면 체언, 용언, 수식언, 관계언, 독립언으로 나뉜다. 또 의미를 기준으로 분류하면 명사, 대명사(㉠), 수사, 관형사, 부사(㉡), 조사(㉢), 감탄사(㉣), 동사, 형용사(㉤)의 아홉 개의 품사로 나눌 수 있다.

22　수행평가형
이게 정답! '어머나'는 다른 성분에 얽매이지 않고 문장에서 독립적으로 쓰인 독립언, '벌써'는 '피었네'를 꾸며 주는 수식언, '꽃'은 문장에서 '피었네'라는 서술의 주체에 해당하는 체언, '이'는 '꽃'이 주어임을 보여 주는 관계언, '피었네'는 주체의 동작을 보여 주는 용언이다.

23　수행평가형
이게 정답! '수박(명사), 사랑(명사), 다섯(수사, 관형사), 여러(관형사), 매우(부사)'는 모두 문장에서 사용될 때 형태가 변하지 않는 불변어이며, '높다(형용사), 달리다(동사), 읽다(동사)'는 모두 문장에서 사용될 때 형태가 변하는 가변어이다.

(2) 체언

개념 쏙쏙! 내신 쑥쑥! | 본문 42쪽 |

01 ○ 02 ○ 03 × 04 ② 05 ㉠ : 대명사 ㉡ : 명사 ㉢ : 수사 06 ⑤ 07 ⑤ 08 사람, 행복 09 × 10 ○ 11 ○ 12 이곳 13 이것 14 그 15 ② 16 ② 17 ○ 18 × 19 ○ 20 ○ 21 ① 22 ③ 23 1개 24 ⑤ 25 ① 26 ① 27 (1) 사과, 개, 배 (2) 나, 너, 무엇 (3) 하나 28 산 29 대명사, 딸의 혼 30 ② 31 명사, ㉠은 문장에서 다른 단어의 꾸밈을 받아야만 쓰일 수 있지만 ㉡은 홀로 쓰일 수 있다. 32 📝 수사는 조사가 붙을 수 있지만, 관형사는 조사가 붙을 수 없다.

04　　　　　　　　　　　　　　　　　　답 ②
이게 정답! 체언은 '명사, 대명사, 수사'를 묶어서 부르는 말로, 문장에서 주체적인 기능을 한다. 그러나 반드시 조사와 결합하여 쓰이지는 않는다. 체언은 그 자체로 홀로 쓰이기도 한다.
왜 답이 아니지? ③ 체언은 문장에서 주로 주어, 목적어, 보어 등으로 쓰인다. 하지만 이외에 다양한 문장 성분으로 쓰이기도 한다.
⑤ '국어, 수학, 미술'은 모두 명사이므로 체언에 해당한다.

06　　　　　　　　　　　　　　　　　　답 ⑤
이게 정답! 명사는 주로 주어, 목적어, 보어로 사용되지만 이외에 관형어, 부사어, 서술어, 독립어로도 사용된다.
왜 답이 아니지? ① 관형어의 수식을 받아야 하는 의존 명사를 제외하면 명사는 문장에서 홀로 쓰일 수 있다.
② 사람이나 사물 등의 이름을 나타내는 단어를 명사라고 한다.
③ 체언에 속하는 명사는 문장에서 관형어의 꾸밈을 받을 수 있다.
④ 의존 명사는 문장에서 홀로 쓰이지 못하고 관형어의 꾸밈을 받아야만 쓰일 수 있다.

07　　　　　　　　　　　　　　　　　　답 ⑤
이게 정답! 〈보기〉에서 설명하는 품사는 명사, 대명사, 수사 등에 해당하는 체언이다. '하늘'은 명사이므로 〈보기〉의 품사에 해당하는 단어이다.

왜 답이 아니지? ① '높다'는 용언으로 형용사이다.
②, ③ '빨리', '매우'는 수식언으로 부사이다.
④ '먹다'는 용언으로 동사이다.

08 수행평가형

이게 정답! 〈보기〉 문장의 품사는 다음과 같이 분석된다.

모든	사람	은	행복	을	바란다
관형사	명사	조사	명사	조사	동사

따라서 명사는 '사람'과 '행복'이다.

15   답 ②

이게 정답! 민수가 현재 직접 선물을 서랍 속에 넣으면서 말하고 있는 상황이므로, 서랍 속과 선물 모두 동생보다는 민수에게 가까이 있는 것이다. 따라서 '여기'와 '이것'이 적절하다.

16   답 ②

이게 정답! '둘 중에서 어느 것이 정답입니까?'에는 대명사가 나타나 있지 않다. '어느'는 의존 명사 '것'을 꾸미는 관형사이다.
왜 답이 아니지? ①의 '이것'과 '저것', ③의 '이쪽', ④의 '그대'와 '나', ⑤의 '무엇'은 모두 대명사이다.

21   답 ①

이게 정답! '세'는 뒤에 오는 명사 '마리'를 꾸며 주는 역할을 하는 관형사이다.
왜 답이 아니지? ②의 '하나', ③의 '일곱', ④의 '둘째', ⑤의 '스물'은 모두 수사로 사용되고 있다. 이는 뒤에 조사가 붙어 있는 것을 통해서도 알 수 있다.

22   답 ③

이게 정답! '셋이 먹다 둘이 죽어도 모르겠다.'에 사용된 수사는 '셋'과 '둘'이다. 이는 의미로도 알 수 있지만 각각에 조사가 붙어 있는 것을 통해서 알 수 있다.
왜 답이 아니지? ①의 '두', ②의 '한', ④의 '백', ⑤의 '세'는 모두 뒤의 체언을 꾸며 주는 관형사이다.

23 수행평가형

이게 정답! 〈보기〉의 문장에 사용된 수사는 '둘' 1개이다. '한'은 뒤의 체언 '개'를 꾸며 주는 관형사이다. 〈보기〉는 '아이들(명사) / 둘(수사) / 이(조사) / 각각(부사) / 사과(명사) / 한(관형사) / 개(명사) / 를(조사) / 들고(동사) / 간다(동사)'로 분석된다.

24   답 ⑤

이게 정답! '몹시'는 체언이 아니라 수식언에 속하는 부사이다.
왜 답이 아니지? ①의 '하늘'은 명사, ②의 '여기'는 대명사, ③의 '뿐'은 의존 명사, ④의 '둘'은 수사이다.

25   답 ①

이게 정답! ㉠은 문장에서 독립적으로 사용되는 감탄사이고, ㉡~㉤은 모두 대명사이다.

26   답 ①

이게 정답! '영호'는 명사, '하나'는 수사, '나'는 대명사이므로 모두 체언에 속하는 단어이다. 체언은 문장에서 사용될 때 형태가 변하지 않는 불변어이다.

27 수행평가형

이게 정답! '사과'와 '배'는 명사(자립 명사)이고, '개'는 의존 명사이다. 그리고 '개'를 꾸미는 '두'는 관형사이고, '하나'는 수사이다. 또한 '나'와 '너'는 인칭 대명사이고, '무엇'은 지시 대명사이다.

28 수행평가형

이게 정답! 〈보기〉는 '저기(대명사) / 보이는(동사) / 산(명사) / 이(조사) / 우리(대명사) / 가(조사) / 오를(동사) / 곳(명사) / 이다(조사)'로 분석되므로, 가장 먼저 나오는 명사는 '산'이다.

29 수행평가형

이게 정답! '그것'은 품사가 대명사이고, 문맥상 도깨비가 손에 쥐고 있는 '딸의 혼'을 가리킨다.

30   답 ②

이게 정답! 대명사는 '여기', '그것', '저기' 3개가 쓰였다. '이 손에'에서 '이'는 손을 꾸며 주는 관형사이다.

31 수행평가형

이게 정답! ㉠은 홀로 쓰일 수 없고 관형어의 꾸밈을 받아야 하는 의존 명사이고, ㉡은 홀로 쓰일 수 있는 자립 명사이다.

32 수행평가형

이게 정답! 〈보기〉의 관형사 '열'은 조사가 결합하지 않았고 뒤의 '사람'을 꾸미고 있다. 반면 수사 '열'에는 '이'라는 조사가 결합해 있다.

(3) 용언

개념 쏙쏙! 내신 쑥쑥! 🐝 | 본문 45쪽 |

01 ○ 02 × 03 ○ 04 ○ 05 형용사 06 동사 07 ② 08 ○
09 × 10 ○ 11 활용 12 어미 13 용언 14 ④ 15 ⑤ 16 멀다
17 ⓪ 용언은 문장 안에서 쓰일 때 형태가 변한다. 18 동 19 형 20 동
21 형 22 동 23 ○ 24 ○ 25 ○ 26 × 27 (1) 자다. 노래하다.
화나다 (2) 깨끗하다. 푸르다 28 좋다 29 ③ 30 ⑤ 31 ③ 32 (1) 극
복하고, 이룩했다 (2) 많은, 슬기롭게 33 ㉠ : 어간 ㉡ : 어미 34 ④
35 ② 36 ② 37 ③

02

이게 정답! 용언은 문장에서 부사어의 꾸밈을 받는다. 관형어의 꾸밈을 받는 것은 용언이 아니라 체언이다.

07   답 ②

이게 정답! 용언은 '동사, 형용사'를 묶어서 부르는 말로, 문장에서

사용할 때 형태가 변하는 가변어이다.

왜 답이 아니지? ①은 수식언, ③, ⑤는 관계언, ④는 수식언이나 독립언에 대한 설명이다.

14 　　　　　　　　　　　　　　　　답 ④
이게 정답! '공부하자'에서 활용할 때 변하지 않는 부분인 어간은 '공부하-'이며, 다양하게 변하며 어간에 결합하는 부분인 어미는 '-자'이다. '공부하다'는 '공부하는', '공부하고', '공부하니'와 같이 활용한다.

15 　　　　　　　　　　　　　　　　답 ⑤
이게 정답! 활용을 하는 단어는 동사와 형용사, 서술격 조사 '이다' 뿐이다. 〈보기〉는 '나비(명사) / 한(관형사) / 마리(명사) / 가(조사) / 꽃잎(명사) / 에(조사) / 사뿐(부사) / 앉았다(동사)'로 분석되므로, 문장에서 활용을 하는 단어는 동사 '앉았다'이다.

16 수행평가형
이게 정답! 〈보기〉는 '우리(대명사) / 집(명사) / 은(조사) / 학교(명사) / 에서(조사) / 매우(부사) / 먼(형용사) / 곳(명사) / 에(조사) / 있다(형용사)'로 분석된다. 이때 가장 먼저 나오는 형용사는 '먼'이고, '먼'의 기본형은 '멀다'이다.

17 수행평가형
이게 정답! '먹다'라는 동사가 문장에서 그 쓰임에 따라 '먹는구나, 먹었다, 먹자, 먹어라' 등으로 형태가 달라지고 있다.

27 수행평가형
이게 정답! 동사는 대상의 움직임을 나타내는 단어이므로 현재형이나 명령형 등이 가능한 반면, 형용사는 대상의 상태나 성질을 나타내는 단어이므로 현재형이나 명령형 등이 불가능하다.

28 수행평가형
이게 정답! 문장을 분석하면 '너(대명사) / 를(조사) / 만나니(동사) / 기분(명사) / 이(조사) / 몹시(부사) / 좋다(형용사)'가 된다.

29 　　　　　　　　　　　　　　　　답 ③
이게 정답! '예쁘다'는 형용사이므로 어간에 청유형 어미인 '-자'가 결합하면 '예쁘자'가 되어 어색해진다.

30 　　　　　　　　　　　　　　　　답 ⑤
이게 정답! 〈보기〉의 단어들은 동사와 형용사이다. 용언에 속하는 동사와 형용사는 주로 문장의 주체를 서술하는 역할을 한다.

31 　　　　　　　　　　　　　　　　답 ③
이게 정답! 대상의 상태나 성질을 나타내는 단어는 동사가 아니라 형용사이다.

32 수행평가형
이게 정답! 〈보기〉는 '우리(대명사) / 는(조사) / 많은(형용사) / 난관(명사) / 을(조사) / 슬기롭게(형용사) / 극복하고(동사) / 오늘(명사) / 의(조사) / 성공(명사) / 을(조사) / 이룩했다(동사)'로 분석된다.

34 　　　　　　　　　　　　　　　　답 ④
이게 정답! 형용사는 동사와 달리 명령형이나 청유형으로 사용할 수 없다. '건강하다'는 형용사이므로 '건강하자'라는 청유형으로 사용할 수 없고, '건강해지자'라는 형태로 사용해야 한다.

35 　　　　　　　　　　　　　　　　답 ②
이게 정답! '뛴다'는 동사 '뛰다'의 현재형이고, '뛰어라'는 명령형, '뛰자'는 청유형이다. 그런데 현재형, 명령형, 청유형은 동사만 가능하고 형용사는 불가능하다. '다르다'는 형용사이므로 〈보기〉와 같이 활용할 수 없다.

36 　　　　　　　　　　　　　　　　답 ②
이게 정답! ②의 '단(달다)'은 '물건을 일정한 곳에 걸거나 매어 놓다.'라는 뜻을 지닌 동사의 활용형이다.

왜 답이 아니지? ① '꿀이나 설탕의 맛과 같다.'라는 뜻의 형용사이다.
③ '흡족하여 기분이 좋다.'라는 뜻의 형용사이다.
④ '말하는 이가 듣는 이에게 어떤 것을 주도록 요구하다.'라는 뜻의 동사이다.
⑤ '저울로 무게를 헤아리다.'라는 뜻의 동사이다.

37 수능형
이게 정답! 〈보기〉에서 설명한 바와 같이 용언의 어간과 어미를 파악할 때는 기본형을 기준으로 삼아야 한다. '흐르는'의 기본형은 '흐르다'이고 흐르고, 흐르니, 흐르네와 같이 활용한다. 따라서 어간은 '흐르-'이고 어미는 '-는'이다.

왜 답이 아니지? ① '고운'은 기본형이 '곱다'이므로 어간은 '곱-'이고 어미는 '-은'이다.
② '빨간'은 기본형이 '빨갛다'이므로 어간은 '빨갛-'이고 어미는 '-ㄴ'이다.
④ '아름다운'은 기본형이 '아름답다'이므로 어간은 '아름답-'이고 어미는 '-은'이다.
⑤ '노력하는'은 기본형이 '노력하다'이므로 어간은 '노력하-'이고 어미는 '-는'이다.

(4) 관계언

개념 쏙쏙! 내신 쑥쑥! 　　　　　　　| 본문 48쪽 |
01 ○　02 ○　03 ×　04 ×　05 ×　06 ②　07 ③　08 (1) ⓒ-ⓑ (2) ㉠-ⓒ (3) ⓛ-ⓐ　09 ④　10 ①　11 ③　12 ②　13 이, 를　14 ① 15 와, 은, 를, 으로　16 ③　17 철수가 영희를 좋아한다. / 영희를 철수가 좋아한다.

05
이게 정답! '학교에서만 볼 수 있다.'와 같이 조사는 붙여 쓸 수 있다.

06 　　　　　　　　　　　　　　　　답 ②
이게 정답! 조사는 주로 체언 뒤에 붙어 다른 말과의 문법적 관계를 나타내거나 의미를 더하는 단어이다.
왜 답이 아니지? ①은 접사, ③은 형용사, ⑤는 용언에 대한 설명이다.

07
답 ③

이게 정답! 관계언은 '조사'이다. 〈보기〉는 '나(대명사) / 와(조사) / 너(대명사) / 는(조사) / 모두(부사) / 학생(명사) / 이다(조사)'로 분석되므로 〈보기〉에 쓰인 조사는 순서대로 '와', '는', '이다'의 3개이다.

09
답 ④

이게 정답! 조사는 홀로 쓰일 수 없어 항상 다른 단어에 붙여 써야 한다.

10
답 ①

이게 정답! '조사'는 주로 체언 뒤에 붙어 다른 말과의 문법적 관계를 나타내거나 특별한 뜻을 더해 주는 기능을 한다. 〈보기〉에서 ㉮, ㉯ 문장의 의미가 달라진 것은 조사인 '가'와 '를'이 어떤 단어 뒤에 붙었느냐의 차이 때문이다.

11
답 ③

이게 정답! ③에서의 '있다'는 조사가 아니라 형용사이며, 문맥에 따라 동사로 쓰이기도 한다. 참고로, 서술격 조사는 '이다'이다.

12
답 ②

이게 정답! '와서'의 '서'는 조사가 아니라 용언의 어간에 연결되는 어미 '-아서'의 일부이다.

13 수행평가형

이게 정답! 〈보기〉는 '동생(명사) / 이(조사) / 공부(명사) / 를(조사) / 열심히(부사) / 하면(동사) / 좋겠다(형용사)'로 분석된다. 따라서 관계언은 조사인 '이'와 '를'이다.

14
답 ①

이게 정답! 문맥상 보조사 '은'은 강조가 아니라 대조의 의미를 더해 주고 있다.

15 수행평가형

이게 정답! 〈보기〉는 '누나(명사) / 와(조사) / 동생(명사) / 은(조사) / 버스(명사) / 를(조사) / 타고(동사) / 집(명사) / 으로(조사) / 왔다(동사)'로 분석된다.

16 수능형
답 ③

이게 정답! '야'는 앞말이 독립적으로 쓰이는 말임을 나타내는 호격 조사이다. ①의 '가'는 주격 조사, ②의 '을'은 목적격 조사, ④의 '의'는 관형격 조사, ⑤의 '이다'는 서술격 조사이다.

17 수행평가형

이게 정답! 빈칸에는 '영희가 철수를 좋아한다.'라는 문장에서 좋아하는 주체와 대상이 뒤바뀐 의미의 문장이 들어가야 한다. 그러려면 조사인 '가'와 '를'을 뒤바꾸어야 하므로 '영희를 철수가 좋아한다.' 또는 '철수가 영희를 좋아한다.'와 같은 문장이 적절하다.

(5) 수식언과 독립언

개념 쏙쏙! 내신 쑥쑥! 🐝
| 본문 50쪽 |

01 ○ 02 × 03 ○ 04 ㉠ : 체언 ㉡ : 용언 ㉢ : 수식언 05 한, 툭 06 헌, 그만 07 아무, 잘 08 강해서 09 ○ 10 ○ 11 × 12 × 13 ○ 14 × 15 ○ 16 × 17 관 18 관 19 부 20 관 21 부 22 관 23 부 24 ② 25 ⑤ 26 ③ 27 ㉠ : 책 ㉡ : 든다 28 ○ 29 × 30 ○ 31 ④ 32 글쎄

08 수행평가형

이게 정답! 부사 '너무'는 형용사 '강해서'를 수식하고 있다. 문장에서 수식하는 말은 수식을 받는 말과 연결했을 때 무리 없이 호응되어야 한다.

24
답 ②

이게 정답! 〈보기〉의 밑줄 친 '펑펑'은 용언 '내린다'를 꾸며 주는 '부사'이다. '부사'는 주로 문장에서 서술어로 쓰이는 동사나 형용사 같은 용언을 꾸며 주는 역할을 하며, 때에 따라 다른 부사나 문장 전체를 꾸미기도 한다.

25
답 ⑤

이게 정답! 문장 내에서 비교적 위치 이동이 자유로운 것은 꾸며 주는 대상이 보다 폭넓은 부사만의 특징이다. 관형사는 반드시 꾸밈을 받는 체언 앞에 위치해야 한다.
왜 답이 아니지? ③ 관형사는 부사를 꾸며 줄 수 없지만, '매우 헌 옷'처럼 부사는 관형사를 꾸며 줄 수 있다.

26
답 ③

이게 정답! '활짝'은 동사(용언) '열어'를 꾸며 주는 부사이다.
왜 답이 아니지? ① '깨끗이'는 동사(용언) '치웠다'를 꾸며 주는 부사이다.
② '정말'은 형용사(용언) '기막힌'을 꾸며 주는 부사이다.
④ '모든'은 명사(체언) '국민'을 꾸며 주는 관형사이다.
⑤ '다섯'은 단위를 나타내는 의존 명사(체언) '마리'를 꾸며 주는 관형사이다.

27 수행평가형

이게 정답! '그'는 '책'을 수식하는 관형사이고, '꼭'은 '든다'를 수식하는 부사이다.

31
답 ④

이게 정답! '현주야'는 감탄사가 아니라 명사 '현주'에 호격 조사 '야'가 결합한 것이다.
왜 답이 아니지? ①의 '어머나'와 ②의 '아차'는 놀람을, ③의 '예'는 대답을, ⑤의 '여보게'는 부름을 나타내는 감탄사이다.

32 수행평가형

이게 정답! '글쎄'는 느낌을 나타내는 감탄사이므로 독립언에 해당한다.

대단원 완성문제! 🐝

| 본문 52쪽 |

01 ④　02 ㄴ, ㅁ, ㅂ　03 ③　04 ④　05 ⑤　06 ⑤　07 ⑤　08 ①
09 ④　10 ①　11 ③　12 우리, 식구, 명　13 ③　14 (1) 학생, 교과서, 내용, 수, 수, 방법　(2) 이　(3) 하나, 둘　15 '이것, 누구, 우리, 여기'는 대명사이고 '메아리, 하늘, 행복, 개구리'는 명사이다.　16 ②　17 ③
18 대명사　19 ⑤　20 ④　21 보이다, 오르다　22 ③　23 ④　24 ③
25 ④　26 예시 '즐겁다'라는 형용사를 청유형으로 표현하여 문장이 어색하다.　27 ④　28 5개　29 ③　30 ④　31 조사　32 는, 에서, 을　33 ③
34 ④　35 ③　36 모든, 그, 매우　37 ④　38 예시 형태가 변하지 않는다. 다른 단어를 꾸며 주는 기능을 한다. 실질적인 의미를 지닌다. 문장에서 생략되어도 문장이 성립한다. 등　39 ②　40 ①　41 ①　42 ①
43 ②　44 ⑤　45 ①　46 ②　47 ⑤　48 ③　49 ②　50 ①　51 ④
52 ④　53 ⑤　54 ③　55 감탄사, 부사, 명사, 조사, 형용사　56 ㉠ : 관형사 ㉡ : 수사　57 ⑤　58 ④

01　답 ④
이게 정답! 품사는 공통된 성질을 가진 것끼리 단어를 분류해 놓은 갈래를 의미하며, 단어의 형성 방법과는 관련이 없다.

02　수행평가형
이게 정답! 우리말 단어의 품사 분류 기준은 형태(형태의 변화 여부), 기능(문장 안에서 단어가 하는 역할), 의미(단어들의 공통된 의미)이다.

03　수능형　답 ③
이게 정답! 우리말 품사에서 ㉠ '형태가 바뀌는 단어'는 용언과 서술격 조사이다. '차다'는 주어의 성질이나 상태를 나타내는 형용사로, 문장에서 사용될 때 '차고, 차니, 차서' 등으로 형태가 바뀐다.

04　답 ④
이게 정답! '뛰다, 입다, 슬프다, 아름답다, 싫다'는 문장에서 사용될 때 형태가 변하는 가변어이며, '기차, 우리, 둘, 매우, 모든'은 형태가 변하지 않는 불변어이다.
왜 답이 아니지? ① '뛰다, 입다'는 동사, '슬프다, 아름답다, 싫다'는 형용사, '기차'는 명사, '우리'는 대명사, '둘'은 수사, '매우'는 부사, '모든'은 관형사로, 분류된 단어들이 공통된 의미를 지니고 있지는 않다.
② '모든'은 어떤 조사와도 결합할 수 없으나, 다른 단어들은 조사와 결합할 수 있다. 참고로, '뛰다, 입다, 슬프다, 아름답다, 싫다' 같은 용언과 '매우' 같은 부사는 격 조사는 붙지 못하지만 보조사가 붙을 수 있다.
③ '뛰다, 입다, 슬프다, 아름답다, 싫다'는 문장의 주체를 서술하는 기능을 하는 용언이다. 그리고 '기차, 우리, 둘'은 문장의 주체가 되는 기능을 하는 체언이며, '매우, 모든'은 다른 단어를 꾸며 주는 역할을 하는 수식언이다.
⑤ 〈보기〉의 단어들은 모두 홀로 쓰일 수 있다.

05　답 ⑤
이게 정답! 동사는 문장에서 사용될 때 활용하여 형태가 변하는 가변어이다. 이와 달리 명사, 조사, 부사, 관형사는 모두 형태가 고정되어 변하지 않는 불변어이다.

06　답 ⑤
이게 정답! 서술격 조사 '이다'는 용언처럼 문장에서 형태가 변하는 가변어이다.
왜 답이 아니지? ①의 '오늘'(부사), ②의 '온갖'(관형사), ③의 '빨리'(부사), ④의 '는'(조사)은 모두 불변어이다.

07　답 ⑤
이게 정답! 단어의 형태를 기준으로 품사를 분류하면, 형태가 변하는 가변어와 변하지 않는 불변어가 있다. 가변어에는 '동사', '형용사', '서술격 조사(이다)'가 해당된다. '살며시'는 부사이므로 활용하지 않는 불변어이다.
왜 답이 아니지? ①의 '짜다'는 형용사, ②의 '이다'는 서술격 조사, ③의 노래했다(노래하다)는 동사, ④의 '작은(작다)'은 형용사로, 모두 가변어이다.

08　답 ①
이게 정답! 관형사는 어떤 조사도 붙을 수 없으나 부사에는 보조사가 붙을 수 있다.
왜 답이 아니지? ② 명령형이나 청유형으로 활용할 수 없는 것은 동사가 아니라 형용사이다.
③ 관형사는 반드시 꾸미는 체언 앞에 위치해야 한다. 이와 달리 부사는 문장 내 위치 이동이 비교적 자유롭다.
④ 조사는 반드시 다른 단어에 붙어서만 사용된다.
⑤ 형용사는 문장에서의 쓰임에 따라 활용하는 가변어이다.

09　답 ③
이게 정답! 대상의 상태나 성질을 나타내는 단어는 동사가 아니라 형용사이다.

10　답 ③
이게 정답! 명사, 대명사, 수사 등 체언은 형태가 변하지 않는 불변어이다.
왜 답이 아니지? ① 체언은 조사와 결합하여 쓰일 수 있지만, 조사 없이 홀로 쓰일 수도 있다.
② 체언은 관형어의 꾸밈을 받을 수 있다.
④ 체언은 주로 주어, 목적어, 보어 등 문장에서 주체의 자리에 쓰인다.
⑤ 체언은 실질적인 의미를 지니며 홀로 쓰일 수 있는 자립성을 지닌다.

11　답 ③
이게 정답! 체언은 명사, 대명사, 수사를 묶어서 이르는 말이다. '우리'는 대명사이므로 체언에 해당한다.
왜 답이 아니지? ① '공부한다(공부하다)'는 용언(동사)이다.
② '정말'은 수식언(부사)이다.
④ '저'는 수식언(관형사)이다.
⑤ '어머나'는 독립언(감탄사)이다.

12　수행평가형
이게 정답! 〈보기〉는 '우리(대명사) / 식구(명사) / 는(조사) / 모두

❹ 품사의 종류와 특성　21

(부사) / 다섯(관형사) / 명(명사) / 이다(조사)'로 분석된다. 따라서
체언은 '우리, 식구, 명'으로 모두 3개이다.

13 답 ③
이게 정답! ③에는 '아버지', '아침', '신문' 등 3개의 체언이 있다.
왜 답이 아니지? ① 체언은 '책상(명사)' 1개이다.
② 체언은 '소년(명사)', '옷(명사)' 2개이다.
④ 체언은 '그(대명사)', '사람(명사)' 2개이다.
⑤ 체언은 '둘(수사)', '하나(수사)' 2개이다.

14 수행평가형
이게 정답! '학생, 교과서, 내용, 방법'은 자립 명사이고, '수'는 의존
명사이다. 그리고 두 번째 문장에서 '이는'의 '이'는 앞의 문장을 가
리키는 대명사이고, '하나'와 '둘'은 수사이다.

15 수행평가형
이게 정답! 단어가 지닌 공통된 의미에 따라 명사('메아리, 하늘, 행
복, 개구리')와 대명사('이것, 누구, 우리, 여기')로 분류할 수 있다.

16 답 ②
이게 정답! 〈보기〉는 명사에 대한 설명이다. '서울, 행복, 사과'는
모두 명사에 해당한다.
왜 답이 아니지? ① 동사, ③ 대명사, ④ 형용사, ⑤ 부사에 해당한다.

17 답 ④
이게 정답! '것'은 의존 명사이다. 의존 명사는 자립할 수 있는 명사
에 속하지만 명사 중 예외적으로 반드시 그 앞에 꾸미는 말인 관형
어가 있어야만 사용할 수 있다.
왜 답이 아니지? ①의 '우리들', ②의 '미소', ③의 '세계'는 꾸밈을 받
지 않아도 홀로 사용할 수 있는 자립 명사이다.
⑤ '믿게'는 동사로 독립적으로 쓸 수 있는 말이다.

18 수행평가형
이게 정답! 사람, 사물, 장소 등의 이름을 대신하여 나타내는 단어
는 대명사이다.

19 답 ⑤
이게 정답! '저 사람'의 '저'는 '사람'을 꾸며 주는 관형사이다. 나머
지는 모두 대명사이다.

20 답 ④
이게 정답! 용언은 '동사, 형용사'를 묶어서 부르는 말로, 문장에서
사용할 때 형태가 변하는 가변어이다.
왜 답이 아니지? ①은 수식언, ②는 관계언, ③은 독립언과 수식언,
⑤는 독립언에 관한 설명이다.

21 수행평가형
이게 정답! '보이는'과 '오를'은 모두 동사로 용언에 속하며, 기본형
은 각각 '보이다'와 '오르다'이다. 〈보기〉는 '저기(대명사) / 보이는
(동사) / 산(명사) / 이(조사) / 우리(대명사) / 가(조사) / 오를(동사)

/ 목적지(명사) / 이다(조사)'로 분석된다.

22 답 ③
이게 정답! '자다'는 '잔다'처럼 현재 시제 표현이 가능한 동사이다.
이와 달리 '굵다', '낮다', '많다', '멀다' 등은 현재 시제 표현이 불가
능한 형용사이다.

23 답 ④
이게 정답! 〈보기〉의 '늙다'와 ④의 '생각하다(생각했다)'는 모두 동
사이다.
왜 답이 아니지? ①의 '푸르다', ②의 '젊다', ③의 '빠르다', ⑤의 '다
르다(달랐다)'는 모두 형용사이다.

24 답 ③
이게 정답! '맑았다(맑다)'는 형용사이다.
왜 답이 아니지? ①의 '조심해서(조심하다)', ②의 '찼다(차다)', ④의
'먹겠다(먹다)', ⑤의 '추는(추다)'은 모두 동사이다.

25 답 ④
이게 정답! '아쉽다'는 형용사이고, '내린다(내리다), 달렸다(달리
다), 계신다(계시다), 먹고(먹다)' 등은 모두 동사이다.

26 수행평가형
이게 정답! 형용사는 현재형, 명령형, 청유형 등으로 활용할 수 없
다. 그런데 〈보기〉에서는 '즐겁다'라는 형용사를 '즐겁자'라는 청유
형으로 사용하고 있다. 이는 잘못된 표현이므로 '우리 날마다 즐겁
게 지내자.' 정도로 바꾸어야 한다.

27 답 ④
이게 정답! 앞말에 특별한 뜻을 더해 주는 조사는 격 조사가 아니
라 보조사이다.

28 수행평가형
이게 정답! 〈보기〉의 문장에는 순서대로 '야(호격 조사), 에(부사격
조사), 와(접속 조사), 가(주격 조사), 를(목적격 조사)'이 사용되었
다. 참고로 〈보기〉는 '영희(명사) / 야(조사) / 조금(명사) / 전(명사)
/ 에(조사) / 민희(명사) / 와(조사) / 철수(명사) / 가(조사) / 너(대
명사) / 를(조사) / 찾더라(동사)'로 분석된다.

29 답 ③
이게 정답! '기다리는'에서 '-는'은 조사가 아니라 용언의 어간과 결
합한 어미이다.

30 답 ④
이게 정답! 다른 말과의 문법적 관계를 나타내거나 특별한 뜻을 더
해 주는 품사는 조사이다. 그런데 '남아'의 '-아'는 조사가 아니라
용언의 어간과 결합한 어미이다.

31 수행평가형
이게 정답! ⓐ와 ⓑ가 같은 단어를 사용하여 만든 문장임에도 의미

가 다른 것은 '나'와 '너'에 붙은 조사가 각각 다르기 때문이다. 조사는 앞말에 붙어 다른 말과의 문법적인 관계를 나타내는 역할을 하는 품사이다.

32 수행평가형

이게 정답! 홀로 쓰일 수 없는 단어는 조사를 의미한다. 〈보기〉는 '그(대명사) / 는(조사) / 자주(부사) / 도서관(명사) / 에서(조사) / 책(명사) / 을(조사) / 읽었다(동사)'로 분석된다. 따라서 〈보기〉의 문장에는 '는, 에서, 을'이라는 3개의 조사가 사용되었다.

33 답 ③

이게 정답! ③에는 '보다, 의, 가' 3개의 조사가 사용되었다.
왜 답이 아니지? ① '는, 을' 2개의 조사가 사용되었다.
② '에서, 까지' 2개의 조사가 사용되었다.
④ '가'라는 1개의 조사가 사용되었다.
⑤ '이, 가' 2개의 조사가 사용되었다.

34 답 ④

이게 정답! 다른 말을 꾸며 주는 기능을 하는 품사인 수식언은 부사와 관형사를 말한다. 그런데 '먹어'는 '먹다'가 기본형인 동사이다.
왜 답이 아니지? ①과 ⑤는 부사이며, ②와 ③은 관형사이다.

35 수능형 답 ③

이게 정답! ㉢에서 '과연'은 부사인데, 문맥상 문장 전체를 수식하고 있다. 부사는 주로 용언을 꾸며 주지만, 때로는 ㉢에서처럼 문장 전체를 꾸며 주기도 한다.
왜 답이 아니지? ① '이'와 '헌'은 모두 관형사인데, 연이어서 쓰이고 있다.
② 부사 '많이'에 보조사 '도'가 결합하고 있는 것을 볼 때, 부사에는 보조사가 붙을 수 있음을 알 수 있다.
④ 관형사 '여러'가 의존 명사 '그루'를 수식하고 있다.
⑤ 부사 '매우'가 다른 부사 '빨리'를 수식하고 있다.

36 수행평가형

이게 정답! 수식언은 관형사와 부사를 의미한다. '모든'과 '그'는 관형사이고, '매우'는 부사이다.

37 답 ④

이게 정답! '온갖'은 체언인 '정성'을 꾸며 주는 관형사이다.
왜 답이 아니지? ①의 '컹컹', ②의 '일찍', ③의 '간절히', ⑤의 '모두'는 용언을 꾸며 주는 부사이다.

38 수행평가형

이게 정답! 관형사와 부사는 각각 체언과 용언을 꾸며 주는 말로 모두 수식언에 속하므로 문장에서 생략되어도 문장이 성립한다. 또 실질적인 의미를 지니며, 문장에서 쓰일 때 그 형태가 변하지 않는 불변어에 해당한다.

39 수능형 답 ②

이게 정답! 〈자료〉의 '새'는 형태가 변하지 않으며, 조사 '이/가, 을/를'이 붙을 수 없고, '구두'와 같은 명사를 꾸며 주는 관형사이다.

40 답 ①

이게 정답! 〈보기〉의 설명에 해당하는 품사는 관형사이다. 관형사는 반드시 체언 앞에서 체언을 수식하며, 활용을 하지 않는다. 또한 조사가 붙을 수 없고, 생략해도 문장이 성립된다. ①의 '헌'은 뒤에 오는 체언(명사) '신발' 앞에서 이를 꾸며 주는 관형사이다.
왜 답이 아니지? ②의 '늘'은 부사, ③의 '햇빛'은 명사, ④의 '언제나'는 부사, ⑤의 '이곳'은 대명사에 해당한다.

41 답 ①

이게 정답! 관형사는 체언(명사, 대명사, 수사) 앞에서 체언을 꾸며 주는 역할을 하는 단어이다. 따라서 관형사 뒤에는 체언이 와야 한다. 그런데 ①은 ( ) 뒤에 '아름답다(형용사)'가 이어지고 있으므로 관형사가 들어갈 수 없다.
왜 답이 아니지? ② '정성'을 꾸며 주는 관형사 '온갖' 등을 넣을 수 있다.
③ '이야기'를 꾸며 주는 관형사 '이, 그, 저' 등을 넣을 수 있다.
④ '글'을 꾸며 주는 관형사 '모든' 등을 넣을 수 있다.
⑤ '신발'을 꾸며 주는 관형사 '새, 여러' 등을 넣을 수 있다.

42 수능형 답 ①

이게 정답! '새로운 각오로 다시 도전해라.'에서 '새로운'은 '지금까지 있은 적이 없다.'라는 뜻의 형용사 '새롭다'가 활용한 것이다.
왜 답이 아니지? ②의 '이런', ③의 '온갖', ④의 '여러', ⑤의 '어느'는 모두 뒤에 오는 명사를 꾸며 주는 관형사이다.

43 답 ②

이게 정답! 부사는 격 조사와는 결합할 수 없으나 '밥을 많이도 먹었다.'와 같이 보조사와는 결합할 수 있다.

44 답 ⑤

이게 정답! '아버지께서는 출장을 자주 다닌다.'라는 문장에는 '자주'라는 부사가 사용되었다.
왜 답이 아니지? ① '바람(명사) / 에(조사) / 나뭇잎(명사) / 이(조사) / 춤(명사) / 을(조사) / 춘다(동사)'로 분석된다.
② '두(관형사) / 사람(명사) / 은(조사) / 서로(명사) / 를(조사) / 알아보았다(동사)'로 분석된다.
③ '전국(명사) / 에(조사) / 장맛비(명사) / 가(조사) / 내리고(동사) / 있다(동사)'로 분석된다.
④ '나(대명사) / 는(조사) / 형(명사) / 의(조사) / 모든(관형사) / 비밀(명사) / 을(조사) / 알고(동사) / 있다(동사)'로 분석된다.

45 답 ①

이게 정답! 〈보기〉의 설명에 해당하는 품사는 부사이다. '정말'은 '좋다'를 꾸며 주는 부사이다.
왜 답이 아니지? ② '빵'은 명사이다.
③ '새'는 뒤에 오는 체언(명사) '학기' 앞에서 이를 꾸며 주는 관형사이다.
④ '둘'은 수사이다.

⑤ '이곳'은 대명사이다.

46
답 ②
이게 정답! '내렸다'와 '부지런하다'는 모두 용언이므로 공통적으로 용언을 꾸며 주는 품사인 부사가 들어가는 것이 적절하다.

47 수능형
답 ⑤
이게 정답! '무척'은 '재미있었다'를 꾸며 주는 성분 부사이다. 이는 '무척'의 위치를 이동했을 때 문장이 어색해지는 것에서 확인할 수 있다.
왜 답이 아니지? ①의 '제발', ②의 '과연', ③의 '아마', ④의 '설마'는 모두 문장 전체를 꾸며 주는 문장 부사이다.

48
답 ③
이게 정답! '가영아'는 고유 명사에 호격 조사가 결합한 것으로, 감탄사가 아니므로 독립언에 해당하지 않는다.
왜 답이 아니지? ①의 '야(부름)', ②의 '예(대답)', ④의 '에구머니(놀람)', ⑤의 '천만에(느낌)'는 모두 감탄사이다.

49
답 ②
이게 정답! 감탄사는 말하는 이의 놀람, 부름, 느낌, 대답 등을 나타내는 단어이다. 그런데 '춘향아'는 부름의 감탄사가 아니라 '명사 (춘향)'에 '조사(아)'가 붙어서 이루어진 말이다.
왜 답이 아니지? ① '어머나'는 놀람을 나타내는 감탄사이다.
③ '에이'는 느낌을 나타내는 감탄사이다.
④ '아니요'는 대답을 나타내는 감탄사이다.
⑤ '이보시오'는 부름을 나타내는 감탄사이다.

50
답 ①
이게 정답! 〈보기〉는 '어머나(감탄사) / 아기(명사) / 가(조사) / 활짝(부사) / 웃었어(동사)'로 분석된다. 따라서 모두 5가지의 품사가 사용되었음을 알 수 있다.
왜 답이 아니지? ② '활짝'은 '웃었어'를 수식하는 부사이다.
③ '어머나'는 문장에서 독립적으로 쓰이는 감탄사이므로 생략해도 문장의 의미 전달에는 영향을 미치지 않는다.
④ '아기'는 명사로, 문장에서 주체의 역할을 한다. 명사는 홀로 쓰이거나 조사와 결합하여 쓰인다.
⑤ '웃었어'는 기본형이 '웃다'로 동사이며 쓰임에 따라 형태가 변하는 가변어이다.

51
답 ④
이게 정답! 관계언은 조사를 의미한다. 〈보기〉에서 조사는 '를'과 '이' 2개이다. 〈보기〉는 '새(관형사) / 운동화(명사) / 를(조사) / 한 (관형사) / 켤레(명사) / 샀는데(동사) / 발(명사) / 이(조사) / 매우(부사) / 편해(형용사)'로 분석된다.
왜 답이 아니지? ① 체언은 '운동화, 켤레, 발'로 3개이다.
② 용언은 '샀는데, 편해'로 2개이다.
③ 수식언은 '새, 한, 매우'로 3개이다.
⑤ 느낌이나 놀람, 부름이나 대답 등을 나타내는 말은 사용되지 않았다.

52
답 ④
이게 정답! 수식언은 부사나 관형사를 의미하는데, 〈보기〉는 '어머 (감탄사) / 꽃(명사) / 이(조사) / 아름답게(형용사) / 피었네(동사)'로 분석되므로 부사나 관형사는 나타나지 않는다.

53
답 ⑤
이게 정답! 사람이나 사물의 이름을 나타내는 단어는 명사이다. 〈보기〉는 '참(감탄사) / 선생님(명사) / 이(조사) / 정말(부사) / 노래(명사) / 를(조사) / 세(관형사) / 곡(명사) / 이나(조사) / 불렀니(동사)'로 분석된다. 따라서 명사는 '선생님, 노래, 곡' 3개가 쓰였음을 알 수 있다.
왜 답이 아니지? ① 형태가 변하는 단어는 동사인 '불렀니(부르다)' 1개가 쓰였다.
② 다른 단어나 문장을 꾸미는 단어는 '정말(부사), 세(관형사)' 2개가 쓰였다.
③ 독립적으로 쓰이는 단어는 '참(감탄사)' 1개가 쓰였다.
④ 반드시 다른 말에 붙어 쓰이는 단어는 조사로, '이, 를, 이나' 등 3개가 쓰였다.

54
답 ③
이게 정답! 〈보기〉는 '아(감탄사) / 우리(대명사) / 는(조사) / 정말 (부사) / 위대한(형용사) / 나라(명사) / 에서(조사) / 태어났구나(동사)'로 분석된다. 관형사는 사용되지 않았다.

55 수행평가형
이게 정답! 〈보기〉는 '에구(감탄사) / 벌써(부사) / 배(명사) / 가(조사) / 고프다(형용사)'로 분석된다.

56 수행평가형
이게 정답! ㉠ '두'는 단위를 나타내는 의존 명사 '개'를 꾸며 주는 관형사이다. 이는 ㉠ 뒤에 조사를 붙이면 문장이 성립되지 않는 것을 통해 확인할 수 있다. 그리고 '만'이라는 조사가 붙어 있는 ㉡ '하나'는 수량을 나타내는 수사이다.

57
답 ⑤
이게 정답! 〈보기〉의 '하나'와 ⑤의 '한둘'은 모두 체언으로, 수사에 해당한다. 이는 조사가 붙은 것에서도 확인할 수 있다.
왜 답이 아니지? ①의 '서너', ②의 '두', ③의 '한', ④의 '두세'는 모두 바로 뒤에 이어지는 의존 명사를 수식하는 관형사이다.

58
답 ④
이게 정답! '오늘은 무려 다섯 명이나 지각을 했다.'에서 '다섯'은 의존 명사 '명'을 꾸며 주는 관형사로 사용되고 있다.
왜 답이 아니지? ①의 '둘째', ②의 '백', ③의 '셋', ⑤의 '하나'는 모두 수사이다. 수사는 조사와 결합할 수 있으나, 관형사는 조사와 결합할 수 없다.

(1) 형태소

개념 쏙쏙! 내신 쑥쑥!　　　　　　　| 본문 58쪽 |

01 ○　02 ×　03 ○　04 형태소　05 음운　06 단어　07 ①　08 ④
09 ②　10 ③　11 ④　12 오늘. 은. 바람. 이. 불-. -었-. -다　13 ×
14 ×　15 ○　16 ○　17 부럽-　18 -다　19 학생　20 예쁘-. -다
21 집　22 이. 크-. -다　23 집. 크-　24 이. -다　25 높-. 푸르-
26 ①　27 ④　28 ③　29 ④

01

이게 정답! 우리말에서는 조사나 접사, 어미처럼 실질적인 뜻이 없어도 일정한 문법적인 구실을 하면 하나의 형태소로 인정한다.

02

이게 정답! 조사나 접사, 용언의 어간, 어미 등은 자립하여 쓰일 수 없지만 하나의 형태소에 해당한다.

07　　　　　　　　　　　　　　　　　　답 ①

이게 정답! 형태소는 뜻을 가진 가장 작은 말의 단위이다.
왜 답이 아니지?　② 홀로 설 수 있는 말의 최소 단위는 단어이다.
③ 띄어쓰기나 끊어 읽기의 최소 단위는 어절이다.
④ 한 번에 소리 낼 수 있는 소리의 마디는 음절이다.
⑤ 말의 뜻을 구별해 주는 소리의 최소 단위는 음운이다.

08　　　　　　　　　　　　　　　　　　답 ④

이게 정답! 용언의 어간과 어미는 각각의 형태소에 해당한다.
왜 답이 아니지?　① 형태소 중에는 조사나 어미처럼 실질적인 의미 없이 문법적인 뜻을 나타내는 것도 있다.
② 홀로 쓰일 수 있는 형태소(자립 형태소)도 있고, 다른 형태소에 기대어서만 쓰일 수 있는 형태소(의존 형태소)도 있다.
③ '물'처럼 하나의 형태소만으로 이루어진 단어도 있다.
⑤ 음운이 모여 형태소를 이루므로 한 단어의 형태소의 개수는 음절의 수와 관계가 없다. '무지개'처럼 3음절이지만 형태소는 1개일 수도 있고, '간다(가-+-ㄴ-+-다)'처럼 2음절이지만 형태소는 3개일 수도 있다.

09　　　　　　　　　　　　　　　　　　답 ②

이게 정답! '나무'는 더 이상 쪼개면 의미가 사라지므로 하나의 형태소로 구성된 단어임을 알 수 있다.
왜 답이 아니지?　① '손발'은 '손'과 '발', ③ '잠옷'은 '잠'과 '옷', ④ '노랗다'는 '노랑-(어간)'과 '-다(어미)', ⑤ '예쁘다'는 '예쁘-(어간)'와 '-다(어미)'로 분석되므로 2개의 형태소로 구성되어 있다.

10　　　　　　　　　　　　　　　　　　답 ③

이게 정답! '먹었다'는 '먹-(어간) + -었-(과거 시제 선어말 어미) + -다(어말 어미)'로 분석된다.

11　　　　　　　　　　　　　　　　　　답 ④

이게 정답! '검붉다'는 '검-+붉-+-다'로 분석되므로 3개의 형태소로 이루어져 있음을 알 수 있다.
왜 답이 아니지?　① '누나'는 1개의 형태소로 이루어져 있다.
② '꽃잎'은 '꽃+잎'으로 분석되므로 2개의 형태소로 이루어져 있음을 알 수 있다.
③ '물안개'는 '물+안개'로 분석되므로 2개의 형태소로 이루어져 있음을 알 수 있다.
⑤ '우리나라'는 '우리+나라'로 분석되므로 2개의 형태소로 이루어져 있음을 알 수 있다.

12　　**수행평가형**

이게 정답! '오늘(명사) / 은(조사) / 바람(명사) / 이(조사) / 불-(어간) / -었-(과거 시제 선어말 어미) / -다(어말 어미)'로 형태소를 분석할 수 있다.

13

이게 정답! 용언의 어간은 실질 형태소이긴 하지만, 다른 형태소에 기대어서만 쓰이는 의존 형태소에 해당한다.

14

이게 정답! 용언의 어간은 의존 형태소이긴 하지만, 실질적인 의미를 지닌 실질 형태소에 해당한다.

25　　**수행평가형**

이게 정답! '홀로 쓰일 수는 없지만 실질적인 뜻을 지닌 형태소'는 실질 형태소이면서 의존 형태소를 의미한다. 이는 용언의 어간으로, 〈보기〉에서는 '높-'과 '푸르-'가 해당한다.

26　　　　　　　　　　　　　　　　　　답 ①

이게 정답! ㉠ '밖'은 홀로 쓰일 수 있는 자립 형태소이면서 실질 형태소인 반면, ㉡ '에', ㉢ '이', ㉣ '-겠-', ㉤ '-다'는 모두 홀로 쓰일 수 없는 형식 형태소이면서 의존 형태소이다.

27　　　　　　　　　　　　　　　　　　답 ④

이게 정답! '밤나무'는 '밤'과 '나무'로 형태소가 분석되며, 둘 다 실질 형태소이다.
왜 답이 아니지?　① '높다'는 실질 형태소인 '높-'과 형식 형태소인 '-다'로 이루어진 단어이다.
② '하늘'은 실질 형태소 하나로 이루어진 단어이다.
③ '푸르다'는 실질 형태소인 '푸르-'와 형식 형태소인 '-다'로 이루어진 단어이다.
⑤ '시나브로'는 실질 형태소 하나로 이루어진 단어이다.

28
답 ③

이게 정답! '먹다'는 '먹-＋-다'로 분석되는데, 둘 다 홀로 쓰일 수 없는 의존 형태소이다.

왜 답이 아니지? ① '꽃밭'은 '꽃＋밭'으로 분석되는데, 둘 다 홀로 쓰일 수 있는 자립 형태소이다.

② '아침'은 자립 형태소 하나로 된 단어이다.

④ '맨발'은 '맨-＋발'로 분석되는데, '맨-'은 접두사이므로 홀로 쓰일 수 없는 의존 형태소, '발'은 홀로 쓰일 수 있는 자립 형태소이다.

⑤ '햇나물'은 '햇-＋나물'로 분석되는데, '햇-'은 접두사이므로 홀로 쓰일 수 없는 의존 형태소, '나물'은 홀로 쓰일 수 있는 자립 형태소이다.

29
답 ④

이게 정답! 〈보기〉에 제시된 문장의 형태소를 분석하면 다음과 같다.

우리	는	감	나무	를	보-	-았-	-다
실질	형식	실질	실질	형식	실질	형식	형식
자립	의존	자립	자립	의존	의존	의존	의존

따라서 홀로 쓰일 수 없는 형태소, 즉 의존 형태소는 '는', '를', '보-', '-았-', '-다'의 5개임을 알 수 있다.

(2) 어근과 접사

개념 쏙쏙! 내신 쑥쑥! | 본문 60쪽 |

01 어근　02 접사　03 실질 형태소　04 형식 형태소　05 두　06 미　07 두　08 미　09 두　10 떡　11 버선　12 사냥　13 붉　14 일　15 무당　16 옷　17 날　18 어근 : 덮-／ 접사 : -개　19 어근 : 울-／ 접사 : -보　20 어근 : 신／ 접사 : 덧-　21 어근 : 선생／ 접사 : -님　22 어근 : 이불／ 접사 : 홑-　23 어근 : 솟-／ 접사 : 치-　24 어근 : 사랑／ 접사 : -스럽다　25 ①　26 ③　27 풋사과, 먹이, 생고생　28 ④　29 ②　30 ⑤　31 ○　32 ○　33 ×　34 어근 : 먹-／ 어간 : 먹-　35 어근 : 예쁘-／ 어간 : 예쁘-　36 어근 : 높-／ 어간 : 드높-　37 어근 : 힘, 쓰-／ 어간 : 힘쓰-　38 어근 : 공부／ 어간 : 공부하-　39 어근 : 노랗-／ 어간 : 샛노랗-　40 ②

09

이게 정답! 접두사는 어근 앞에 붙는 접사로, 어근의 뜻을 한정하지만 품사를 바꾸는 경우가 거의 없다. 품사를 바꾸는 것은 주로 접미사이다.

25
답 ①

이게 정답! '여름, 가을, 바다, 하늘'처럼 하나의 어근으로 이루어진 단어를 단일어라고 한다.

26
답 ③

이게 정답! '우짖다'는 동사 '울다'와 '짖다'가 합쳐진 합성어이다. 따라서 '울-(어근) ＋ 짖-(어근)'으로 분석된다.

27
수행평가형

이게 정답! '풋-('처음 나온' 또는 '덜 익은'의 뜻을 더하는 접두사)', '-이(명사를 만드는 접미사)', '생-('억지스러운' 또는 '공연한'의 뜻을 더하는 접두사)'이 접사에 해당한다. 따라서 접사가 들어 있는 단어는 '풋사과', '먹이', '생고생'이다.

28
답 ④

이게 정답! ④ '날고기'는 어근 '고기'에 접두사 '날-'이 결합한 것이다. 반면 ① '꾀보'의 '-보', ② '달님'의 '-님', ③ '나무꾼'의 '-꾼', ⑤ '멋쟁이'의 '-쟁이'는 모두 어근에 접미사가 결합한 것이다. 따라서 접사의 위치가 나머지와 다른 하나는 '날고기'이다.

29
답 ②

이게 정답! '지우개'는 동사 '지우다'의 어간 '지우-'에 '그러한 행위를 하는 간단한 도구'의 뜻을 더하는 접미사 '-개'가 결합하여 명사가 되었다. 따라서 접사가 붙어 어근의 품사가 바뀌었음을 알 수 있다.

왜 답이 아니지? ① '도둑질'의 어근인 '도둑', ③ '맏아들'의 어근인 '아들', ④ '선생님'의 어근인 '선생', ⑤ '욕심쟁이'의 어근 '욕심'은 품사가 모두 명사이며, 접사가 붙어 만들어진 단어의 품사 역시 모두 명사이다. 따라서 어근의 품사가 바뀌지 않았음을 알 수 있다.

30
수능형
답 ⑤

이게 정답! 접미사 '-롭다'는 '그러함' 또는 '그럴 만함'의 뜻을 더하고 형용사를 만드는 접미사이다. '신비롭다'는 동사 어근이 아니라 '신비'라는 명사에 접미사 '-롭다'가 붙어 품사를 형용사로 바꾸고 있다.

왜 답이 아니지? ① ⓐ '풋잠'의 '풋-'은 일부 명사 앞에 붙어 '미숙한', '깊지 않은'의 뜻을 더하는 접두사이다.

② ⓑ '덧니'의 '덧-'은 '덧버선'과 같이 일부 명사 앞에 붙어 '거듭된' 또는 '겹쳐 신거나 입는'의 뜻을 더하는 접두사이다. 또한 '덧대다', '덧붙이다'와 같이 일부 동사 앞에 붙어 '거듭' 또는 '겹쳐'의 뜻을 더하는 접두사로 쓰이기도 한다.

③ ⓒ '달리기'의 접미사 '-기'는 일부 동사나 형용사 어간 뒤에 붙어 그것을 명사로 바꾸는 접미사이다.

④ ⓓ '선생님'의 '-님'은 직위나 신분을 나타내는 일부 명사 뒤에 붙어 '높임'의 뜻을 더하는 접미사이다.

33

이게 정답! '오가다'와 같은 단어의 경우 실질적인 의미를 나타내는 어근은 '오-'와 '가-'이지만, 용언의 활용과 관련되는 어간은 '오가-'이다. 즉, 동사나 형용사 같은 용언은 어근과 어간이 항상 일치하는 것은 아님을 알 수 있다.

40
수능형
답 ②

이게 정답! '여닫다'는 '열다'와 '닫다'라는 두 동사의 어근이 결합하여 만들어진 단어이다. 따라서 '여닫다'의 어근은 '열-'과 '닫-'이고, 이미 만들어진 한 단어인 용언의 활용과 관련된 개념인 어간은 '여닫-'이다.

왜 답이 아니지? ① '잡다'는 단일어로, 어근과 어간 모두 '잡-'이다.

③ '파랗다'는 단일어로, 어근과 어간 모두 '파랗-'이다.

④ '공부하다'는 명사 '공부'에 동사를 만드는 접미사 '-하다'가 결합한 단어이다. 따라서 어근은 '공부', 어간은 '공부하-'이다.

⑤ '학생답다'는 명사 '학생'에 형용사를 만드는 접미사 '-답다'가 결합한 단어이다. 따라서 어근은 '학생', 어간은 '학생답-'이다.

24
답 ②

이게 정답! '바다'는 어근 하나로 이루어진 단일어이다.

왜 답이 아니지? ① '꽃집'은 '꽃(어근) + 집(어근)', ③ '눈송이'는 '눈(어근) + 송이(어근)', ④ '손가락'은 '손(어근) + 가락(어근)', ⑤ '밤나무'는 '밤(어근) + 나무(어근)'로 이루어진 합성어이다.

25
답 ②

이게 정답! '밤공기'는 '밤(어근) + 공기(어근)'로 이루어진 합성어이다. 반면 ② '깊이'는 '깊다'의 어근 '깊-'에 접미사 '-이'가 붙어 이루어진 파생어이다. 따라서 단어의 형성 방법이 다르다.

왜 답이 아니지? ① '앞뒤'는 '앞(어근) + 뒤(어근)', ③ '손발'은 '손(어근) + 발(어근)', ④ '소나무'는 '솔(어근) + 나무(어근)', ⑤ '돌다리'는 '돌(어근) + 다리(어근)'로 이루어진 합성어이다.

26
답 ②

이게 정답! 제시된 〈자료〉의 단어들을 살펴보면, '돌다리'는 '돌(어근) + 다리(어근)'로, '콩밭'은 '콩(어근) + 밭(어근)'으로, '밤나무'는 '밤(어근) + 나무(어근)'로 이루어진 합성어임을 알 수 있다. ② '굿판' 역시 '굿(어근) + 판(어근)'으로 이루어진 합성어이다.

왜 답이 아니지? ①, ③, ⑤ '생각', '마을', '우리'는 어근 하나로 이루어진 단일어이다.
④ '먹보'는 '먹다'의 어근 '먹-'에 '그것을 특성으로 지닌 사람'의 뜻을 더하는 접미사 '-보'가 결합한 파생어이다.

30
이게 정답! '춘추'는 봄과 가을을 뜻하는 어근 '춘'과 '추'가 합쳐져 '(어른의) 나이'라는 새로운 의미를 나타내는 융합 합성어이다.

32
이게 정답! '강물'은 '강에 흐르는 물'이라는 뜻으로, 어근 '강'이 어근 '물'을 꾸며 주는 종속 합성어이다.

33
이게 정답! '밤낮'은 어근 '밤'과 '낮'이 합쳐져 '늘'이라는 새로운 의미를 나타내는 융합 합성어이다.

34
답 ④

이게 정답! '물걸레'는 어근 '물'이 어근 '걸레'를 꾸며 주면서 그 의미를 한정시켜 주는 종속 합성어이다.

왜 답이 아니지? ①, ②, ③ '대여섯', '팔다리', '오가다'는 대등 합성

어이다.
⑤ '바늘방석'은 융합 합성어이다.

35
답 ②

이게 정답! '쥐뿔'은 '쥐'와 '뿔'이라는 어근이 결합한 것이나, 원래의 의미는 사라지고 '아주 보잘것없거나 규모가 작은 것을 비유적으로 이르는 말'이라는 새로운 의미를 나타내고 있으므로 융합 합성어에 해당한다.

왜 답이 아니지? ①, ③ '앞뒤', '대여섯'은 대등 합성어이다.
④, ⑤ '목소리', '손수건'은 종속 합성어이다.

36 수행평가형
이게 정답! '작은아버지'는 '작다'의 어간 '작-'과 명사 '아버지', '가시방석'은 명사 '가시'와 '방석'이 결합된 합성어이다. 그러나 두 단어 모두 어근의 원래 의미는 사라지고 각각 '아버지의 남동생을 이르는 말'과 '앉아 있기에 아주 불안스러운 자리를 비유적으로 이르는 말'로 사용된다. 따라서 융합 합성어에 해당한다. 이와 달리 '소고기, 개집, 쇠사슬'은 한 어근이 다른 어근을 꾸며 주는 종속 합성어이다.

37 수능형
답 ②

이게 정답! '겉늙어'는 '겉(이) + 늙어'로 분석할 수 있다. 이는 '주어('겉') + 서술어('늙어')'의 어순에서 조사 '이'가 생략된 것으로 볼 수 있다. 우리말에서 조사는 생략될 수 있으므로 '겉늙어'는 통사적 합성어에 해당한다.

왜 답이 아니지? ① '굳세게'는 용언 '굳다'의 어간 '굳-'과 용언 '세다'가 연결 어미 '-고' 없이 직접 연결된 것이다. 따라서 비통사적 합성어에 해당한다.
③ '검버섯'은 용언 '검다'의 어간 '검-'과 체언 '버섯'이 관형사형 전성 어미 '-은' 없이 직접 연결된 것이다. 따라서 비통사적 합성어에 해당한다.
④ '오르내렸다'는 용언 '오르다'의 어간 '오르-'와 용언 '내리다'가 연결 어미 '-고' 없이 직접 연결된 것이다. 따라서 비통사적 합성어에 해당한다.
⑤ '척척박사'는 부사 '척척'이 체언 '박사'와 결합한 것이다. 우리말에서 부사가 체언 앞에서 체언을 꾸미는 것은 자연스럽지 않으므로 비통사적 합성어에 해당한다.

(4) 유의 관계와 반의 관계

06
이게 정답! 유의 관계의 단어들은 기본적인 의미는 비슷하지만, 가리키는 대상의 범위나 쓰이는 상황, 미묘한 느낌 등에서 차이가 있으므로 맥락에 따라 바꾸어 쓸 수 없는 경우도 있다.

07
답 ⑤

이게 정답! 유의 관계는 서로 비슷한 뜻을 지닌 단어들의 관계로, 쓰이는 상황이나 대상의 범위, 어감 등에서 미묘한 차이가 있다.

왜 답이 아니지? ①은 반의 관계, ②는 상하 관계, ③은 다의 관계, ④는 동음이의 관계에 대한 설명이다.

08
답 ②

이게 정답! 〈보기〉의 '죽다 – 숨지다'는 의미가 서로 비슷하여 바꾸어 써도 되는 말로, 유의 관계에 해당하는 단어이다. ② '책방'과 '서점' 또한 의미가 거의 비슷하므로 유의 관계에 해당한다.

왜 답이 아니지? ①, ③ '꽃 – 개나리'와 '태양계 – 해'는 상하 관계에 해당한다.
④, ⑤ '남성 – 여성'은 성별을 기준으로 할 때 반의 관계에 해당하며, '어머니 – 딸'은 부모와 자식이라는 세대를 기준으로 할 때 반의 관계에 해당한다.

09
답 ①

이게 정답! '삶(사는 일. 또는 살아 있음)'과 '인생(사람이 세상을 살아가는 일)'은 유의 관계이기는 하지만, 예사말과 높임말의 관계에 해당하지는 않는다.

왜 답이 아니지? ②~⑤ '밥 – 진지', '이름 – 성함', '주다 – 드리다', '자다 – 주무시다'는 모두 '예사말 – 높임말'의 관계로 이루어진 유의 관계 단어들이다.

11

이게 정답! 한 단어가 지닌 의미나 쓰임에 따라 여러 개의 반의어가 성립될 수 있다.

13
답 ①

이게 정답! 〈보기〉의 '참 – 거짓'은 의미가 서로 반대되는 단어로 반의 관계에 해당한다. '연세 – 나이'는 반의 관계가 아니라 유의 관계에 해당한다.

왜 답이 아니지? ②~⑤ '자유 – 구속', '여름 – 겨울', '진보 – 퇴보', '승리 – 패배'는 모두 서로 의미가 반대되는 반의 관계 단어들이다.

14 수행평가형

이게 정답! '남학생'과 '여학생'은 성별을 기준으로 할 때 반의 관계가 성립한다.

15 수행평가형

이게 정답! 반의 관계는 단어가 갖는 여러 의미 요소 중에서 하나의 의미 요소만 반대되고 나머지 요소가 공통될 때 성립한다.

16 수행평가형

이게 정답! ⓒ에는 '연필이 길다'에서 '길다'와 '길이'를 기준으로 반의 관계가 성립되는 단어가 들어가야 한다. 그러므로 '짧다'가 들어가는 것이 적절하다.

17
답 ①

이게 정답! '다르다'는 '비교가 되는 두 대상이 서로 같지 아니하다.'라는 뜻이므로, 반의어로는 '같다'가 적절하다. 그리고 '틀리다'는 '셈이나 사실 따위가 그르게 되거나 어긋나다.'라는 뜻이므로, 반의어로는 '맞다'나 '옳다'가 적절하다.

18 수행평가형

이게 정답! '(입을) 다물다. (뚜껑을) 덮다. (마개를) 막다. (대문을) 잠그다.' 모두와 반의 관계가 될 수 있는 단어는 '열다'이다. 이는 '열다'를 각각의 단어와 바꾸어 보면 의미가 반대라는 것에서 확인할 수 있다.

19
답 ③

이게 정답! '걱정'과 '근심'은 의미가 유사하므로 유의 관계에 해당한다. 하지만 '학생 – 남학생'에서는 '학생'이 의미상 '남학생'을 포함하고 있으므로 반의 관계가 아니라 상하 관계에 해당한다.

왜 답이 아니지? ①, ②, ④, ⑤ ⊙ '옷 – 의복', '서점 – 책방', '환하다 – 밝다', '분명하다 – 명료하다'는 각각 두 단어가 맺는 의미 관계가 비슷하므로 유의 관계에 해당한다. 또한 ⓒ '밤 – 낮', '기쁨 – 슬픔', '오르다 – 내리다', '숨기다 – 드러내다'는 각각 의미가 서로 반대되므로 반의 관계에 해당한다.

20 수능형
답 ④

이게 정답! '가늘다'는 '물체의 지름이 보통의 경우에 미치지 못하고 짧다.'라는 뜻으로, '가늘다'의 반의어는 '두껍다'가 아니라 '굵다'이다. '굵다'는 '물체의 지름이 보통의 경우를 넘어 길다.'라는 뜻이다. 반면 '두껍다'는 '두께가 보통의 정도보다 크다.'라는 뜻으로, '두께가 두껍지 아니하다.'라는 뜻의 '얇다'와 반의 관계가 성립한다.

왜 답이 아니지? ① 문맥상 '다르다'가 '비교가 되는 두 대상이 서로 같지 아니하다.'라는 뜻으로 사용되고 있으므로 반의어로는 '같다'가 적절하다.
② 문맥상 '고프다'가 '배 속이 비어 음식을 먹고 싶다.'라는 뜻으로 사용되고 있으므로 반의어로는 '부르다'가 적절하다.
③ 문맥상 '열리다'가 '모임이나 회의 따위가 시작되다.'라는 뜻으로 사용되고 있으므로 반의어로는 '마치다'가 적절하다.
⑤ 문맥상 '지저분하다'가 '보기 싫게 더럽다.'라는 뜻으로 사용되고 있으므로 반의어로는 '깨끗하다'가 적절하다.

---

(5) 다의 관계와 동음이의 관계, 상하 관계

개념 쏙쏙! 내신 쏙쏙!
| 본문 66쪽 |

01 다의어 02 중심 의미 03 주변 의미 04 연관성 05 ① 06 ○
07 × 08 × 09 ○ 10 동 11 동 12 다 13 동 14 다 15 ③
16 ③ 17 ⑤ 18 ① 19 ○ 20 × 21 ○ 22 × 23 ① 24 ③

05
답 ①

이게 정답! ⓒ~ⓜ의 '아침'은 '날이 새면서 오전 반나절쯤까지의 동안'이라는 뜻의 중심 의미로 사용되었고, ⊙ '아침'은 '날이 새면서 오전 반나절쯤까지의 동안에 끼니로 먹는 음식'이라는 뜻의 주변 의미로 사용되었다.

07

이게 정답! 단어의 의미들 사이에 밀접한 관련이 있는 것은 동음이의어가 아니라 다의어이다.

08

이게 정답! 동음이의어는 서로 다른 단어가 우연히 소리가 같아져서 생긴 것이지, 원래 같은 단어였던 것은 아니다.

12

이게 정답! 첫 번째 '다리'는 '물체의 아래쪽에 붙어서 그 물체를 받치거나 직접 땅에 닿지 아니하게 하거나 높이 있도록 버티어 놓은 부분'이라는 뜻의 주변 의미로 사용되었다. 두 번째 '다리'는 '사람이나 동물의 몸통 아래 붙어 있는 신체의 부분'이라는 뜻의 중심 의미로 사용되었다.

14

이게 정답! 첫 번째 '먹다'는 '음식 따위를 입을 통하여 배 속에 들여보내다.'라는 뜻의 중심 의미로 사용되었다. 두 번째 '먹다'는 '일정한 나이에 이르거나 나이를 더하다.'라는 뜻의 주변 의미로 사용되었다.

15 답 ③

이게 정답! 다의어는 하나의 소리에 연관이 있는 여러 의미가 결합되어 있는 단어를 의미한다. 다의어에는 기본적이고 핵심적 의미인 중심 의미와, 중심 의미가 확장되어 달라진 의미인 주변 의미가 있다.
왜 답이 아니지? ① 다의어는 여러 의미들 간에 밀접한 관련이 있다.
② 동음이의어는 소리는 같으나 의미가 전혀 다른 단어들을 의미한다.
④ 동음이의어는 의미가 서로 다른 별개의 단어이므로 사전에 각각의 표제어로 등재된다.
⑤ 다의어와 동음이의어 모두 표준어에 해당한다.

16 답 ③

이게 정답! 의미상 관련성이 있으면 다의 관계이고, 의미상 관련성이 없으면 동음이의 관계이다.

17 답 ⑤

이게 정답! ㉠ '발'은 '사람이나 동물의 다리 맨 끝부분'이라는 뜻으로, '발'의 중심 의미에 해당한다. ㉡의 '발이 넓다'는 '사귀어 아는 사람이 많아 활동하는 범위가 넓다.'라는 뜻, ㉢의 '발 벗고 나서다'는 '적극적으로 나서다.'라는 뜻, ㉣의 '발을 뺀다'는 '걱정되거나 애쓰던 일이 끝나 마음을 놓다.'라는 뜻으로 ㉡, ㉢, ㉣은 모두 중심 의미인 ㉠이 확장되면서 파생되어 나온 관용적 의미들이다. 반면 ㉤ '발'은 '가늘고 긴 대를 줄로 엮거나, 줄 따위를 여러 개 나란히 늘어뜨려 만든 물건'을 뜻하는 말로, ㉠~㉣의 '발'과는 의미적 연관성이 없는 동음이의어이다.

18 답 ①

이게 정답! 〈자료〉에 제시된 '쓰다'는 '어떤 일을 하는 데에 재료나 도구, 수단을 이용하다.'라는 뜻의 중심 의미로 사용되었다. 이와 같은 의미로 사용된 것은 ①이다.
왜 답이 아니지? ② '몸이 좋지 않아서 입맛이 없다.'라는 뜻으로, 〈자료〉의 '쓰다'와는 동음이의어이다.
③ '붓, 펜, 연필과 같이 선을 그을 수 있는 도구로 종이 따위에 획을 그어 일정한 글자의 모양이 이루어지게 하다.'라는 뜻으로, 〈자료〉의 '쓰다'와는 동음이의어이다.
④ '얼굴에 어떤 물건을 걸거나 덮어쓰다.'라는 뜻으로, 〈자료〉의 '쓰다'와는 동음이의어이다.
⑤ '머릿속의 생각을 종이 혹은 이와 유사한 대상 따위에 글로 나타내다.'라는 뜻으로, 〈자료〉의 '쓰다'와는 동음이의어이다.

20

이게 정답! '예술 – 영화, 음악, 미술, 문학'처럼, 하나의 상의어는 여러 개의 하의어를 포함할 수 있다.

23 답 ①

이게 정답! '산문'과 '운문'은 모두 '문학'에 포함되는 하의어로, 서로 대등한 관계이다.

24 답 ③

이게 정답! ③에서 '꽃'은 상의어, '무궁화'는 하의어에 해당한다.
왜 답이 아니지? ①, ④는 유의 관계, ②, ⑤는 반의 관계에 해당한다.

---

(6) 어휘의 체계와 양상

개념 쏙쏙! 내신 쑥쑥!

| 본문 68쪽 |

01 ○ 02 ○ 03 ○ 04 × 05 고유어 06 외래어 07 한자어
08 고유어 09 한자어 10 고 11 외 12 외 13 고 14 한 15 한
16 외 17 고 18 한 19 외 20 고 21 외 22 **예** 한자어는 고유어에 비해 세분화된 의미를 지니고 있다. 23 ④ 24 ③ 25 ④ 26 ②
27 ○ 28 × 29 ○ 30 ○ 31 ③ 32 의사소통 33 은어
34 전문어 35 전문어 36 은어 37 속어 38 전문어 39 은어
40 ② 41 ⑤ 42 ○ 43 × 44 ○ 45 ○ 46 × 47 × 48 ○
49 ⑤ 50 ① 51 ②

22 수행평가형

이게 정답! 〈보기〉에 따르면 고유어 '생각'과 의미가 유사한 한자어가 매우 많다. 이는 한자어가 고유어에 비해 세분화된 의미를 지니고 있는 경우가 많다는 것을 의미한다.

23 답 ④

이게 정답! '나이'는 우리말에 본디부터 있던 고유어이다.
왜 답이 아니지? ① '음식', ③ '영화', ⑤ '신문'은 한자어이다.
② '피자'는 외래어이다.

24 답 ③

이게 정답! '담배'는 우리나라에서 오랫동안 사용되어 외국에서 온 말이라는 것을 잘 인식하지 못하는 외래어이다. 일반적으로 '담배'는 포르투갈어의 'tabaco'가 일본어에 들어가 'tabako'가 되었고, 그것이 다시 우리말로 차용된 것이라고 본다.

왜 답이 아니지? ① '쌀', ② '눈썹', ④ '바다', ⑤ '개나리'는 모두 고유어이다.

25 답 ④

이게 정답! 외래어는 고유어로 표현하기 어려운 것을 나타낼 수는 있지만, 고유어보다 의미 전달에 효과적이라고 할 수는 없다.

26 답 ④

이게 정답! '보다'는 '눈으로 대상의 존재나 형태적 특징을 알다.'라는 중심 의미 외에 많은 주변 의미를 갖고 있으며, 이러한 주변 의미들은 문맥에 따라 여러 개의 한자어로 대체할 수 있다. ④ '신문을 보고 있다'에서 '보다'는 '신문, 잡지 따위를 구독하다.'라는 뜻이므로, '판단(判斷)하다'가 아니라 '구독(購讀)하다'로 바꾸어 쓰는 것이 적절하다.

왜 답이 아니지? ① '합의를 보았다'에서 '보다'는 '어떤 결과나 관계를 맺기에 이르다.'라는 뜻이므로 '도출(導出)했다'로 바꾸어 쓰는 것은 적절하다.

② '수상한 사람을 보면'에서 '보다'는 '눈으로 대상의 존재나 형태적 특징을 알다.'라는 뜻이므로 '목격(目擊)하면'으로 바꾸어 쓰는 것은 적절하다.

③ '업무를 보고 있다'에서 '보다'는 '어떤 일을 맡아 하다.'라는 뜻이므로 '수행(遂行)하고'로 바꾸어 쓰는 것은 적절하다.

⑤ '환자를 보십니다'에서 '보다'는 '의사가 환자를 진찰하다.'라는 뜻이므로 '진찰(診察)하십니다'로 바꾸어 쓰는 것은 적절하다.

31 답 ③

이게 정답! 전문적인 업무의 효율성을 높일 수 있는 것은 사회 방언 중 전문어의 특징에 해당한다. 전문어는 사회 방언 중 학술이나 기타 전문 분야에서 특별한 뜻으로 쓰이는 말로, 전문적인 작업의 효율성을 높이는 데 도움을 준다. 그러나 전문어를 사용하면 일반인과의 의사소통에 어려움을 겪을 수도 있다.

왜 답이 아니지? ①, ②, ④, ⑤ 지역 방언은 지역 고유의 정서와 문화를 담고 있어서 사용하는 사람들끼리 친근감을 느낄 수 있다. 공적인 상황에서는 주로 표준어를 사용하지만, 사적인 상황에서는 지역 방언을 사용하는 경우가 많다.

32 수행평가형

이게 정답! 〈보기 1〉에서 수연은 '문화 상품권'과 '생일 선물'이라는 말을 '문상'과 '생선'이라고 줄여 말하고 있는데, 할머니는 이 말이 무슨 뜻인지 잘 알아듣지 못하고 있다. 성별이나 세대, 사회 집단 등 사회적 요인에 의해 달라진 말을 사회 방언이라 하는데, 같은 집단에 속하지 않는 사람들과 대화를 할 때 사회 방언을 사용하면 의사소통에 어려움을 겪을 수 있다.

38~39 수행평가형

이게 정답! ㉠에서는 '시스템', '백업', '소프트웨어', '드라이버 업데이트' 등 컴퓨터 관련 분야에서 사용하는 전문어를 주로 사용하고 있다. 또한 ㉡에서는 '문상(문화 상품권)', '열공(열심히 공부함)', '광탈(빨리 탈락함)', '안습(안타까움)' 등 청소년들이 사용하는 은어를 주로 사용하고 있다.

40 답 ②

이게 정답! 은어와 전문어 모두 그 집단에 소속된 사람이 아니면 알아듣기 어려운 말이다.

왜 답이 아니지? ① 속어에 해당하는 내용이다.

③, ④ 은어에만 해당하는 내용이다.

⑤ 전문어에 해당하는 내용이다.

41 답 ⑤

이게 정답! 은어는 어떤 계층이나 부류의 사람들이 다른 사람들이 알아듣지 못하도록 자기네 구성원들끼리만 사용하는 말이다.

왜 답이 아니지? ① 전문어, ② 일상어, ③ 신조어, ④ 유행어에 해당하는 내용이다.

43

이게 정답! 관용어는 둘 이상의 단어가 모여 관습적 의미로 쓰이는 것이므로 자유롭게 표현을 바꿀 경우 관용어의 의미가 사라지게 된다.

46

이게 정답! '개 발에 편자'는 옷차림이나 지닌 물건 따위가 제격에 맞지 아니하여 어울리지 않음을 비유적으로 이르는 말이므로, 주어진 문장의 문맥에 어울리지 않는다.

47

이게 정답! '바늘 도둑이 소도둑 된다'는 바늘을 훔치던 사람이 계속 반복하다 보면 결국 소까지도 훔친다는 뜻으로, 작은 나쁜 짓도 자꾸 하게 되면 큰 죄를 저지르게 됨을 비유적으로 이르는 말이다. 따라서 주어진 문장의 문맥에 어울리지 않는다.

49 답 ⑤

이게 정답! '눈에 불을 켜다'는 '몹시 욕심을 내거나 관심을 기울이다.'라는 의미의 관용어이다. 이런 관용어나 속담에는 그 언어를 사용하는 사람들의 생활 방식이 반영되어 있으므로 그 언어를 사용하는 사람이 아니면 의미를 이해하기 어렵다. 따라서 누구에게나 내용을 쉽게 전달하기는 어렵다.

50 답 ①

이게 정답! '산통을 깨다'는 '다 잘되어 가던 일을 이루지 못하게 뒤틀다.'라는 의미의 관용어로, 결말을 알아 버려서 영화를 볼 흥미를 잃어버리게 된 〈보기〉의 상황을 표현하기에 적절하다.

왜 답이 아니지? ② 사물의 속 내용은 모르고 겉만 건드리는 일을 비유적으로 이르는 속담이다.

③ 자기가 하고도 하지 아니한 체하거나 알고 있으면서도 모르는 체하는 것을 이르는 관용어이다.

④ 아슬아슬하여 마음이 조마조마하도록 몹시 애달다는 의미의 관용어이다.

⑤ 싫은 일을 억지로 마지못하여 함을 비유적으로 이르는 속담이다.

51 답 ②

이게 정답! '우물 안 개구리'는 넓은 세상의 형편을 알지 못하는 사람을 비유적으로 이르거나, 견식이 좁아 저만 잘난 줄로 아는 사람을 비꼬는 속담이다.

| 본문 72쪽 |

01 ③ 02 ③ 03 ④ 04 ④ 05 ④ 06 ② 07 ④ 08 ② 09 ①
10 ① 11 ② 12 ④ 13 ④ 14 ⑤ 15 ④ 16 ① 17 ④ 18 ②
19 ④ 20 ② 21 ⑤ 22 ① 23 ④ 24 ⑤ 25 ② 26 ③ 27 ②
28 ④ 29 ② 30 ② 31 ③ 32 ① 33 ① 34 ② 35 ③ 36 ④
37 안 38 소리 39 뜻(의미) 40 ① 41 ① 42 ③ 43 은어
44 ② 45 ① 46 ② 47 ① 48 눈 49 ④ 50 ③

01
답 ③

이게 정답! 뜻을 구분하는 소리의 가장 작은 단위는 형태소가 아니라 음운이다. 형태소는 뜻을 가진 가장 작은 말의 단위이다.

02
답 ③

이게 정답! '놀았다'는 '놀-(어간) + -았-(과거 시제 선어말 어미) + -다(어말 어미)'로 형태소가 분석된다. 그러므로 형태소의 개수는 3개임을 알 수 있다.

왜 답이 아니지? ①, ⑤ '그물', '귀뚜라미'는 하나의 형태소로 구성된 단일어이다.

② '물통'은 '물(어근) + 통(어근)'으로 분석되므로 형태소의 개수는 2개이다.

④ '감나무'는 '감(어근) + 나무(어근)'로 분석되므로 형태소의 개수는 2개이다.

03
답 ④

이게 정답! 제시된 문장의 형태소를 분석하면 다음과 같다.

나	는	골목	길	을	마구	뛰-	-었-	-다
실질	형식	실질	실질	형식	실질	실질	형식	형식
자립	의존	자립	자립	의존	자립	의존	의존	의존

따라서 실질 형태소의 개수는 5개임을 알 수 있다.

04
답 ④

이게 정답! '떼'는 '부당한 요구나 청을 들어 달라고 고집하는 짓'이라는 뜻으로, 실질적인 의미를 지닌 어근이다. '떼쟁이'는 어근 '떼'에 '그것이 나타내는 속성을 많이 가진 사람'의 뜻을 더하는 접미사 '-쟁이'가 결합한 파생어이다.

왜 답이 아니지? ① '풋고추'의 '풋-', ② '햇감자'의 '햇-', ③ '덧버선'의 '덧-', ⑤ '홀아비'의 '홀-'은 모두 어근의 뜻을 한정하는 접두사이다.

05
답 ④

이게 정답! '소나무'는 '솔(어근) + 나무(어근)'가 결합하면서 'ㄹ'이 탈락한 합성어이다.

왜 답이 아니지? ① '마소'는 '말(어근) + 소(어근)'가 결합하면서 'ㄹ'이 탈락한 합성어이다.

② '부삽'은 '불(어근) + 삽(어근)'이 결합하면서 'ㄹ'이 탈락한 합성어이다.

③ '바느질'은 '바늘(어근) + -질(접사)'이 결합하면서 'ㄹ'이 탈락한 파생어이다.

⑤ '버드나무'는 '버들(어근) + 나무(어근)'가 결합하면서 'ㄹ'이 탈락한 합성어이다.

06
답 ②

이게 정답! 의존 형태소이면서 단어에 해당하는 것은 조사이다. 제시된 문장의 형태소를 분석하면 다음과 같다.

우리	는	물	고기	를	많-	-이	잡-	-았-	-다
실질	형식	실질	실질	형식	실질	형식	실질	형식	형식
자립	의존	자립	자립	의존	의존	의존	의존	의존	의존

여기서 조사에 해당하는 것은 '는'과 '를'이다.

07
답 ④

이게 정답! 제시된 문장의 형태소를 분석하면 다음과 같다.

하늘	이	정말	높-	-고	푸르-	-다
실질	형식	실질	실질	형식	실질	형식
자립	의존	자립	의존	의존	의존	의존

실질 형태소는 '하늘', '정말', '높-', '푸르-'이며, 형식 형태소는 '이', '-고', '-다'이다. 또한 자립 형태소는 '하늘', '정말'이며, 의존 형태소는 '이', '높-', '-고', '푸르-', '-다'이다.

08
답 ②

이게 정답! 실질적인 뜻을 지니면서 홀로 쓰일 수 있는 형태소는 실질 형태소이자 자립 형태소를 의미한다. 선택지에서 실질 형태소이자 자립 형태소에 해당하는 것은 ② '사람'뿐이다.

왜 답이 아니지? ① '를'과 ④ '-다'는 실질적인 뜻이 없고(형식 형태소) 홀로 쓰일 수 없는 형태소(의존 형태소)이다.

③, ⑤ '예쁘-'와 '닮-'은 실질적인 뜻이 있으나(실질 형태소), 홀로 쓰일 수 없는 형태소(의존 형태소)이다.

09
답 ①

이게 정답! 홀로 쓰일 수 없으나 실질적인 뜻을 지닌 형태소는 의존 형태소이자 실질 형태소를 의미한다. 이에 해당하는 것은 용언의 어간이다. '닮-'은 용언 '닮다'의 어간으로, 홀로 쓰이지는 못하지만 실질적인 뜻을 지니고 있다.

왜 답이 아니지? ②, ④ '참'과 '산'은 홀로 쓰일 수 있으면서(자립 형태소) 실질적인 뜻도 있는 형태소(실질 형태소)이다.

③, ⑤ '는'과 '이다'는 홀로 쓰일 수도 없고(의존 형태소) 실질적인 뜻도 없는 형태소(형식 형태소)로 조사에 해당한다.

10
답 ①

이게 정답! 홀로 쓰일 수 없고 반드시 다른 말에 붙어서 쓰이면서(의존 형태소) 단어가 되는 말은 조사이다. 조사는 비록 자립성이 없지만 쉽게 분리된다는 특성 때문에 단어로 인정한다. 제시된 문장의 형태소를 분석하면 다음과 같다.

맑-	-은	바람	이	정말	좋-	-다
실질	형식	실질	형식	실질	실질	형식
의존	의존	자립	의존	자립	의존	의존

제시된 문장에서 조사는 '이' 하나임을 알 수 있다.

11
답 ②

이게 정답! 제시된 문장의 형태소를 분석하면 다음과 같다.

하늘	은	스스로	돕-	-는	사람	을	돕-	-는-	-다
실질	형식	실질	실질	형식	실질	형식	실질	형식	형식
자립	의존	자립	의존	의존	자립	의존	의존	의존	의존

형태소의 개수는 모두 10개임을 알 수 있다.

왜 답이 아니지? ① 단어는 '하늘', '은', '스스로', '돕는', '사람', '을', '돕는다'로 모두 7개이다.

③ 홀로 쓰일 수 있는 자립 형태소는 '하늘', '스스로', '사람'으로 모두 3개이다.

④ 실질적인 뜻이 있는 실질 형태소는 '하늘', '스스로', '돕-', '사람', '돕-'으로 모두 5개이다.

⑤ 문법적인 의미를 표시하는 형식 형태소는 '은', '-는', '을', '-는-', '-다'로 모두 5개이다.

12 답 ④

이게 정답! 원칙적으로 단어 형성법에서 둘 이상의 접사가 결합하여 단어를 이루는 현상은 나타나지 않는다. 어근과 어근이 결합하여 합성어를 만들거나, 접사와 어근이 결합하여 파생어를 만드는 것만 인정된다.

왜 답이 아니지? ⑤ '이튿날(← 이틀 + 날)'이나 '부삽(← 불 + 삽)'처럼 어근과 어근이 결합할 때 어근의 형태가 달라지는 경우도 있다.

13 답 ④

이게 정답! '풋과일'은 접두사 '풋-'과 어근 '과일'이 결합하여 이루어진 파생어이다.

14 수능형 답 ③

이게 정답! '달리기'는 어근 '달리-'와 접사 '-기'로 이루어진 단어이다. 따라서 '달리-'에 네모가, '-기'에 동그라미가 표시되어야 한다.

15 수능형 답 ⑤

이게 정답! '옷값'은 '옷(어근)'과 '값(어근)'이라는 두 개의 형태소로 이루어진 복합어이다.

왜 답이 아니지? ① '밭고랑'은 '밭(어근)'과 '고랑(어근)'이라는 두 개의 형태소로 이루어진 합성어이다.

② '조카애'는 '조카(어근)'와 '애(어근)'라는 두 개의 형태소로 이루어진 합성어이다.

③ '딸애'는 '딸(어근)'과 '애(어근)'라는 두 개의 형태소로 이루어진 합성어이다.

④ '마음'은 하나의 형태소로 이루어진 단일어이다.

16 답 ①

이게 정답! '새해'는 관형사 어근 '새'와 명사 어근 '해'가 결합한 합성어이다.

왜 답이 아니지? ② '꿀벌'은 명사 어근 '꿀'과 명사 어근 '벌'이 결합한 합성어이다.

③ '낚시꾼'은 명사 어근 '낚시'와 접사 '-꾼'이 결합한 파생어이다.

④ '이슬비'는 명사 어근 '이슬'과 명사 어근 '비'가 결합한 합성어이다.

⑤ '어머니'는 하나의 어근으로 이루어진 단일어이다.

17 답 ④

이게 정답! 〈보기〉는 파생어의 단어 형성 방법을 나타낸 것이다. ④ '멋쟁이'는 어근 '멋'에 접미사 '-쟁이'가 결합하여 이루어진 파생어이다.

왜 답이 아니지? ① '꽃잎'은 어근 '꽃'과 어근 '잎'이 결합하여 이루어진 합성어이다.

② '눈송이'는 어근 '눈'과 어근 '송이'가 결합하여 이루어진 합성어이다.

③ '이튿날'은 어근 '이틀'과 어근 '날'이 결합하여 이루어진 합성어로, 받침 'ㄹ'이 'ㄷ'으로 바뀐 것이다.

⑤ '군식구'는 접두사 '군-'과 어근 '식구'가 결합하여 이루어진 파생어이다.

18 답 ②

이게 정답! 한쪽 어근이 다른 쪽 어근을 수식하는 합성어를 종속 합성어라고 한다. '철길'은 앞의 어근 '철'이 뒤의 어근 '길'을 꾸며 주고 있으므로 종속 합성어에 해당한다.

왜 답이 아니지? ① '논밭(← 논 + 밭)'과 ③ '여닫다'(← 열- + 닫-)는 두 어근이 대등하게 연결된 대등 합성어이다.

④ '민들레'는 하나의 어근으로 구성된 단일어이다.

⑤ '보릿고개'는 어근 '보리'와 어근 '고개'가 결합하면서 농촌의 식량 사정이 가장 어려운 때를 비유적으로 이르는 말이라는 새로운 의미를 갖게 되었으므로 융합 합성어에 해당한다.

19 답 ④

이게 정답! ① '쇠못', ② '부삽(← 불 + 삽)', ③ '물걸레', ⑤ '기어가다(← 기- + 가-)'는 모두 앞의 어근이 뒤의 어근을 수식하는 종속 합성어이다. 반면 ④ '팔다리'는 '팔'과 '다리'라는 두 어근이 본래의 뜻을 유지하면서 대등하게 결합된 대등 합성어이다.

20 답 ②

이게 정답! '치솟다'는 어근 '솟-'에 접두사 '치-'가 결합하여 이루어진 파생어이다.

왜 답이 아니지? ① '가죽신'은 어근 '가죽'과 어근 '신'이 결합한 합성어이다.

③ '여닫다'는 어근 '열-'과 어근 '닫-'이 결합한 합성어이다.

④ '큰아버지'는 어근 '크-'와 어근 '아버지'가 결합한 합성어이다.

⑤ '오르내리다'는 어근 '오르-'와 어근 '내리-'가 결합한 합성어이다.

21 답 ⑤

이게 정답! '비바람'은 어근 '비'와 어근 '바람'이 원래의 의미를 그대로 가지고 있는 대등 합성어이다. 이와 달리 '집안', '작은아버지', '쑥밭', '바늘방석'은 어근의 원래 의미가 사라지고 새로운 의미를 나타내는 융합 합성어로 사용되고 있다.

왜 답이 아니지? ① '집안'은 어근 '집'과 어근 '안'이 결합하면서 '가족을 구성원으로 하여 살림을 꾸려 나가는 공동체. 또는 가까운 일가'라는 새로운 의미를 나타내고 있다.

② '바늘방석'은 어근 '바늘'과 어근 '방석'이 결합하면서 '앉아 있기에 아주 불안스러운 자리를 비유적으로 이르는 말'이라는 새로운 의미를 나타내고 있다.

③ '쑥밭'은 어근 '쑥'과 어근 '밭'이 결합하면서 쑥을 기르는 밭이라는 원래의 의미가 아니라, '매우 어지럽거나 못 쓰게 된 모양을 비유적으로 이르는 말'이라는 새로운 의미를 나타내고 있다.
④ '작은아버지'는 어근 '작-'과 어근 '아버지'가 결합하면서 '아버지의 남동생을 이르거나 부르는 말'이라는 새로운 의미를 나타내고 있다.

22 답 ①
이게 정답! 문맥상 '앞뒤'라는 합성어는 '앞'과 '뒤'라는 어근의 원래 의미를 그대로 유지하고 있다.
왜 답이 아니지? ② '돌아가다'는 어근 '돌다'와 어근 '가다'가 결합하여 '죽다'라는 새로운 의미를 형성하고 있다.
③ '밤낮'은 어근 '밤'과 어근 '낮'이 결합하여 '(밤과 낮을 가리지 않고) 늘'이라는 새로운 의미를 형성하고 있다.
④ '피땀'은 어근 '피'와 어근 '땀'이 결합하여 '무엇을 이루기 위하여 애쓰는 노력과 정성'이라는 새로운 의미를 형성하고 있다.
⑤ '종이호랑이'는 어근 '종이'와 어근 '호랑이'가 결합하여 '겉보기에는 힘이 셀 것 같으나 사실은 아주 약한 것을 이르는 말'이라는 새로운 의미를 형성하고 있다.

23 답 ①
이게 정답! '맨발'은 접사 '맨-'과 어근 '발'이 결합한 파생어이다. 이와 달리 ② '손발(손 + 발)', ③ '발자취(발 + 자취)', ④ '발걸음(발 + 걸음)', ⑤ '오른발(오른 + 발)'은 모두 어근과 어근이 결합한 합성어이다.

24 답 ⑤
이게 정답! 의미가 서로 반대되는 관계에 있는 단어들의 집합을 반의어라고 하며, 반의어는 단어가 갖는 여러 의미 요소 중에서 하나의 의미 요소만 반대되고 나머지 요소가 공통될 때 성립한다.
왜 답이 아니지? ① 두 가지 이상의 뜻을 가진 단어는 다의어이다.
② 다의어는 하나의 중심 의미에서 주변 의미가 파생된 것이므로 의미 간에 관련성이 있다.
③ 상하 관계에서 상의어와 하의어는 절대적인 것이 아니라 상대적인 것이다.
④ 상하 관계에서 다른 쪽을 포함하는 단어를 상의어, 다른 쪽에 포함되는 단어를 하의어라고 한다.

25 답 ②
이게 정답! 유의 관계에 있는 단어들은 의미나 용법이 유사하여 대개 서로 바꾸어 쓸 수 있지만, 완전히 같은 것은 아니라서 바꾸어 쓸 수 없는 경우도 있다. 참고로 유의어 중에서 의미가 완전히 동일하여 교체 가능한 것을 동의어라고 한다.

26 수능형 답 ③
이게 정답! ㉠의 '내려가다'와 ㉡의 '하강하다'는 의미가 서로 비슷하므로 유의 관계에 해당한다. ③ '가난'과 '궁핍' 역시 '살림살이가 넉넉하지 못함'이라는 의미를 갖고 있으므로 유의 관계에 해당한다.
왜 답이 아니지? ① '밤 – 낮', ④ '쉬다 – 일하다'는 반의 관계에 해당한다.
② '계절 – 겨울', ⑤ '식물 – 대나무'는 상하 관계에 해당한다.

27 답 ②
이게 정답! '나이(사람이나 동·식물 따위가 세상에 나서 살아온 햇수)'와 '연세('나이'의 높임말)'는 의미가 유사하지만, '너는 나이가 몇 살이니?'에서 '나이'를 '연세'로 바꾸면 어색해지는 것처럼, 자유롭게 바꾸어 쓸 수는 없는 유의어이다. '나이'의 동의어는 '연령'이다.
왜 답이 아니지? ①, ③, ④, ⑤는 모두 비교적 자유롭게 바꾸어 쓸 수 있는 동의어이다.

28 답 ④
이게 정답! 〈보기〉의 '열었다'는 '닫히거나 잠긴 것을 트거나 벗기다.'라는 의미로 사용되었다. 따라서 문맥적으로 볼 때, '자물쇠 따위로 잠가서 문이나 서랍 따위를 열지 못하게 하다.'라는 의미의 '채우다'가 반의어로 적절하다.

29 답 ②
이게 정답! 〈자료〉에서 '사랑하다'와 유의 관계에 해당하는 말은 '좋아하다', 반의 관계에 해당하는 말은 '미워하다'이다. 이와 같은 관계로 이루어지지 않은 것은 선택지 ②이다. '얻다'는 '거저 주는 것을 받아 가지다.'라는 뜻으로, '얻어 내거나 얻어 가지다.'라는 의미의 '획득하다'와는 유의 관계가 성립한다. 그러나 반의 관계로 제시된 '가지다'는 '자기 것으로 하다.'라는 의미이므로 '얻다'와 반의 관계가 성립하지 않는다.
왜 답이 아니지? ①, ③, ④, ⑤ '가깝다', '헤어지다', '멈추다', '부유하다'와 유의 관계, 반의 관계에 해당하는 단어들이 바르게 제시되어 있다.

30 답 ②
이게 정답! '예술 – 무용'은 '예술'이 '무용'을 포함하는 상하 관계이고, '운동 – 수영'은 '운동'이 '수영'을 포함하는 상하 관계이다. 그리고 '악기 – 현악기'는 '악기'가 '현악기'를, '동물 – 강아지'는 '동물'이 '강아지'를 포함하는 상하 관계이다. 그러나 '야구 – 배구'는 상하 관계로 보기는 어렵다.

31 답 ③
이게 정답! ㉠ '연예인'과 ㉡ '가수'는 '연예인'이 '가수'를 포함하는 상하 관계이다.

32 답 ①
이게 정답! ①에서 '배'는 '사람이나 동물의 몸에서 위장, 창자, 콩팥 따위의 내장이 들어 있는 곳으로 가슴과 엉덩이 사이의 부위'라는 중심 의미로 사용되었다.
왜 답이 아니지? ② '맵다'의 중심 의미는 '고추나 겨자와 같이 맛이 알알하다.'이다. 그러나 ②에서는 '날씨가 몹시 춥다.'라는 주변 의미로 사용되었다.
③ '무겁다'의 중심 의미는 '무게가 나가는 정도가 크다.'이다. 그러나 ③에서는 '분위기 따위가 어둡고 답답하다.'라는 주변 의미로 사용되었다.
④ '아침'의 중심 의미는 '날이 새면서 오전 반나절쯤까지의 동안'이다. 그러나 ④에서는 '아침에 끼니로 먹는 음식'이라는 주변 의미로 사용되었다.

⑤ '머리'의 중심 의미는 '사람이나 동물의 목 위의 부분'이다. 그러나 ⑤에서는 '생각하고 판단하는 능력'이라는 주변 의미로 사용되었다.

33 답 ①

이게 정답! '집에 오다.'와 '봄이 오다.'의 '오다'는 의미 간에 밀접한 관련이 있는 다의어이다. 그러나 ②~⑤는 서로 다른 단어가 우연히 소리가 같아져서 생긴 동음이의어이다.

34 답 ②

이게 정답! 〈보기〉의 '손'은 '일을 하는 사람(노동력)'이라는 의미로, 이와 같은 의미로 쓰인 것은 ②이다.

왜 답이 아니지? ① '손끝의 다섯 개로 갈라진 부분. 또는 그것 하나하나(손가락)'라는 의미로 사용되었다.

③ '어떤 일을 하는 데 드는 사람의 힘이나 노력, 기술'이라는 의미로 사용되었다.

④ '사람의 팔목 끝에 달린 부분'이라는 의미로 사용되었다.

⑤ '어떤 사람의 영향력이나 권한이 미치는 범위'라는 의미로 사용되었다.

35 답 ③

이게 정답! ⓒ의 '길'은 '손질을 하거나 오래 써서 사용하기에 좋은 상태'를 의미한다. 이에 비해 ㉠, ㉡, ㉣, ㉤에 사용된 '길'들은 중심 의미인 '사람이나 동물 또는 자동차 따위가 지나갈 수 있게 땅 위에 낸 일정한 너비의 공간'을 뜻하거나, 이것과 의미적 연관성이 깊은 것들이다.

왜 답이 아니지? ① ㉠은 '과정', '도중', '중간'의 뜻을 나타내는 말, ② ㉡은 '사람이나 동물 또는 자동차 따위가 지나갈 수 있게 땅 위에 낸 일정한 너비의 공간', ④ ㉣은 '걷거나 탈것을 타고 어느 곳으로 가는 노정(路程)', ⑤ ㉤은 '사람이 삶을 살아가거나 사회가 발전해 가는 데에 지향하는 방향, 지침, 목적이나 전문 분야'라는 의미로 사용되었다.

36 답 ④

이게 정답! (가)의 '보다'는 '눈으로 대상의 존재나 형태적 특징을 알다.'라는 중심 의미로 사용되었다. 이와 달리 (나)의 '보다'는 '맡아서 보살피거나 지키다.'라는 의미로, (가)의 '보다'에서 파생된 주변 의미로 사용되었다. 이처럼 하나의 소리에 서로 연관이 있는 여러 의미가 결합되어 있는 단어를 다의어라고 한다.

왜 답이 아니지? ② 중심 의미가 시간이 지남에 따라 확장되면서 이와 연관이 있는 주변 의미가 생기게 된다. 즉, (나)의 '보다'의 의미가 (가)에서 사용된 의미에서 확장된 것이다.

37~39 수행평가형

이게 정답! (가)에서 영수가 사용한 '밖'과 반의 관계에 있는 말은 '안'이다. 또한 (나)에서 영수가 사용한 '타다'는 '탈것에 올라서 이동하는 것'을, 지영이 사용한 '타다'는 '다량의 액체에 소량의 가루 따위를 넣어 섞는 것'을 의미한다. 즉, '타다'라는 두 단어는 서로 다른 단어가 우연히 소리가 같아져서 생긴 것으로, 소리는 같지만 뜻(의미)은 다른 동음이의어임을 알 수 있다. 그러므로 ㉠에는 '안', ㉡에는 '소리', ㉢에는 '뜻(의미)'이 들어가야 한다.

40 답 ①

이게 정답! '누명을 벗다.'에서 '벗다'는 '누명이나 치욕 따위를 씻다.'라는 뜻이다. 따라서 이때 '벗다'의 반의어는 '사람이 죄나 누명 따위를 가지거나 입게 되다.'라는 뜻을 지닌 '쓰다'가 될 수 있다. 그리고 '배낭을 벗다.'에서 '벗다'는 '메거나 진 배낭이나 가방 따위를 몸에서 내려놓다.'라는 뜻이다. 이때 '벗다'의 반의어는 '어깨에 걸치거나 올려놓다.'라는 뜻의 '메다'가 적절하다.

왜 답이 아니지? ②의 '안경을 벗다.' – '안경을 쓰다.', ④의 '모자를 벗다.' – '모자를 쓰다.'에서만 '벗다'와 '쓰다' 사이의 반의 관계가 성립된다. 나머지는 모두 '쓰다'나 '벗다'의 반의어로 적절하지 않다.

41 답 ①

이게 정답! '빵'은 고유어처럼 생각하기 쉽지만 포르투갈어에서 들어온 외래어이다. 이와 달리 ② '잔치', ③ '미리내', ④ '아버지', ⑤ '소나기'는 고유어이다.

42 답 ③

이게 정답! '편지 같이 쓰자.'에서 '쓰다'는 '머릿속의 생각을 종이 혹은 이와 유사한 대상 따위에 글로 나타내다.'라는 뜻으로 사용되었다. 반면 '사용(使用)하다'는 '일정한 목적이나 기능에 맞게 쓰다.'라는 뜻이므로 고유어 '쓰다'의 의미에 대응하는 한자어로 적절하지 않다.

왜 답이 아니지? ① '시계가 잘 간다.'에서 '가다'는 '기계 따위가 제대로 작동하다.'라는 뜻으로 사용되었으므로, '작동(作動)한다'라는 한자어로 바꾸어 쓸 수 있다.

② '머리를 단정히 하자.'에서 '머리'는 '머리에 난 털'이라는 뜻으로 사용되었으므로, '두발(頭髮)'이라는 한자어로 바꾸어 쓸 수 있다.

④ '내 말 좀 하고 다니지 마.'에서 '말'은 '소문이나 풍문 따위를 이르는 말'이라는 뜻으로 사용되었으므로, 문맥상 '험담(險談)'이라는 한자어로 바꾸어 쓸 수 있다.

⑤ '글을 배워서 책을 읽고 싶어요.'에서 '글'은 '말을 적는 일정한 체계의 부호'라는 뜻으로 사용되었으므로, '문자(文字)'라는 한자어로 바꾸어 쓸 수 있다.

43 수행평가형

이게 정답! '은어'는 어떤 계층이나 부류의 사람들이 다른 사람들이 알아듣지 못하도록 자기네 구성원들끼리만 사용하는 말이다. 비밀을 유지하려는 암호의 성격을 가지므로, 그 의미가 널리 알려지면 은어로서의 기능을 잃으며 새로운 말로 대체되기도 한다.

44 답 ②

이게 정답! 제시된 상황에서는 청소년들이 사용하는 어휘로 인해 지영과 어머니가 의사소통에 어려움을 겪고 있다. 이는 청소년이라는 특정 세대의 문화가 반영된 '생선(생일 선물)', '문상(문화 상품권)'이라는 말로 인해 발생한 것이다.

왜 답이 아니지? ① 성별에 따라 달리 사용되는 말은 사용되지 않았다. '생선'이나 '문상'이라는 말은 성별과 무관하다.

③ 지역적 원인에 따라 달라진 말은 지역 방언으로, 지역 방언은 사용되지 않았다.

④ 불쾌감을 유발하는 말은 속어로, 속어나 이를 대신하는 어휘는

사용되지 않았다.

⑤ 전문적인 일을 효과적으로 수행하기 위한 말은 전문어로, 전문어는 사용되지 않았다.

45
답 ①

이게 정답! '손을 씻다'는 문맥상 말 그대로 손을 씻는 행위를 의미한다. '손을 씻다'가 관용어가 되려면 '부정적인 일이나 찜찜한 일에 대하여 관계를 청산하다.'라는 의미로 사용되어야 한다.

왜 답이 아니지? ② '간(이) 떨어지다'는 '몹시 놀라다.'라는 뜻의 관용어이다.

③ '머리를 맞대다'는 '어떤 일을 의논하거나 결정하기 위하여 서로 마주 대하다.'라는 뜻의 관용어이다.

④ '귀에 못이 박히다'는 '같은 말을 여러 번 듣다.'라는 뜻의 관용어이다.

⑤ '발이 넓다'는 '사귀어 아는 사람이 많아 활동하는 범위가 넓다.'라는 뜻의 관용어이다.

46
답 ②

이게 정답! '입이 짧다'는 '음식을 심하게 가리거나 적게 먹다.'라는 뜻의 관용어이다. 따라서 '우리 아이는 입이 짧아 입맛을 맞추기가 어렵다.' 정도로 써야 한다.

왜 답이 아니지? ① '손을 끊다'는 '교제나 거래 따위를 중단하다.'라는 뜻의 관용어이다.

③ '어깨가 무겁다'는 '무거운 책임을 져서 마음에 부담이 크다.'라는 뜻의 관용어이다.

④ '콧대(가) 높다'는 '잘난 체하고 뽐내는 태도가 있다.'라는 뜻의 관용어이다.

⑤ '귀가 얇다'는 '남의 말을 쉽게 받아들이다.'라는 뜻의 관용어이다.

47
답 ①

이게 정답! '미역국(을) 먹다'가 관용어로 쓰이려면 '시험에서 떨어지다.'라는 의미로 사용되어야 한다. 그러나 ①에서는 지시적 의미 그대로 동생의 생일이라서 미역국을 먹었다는 의미로 사용되고 있다.

왜 답이 아니지? ② '코를 납작하게 만들다'는 '기를 죽이다.'라는 뜻의 관용어이다.

③ '바람(을) 넣다'는 '남을 부추겨서 무슨 행동을 하려는 마음이 생기게 만들다.'라는 뜻의 관용어이다.

④ '하늘을 찌르다'는 '기세가 몹시 세차다.'라는 뜻의 관용어이다.

⑤ '손에 땀을 쥐다'는 '아슬아슬하여 마음이 조마조마하도록 몹시 애달다.'라는 뜻의 관용어이다.

48 수행평가형

이게 정답! 〈보기〉의 빈칸에는 모두 신체의 일부인 '눈'이 들어간다. '눈에 차다'는 '흡족하게 마음에 들다.', '눈(을) 붙이다'는 '잠을 자다.', '눈에 밟히다'는 '잊히지 않고 자꾸 눈에 떠오르다.', '눈 밖에 나다'는 '신임을 잃고 미움을 받게 되다.'라는 뜻의 관용어이다.

49
답 ④

이게 정답! '손(을) 내밀다'가 관용어로 사용되려면 '(1) 무엇을 달라고 요구하거나 구걸하다. (2) 도움, 간섭 따위의 행위가 어떤 곳에 미치게 하다. (3) 친하려고 나서다.'라는 의미로 사용되어야 한다. 그러나 ④에서는 지시적 의미 그대로 손을 내밀었다는 의미로 사용되었다.

왜 답이 아니지? ① '시치미(를) 떼다'는 '자기가 하고도 하지 아니한 체하거나 알고 있으면서도 모르는 체하다.'라는 뜻의 관용어이다.

② '눈에 흙이 들어가다'는 '죽어 땅에 묻히다.'라는 뜻의 관용어이다.

③ '눈이 높다'는 '정도 이상의 좋은 것만 찾는 버릇이 있다. 또는 안목이 높다.'라는 뜻의 관용어이다.

⑤ '바가지(를) 쓰다'는 '요금이나 물건값을 실제 가격보다 비싸게 지불하여 억울한 손해를 보다. 또는 어떤 일에 대한 부당한 책임을 억울하게 지게 되다.'라는 뜻의 관용어이다.

50
답 ③

이게 정답! '언 발에 오줌 누기'는 '언 발을 녹이려고 오줌을 누어 봤자 효력이 별로 없다는 뜻으로, 임시변통은 될지 모르나 그 효력이 오래가지 못할 뿐만 아니라 결국에는 사태가 더 나빠짐'을 비유적으로 이르는 속담이다.

왜 답이 아니지? ① '울며 겨자 먹기'는 '싫은 일을 억지로 마지못하여 함'을 비유적으로 이르는 속담이다.

② '땅 짚고 헤엄치기'는 '일이 매우 쉬움'을 의미하는 속담이다.

④ '밑 빠진 독에 물 붓기'는 '밑 빠진 독에 아무리 물을 부어도 독이 채워질 수 없다는 뜻으로, 아무리 힘이나 밑천을 들여도 보람 없이 헛된 일이 되는 상태'를 이르는 속담이다.

⑤ '빈대 잡으려고 초가삼간 태운다'는 '손해를 크게 볼 것을 생각지 아니하고 자기에게 마땅치 아니한 것을 없애려고 그저 덤비기만 하는 경우'를 비유적으로 이르는 속담이다.

❻ 단어의 발음과 표기

(1) 한글 맞춤법 ①

개념 쏙쏙! 내신 쑥쑥!

| 본문 78쪽 |

01 × 02 ○ 03 × 04 형태소 05 단어, 조사 06 우리말 07 ②
08 ④ 09 ⑩ 표준어를 어법에 맞도록 적는다. 10 ① 11 ② 12 ○
13 × 14 듬뿍 15 ㄱ, ㅂ 16 ㅈ, ㅊ, ㄷ, ㅌ 17 몹시 18 살짝
19 갑자기 20 ④ 21 ① 22 ② 23 ③ 24 [피부치] 25 [거치다]
26 ○ 27 × 28 × 29 ㅔ 30 두음 법칙 31 모음, ㄴ 32 ④
33 ③ 34 ⑤ 35 ①

01
이게 정답! 표준어를 적을 때에는 각 형태소의 본 모양을 밝혀 적어야 뜻을 파악하기 쉽다.

03
이게 정답! 외래어는 다른 나라에서 들어온 말이므로 원어의 언어적인 특징을 고려해서 적어야 한다. 따라서 '외래어 표기법'을 정하여 그에 따라 적는 것이 원칙이다. 외래어는 고유어, 한자어와 함께 국어의 어휘 체계에 정착한 어휘인 반면, 외국어는 국어의 어휘 체계에 속하지 않는다.

07
답 ②
이게 정답! 한글 맞춤법은 ㉠처럼 표준어를 소리대로 적을 것을 규정하고 있는데, 선택지 중 이에 해당하는 것은 ② '바람'이다. '바람'을 소리 나는 대로 쓰면 [바람]이 된다.
왜 답이 아니지? ① '콧물'을 소리 나는 대로 쓰면 [콘물]이 된다.
③ '먹다'를 소리 나는 대로 쓰면 [먹따]가 된다.
④ '미닫이'를 소리 나는 대로 쓰면 [미ː다지]가 된다.
⑤ '생각하다'를 소리 나는 대로 쓰면 [생가카다]가 된다.

08
답 ④
이게 정답! ㉡ '어법에 맞도록 함'이라는 것은 환경에 따라 소리가 달라지는 단어는 뜻을 파악하기 쉽도록 각 형태소의 본 모양을 밝혀 적는다는 것이다. ④ '달맞이'는 '달이 뜨기를 기다려 맞이하는 일'이라는 뜻의 단어로, 소리 나는 대로 '달마지'라고 쓰지 않고, 각 형태소의 본 모양을 밝혀 적고 있다.
왜 답이 아니지? ① '무덤', ② '지붕', ③ '마개', ⑤ '설거지'는 각 형태소의 본 모양을 밝혀 적지 않고, 소리대로 적은 것이다.

09 수행평가형
이게 정답! 〈보기〉에 따르면 '늙-'은 '늙-'이라는 어간의 형태를 고정하여 '늙어, 늙고, 늙지, 늙는'으로 적어야 한다. 이는 한글 맞춤법 총칙 중 '어법에 맞도록 함을 원칙으로 한다.'에 해당하는 것으로, 이렇게 하면 각 형태소가 지닌 뜻을 분명하게 파악할 수 있다.

10
답 ①
이게 정답! 한글 맞춤법 총칙 제2항에서 문장의 각 단어는 띄어 씀을 원칙으로 하지만, 조사는 예외적으로 앞말에 붙여 쓴다고 하였

다. ① '우리 강아지가 가출을 했어요.'에 사용된 조사는 '가'와 '을'로, 이를 앞말에 붙여 썼으므로 띄어쓰기가 올바르게 되어 있다.
왜 답이 아니지? ② '이 일은 우리 만 해낼 수 있다.'에 사용된 조사는 '은'과 '만'으로, '만'을 앞말에 붙여 써야 한다.
③ '버스 정류장에서 부터 걸어왔다.'에 사용된 조사는 '에서'와 '부터'로, '부터'를 앞말에 붙여 써야 한다.
④ '가 는 말이 고와야 오 는 말이 곱다.'에 사용된 조사는 '이'로, 앞말에 붙여 썼으므로 띄어쓰기가 바르게 되어 있다. 그러나 '가 는'은 '가다'에 '-는', '오 는'은 '오다'에 '-는'이라는 어미가 붙은 말이다. 즉, '가는과 '오는'은 하나의 단어이므로 붙여 써야 한다.
⑤ '남대문은 우리나라 국보 제1호 이다.'에서 '이다'는 서술격 조사이므로, 앞말에 붙여 써야 한다.

13
이게 정답! 'ㄱ, ㅂ' 받침 뒤에서 나는 된소리는, 같은 음절이나 비슷한 음절이 겹쳐 나는 경우가 아니면 된소리로 적지 않는다. 따라서 [깍뚜기]로 소리 나더라도 '깍두기'로 적어야 한다.

18
이게 정답! 'ㄴ, ㄹ, ㅁ, ㅇ' 받침 뒤에서 나는 된소리에 해당하므로 '살작'이 아니라 '살짝'이 바른 표기이다.

20
답 ④
이게 정답! '싹둑'이 바른 표기이다. '싹'의 받침이 'ㄱ'이므로 〈보기〉의 규정에 따라야 하는데, 같은 음절이나 비슷한 음절이 겹쳐 나는 경우가 아니므로 '둑'을 된소리로 적지 않는다.
왜 답이 아니지? ① '딱지'는 [딱찌]로 소리 나더라도, '딱'의 받침이 'ㄱ'이므로 '지'를 된소리로 적지 않는다.
② '몹시'는 [몹ː씨]로 소리 나더라도, '몹'의 받침이 'ㅂ'이므로 '시'를 된소리로 적지 않는다.
③ '법석'은 [법썩]으로 소리 나더라도, '법'의 받침이 'ㅂ'이므로 '석'을 된소리로 적지 않는다.
⑤ '갑자기'는 [갑짜기]로 소리 나더라도, '갑'의 받침이 'ㅂ'이므로 '자'를 된소리로 적지 않는다.

21
답 ①
이게 정답! '담뿍'은 'ㄴ, ㄹ, ㅁ, ㅇ' 받침 뒤에서 나는 된소리는 된소리로 적는다는 규정을 지킨 사례에 해당한다.
왜 답이 아니지? ② '잔득'은 'ㄴ, ㄹ, ㅁ, ㅇ' 받침 뒤에서 된소리가 나는 경우이므로 '잔뜩'으로 적어야 한다.
③ '국쑤'는 'ㄱ, ㅂ' 받침 뒤에서 나는 된소리는, 같은 음절이나 비슷한 음절이 겹쳐 나는 경우가 아니면 된소리로 적지 아니하는 경우에 해당하므로 '국수'로 적어야 한다.
④ '색씨'는 'ㄱ, ㅂ' 받침 뒤에서 나는 된소리는, 같은 음절이나 비슷한 음절이 겹쳐 나는 경우가 아니면 된소리로 적지 아니하는 경우에 해당하므로 '색시'로 적어야 한다.
⑤ '소적새'는 한 단어 안에서 뚜렷한 까닭 없이 된소리가 나는 경우이므로 '소쩍새'로 적어야 한다.

22
답 ②

이게 정답! 구개음화가 일어나기 위해서는 'ㄷ, ㅌ' 받침 뒤에 종속적 관계를 가진 '-이(-)'나 '-히-'가 와야 한다. 그러나 '밭을'은 '밭' 뒤에 조사 '을'이 왔기 때문에 [바틀]로 발음한다. 구개음화와는 관련이 없다.

왜 답이 아니지? ① '같이'는 구개음화 규정에 따라 [가치]로 발음한다.

③ '맏이'는 구개음화 규정에 따라 [마지]로 발음한다.

④ '받히다'는 구개음화 규정에 따라 [바티다]→[바치다]로 발음한다.

⑤ '끝이다'는 구개음화 규정에 따라 [끄치다]로 발음한다.

23 수능형
답 ③

이게 정답! '해돋이'는 어근 '돋-'의 받침 'ㄷ' 뒤에 종속적 관계를 가진 접미사 '-이'가 온 것이므로, 'ㄷ'이 'ㅈ'으로 바뀌어 소리 나는 구개음화가 일어나는 단어에 해당한다.

왜 답이 아니지? ①, ② '부디'와 '귀티'는 'ㄷ, ㅌ' 받침을 가진 단어가 아니다. 또한 '부디'와 '귀티'는 종속적 관계를 가진 '-이(-)'나 '-히-'가 결합한 것이 아니므로 구개음화가 일어나지 않는다.

④ '잊히다'는 'ㅈ'이 'ㅎ'과 만나 'ㅊ'으로 축약된 것으로, 구개음화와는 관련이 없다.

⑤ '디디다'는 'ㄷ, ㅌ' 받침을 가진 단어가 아니다. 또 종속적 관계를 가진 '-이(-)'가 결합한 것이 아니므로 구개음화가 일어나지 않는다.

24~25 수행평가형

이게 정답! '피붙이'와 '걷히다'는 구개음화에 따라 [피부치]와 [거치다]로 발음된다.

27

이게 정답! '의나, 자음을 첫소리로 가지고 있는 음절의 'ㅢ'는 'ㅣ'로 소리 나는 경우가 있더라도 'ㅢ'로 적는다.

28

이게 정답! 한자음 '랴, 려, 례, 료, 류, 리'가 단어의 첫머리 이외에 올 적에는 두음 법칙을 적용하지 않고 본음대로 적는다.

32
답 ④

이게 정답! 한글 맞춤법 제11항에 따르면, 한자음 '랴, 려, 례, 료, 류, 리'가 단어의 첫머리에 올 적에는 두음 법칙에 따라 '야, 여, 예, 요, 유, 이'로 적되, [붙임 1]에서 단어의 첫머리 이외의 경우에는 본음대로 적는다고 하였다. 따라서 ④ '남여'는 [붙임 1]에 따라 '남녀'로 표기해야 한다.

왜 답이 아니지? ① '역사(歷史)'는 원음이 '력사'지만 제11항에 따라 '역사'로 써야 한다.

② '유행(流行)'은 원음이 '류행'이지만 제11항에 따라 '유행'으로 써야 한다.

③ '쌍룡(雙龍)'은 원음대로 써야 하는데, 이는 '룡'이 [붙임 1]에 따라 단어의 첫머리 이외에 쓰인 것이기 때문이다.

⑤ '백분율(百分率)'은 원음이 '백분률'이지만 [붙임 1]의 '다만' 규정에 따라 'ㄴ' 받침 뒤에 이어지는 '렬, 률'은 '열, 율'로 적어야 하므로 '백분율'로 써야 한다.

33
답 ③

이게 정답! '폐품'은 제8항에 따라 '페품'으로 소리 나는 경우가 있더라도 본음대로 적어야 한다. 따라서 '폐품'이 바른 표기이다.

왜 답이 아니지? ① '혜택'은 '헤택'으로 소리 나는 경우가 있더라도 제8항에 따라 '혜'로 적어야 한다.

② '핑계'는 '핑게'로 소리 나는 경우가 있더라도 제8항에 따라 '계'로 적어야 한다.

④ '사례'는 '사레'로 소리 나는 경우가 있더라도 제8항에 따라 '례'로 적어야 한다.

⑤ '계시다'는 '게시다'로 소리 나는 경우가 있더라도 제8항에 따라 '계'로 적어야 한다.

34
답 ⑤

이게 정답! '신여성'은 '신+여성'으로 이루어진 단어로, [신녀성]으로 소리 난다. 즉, 뒷말의 첫소리가 'ㄴ' 소리로 나지만 두음 법칙에 따라 '신여성'으로 표기하므로, 〈보기〉의 사례로 적절하다.

왜 답이 아니지? ① '연세'는 원래 '년세'이지만 '연세'로 적는다. 뒷말의 첫소리가 'ㄴ' 소리로 나지 않으므로 〈보기〉의 규정과 다른 두음 법칙이 적용된 것이다.

② '이발'은 원래 '리발'이지만 '이발'로 적는다. 뒷말의 첫소리가 'ㄴ' 소리로 나지 않으므로 〈보기〉의 규정과 다른 두음 법칙이 적용된 것이다.

③ '양심'은 원래 '량심'이지만 '양심'으로 적는다. 뒷말의 첫소리가 'ㄴ' 소리로 나지 않으므로 〈보기〉의 규정과 다른 두음 법칙이 적용된 것이다.

④ '광한루'는 '루'가 단어 첫머리에 온 것이 아니므로 원음대로 적으며, 〈보기〉의 규정과는 관련이 없다.

35
답 ①

이게 정답! 모음이나 'ㄴ' 받침 뒤에 이어지는 '렬, 률'은 '열, 율'로 적어야 한다. '할인률'에서 '할인'의 '인'이 'ㄴ' 받침이므로 '할인율'로 적어야 한다.

왜 답이 아니지? ②~⑤ 자음 받침 뒤에 이어지는 '률'은 '률'로 적어야 하므로 '취업률', '경쟁률', '성공률', '입학률'이 바른 표기이다.

(2) 한글 맞춤법 ②

개념 쏙쏙! 내신 쑥쑥! 🐝
| 본문 81쪽 |

01 ○ 02 × 03 어간, 어미 04 원형 05 이요 06 ③ 07 ③
08 ○ 09 × 10 어간 11 꿀꿀이 12 ⑤ 13 ② 14 ④ 15 ②
16 아랫마을 17 할∨수∨있다 18 집∨한∨채를 19 아침∨겸∨점심으로 20 ⑤ 21 ⑤ 22 깨끗이 23 놓을걸 24 재미있던데
25 걸음 26 ○ 27 × 28 × 29 ② 30 ③ 31 ① 32 ④
33 솔직이 → 솔직히, 줄께 → 줄게, 부친 → 붙인

02

이게 정답! 두 개의 용언이 어울려 한 개의 용언이 될 적에, 앞말의 본뜻이 유지되고 있는 것은 그 원형을 밝히어 적고, 그 본뜻에서 멀어진 것은 밝히어 적지 아니한다.

06 (수능형) 답 ③

이게 정답! '사라지다'는 '살다'와 '지다'가 합쳐진 단어로, '살아지다'가 아니라 '사라지다'로 적는다. '사라지다'는 '현상이나 물체의 자취 따위가 없어지다.'라는 뜻으로, 앞말의 본뜻이 유지되지 않고 본뜻에서 멀어졌으므로 원형을 밝혀 적지 않는다.

왜 답이 아니지? ① '들어가다'는 '들다'와 '가다'가 합쳐진 것으로, 앞말인 '들다'의 본뜻인 '밖에서 속이나 안으로 향해 가거나 오거나 하다.'라는 의미가 유지되고 있으므로 원형을 밝혀 적는다.

② '늘어나다'는 '늘다'와 '나다'가 합쳐진 것으로, 앞말인 '늘다'의 본뜻인 '물체의 길이나 넓이, 부피 따위가 본디보다 커지다.'라는 의미가 유지되고 있으므로 원형을 밝혀 적는다.

④ '떨어지다'는 '떨다'와 '지다'가 합쳐진 것으로, 앞말인 '떨다'의 본뜻인 '달려 있거나 붙어 있는 것을 쳐서 떼어 내다.'라는 의미가 유지되고 있으므로 원형을 밝혀 적는다.

⑤ '틀어지다'는 '틀다'와 '지다'가 합쳐진 것으로, 앞말인 '틀다'의 본뜻인 '방향이 꼬이게 돌리다.'라는 의미가 유지되고 있으므로 원형을 밝혀 적는다.

07 답 ③

이게 정답! 종결형에서 사용되는 어미 '-오'는 '요'로 소리 나는 경우가 있더라도 그 원형을 밝혀 '오'로 적는다. ③ '너무 늦은 것 아니요?'에는 종결 어미가 사용되어야 하므로 '아니오'로 써야 한다.

왜 답이 아니지? ①, ② 종결형에서 사용되는 어미 '-오'의 원형을 밝혀 '오'로 적고 있으므로 적절하다.

④, ⑤ 연결형에서 사용되는 '이요'를 '이요'로 적고 있으므로 적절하다.

12 답 ⑤

이게 정답! '많이'는 '많다'의 어간 '많-'에 '-이'가 붙어서 부사가 된 것이므로 〈보기〉의 규정에 해당하지 않는다.

왜 답이 아니지? ① '앎'은 '알다'의 어간 '알-'에 '-ㅁ'이 붙어서 명사로 된 것으로, 어간의 원형인 '알-'을 밝히어 적은 것이다.

② '묶음'은 '묶다'의 어간 '묶-'에 '-음'이 붙어서 명사로 된 것으로, 어간의 원형인 '묶-'을 밝히어 적은 것이다.

③ '먹이'는 '먹다'의 어간 '먹-'에 '-이'가 붙어서 명사로 된 것으로, 어간의 원형인 '먹-'을 밝히어 적은 것이다.

④ '길이'는 '길다'의 어간 '길-'에 '-이'가 붙어서 명사로 된 것으로, 어간의 원형인 '길-'을 밝히어 적은 것이다.

13 답 ②

이게 정답! '오뚜기'는 어근이 '오뚝'이며 '-하다'가 붙는 어근에 '-이'가 붙어서 명사가 되었으므로 원형을 밝혀 적어야 한다. 즉, '오뚜기'가 아니라 '오뚝이'가 바른 표기이다.

왜 답이 아니지? ① '살살이'는 '살살'에 '-이'가 붙어서 된 명사로 '살살'이라는 어근의 원형을 밝혀 적었으므로 올바른 표기이다.

③ '삐죽이'는 '삐죽'에 '-이'가 붙어서 된 명사로 '삐죽'이라는 어근의 원형을 밝혀 적었으므로 올바른 표기이다.

④ '홀쭉이'는 '홀쭉'에 '-이'가 붙어서 된 명사로 '홀쭉'이라는 어근의 원형을 밝혀 적었으므로 올바른 표기이다.

⑤ '깔쭉이'는 '깔쭉'에 '-이'가 붙어서 된 명사로 '깔쭉'이라는 어근의 원형을 밝혀 적었으므로 올바른 표기이다.

14 (수능형) 답 ④

이게 정답! '여닫이'는 '열- + 닫- + -이'가 결합한 단어로, '닫-'의 'ㄷ'은 원래 어간의 받침이다. 끝소리가 'ㄹ'인 말과 딴 말이 어울릴 적에 'ㄹ' 소리가 'ㄷ' 소리로 나는 것이 아니므로 〈보기〉의 한글 맞춤법 규정이 적용된 것이 아니다. 참고로, '여-'는 끝소리가 'ㄹ'인 말이 딴 말과 어울릴 때 'ㄹ' 소리가 나지 않는 경우에 해당한다.

왜 답이 아니지? ①, ②, ③, ⑤ '섣달'은 '설 + 달', '사흗날'은 '사흘 + 날', '이튿날'은 '이틀 + 날', '반짇고리'는 '바느질 + 고리'가 결합한 단어로, 끝소리가 'ㄹ'인 말과 딴 말이 어울릴 적에 'ㄹ' 소리가 'ㄷ' 소리로 나는 것에 해당한다.

15 답 ②

이게 정답! '칫과(歯科)'는 2음절로 된 한자어이다. 따라서 사이시옷을 뺀 '치과'가 올바른 표기이다.

왜 답이 아니지? ① '냇가'는 순우리말로 된 합성어(내 + 가)로, [낻:까/내:까]처럼 뒷말의 첫소리가 된소리로 난다. 따라서 사이시옷을 넣어 '냇가'로 쓰는 것은 적절하다.

③ '뒷일'은 순우리말로 된 합성어(뒤 + 일)로, [뒨:닐]처럼 뒷말의 첫소리 모음 앞에서 'ㄴㄴ' 소리가 덧난다. 따라서 사이시옷을 넣어 '뒷일'로 쓰는 것은 적절하다.

④ '귓병'은 순우리말과 한자어로 된 합성어(귀 + 병)로, [귇뼝/귀뼝]처럼 뒷말의 첫소리가 된소리로 난다. 따라서 사이시옷을 넣어 '귓병'으로 쓰는 것은 적절하다.

⑤ '빗물'은 순우리말로 된 합성어(비 + 물)로, [빈물]처럼 뒷말의 첫소리 'ㅁ' 앞에서 'ㄴ' 소리가 덧난다. 따라서 사이시옷을 넣어 '빗물'로 쓰는 것은 적절하다.

16 (수행평가형)

이게 정답! '아래'와 '마을'은 모두 순우리말이며, 두 말이 어울렸을 때 [아랜마을]처럼 뒷말의 첫소리 'ㅁ' 앞에서 'ㄴ' 소리가 덧난다. 그러므로 사이시옷을 넣어 '아랫마을'로 표기해야 한다.

17

이게 정답! '수'는 어떤 일을 할 만한 능력이나 어떤 일이 일어날 가능성을 뜻하는 의존 명사이므로 '할∨수∨있다'처럼 띄어 써야 한다.

18

이게 정답! '채'는 집을 세는 단위 명사이므로 '집∨한∨채'처럼 띄어 써야 한다.

19

이게 정답! '겸'은 그 명사들이 나타내는 의미를 아울러 지니고 있음을 나타내는 말로 두 말을 이어 주고 있으므로 '아침∨겸∨점심으로'처럼 띄어 써야 한다.

20 답 ⑤

이게 정답! '대로'는 의존 명사이므로, '그녀는 본 대로 들은 대로 이야기를 하였다.'와 같이 띄어 써야 한다. '대로'를 앞말에 붙여 쓰는 것은 '너는 너대로 행동해라.'와 같이 '대로'가 조사로 사용된 경우로, 앞말에 명사와 같은 체언이 와야 한다.

왜 답이 아니지?　① 보조 용언은 띄어 쓰는 것이 원칙이지만 경우에 따라 붙여 쓰는 것도 허용한다. 따라서 본용언 '올'과 보조 용언 '듯하다'를 붙여 쓸 수 있다.
② 앞말에 조사가 붙을 경우 그 뒤에 오는 보조 용언은 띄어 쓴다. 의존 명사 '체' 뒤에 조사 '를'이 붙었으므로 보조 용언 '한다'를 띄어 써야 한다.
③ 단위를 나타내는 명사는 띄어 쓴다. '쾌'는 북어 스무 마리를 묶어서 세는 단위 명사이므로 '한 쾌'처럼 띄어 써야 한다.
④ 두 말을 이어 주거나 열거할 적에 쓰이는 말들은 띄어 쓴다. '등'은 그 밖에도 같은 종류의 것이 더 있음을 나타내는 말로, '서울, 부산, 제주'라는 앞말을 열거하고 있으므로 띄어 써야 한다.

21　답 ⑤
이게 정답!　'떠난지'에서 '지'는 어떤 일이 있었던 때로부터 지금까지의 동안을 나타내는 의존 명사이므로 '떠난 지'처럼 앞말과 띄어 써야 한다. 또한 '오년이'에서 '년'은 단위를 나타내는 명사이므로 '오 년이'처럼 앞말과 띄어 써야 한다.
왜 답이 아니지?　④ '오년 이'에서 '이'는 조사이므로 '년이'처럼 앞말에 붙여 써야 한다.

25
이게 정답!　'거름'은 '식물이 잘 자라도록 땅을 기름지게 하기 위하여 주는 물질'이라는 뜻의 단어이며, '걸음'은 '다리를 움직여 바닥에서 발을 번갈아 떼어 옮기다.'라는 뜻의 '걷다'에 '-음'이 붙은 형태이다. 문맥상 '걷다'가 사용되었음을 알 수 있으므로 '걸음'이 바른 표기이다.

27
이게 정답!　'-(으)ㄹ거나, -(으)ㄹ걸, -(으)ㄹ게, -(으)ㄹ수록'과 같은 어미는 된소리가 아니라 예사소리로 적어야 한다. 따라서 '있을께'가 아니라 '있을게'가 바른 표기이다.

28
이게 정답!　물건이나 일의 내용을 가리지 아니하는 뜻을 나타낼 때에는 '-든지'나 '-든'을, 지난 일을 나타낼 때에는 '-던지'나 '-던'을 사용한다. 따라서 '가던지 말던지'가 아니라 '가든지 말든지'가 바른 표기이다.

29　답 ②
이게 정답!　한글 맞춤법 제51항에서 부사의 끝음절이 '히'로만 나거나 '이'나 '히'로 나는 것은 '-히'로 적는다고 하였다. '꼼꼼히'는 이 경우에 해당하므로 '꼼꼼히'로 적어야 한다.
왜 답이 아니지?　① '고이'는 부사의 끝음절이 분명히 '이'로만 나므로 '고이'로 적어야 한다.
③ '쓸쓸히'는 부사의 끝음절이 '이'나 '히'로 나므로 '쓸쓸히'로 적어야 한다.
④ '극히'는 부사의 끝음절이 '히'로만 나므로 '극히'로 적어야 한다.
⑤ '간편히'는 부사의 끝음절이 '이'나 '히'로 나므로 '간편히'로 적어야 한다.

30　답 ③
이게 정답!　'엄격히'는 부사의 끝음절이 분명히 '히'로만 나므로 '엄격히'로 적어야 한다.
왜 답이 아니지?　① '가까이'는 부사의 끝음절이 분명히 '이'로만 나므로 '가까히'가 아니라 '가까이'로 적어야 한다.
② '일일이'는 부사의 끝음절이 분명히 '이'로만 나므로 '일일히'가 아니라 '일일이'로 적어야 한다.
④ '정확히'는 부사의 끝음절이 분명히 '히'로만 나므로 '정확이'가 아니라 '정확히'로 적어야 한다.
⑤ '느긋이'는 부사의 끝음절이 분명히 '이'로만 나므로 '느긋히'가 아니라 '느긋이'로 적어야 한다.

31　답 ①
이게 정답!　'무엇을 위하여 모든 것을 아낌없이 내놓거나 쓰다.'라는 뜻의 단어는 '바치다'로, 한글 맞춤법에 맞게 표기되었다. '물건의 밑이나 옆 따위에 다른 물체를 대다.'라는 뜻의 '받치다'와 혼동하지 않도록 주의한다.
왜 답이 아니지?　② 지난 일을 나타내는 어미는 '-더라'나 '-던'으로 적어야 한다. 그러므로 '좋든가'가 아니라 '좋던가'로 적어야 한다.
③ '-느라고'는 앞 절의 사태가 뒤 절의 사태에 목적이나 원인이 됨을 나타내는 연결 어미이다. 그러므로 '하느라고'는 '하노라고'로 적어야 한다. '-노라고'는 자기 나름대로 꽤 노력했음을 나타내는 연결 어미이다.
④ '열린 문짝, 뚜껑, 서랍 따위가 도로 제자리로 가 막히다.'라는 뜻의 단어는 '다치다'가 아니라 '닫히다'이다.
⑤ 선택의 의미를 지닌 조사와 어미는 '든지'로 적어야 한다. 그러므로 '뭐던지'가 아니라 '뭐든지'로 적어야 한다.

32　답 ④
이게 정답!　'편지를 보내다'의 의미일 때에는 '편지나 물건 따위를 일정한 수단이나 방법을 써서 상대에게로 보내다.'라는 의미의 '부치다'를 써야 한다. 따라서 '붙였다'가 아니라 '부쳤다'로 적어야 한다.
왜 답이 아니지?　① '맞닿아 떨어지지 않게 하다.'라는 의미의 '붙이다'가 사용된 것이므로 적절한 쓰임이다.
② '불을 일으켜 타게 하다.'라는 뜻의 '붙이다'가 사용된 것이므로 적절한 쓰임이다.
③ '어떤 감정이나 감각을 생기게 하다.'라는 뜻의 '붙이다'가 사용된 것이므로 적절한 쓰임이다.
⑤ '물체와 물체 또는 사람을 서로 바짝 가깝게 하다.'라는 뜻의 '붙이다'가 사용된 것이므로 적절한 쓰임이다.

33　수행평가형
이게 정답!　'솔직히'는 부사의 끝음절이 '이'나 '히'로 나는 것이므로 '솔직이'가 아니라 '솔직히'로 써야 한다. 그리고 어미 '-ㄹ게'는 예사소리로 적어야 하므로 '줄께'가 아니라 '줄게'로 써야 한다. 또한 '메모지를 부친'에서 '부친'은 문맥상 '맞닿아 떨어지지 않게 하다.'라는 의미이므로 '부친'이 아니라 '붙인'으로 써야 한다.

(3) 표준어 규정과 표준 발음법

03

이게 정답! 수컷을 이르는 접두사는 '수–'로 통일하는 것이 원칙이지만, '수캉아지, 수캐, 수컷' 등의 단어에서는 접두사 다음에서 나는 거센소리를 인정하며, '숫양, 숫염소, 숫쥐'의 접두사는 '숫–'으로 한다.

08
답 ④

이게 정답! '숫양, 숫염소, 숫쥐'의 경우 수컷을 이르는 접두사는 '숫–'으로 한다. 따라서 '숫양'이 표준어이다.

왜 답이 아니지? ① '사글세'가 표준어이다.
② '윗니'가 표준어이다.
③ '깡충깡충'이 표준어이다.
⑤ '강낭콩'이 표준어이다.

09
답 ⑤

이게 정답! 표준어 규정 제9항 [붙임 2]에 따르면 기술자에게는 '–장이', 그 외에는 '–쟁이'가 붙는 형태를 표준어로 삼는다. '고집장이'는 기술자가 아니므로, '고집쟁이'가 표준어이다.

왜 답이 아니지? ①, ④ 표준어 규정 제9항 [붙임 2]에 따르면 기술자에게는 '–장이', 그 외에는 '–쟁이'가 붙는 형태를 표준어로 삼는다. 그러므로 '미장이', '소금쟁이'가 표준어이다.
②, ③ 표준어 규정 제8항에 따르면 양성 모음이 음성 모음으로 바뀌어 굳어진 단어는 음성 모음 형태를 표준어로 삼는다. '쌍둥이', '발가숭이'는 양성 모음이 음성 모음으로 바뀌어 굳어진 단어이므로 음성 모음 형태를 표준어로 삼는다.

10   수능형
답 ②

이게 정답! '윗변'은 표준어 규정 제12항의 적용을 받는 단어이므로 바른 표기이다.

왜 답이 아니지? ① '윗돈'은 '본래의 값에 덧붙이는 돈'이란 뜻으로, '아래, 위'의 대립이 없는 단어이므로 '웃돈'으로 써야 한다.
③ '윗쪽'은 '쪽'의 'ㅉ'이 된소리이므로 '다만 1' 규정에 따라 '위쪽'으로 써야 한다.
④ '웃니'는 표준어 규정 제12항의 적용을 받으므로 '윗니'로 써야 한다.
⑤ '웃턱'은 표준어 규정 제12항과 '다만 1' 규정의 적용을 받으므로 '위턱'으로 써야 한다.

11   수행평가형

이게 정답! '어깨에서 팔꿈치까지의 부분'을 뜻하는 말은 '위팔'로, '팔'의 'ㅍ'이 거센소리이므로 '윗팔'이 아니라 '위팔'로 적어야 한다. 된소리나 거센소리 앞에서는 '위–' 형태를 표준어로 삼는다.

12   수행평가형

이게 정답! '맨 겉에 입는 옷'을 의미하는 말은 '아래, 위'의 대립이 있는 단어가 아니므로 '웃옷'으로 적는다. '아래옷'과 반대되는 의미를 갖는 단어는 '윗옷'이다.

16

이게 정답! 자음을 첫소리로 가지고 있는 음절의 'ㅢ'는 [ㅣ]로 발음하므로, '희미'는 [히미]로 발음해야 한다.

17

이게 정답! '예, 례' 이외의 'ㅖ'는 [ㅔ]로도 발음하므로, '계신다'는 [계:신다]와 [게:신다] 모두 올바른 발음이다.

19

이게 정답! 표준 발음법 제5항 '다만 2'에서는 '예, 례' 이외의 'ㅖ'는 [ㅔ]로도 발음한다고 규정하고 있는데, 이는 '예, 례'는 글자 그대로만 발음해야 한다는 것을 의미한다. 그러므로 '차례'는 [차례]로 발음해야 한다.

21
답 ④

이게 정답! '예절'의 '예'는 표준 발음법 제5항에 따라 [ㅖ]의 이중 모음으로만 발음해야 한다.

왜 답이 아니지? ① '다쳐'의 '쳐'는 표준 발음법 제5항 '다만 1'에 따라 [처]로 발음된다. 따라서 이중 모음인 [ㅕ]가 아니라 단모음인 [ㅓ]로 발음한다.
② '우리의'의 '의'는 조사로, 표준 발음법 제5항 '다만 4'에 따라 [ㅔ]로 발음하는 것도 허용된다. 따라서 [ㅢ]와 [ㅔ] 두 가지로 발음할 수 있다.
③ '시계'의 '계'는 표준 발음법 제5항 '다만 2'에 따라 [ㅔ]로도 발음된다. 따라서 [ㅖ]와 [ㅔ] 두 가지로 발음할 수 있다.
⑤ '협의'의 '의'는 표준 발음법 제5항 '다만 4'에 따라 [ㅣ]로도 발음된다. 따라서 [ㅢ]와 [ㅣ] 두 가지로 발음할 수 있다.

22
답 ③

이게 정답! 자음을 첫소리로 가지고 있는 음절의 'ㅢ'는 [ㅣ]로 발음하므로, '희망'은 [히망]으로 발음해야 한다.

왜 답이 아니지? ① 용언의 활용형에 나타나는 '져, 쪄, 쳐'는 이중 모음으로 발음하지 않고 [저, 쩌, 처]로 발음하므로, '가져야'는 [가저야]로 발음해야 한다.
② 단어의 첫음절 이외의 '의'는 [ㅣ]로 발음하는 것도 허용하므로, '협의'의 표준 발음으로 [혀븨]와 [혀비] 모두 가능하다.
④ '예, 례' 이외의 'ㅖ'는 [ㅔ]로도 발음하므로, '지혜'의 표준 발음으로 [지혜]와 [지헤] 모두 가능하다.
⑤ 조사 '의'는 [ㅔ]로 발음함도 허용하므로, '우리의'의 표준 발음으로 [우리의]와 [우리에] 모두 가능하다.

23 수행평가형

이게 정답! 〈자료 1〉의 표준 발음법 제5항에 따르면 'ㅢ'는 이중 모음으로 발음하며, 단어의 첫음절에 오는 '의'는 [ㅢ]로 발음해야 하므로 '의지를'은 [의지를]로 발음해야 한다.

24 수행평가형

이게 정답! 〈자료 1〉의 표준 발음법 제5항 '다만 3'에 따르면 자음을 첫소리로 가지고 있는 음절의 'ㅢ'는 [ㅣ]로 발음하므로, '띄우려고는 [띠우려고]로 발음해야 한다.

25 수능형   답 ⑤

이게 정답! 'ㅢ'는 이중 모음으로 발음하는 것이 원칙이지만, 조사로 쓰일 경우에는 단모음 [ㅔ]로, 단어에서 첫음절이 아닐 경우에는 단모음 [ㅣ]로 발음하는 것도 허용한다. 'ⓐ의사 ⓑ의 호ⓒ의'에서 ⓑ '의'는 관형격 조사이므로 단모음 [에]로 발음하는 것이 허용되고, ⓒ '의'는 첫음절이 아니므로 단모음 [이]로 발음하는 것이 허용된다. 즉, ⓑ의 표준 발음은 [의]와 [에], ⓒ의 표준 발음은 [의]와 [이]이므로, 단모음으로 발음될 때 동일한 소리로 발음되지 않음을 알 수 있다.

왜 답이 아니지? ① 이중 모음 'ㅢ'가 단어의 첫음절에 오면 이중 모음으로 발음해야 한다. ⓐ '의'는 단어의 첫음절에 온 이중 모음이므로, 입술 모양이나 혀의 위치가 바뀌면서 발음된다.

② ⓑ '의'는 이중 모음 [의]로 발음하는 것이 원칙이지만, 관형격 조사이므로 단모음 [에]로 발음하는 것도 허용된다.

③ ⓒ '의'는 이중 모음 [의]로 발음하는 것이 원칙이지만, 단어의 첫음절에 온 것이 아니므로 단모음 [이]로 발음하는 것도 허용된다.

④ ⓐ '의'는 단어의 첫음절에 온 이중 모음이므로 [의]로만 발음해야 하지만, ⓑ '의'는 관형격 조사이므로 [에]로 발음하는 것도 가능하다. 따라서 ⓐ과 ⓑ의 'ㅢ'는 서로 다른 소리로 발음할 수도 있다.

26 수행평가형

이게 정답! 표준 발음법 제5항에 따라 'ㅢ'는 이중 모음으로 발음하며, '다만 4'에 따라 단어의 첫음절 이외의 '의'는 [ㅣ]로, 조사 '의'는 [ㅔ]로 발음함도 허용한다. 이 3개의 규정을 〈보기〉에 적용하면 네 가지의 표준 발음이 허용된다.

28

이게 정답! 겹받침 'ㄳ', 'ㄵ', 'ㄼ, ㄽ, ㄾ', 'ㅄ'은 어말 또는 자음 앞에서 각각 [ㄱ, ㄴ, ㄹ, ㅂ]으로 발음하지만, '밟-'은 자음 앞에서 [밥]으로 발음하고, '넓-'은 '넓죽하다', '넓둥글다'의 경우에 [넙쭈카다], [넙뚱글다]로 발음한다.

33   답 ①

이게 정답! '피읖'은 [피읍]으로 소리 나므로, 받침소리가 'ㅂ'이다.

왜 답이 아니지? ②~⑤ '웃다'는 [욷:따], '젖소'는 [전쏘], '믿다'는 [믿따], '바깥'은 [바깓]으로 소리 나므로, 받침소리가 모두 [ㄷ]이다.

34   답 ②

이게 정답! 겹받침 'ㄺ'은 어말 또는 자음 앞에서 [ㄱ]으로 발음하는데, 용언의 어간 말음 'ㄺ'은 'ㄱ' 앞에서 [ㄹ]로 발음한다. '묽게'는

용언 '묽다'의 어간 '묽-'에 'ㄱ'으로 시작하는 어미가 결합한 것이므로 [물께]로 발음된다.

왜 답이 아니지? ①, ③, ④, ⑤ 겹받침 'ㄺ'은 어말 또는 자음 앞에서 [ㄱ]으로 발음하므로 [막따], [묵찌], [막떤], [막찌]로 발음된다.

35   답 ⑤

이게 정답! 겹받침 'ㄼ'은 어말 또는 자음 앞에서 [ㄹ]로 발음하므로, '여덟'은 [여덜]로 발음해야 한다.

왜 답이 아니지? ① 겹받침 'ㄵ'은 어말 또는 자음 앞에서 [ㄴ]으로 발음하므로, '앉다'는 [안따]로 발음해야 한다.

② 겹받침 'ㅄ'은 어말 또는 자음 앞에서 [ㅂ]으로 발음하므로 '없다'는 [업:따]로 발음해야 한다.

③ 겹받침 'ㄽ'은 어말 또는 자음 앞에서 [ㄹ]로 발음하므로, '외곬'은 [외골] 또는 [웨골]로 발음해야 한다.

④ 겹받침 'ㄾ'은 어말 또는 자음 앞에서 [ㄹ]로 발음하므로, '핥다'는 [할따]로 발음해야 한다.

36 수능형   답 ②

이게 정답! 〈보기〉에 의하면, 겹받침 'ㄺ'은 [ㅁ]으로 발음한다. 그러므로 '닮고'는 [담:꼬]로 발음해야 한다.

왜 답이 아니지? ① 〈보기〉에 의하면, 겹받침 'ㄼ'은 [ㄹ]로 발음한다. 그러므로 '넓고'는 [널꼬]로 발음해야 한다.

③ 〈보기〉에 의하면, 용언의 어간 말음 'ㄺ'은 'ㄱ' 앞에서 [ㄹ]로 발음한다. 그러므로 '묽고'는 [물꼬]로 발음해야 한다.

④ 〈보기〉에 의하면, 겹받침 'ㄿ'은 [ㅂ]으로 발음한다. 그러므로 '읊고'는 [읍꼬]로 발음해야 한다.

⑤ 〈보기〉에 의하면, 겹받침 'ㄾ'은 [ㄹ]로 발음한다. 그러므로 '훑고'는 [훌꼬]로 발음해야 한다.

37~38 수행평가형

이게 정답! 겹받침 'ㄼ'은 어말 또는 자음 앞에서 [ㄹ]로 발음하지만, '넓죽하다'와 '넓둥글다'의 경우에는 [넙쭈카다], [넙뚱글다]처럼 [넙]으로 발음한다.

39 수능형   답 ①

이게 정답! '옷에'가 [오세]로 발음되는 데 비해 '옷 안'은 [오단]으로 발음되는 것에 대하여, 제시된 '활동'에서는 자음으로 끝나는 말 뒤에 모음으로 시작하는 형식 형태소가 올 때는 앞 음절의 받침을 그대로 뒤 음절의 첫소리로 옮겨 발음하지만, 실질 형태소가 올 때는 앞 음절의 받침을 대표음으로 바꾸어서 뒤 음절의 첫소리로 옮겨 발음한다고 하였다. 그러므로 '옷 안'이 [오단]으로 발음되는 이유는 '옷 안'의 '안'이 형식 형태소인 '에'와 달리 '실질 형태소(ⓐ)'이므로 'ㅅ'이 대표음 'ㄷ'으로 바뀌어 연음되었기 때문이다. 이와 마찬가지로 '숲 위'는 '위'가 실질 형태소이므로, 'ㅍ'이 대표음 'ㅂ'으로 바뀐 후 연음되어 [수뷔](ⓑ)로 발음될 것이다.

42

이게 정답! 겹받침이 모음으로 시작된 조사나 어미, 접미사와 결합되는 경우에는, 뒤엣것만을 뒤 음절 첫소리로 옮겨 발음하되, 'ㅅ'은 된소리로 발음한다. 그러므로 '값을'은 [갑쓸]로 발음해야 한다.

47 답 ④

이게 정답! 'ㅎ(ㄶ, ㅀ)' 뒤에 'ㅅ'이 결합되는 경우에는 'ㅅ'을 [ㅆ]으로 발음하므로, '닳소'는 [다:쏘]로 발음해야 한다.

왜 답이 아니지? ①, ② 'ㅎ' 뒤에 'ㄷ'이 결합되는 경우에는, 뒤 음절 첫소리와 합쳐서 [ㅌ]으로 발음하므로, [조:턴], [안턴]이 올바른 발음이다.

③ 'ㅎ(ㄶ, ㅀ)' 뒤에 'ㅈ'이 결합되는 경우에는, 뒤 음절 첫소리와 합쳐서 [ㅊ]으로 발음하므로, [달치]가 올바른 발음이다.

⑤ 'ㅎ(ㄶ, ㅀ)' 뒤에 'ㄱ'이 결합되는 경우에는, 뒤 음절 첫소리와 합쳐서 [ㅋ]으로 발음하므로, [노코]가 올바른 발음이다.

48 수능형 답 ①

이게 정답! 겹받침이 모음으로 시작된 조사나 어미, 접미사와 결합되는 경우에는, 뒤엣것만을 뒤 음절 첫소리로 옮겨 발음하므로 '닭이'는 [달기]로 발음해야 한다.

49 답 ②

이게 정답! 홑받침이나 쌍받침이 모음으로 시작된 조사나 어미, 접미사와 결합되는 경우에는, 제 음가대로 뒤 음절 첫소리로 옮겨 발음한다. '밭에'는 '밭' 뒤에 '에'라는 조사가 결합한 것이므로, 제 음가대로 뒤 음절 첫소리로 옮겨 [바테]로 발음해야 한다.

50 답 ①

이게 정답! 홑받침이나 쌍받침이 모음으로 시작된 조사나 어미, 접미사와 결합되는 경우에는, 제 음가대로 뒤 음절 첫소리로 옮겨 발음한다. 그러므로 '꽃을'은 [꼬츨]로 발음해야 한다.

왜 답이 아니지? ② 'ㅎ' 뒤에 'ㄱ'이 결합되는 경우에는, 뒤 음절 첫소리와 합쳐서 [ㅋ]으로 발음하므로, [노코]가 올바른 발음이다.

③ 겹받침이 모음으로 시작된 조사나 어미, 접미사와 결합되는 경우에는, 뒤엣것만을 뒤 음절 첫소리로 옮겨 발음하되, 'ㅅ'은 된소리로 발음하므로 [업:써]가 올바른 발음이다.

④ 받침 뒤에 모음 'ㅏ, ㅓ, ㅗ, ㅜ, ㅟ'들로 시작되는 실질 형태소가 연결되는 경우에는, 대표음으로 바꾸어서 뒤 음절 첫소리로 옮겨 발음한다. 이 조항에 따를 경우 [머딛따]가 올바른 발음이지만 현실 발음에서 [머싣따]가 많이 나타나므로 이것도 표준 발음으로 인정하고 있다.

⑤ 'ㅎ' 뒤에 'ㄴ'이 결합되는 경우에는 [ㄴ]으로 발음하므로 [단:는]이 올바른 발음이다.

51~52 수행평가형

이게 정답! 받침 뒤에 모음 'ㅏ, ㅓ, ㅗ, ㅜ, ㅟ'들로 시작되는 실질 형태소가 연결되는 경우에는, 대표음으로 바꾸어서 뒤 음절 첫소리로 옮겨 발음한다. 이 조항에 따라 '맛없다'에서 '맛'의 받침을 대표음으로 바꾸면 [맏]이 되고, '헛웃음'에서 '헛'의 받침을 대표음으로 바꾸면 [헌]이 된다. 이것을 뒤에 오는 실질 형태소인 '없다'와 '웃음'에 연음하면 각각 [마덥따]와 [허두슴]으로 발음된다.

55 답

이게 정답! 받침 'ㅂ' 뒤에 연결되는 'ㄱ, ㄷ, ㅂ, ㅅ, ㅈ'은 된소리로 발음하므로, [엽찝]이 올바른 발음이다.

56 답

이게 정답! 한자어에서, 'ㄹ' 받침 뒤에 연결되는 'ㄷ, ㅅ, ㅈ'은 된소리로 발음하므로, [갈쫑]이 올바른 발음이다.

60 답 ⑤

이게 정답! 관형사형 '-(으)ㄹ' 뒤에 연결되는 'ㄱ, ㄷ, ㅂ, ㅅ, ㅈ'은 된소리로 발음하므로, '만날 사람'은 [만날싸:람]으로 발음해야 한다.

61 수능형 답 ①

이게 정답! 〈보기〉에 의하면 받침 'ㄱ(ㄲ, ㅋ, ㄳ, ㄺ), ㄷ(ㅅ, ㅆ, ㅈ, ㅊ, ㅌ, ㅎ), ㅂ(ㅍ, ㄼ, ㄿ, ㅄ)'은 'ㄴ, ㅁ' 앞에서 [ㅇ, ㄴ, ㅁ]으로 발음한다. '국물'은 '국'의 받침 'ㄱ'이 '물'의 'ㅁ' 앞에 있으므로 [ㅇ]으로 발음한다. 즉, '국물'의 표준 발음은 [궁물]이므로, ㉠에 추가할 수 있는 단어로 적절하다.

왜 답이 아니지? ② '먹이'는 '먹'의 받침 'ㄱ'이 'ㄴ, ㅁ' 앞에 있지 않다. ③, ④, ⑤ '밤낮', '손재주', '가을걷이'는 모두 〈보기〉의 음운 환경인 받침 'ㄱ(ㄲ, ㅋ, ㄳ, ㄺ), ㄷ(ㅅ, ㅆ, ㅈ, ㅊ, ㅌ, ㅎ), ㅂ(ㅍ, ㄼ, ㄿ, ㅄ)'이 'ㄴ, ㅁ' 앞에 오는 것과 관련이 없다.

62 수능형 답 ②

이게 정답! 표준 발음법 제23항은 받침 'ㄱ(ㄲ, ㅋ, ㄳ, ㄺ), ㄷ(ㅅ, ㅆ, ㅈ, ㅊ, ㅌ), ㅂ(ㅍ, ㄼ, ㄿ, ㅄ)' 뒤에 연결되는 'ㄱ, ㄷ, ㅂ, ㅅ, ㅈ'은 된소리로 발음한다는 것이다. 이에 해당하는 것은 ② '막대', ③ '밥그릇', ⑤ '옷고름'이다. 그리고 표준 발음법 제26항은 한자어에서, 'ㄹ' 받침 뒤에 연결되는 'ㄷ, ㅅ, ㅈ'은 된소리로 발음한다는 것이다. 이에 해당하는 것은 ① '결단', ② '발전', ④ '일식'이다.

따라서 표준 발음법 제23항과 제26항에 해당하는 단어들이 적절하게 연결된 것은 '막대'와 '발전'이 짝지어진 ②이다.

대단원 완성문제! | 본문 90쪽 |

01 ④　02 ⑤　03 ②　04 ①　05 ⑤　06 ①　07 ④　08 ③　09 ④
10 ③　11 ②　12 ④　13 ⑤　14 ②　15 ⑤　16 ①　17 ㉠ : [그녀의 / 그녀에]　㉡ : [의사]　㉢ : [무늬]　㉣ : [히망]　18 ②　19 ③　20 ②
21 ④　22 ②　23 ③　24 ②　25 ④

---

01 답 ④

이게 정답! '아끼다'를 소리대로 적으면 [아끼다]가 된다. 따라서 '아끼다'는 ㉡이 아니라 ㉠의 규정에 따라 적은 것에 해당한다.

왜 답이 아니지? ①, ③, ⑤ '오빠', '짐꾼', '예쁘다'를 소리대로 적으면 [오빠], [짐꾼], [예쁘다]로 소리와 표기가 같다. 따라서 ㉠의 규정에 따라 적은 것에 해당한다.

② '신라'는 [실라]로 발음되지만 '신라'로 적은 것이므로 ㉡의 규정에 따라 적은 것에 해당한다.

02 수능형 답 ⑤

이게 정답! '오늘 반드시 다 마치도록 해라.'에서 '반드시'는 '틀림없이 꼭'이라는 뜻이다. 그런데 '반드시'의 어근을 '작은 물체, 또는 생각이나 행동 따위가 비뚤어지거나 기울거나 굽지 아니하고 바르다.'라는 뜻의 '반듯하다'와 관련지을 경우, 이 어근 '반듯-'에 '-이'

가 붙어서 '틀림없이 꼭'이라는 뜻을 지닌 말이 되었다고 설명하기는 어렵다. 따라서 '반드시'는 어근의 본뜻이 파악되도록 어법에 맞게 적은 것이 아니라, 표준어를 발음 형태대로 적은 것에 해당함을 알 수 있다.

왜 답이 아니지? ① '지리산은 전라, 충청, 경상도 어름에 있다.'에서 '어름'은 '구역과 구역의 경계점'이라는 뜻으로, 표기하기에 편리하도록 표준어를 소리대로 적은 것이다.

② '썰매를 타고 얼음을 지쳤다.'에서 '얼음'은 '얼다'의 어근 '얼-'에 접미사 '-음'이 붙어 명사가 된 것으로, 의미 파악이 쉽도록 표준어를 어법에 맞게 적은 것이다.

③ '지리산은 전라, 충청, 경상도 어름에 있다.'에서의 '어름'과 '썰매를 타고 얼음을 지쳤다.'에서의 '얼음'은 모두 [어름]으로 소리 나기 때문에, 발음만으로는 그 의미를 구분할 수 없다.

④ '자세를 반듯이 해라.'에서 '반듯이'는 '반듯하다'의 어근 '반듯-'의 본 모양을 밝혀 적었기 때문에 뜻을 쉽게 파악할 수 있다.

03
답 ②

이게 정답! ②는 문장의 각 단어는 띄어 쓴다는 한글 맞춤법 규정에 맞게 쓴 문장이다. '그'는 듣는 이에게 가까이 있거나 듣는 이가 생각하고 있는 대상을 가리킬 때 쓰는 관형사로, 뒤의 '일'을 꾸며 주는 하나의 단어이므로 띄어 써야 한다. 또한 '수'는 어떤 일을 해결하는 방법이나 가능성을 나타내는 의존 명사이므로 앞말과 띄어 써야 한다.

왜 답이 아니지? ① '무서 웠어요'는 하나의 단어이므로 '무서웠어요'처럼 붙여 써야 한다.

③ '못잤어요'에서 '못'은 동사가 나타내는 동작을 할 수 없다거나 상태가 이루어지지 않았다는 부정의 뜻을 나타내는 부사로 하나의 단어이므로 '못 잤어요'처럼 띄어 써야 한다.

④ '진것은'에서 '것'은 일정한 일이나 사실을 나타내는 의존 명사이므로 '진 것은'처럼 띄어 써야 한다.

⑤ '착한사람'에서 '착한'과 '사람'은 각각 뜻을 가진 하나의 단어이므로 띄어 써야 한다.

04
답 ①

이게 정답! '낙지'는 [낙찌]로 소리 나지만, 'ㄱ, ㅂ' 받침 뒤에서 나는 된소리는, 같은 음절이나 비슷한 음절이 겹쳐 나는 경우가 아니면 된소리로 적지 않으므로 '낙찌'가 아니라 '낙지'로 적어야 한다.

왜 답이 아니지? ②, ④, ⑤ 한 단어 안에서 뚜렷한 까닭 없이 나는 된소리는 다음 음절의 첫소리를 된소리로 적는 한글 맞춤법 규정에 따를 때 '살짝', '거꾸로', '소쩍새'는 바른 표기이다.

③ '씩씩'은 한 단어 안에서 뚜렷한 까닭 없이 나는 된소리에 해당하며, 'ㄱ, ㅂ' 받침 뒤에서 같은 음절이 겹쳐 나는 경우이므로 다음 음절의 첫소리를 된소리로 적는다.

05 수능형
답 ⑤

이게 정답! ㄱ은 '체언은 조사와 구별하여 적는 것'이고, ㄴ은 '체언과 조사가 어울려 줄어지는 경우에는 준 대로 적는 것'이다.

ⓐ '무얼'은 대명사인 체언 '무엇'에 목적격 조사 '을'이 결합한 '무엇을'이 줄어진 것이므로, ㄴ에 해당한다.

ⓑ '이건'은 대명사인 체언 '이것'에 보조사 '은'이 결합한 '이것은'이

줄어진 것이므로, ㄴ에 해당한다.

ⓒ '너희'는 대명사인 체언 '너희'가 단독으로 쓰인 것이므로, ㄱ과 ㄴ 어디에도 해당하지 않는다.

ⓓ '여기에'는 대명사인 체언 '여기'에 부사격 조사 '에'가 결합한 것이므로, ㄱ에 해당한다.

ⓔ '그게'는 대명사인 체언 '그것'에 주격 주사 '이'가 결합한 '그것이'가 줄어진 것이므로, ㄴ에 해당한다.

따라서 맞춤법 규정이 바르게 연결된 것은 ⓔ와 ㄴ이 짝지어진 ⑤이다.

06
답 ①

이게 정답! 한자음 '라, 려, 례, 료, 류, 리'가 단어의 첫머리에 올 적에는 두음 법칙에 따라 '야, 여, 예, 요, 유, 이'로 적지만, [붙임 1]에 따라 단어의 첫머리 이외의 경우에는 본음대로 적는다. 따라서 '사례(謝禮)'가 바른 표기이다.

왜 답이 아니지? ②, ③ 한자음 '라, 려, 례, 료, 류, 리'가 단어의 첫머리에 올 적에는 두음 법칙에 따라 '야, 여, 예, 요, 유, 이'로 적으므로 '역사(歷史)', '예의(禮義)'가 바른 표기이다.

④, ⑤ 모음이나 'ㄴ' 받침 뒤에 이어지는 '렬, 률'에 해당하지 않으므로 '취업률(就業率)', '경쟁률(競爭率)'이 바른 표기이다.

07 수능형
답 ④

이게 정답! ② '높이'의 어근 '높-'은 접사 '-하다'나 '-거리다'가 붙는 어근이 아니므로, 한글 맞춤법 제23항을 적용해 '노피'를 '높이'로 정정하는 것은 적절하지 않다. '높이'는 '높다'의 어근 '높-'에 접사 '-이'가 결합하여 만들어진 명사이므로, 한글 맞춤법 제19항을 적용하여 '노피'를 어간의 원형을 밝힌 '높이'로 정정하는 것이 적절하다.

왜 답이 아니지? ① '돌아가다'는 앞말인 '돌다'와 뒷말인 '가다'가 결합한 합성 동사로, 앞말인 '돌다'의 본뜻이 유지되고 있다. 그러므로 한글 맞춤법 제15항 [붙임 1]을 적용하여 그 원형을 밝혀 '도라가다'를 '돌아가다'로 정정하는 것은 적절하다.

② '드러나다'는 두 개의 용언이 어울려 한 개의 용언이 될 적에 앞말이 본뜻에서 멀어진 합성 동사이다. 그러므로 한글 맞춤법 제15항 [붙임 1]을 적용하여 그 원형을 밝히어 적지 않고 '드러났다'로 표기한 것은 적절하다.

③ '얼음'은 '얼다'의 어근 '얼-'에 접미사 '-음'이 결합해 만들어진 명사이다. 그러므로 한글 맞춤법 제19항을 적용하여 어간의 원형을 밝혀 '얼음'으로 표기한 것은 적절하다.

⑤ '홀쭉이'는 어근 '홀쭉-'에 접미사 '-이'가 결합해 만들어진 명사로, 어근 '홀쭉-'에 접미사 '-하다'가 결합할 수 있다. 그러므로 한글 맞춤법 제23항을 적용하여 '홀쭈기'를 원형을 밝혀 '홀쭉이'로 정정하는 것은 적절하다.

08 수능형
답 ③

이게 정답! '격차가 벌어지다.'에서 '벌어지다'로 적는 것은, 두 개의 용언이 어울려 한 개의 용언이 될 적에, 앞말의 본뜻이 유지되고 있는 것은 그 원형을 밝히어 적는다는 규정에 따른 것이다. 반면 ⓑ의 '사라지다'는 두 개의 용언이 어울려 한 개의 용언이 될 적에, 앞말이 본뜻에서 멀어진 것은 그 원형을 밝히어 적지 않는다는

규정에 따른 것이다. 즉, '벌어지다'는 앞말 '벌다'의 본뜻이 유지되고 있으나, '사라지다'는 앞말 '살다'가 본뜻에서 멀어진 경우이므로, 두 단어에 적용된 규정은 동일하지 않다.

왜 답이 아니지? ① 용언의 어간과 어미를 구별하여 적는 것은, 어간이 표시하는 의미와 어미가 표시하는 의미가 쉽게 파악될 수 있도록 하기 위한 것이다.

② '고개를 넘어 가다.'에서 '넘어'는, ㉮의 '먹어'를 표기할 때 적용된 규정에 따라 어간과 어미를 구별하여 적은 것이다.

④ '교실로 들어가다.'에서 '들어가다'로 적는 것은, 앞말의 본뜻이 유지되고 있는 것은 원형을 밝히어 적는다는 규정을 따른 것이다. '들어가다'는 '밖에서 속이나 안으로 향해 가거나 오거나 하다.'라는 앞말 '들다'의 본뜻이 유지되고 있는 경우에 해당한다.

⑤ '이것이 당신 것이오?'에서 '것이오'로 적는 것은, 종결형에서 사용되는 어미 '-오'는 '요'로 소리 나는 경우가 있더라도 그 원형을 밝혀 '오'로 적는다는 규정을 따른 것이다. 이는 ㉯에 제시된 '오시오'를 표기할 때 적용된 규정과 동일한 규정이다.

09
답 ⑤

이게 정답! '옆으로 밀어서 열고 닫는 방식. 또는 그런 방식의 문이나 창을 통틀어 이르는 말'은 '미다지'가 아니라 '미닫이'이다. '미닫이'는 어간 '미닫-'에 '-이'가 붙어 명사가 된 것이므로 원형을 밝혀 '미닫이'로 적는다.

10 <수능형>
답 ③

이게 정답! 지문에서 '어법에 맞도록' 한다는 것은 체언에 조사가 붙거나 용언의 어간에 어미가 붙어 소리가 바뀔 때 실질 형태소와 형식 형태소를 구별하여 형태를 밝히어 적는 것이라고 하였다. '수'는 의존 명사이므로 실질 형태소이며, '만'과 '은'은 보조사이므로 형식 형태소이다. 즉, ⓒ에서는 실질 형태소와 형식 형태소의 형태를 밝히어 적고 있음을 알 수 있다.

왜 답이 아니지? ④ '돌아가다'는 '돌다'와 '오다'가 결합한 합성 동사로, 앞말인 '돌다'의 본뜻이 유지되고 있으므로 형태를 밝히어 적은 것이다.

⑤ '쓰러지다'는 '쓸다'의 본뜻이 유지되고 있다고 보기 어렵다. '쓸다'는 '(빗자루가) 잘 쓸어지다'와는 관련이 있지만 '(사람이) 쓰러지다'와는 의미상 거리가 멀기 때문이다. 따라서 앞말이 본뜻에서 멀어진 것으로 보아 형태를 밝히어 적지 않는 것이다.

11 <수능형>
답 ②

이게 정답! '높이'는 용언의 어간 '높-'에 '-이'가 붙어서 부사가 된 것이므로 ㉠이 아니라 ㉡에 해당하는 예이다.

왜 답이 아니지? ① '먹이'는 용언의 어간 '먹-'에 '-이'가 붙어서 명사가 된 것이므로 ㉠의 예로 적절하다.

③ '익히'는 용언의 어간 '익-'에 '-히'가 붙어서 부사가 된 것이므로 ㉡의 예로 적절하다.

④ '고름'은 '곯다/곪다' 등의 어간 '곯-/곪-' 등에 '-음'이 붙어 명사가 된 것으로 볼 수 있다. 그런데 어간의 원형과 달라진 형태로 쓰인 지 오래되었으므로, ㉢의 예로 적절하다.

⑤ '너비'는 '넓다'의 '넓-'에 '-이'가 붙어 명사가 된 것으로, '평면이나 넓은 물체의 가로로 건너지른 거리'라는 뜻이다. 즉, '넓다'의 원

래 뜻에서 멀어졌으므로 원형을 밝히어 적지 않으며 ㉢의 예로 적절하다.

12 <수능형>
답 ④

이게 정답! '먹을 만큼'에서의 '만큼'은 '먹을'이라는 용언의 관형사형 뒤에서 '앞의 내용에 상당한 수량이나 정도'임을 나타내는 의존 명사로 쓰였으므로 앞말과 띄어 쓴다.

왜 답이 아니지? ① '아는대로'에서 '대로'는 '아는'이라는 용언의 관형사형 뒤에서 '어떤 모양이나 상태와 같이'를 뜻하는 의존 명사로 쓰였으므로 앞말과 띄어 써야 한다.

② '약해질대로'에서 '대로'는 '약해질'이라는 용언의 관형사형 뒤에서 '어떤 상태가 매우 심하다는 뜻'을 나타내는 의존 명사로 쓰였으므로 앞말과 띄어 써야 한다.

③ '생각 대로'에서 '대로'는 '생각'이라는 체언 뒤에서 '앞에 오는 말에 근거하거나 달라짐이 없음'을 뜻하는 조사로 쓰였으므로 앞말에 붙여 써야 한다.

⑤ '말 만큼'에서 '만큼'은 '말'이라는 체언 뒤에서 '앞말과 비슷한 정도나 한도'를 뜻하는 조사로 쓰였으므로 앞말에 붙여 써야 한다.

13 <수능형>
답 ⑤

이게 정답! 〈보기〉에서 물건이나 일의 내용을 가리지 아니하는 뜻을 나타내는 조사와 어미는 '(-)든지'로 적는다고 하였다. '무엇이든지 주저하지 말고 시작해 봐.'에서 '-든지'는 일의 내용을 가리지 않는다는 뜻을 나타내므로 '무엇이든지'로 적어야 한다.

왜 답이 아니지? ①, ④ '영화나 보러 가던가.'에서의 '가던가'와 '어찌하던지 간에 나는 신경 안 써.'에서의 '어찌하던지'는 일의 내용을 가리지 않는다는 뜻을 나타내므로 '가든가'와 '어찌하든지'로 적어야 한다. 참고로, 어미 '-든지'와 '-든가'는 서로 같은 뜻이다.

②, ③ '그 사람 말 잘하든데!'에서의 '잘하든데'와 '얼마나 깜짝 놀랐든지 몰라.'에서 '놀랐든지'는 모두 지난 일을 나타내고 있으므로 '잘하던데'와 '놀랐던지'로 적어야 한다.

14
답 ②

이게 정답! 수컷을 이르는 접두사는 '수-'로 통일하므로 '수소'가 바른 표기이다.

왜 답이 아니지? ①, ③ 수컷을 이르는 접두사는 '수-'로 통일하므로 '수놈'과 '수꿩'이 바른 표기이다.

④, ⑤ '수캉아지, 수컷, 수탕나귀, 수평아리'와 같은 단어들은 접두사 다음에서 나는 거센소리를 인정한 것인데, 접두사 '암-'이 결합하는 경우에도 이에 준한다고 하였다. 따라서 '암캉아지'와 '암탕나귀'는 바른 표기이다.

15
답 ⑤

이게 정답! 기술자에게는 '-장이', 그 외에는 '-쟁이'가 붙는 형태를 표준어로 삼는다. '대장장이'는 쇠를 달구어 연장 따위를 만드는 일을 직업으로 하는 사람이라는 뜻이므로 표준어에 해당한다.

왜 답이 아니지? ① '멋쟁이'가 표준어이다.

② '유기장이'가 표준어이다.

③ '구두장이'가 표준어이다.

④ '개구쟁이'가 표준어이다.

16
답 ①

이게 정답! 〈보기〉의 표준 발음법 제5항에 따르면, '예절'은 원칙적으로 [예절]로 발음해야 한다. 그런데 '다만 2'에서 '예, 례' 이외의 'ㅖ'는 [ㅔ]로도 발음한다고 하였다. 즉, '예'는 이중 모음으로만 발음해야 하므로 '예절'은 이 조항과 관계없이 표기된 대로 [예절]로 발음해야 한다.

왜 답이 아니지? ② '의의'는 원칙적으로 [의의]로 발음해야 하지만, '다만 4'에 따라 단어의 첫음절 이외의 '의'는 [ㅣ]로 발음함도 허용되므로 [의이]로도 발음할 수 있다.

③ '예의'는 원칙적으로 [예의]로 발음해야 하지만, '다만 4'에 따라 단어의 첫음절 이외의 '의'는 [ㅣ]로 발음함도 허용되므로 [예이]로도 발음할 수 있다.

④ '주의'는 원칙적으로 [주의]로 발음해야 하지만, '다만 4'에 따라 단어의 첫음절 이외의 '의'는 [ㅣ]로 발음함도 허용되므로 [주이]로도 발음할 수 있다.

⑤ '시계'는 원칙적으로 [시계]로 발음해야 하지만, '다만 2'에 따라 '예, 례' 이외의 'ㅖ'는 [ㅔ]로 발음함도 허용되므로 [시게]로도 발음할 수 있다.

17 수행평가형

이게 정답! ㉠ 'ㅢ'는 이중 모음으로 발음하되, 조사 '의'는 [ㅔ]로 발음함도 허용한다고 하였다. 따라서 '그녀의'는 [그녀의]와 [그녀에] 모두 표준 발음에 해당한다.

㉡ 원칙적으로 'ㅢ'는 이중 모음으로 발음해야 하며, 특히 단어 첫음절의 'ㅢ'는 단모음으로 바꾸어 발음할 수 없다. 따라서 '의사가'는 [의사가]가 표준 발음이다.

㉢, ㉣ 자음을 첫소리로 가지고 있는 음절의 'ㅢ'는 [ㅣ]로 발음해야 한다. 따라서 [무니]와 [히망]이 표준 발음이다.

18
답 ②

이게 정답! 받침소리로는 'ㄱ, ㄴ, ㄷ, ㄹ, ㅁ, ㅂ, ㅇ'의 7개 자음만 발음하므로 '꽃'은 [꼳]으로 발음해야 한다.

19
답 ③

이게 정답! 표준 발음법 제9항에 의하면, 받침 'ㅌ'은 어말 또는 자음 앞에서 대표음 [ㄷ]으로 발음한다. '솥뚜껑'에서 '솥'의 받침 'ㅌ'은 자음 'ㄸ' 앞에 있으므로, '솥뚜껑'의 표준 발음은 [솓뚜껑]이다.

왜 답이 아니지? ①, ②, ④, ⑤ 홑받침이 모음으로 시작된 조사, 어미, 접미사와 결합되는 경우에는, 제 음가대로 뒤 음절 첫소리로 옮겨 발음한다. '밭을', '빛이', '무릎을', '부엌에서'는 모두 모음으로 시작된 조사와 결합된 것이므로, [바틀], [비지], [무르플], [부어케서]가 올바른 발음이다.

20
답 ②

이게 정답! '깎아'는 용언의 어간 '깎-'에 모음으로 시작된 어미 '-아'가 결합한 것이므로 제 음가대로 뒤 음절 첫소리로 옮겨 발음한다. 그러므로 [까까]는 ㉠에 추가할 수 있는 예로 적절하다.

왜 답이 아니지? ① '밭에'는 체언 '밭'에 조사 '에'가 결합한 것이므로 [바테]로 발음해야 한다.

③ '꽃아'는 용언의 어간 '꽃-'에 어미 '-아'가 결합한 것이므로 [꼬

자]로 발음해야 한다.

④ '앞으로'는 체언 '앞'에 조사 '으로'가 결합한 것이므로 [아프로]로 발음해야 한다.

⑤ '덮이다'는 용언의 어간 '덮-'에 접미사 '-이-'가 결합한 것이므로 [더피다]로 발음해야 한다.

21
답 ④

이게 정답! 겹받침 'ㄼ'은 어말 또는 자음 앞에서 [ㄹ]로 발음한다. ④ '참외 여덟 개'에서 겹받침 'ㄼ'은 어말에 있으므로 '여덟'의 표준 발음은 [여덜]이다.

왜 답이 아니지? ① 겹받침 'ㄳ'은 어말 또는 자음 앞에서 [ㄱ]으로 발음한다. '각자의 몫'에서 겹받침 'ㄳ'은 어말에 있으므로 '몫'의 표준 발음은 [목]이다.

② 겹받침 'ㄺ'은 어말 또는 자음 앞에서 [ㄱ]으로 발음한다. '물이 맑다.'에서 겹받침 'ㄺ'은 자음 앞에 있으므로 '맑다'의 표준 발음은 [막따]이다.

③ 겹받침 'ㄻ'은 어말 또는 자음 앞에서 [ㅁ]으로 발음한다. '그는 젊다.'에서 겹받침 'ㄻ'은 자음 앞에 있으므로 '젊다'의 표준 발음은 [점:따]이다.

⑤ 겹받침 'ㄻ'은 어말 또는 자음 앞에서 [ㅁ]으로 발음한다. '상자를 옮겨라.'에서 겹받침 'ㄻ'은 자음 앞에 있으므로 '옮겨라'의 표준 발음은 [옴겨라]이다.

22 수능형
답 ②

이게 정답! '내복약'은 받침이 'ㄱ'인 '내복'에 '이, 야, 여, 요, 유'로 시작되는 말인 '약'이 결합한 것이므로, ⓑ에 따라 'ㄴ' 소리가 첨가되어 [내:복냑]이 된다. 그리고 [내:복냑]에서 '내복'의 받침 'ㄱ'이 [냑]의 'ㄴ' 앞에 있으므로 ⓒ에 따라 [내:봉냑]이 된다.

왜 답이 아니지? ① '눈요기'는 받침이 'ㄴ'인 '눈'에 '이, 야, 여, 요, 유'로 시작되는 말인 '요기'가 결합한 것이므로, ⓑ에 따라 'ㄴ' 소리가 첨가되어 [눈뇨기]가 된다. ⓐ는 홑받침이 모음으로 시작된 조사나 어미, 접미사와 결합되는 경우에 제 음가대로 뒤 음절 첫소리로 옮겨 발음하는 것이므로, '눈요기'를 발음할 때 적용되는 규정이 아니다.

③ '색연필'은 받침이 'ㄱ'인 '색'에 '이, 야, 여, 요, 유'로 시작되는 말인 '연필'이 결합한 것이므로, ⓑ에 따라 'ㄴ' 소리가 첨가되어 [색년필]이 된다. 그리고 [색년필]에서 '색'의 받침 'ㄱ'이 [년필]의 'ㄴ' 앞에 있으므로 ⓒ에 따라 [생년필]이 된다.

④ '들일'은 받침이 'ㄹ'인 '들'에 '이, 야, 여, 요, 유'로 시작되는 말인 '일'이 결합한 것이므로, ⓑ에 따라 'ㄴ' 소리가 첨가되어 [들:닐]이 된다. 그리고 [들:닐]에서 '닐'의 'ㄴ'이 앞말의 받침 'ㄹ'의 영향을 받으므로 ⓓ에 따라 'ㄴ'이 'ㄹ'로 교체되어 [들:릴]이 되는 유음화가 일어난다.

⑤ '칼날'은 '날'의 'ㄴ'이 '칼'의 'ㄹ'의 영향을 받으므로 ⓓ에 따라 'ㄴ'이 'ㄹ'로 교체되어 [칼랄]이 되는 유음화가 일어난다. '날'의 'ㄴ'은 첨가된 것이 아니라 원래부터 있는 것이기 때문에, ⓑ의 'ㄴ' 첨가에 해당하지 않는다.

23 수능형
답 ③

이게 정답! 표준 발음법 제23항에 따라 'ㅂ(ㅍ, ㄼ, ㄿ, ㅄ)' 뒤에 연결되는 'ㄱ, ㄷ, ㅂ, ㅅ, ㅈ'은 된소리로 발음한다. ㉢ '없단다'는

'없-'의 받침 'ㅄ' 뒤에 'ㄷ'이 연결된 것이므로, 'ㄷ'을 된소리 [ㄸ]으로 발음한다. 즉, '없단다'의 표준 발음은 [업ː딴다]이며, '없단다'를 발음할 때 표준 발음법 제14항은 적용되지 않는다.

왜 답이 아니지? ① 표준 발음법 제12항에 의하면, 'ㅎ(ㄶ, ㅀ)' 뒤에 'ㄷ'이 결합되는 경우에는 뒤 음절 첫소리와 합쳐서 [ㅌ]으로 발음한다. ㉠ '많던'은 '많-'의 'ㄶ' 뒤에 'ㄷ'이 결합된 것이므로, '많던'의 표준 발음은 제12항에 따라 [만ː턴]이다.

② 표준 발음법 제14항에 의하면, 겹받침이 모음으로 시작된 조사나 어미, 접미사와 결합되는 경우에는, 뒤엣것만을 뒤 음절 첫소리로 옮겨 발음한다. ㉡ '젊어'는 '젊-' 뒤에 모음으로 시작된 어미 '-어'가 결합한 것이므로, '젊어'의 표준 발음은 제14항에 따라 [절머]이다.

④ 표준 발음법 제9항에 의하면, 받침 'ㅊ'은 어말 또는 자음 앞에서 대표음 [ㄷ]으로 발음한다. ㉣ '꽃'에서 '꽃'의 받침 'ㅊ'은 자음 'ㅊ' 앞에 있으므로, '꽃'의 표준 발음은 제9항에 따라 [꼳]이다.

⑤ 표준 발음법 제9항에 의하면, 받침 'ㅅ'은 어말 또는 자음 앞에서 대표음 [ㄷ]으로 발음한다. ㉥ '웃던'에서 '웃-'의 받침 'ㅅ'은 자음 'ㄷ' 앞에 있으므로, [ㄷ]으로 발음한다. 그리고 제23항에 의하면, 받침 'ㄷ(ㅅ, ㅆ, ㅈ, ㅊ, ㅌ)' 뒤에 연결되는 'ㄱ, ㄷ, ㅂ, ㅅ, ㅈ'은 된소리로 발음한다. ㉥ '웃던'에서도 '웃-'의 받침 'ㅅ'(대표음 [ㄷ]) 뒤에 'ㄷ'이 연결된 것이므로, 뒤에 연결된 'ㄷ'을 된소리 [ㄸ]으로 발음한다. 그러므로 '웃던'의 표준 발음은 제9항, 제23항에 따라 [욷ː떤]이다.

24 수능형 **답** ②

이게 정답! 표준 발음법 제23항에 의하면, 받침 'ㄷ(ㅅ, ㅆ, ㅈ, ㅊ, ㅌ)' 뒤에 연결되는 'ㄱ, ㄷ, ㅂ, ㅅ, ㅈ'은 된소리로 발음한다. ㉡ '뻗대도'는 '뻗-'의 받침 'ㄷ' 뒤에 'ㄷ'이 연결된 것이므로, 뒤에 연결되는 'ㄷ'을 된소리 [ㄸ]으로 발음한다. 그러므로 '뻗대도'의 표준 발음은 [뻗대도]가 아니라 [뻗때도]이다.

왜 답이 아니지? ① 표준 발음법 제23항에 의하면, 받침 'ㄱ(ㄲ, ㅋ, ㄳ, ㄺ)' 뒤에 연결되는 'ㄱ, ㄷ, ㅂ, ㅅ, ㅈ'은 된소리로 발음한다. '국밥'은 '국'의 받침 'ㄱ' 뒤에 'ㅂ'이 연결된 것이므로, 뒤에 연결되는 'ㅂ'을 된소리 [ㅃ]으로 발음한다. 그러므로 '국밥'의 표준 발음은 [국빱]이다.

③ 표준 발음법 제24항에 의하면, 어간 받침 'ㄴ(ㄵ)' 뒤에 결합되는 어미의 첫소리 'ㄱ, ㄷ, ㅅ, ㅈ'은 된소리로 발음한다. '껴안다'는 어간 '껴안-'의 받침 'ㄴ' 뒤에 'ㄷ'으로 시작하는 어미 '-다'가 결합된 것이므로, '껴안다'의 표준 발음은 [껴안따]이다.

④ 표준 발음법 제24항에 의하면, 어간 받침 'ㅁ(ㄻ)' 뒤에 결합되는 어미의 첫소리 'ㄱ, ㄷ, ㅅ, ㅈ'은 된소리로 발음한다. '삼고'는 어간 '삼-'의 받침 'ㅁ' 뒤에 'ㄱ'으로 시작하는 어미 '-고'가 결합된 것이므로, '삼고'의 표준 발음은 [삼ː꼬]이다.

⑤ 표준 발음법 제26항에 의하면, 한자어에서 'ㄹ' 받침 뒤에 연결되는 'ㄷ, ㅅ, ㅈ'은 된소리로 발음한다. 한자어 '갈등(葛藤)'은 '갈'의 받침 'ㄹ' 뒤에 'ㄷ'이 연결된 것이므로, '갈등(葛藤)'의 표준 발음은 [갈뜽]이다. 하지만 한자어 '결과(結果)'는 '결'의 받침 'ㄹ' 뒤에 'ㄱ'이 연결된 것이므로, 여기에는 표준 발음법 제26항이 적용되지 않는다.

25 수능형 **답** ④

이게 정답! '꽃다발'은 제23항에 따라 받침 'ㅊ' 뒤에 연결된 'ㄷ'을 된소리로 발음하므로 [꼳따발]로 발음된다. 또 '젊다'는 제24항에 따라 어간 받침 'ㄻ' 뒤에 결합된 어미의 첫소리 'ㄷ'을 된소리로 발음하므로 [점ː따]로 발음된다.

왜 답이 아니지? ① '빻고'는 받침이 'ㅎ'이므로 〈보기〉와 관련이 없다. '빻고'는 표준 발음법 제12항('ㅎ(ㄶ, ㅀ)' 뒤에 'ㄱ, ㄷ, ㅈ'이 결합되는 경우에는, 뒤 음절 첫소리와 합쳐서 [ㅋ, ㅌ, ㅊ]으로 발음한다.)에 따라 [빠코]로 발음된다. 한편 '닮고'는 제24항에 따라 어간 받침 'ㄻ' 뒤에 결합된 어미의 첫소리 '고'를 된소리로 발음하므로 [담ː꼬]로 발음된다.

② '덮개'는 제23항에 따라 받침 'ㅍ' 뒤에 연결된 'ㄱ'을 된소리로 발음하므로 [덥깨]로 발음된다. 그러나 '꽂고'도 제23항에 따라 받침 'ㅈ' 뒤에 연결된 'ㄱ'을 된소리로 발음하므로 [꼳꼬]로 발음된다.

③ '깎다'는 제23항에 따라 받침 'ㄲ' 뒤에 연결된 'ㄷ'을 된소리로 발음하므로 [깍따]로 발음된다. 그러나 '값지다'도 제23항에 따라 받침 'ㅄ' 뒤에 연결된 'ㅈ'을 된소리로 발음하므로 [갑찌다]로 발음된다.

⑤ '더듬고'는 제24항에 따라 어간 받침 'ㅁ' 뒤에 결합된 어미의 첫소리 'ㄱ'을 된소리로 발음하므로 [더듬꼬]로 발음된다. 그리고 '신다'도 제24항에 따라 어간 받침 'ㄴ' 뒤에 결합된 어미의 첫소리 'ㄷ'을 된소리로 발음하므로 [신ː따]로 발음된다.

❼ 문장의 성분과 짜임

(1) 문장 성분

개념 쏙쏙! 내신 쑥쑥! 🐝

| 본문 98쪽 |

01 × 02 × 03 ○ 04 주어 05 보어 06 서술어 07 목적어
08 ㉠ 09 ㉣ 10 ㉤ 11 ㉢ 12 ③ 13 ⑤ 14 ① 15 ② 16 ③
17 ③ 18 ② 19 ② 20 ③ 21 ③ 22 ④ 23 중학생이, 대학생
이 24 ② 25 목적어와 서술어가 생략되었다. 영수가 라면을 먹어(요).
26 친구의 27 우리 28 새 29 흐르는 30 너무 31 부모님께
32 항상, 단정하게 33 우아 34 명수야 35 추억 36 관형어 37 독
립어 38 부사어 39 ㉠ 40 ㉤ 41 ㉢ 42 ① 43 ③ 44 ④ 45 ③
46 ① 47 ③ 48 이, 두, 헌 49 책 50 ②, ④ 51 ⑤ 52 ⑤ 53 ㉠ :
몹시 ㉤ : 할머니와 54 ⑤ 55 명수야(독립어) 학교가(주어) 끝나면(서
술어) 같이(부사어) 집에(부사어) 가자(서술어)

01

이게 정답! '학교에'는 목적어가 아니라 부사어이다. 목적어는 목적
격 조사 '을/를'이나 보조사가 결합한 형태로 나타난다. '에'는 앞말
이 진행 방향의 부사어임을 나타내는 부사격 조사이다.

02

이게 정답! '물이'는 '되다'의 내용을 보충해 주는 성분이므로 주어
가 아니라 보어이다.

12 답 ③

이게 정답! '다가왔다'는 동사이므로 이 문장은 ㉡ '무엇이 어떠하다
(형용사).'가 아니라 ㉠ '무엇이 어찌하다(동사).'에 해당한다.

13 답 ⑤

이게 정답! '그녀가 모델이다.'는 서술어가 '체언 + 서술격 조사'의
형태로 되어 있으므로 '누가 무엇이다.'의 짜임을 지닌 문장이다.
왜 답이 아니지? 나머지는 모두 형용사가 서술어이므로 '무엇이 어
떠하다'의 짜임을 지닌 문장이다.

14 답 ①

이게 정답! '영희는'은 주어, '접시를'은 목적어, '닦고 말렸다.'는 서
술어이므로 ①은 주성분만으로 이루어진 문장이다.
왜 답이 아니지? ② '쟁반에'는 부사어이다.
③ '지금'은 시간을 나타내는 부사어이다.
④ '상냥한'은 '그녀'를 꾸며 주는 관형어이다.
⑤ '우리나라의'는 '음악'을 꾸며 주는 관형어이다.

15 답 ②

이게 정답! '우리는 학생이 아니다.'에서 서술어는 '아니다'이다. '되
다, 아니다' 앞에 오는 '무엇이'에 해당하는 성분은 보어이다. 그러
므로 '학생이'를 주어로 분석한 것은 적절하지 않다.
왜 답이 아니지? ③ '물만'은 '물'에 다른 것으로부터 제한하여 어느
것을 한정함을 나타내는 보조사 '만'이 붙어서 목적어가 된 것이다.
'만'을, 목적격 조사 '을/를'로 교체해 보면 자연스러움을 알 수 있다.

16 답 ③

이게 정답! ㉠의 '우리를', ㉡의 '잠을', ㉤의 '밥만'이 목적어에 해당
한다. 목적어는 주로 목적격 조사 '을/를'이 붙어 나타나지만, '만,
은, 도' 등의 보조사가 붙어서도 나타날 수 있다.

17 답 ③

이게 정답! 서술어 '먹고 있다'의 대상이 되는 문장 성분이 필요하
므로 '목적어'가 들어가는 것이 알맞다.

18 [수능형] 답 ②

이게 정답! '새가 날아간다.'에서 주격 조사로 '가'가 쓰이고 있는 데
반해, '우리 반이 승리했음이 분명하다.'에서는 주격 조사로 '이'가
쓰이고 있다. 이처럼 주격 조사 '이/가'는 앞말에 받침이 있으면 '이'
를, 받침이 없으면 '가'를 쓴다. 따라서 주격 조사의 형태가 앞말과
관계가 없다는 내용은 적절하지 않다.
왜 답이 아니지? ① ㉠에는 주격 조사 '가'('새가')가 쓰였으나, ㉢
에는 주격 조사가 생략['우리 + (가)]되었다.
③ ㉠에는 주어('새가')가 쓰였으나, ㉤에는 서술어 '먹고'와 '가거
라'의 주어가 생략되었다.
④ ㉡에서는 주어 '영희는'이 문장의 맨 뒤에, ㉢에서는 주어 '우
리'가 문장의 맨 앞에 위치해 있다. 또한 ㉡의 주어 '영희는'은 문장
의 맨 앞에 올 수도 있고, ㉢의 주어 '우리'는 문장의 맨 뒤에 올 수
도 있다.
⑤ ㉢의 주어 '우리'는 한 단어이다. 하지만 ㉣의 전체 문장에서
주어인 '우리 반이 승리했음이'는 명사의 형식을 취하며 안겨 있는
'(명사)절'이다.

> **| 한 형태소의 '이형태' |**
> '이형태'란 형태는 다르지만 기능은 같은 형태소들의 쌍을 말하는데, 형
> 태가 다르게 나타나는 이유는 각 형태소들이 처한 음운 환경이 다르기
> 때문이다. 각각 자음과 모음으로 끝나는 말 뒤에 나타나는 주격 조사 '이'
> 와 '가', 목적격 조사 '을'과 '를' 따위가 있다.

19 [수능형] 답 ②

이게 정답! 주격 조사 '께서'는 주어(주체)가 높임의 대상이어서 붙
은 것으로, 서술어가 필요로 하는 문장 성분과는 상관이 없다.
왜 답이 아니지? ① 주어는 서술어의 주체를 나타내는 말로, '무엇
이 어찌한다/어떠하다'에서 '무엇이'에 해당한다.
③ ㉡에서는 서술어 '했다'의 주어가 문맥상 '나'임이 분명하므로 생
략되었다.
④ ㉢의 주어 '지하철이'에서 '이'는 자음 뒤에 쓰였고, ㉤의 주어 '우
리가'에서 '가'는 모음 뒤에 쓰였다.
⑤ '친척도 서로 만나기'는 명사절로 그것이 포함된 문장의 주어 역
할을 하고 있다.

20 답 ③

이게 정답! '사람은 사람답게 살아야 한다.'에는 목적어가 나타나
있지 않다.
왜 답이 아니지? ④의 '반찬과 밥도'는 뒤에 오는 서술어 '먹고 있구

나'라는 서술의 대상이다. 그러므로 목적어라고 할 수 있다. 목적어는 반드시 목적격 조사 '을/를'이 붙는 것이 아니라 '도' 같은 보조사가 붙기도 한다.

21 수능형 · 답 ③

이게 정답! 목적어는 서술어의 대상이 되는 문장 성분으로, 체언에 목적격 조사(을/를)가 붙거나, 목적격 조사 대신 보조사가 붙어 나타난다. ㉠에서는 서술어 '먹었다'의 대상이 되는 '죽(체언)'에 '을'이 결합된 목적어가 쓰였고, ㉽에서는 서술어 '마실까?'의 대상인 '보리차(체언)'에 '나(보조사)'가 결합된 목적어가 쓰였다. 따라서 ㉠과 ㉽을 보고 목적어가 생략될 수도 있다고 생각하는 것은 적절하지 않다.

왜 답이 아니지? ① ㉠의 목적어 '죽을'은 서술어 '먹었다'의 대상이고, ㉢의 목적어 '나를'은 서술어 '보시고'의 대상이다.

② ㉠의 목적어 '죽을'은 주어 '나는'과 서술어 '먹었다' 사이에 위치하지만, ㉢의 목적어 '나를'은 ㉠과 달리 주어 '어머니께서' 앞에 위치하고 있다. 따라서 문장 안에서 목적어의 자리는 고정적이지 않음을 알 수 있다.

④ ㉠과 달리 ㉽은 목적어가 없는 문장이다. 따라서 목적어가 필요 없는 문장도 있음을 알 수 있다.

⑤ ㉡에서는 목적격 조사로 '을'이, ㉣에서는 '를'이 쓰였다. 따라서 자음 받침 뒤에는 '을'이, 모음 받침 뒤에는 '를'이 쓰이고 있음을 알 수 있다.

22 · 답 ④

이게 정답! 〈보기〉에서는 문장 성분 중 '보어'에 대해 설명하고 있는데, '화가가'는 '되다' 앞에서 뜻을 완전하게 하는 역할을 하므로 보어이다. 이 문장에서 '수재는'은 주어, '화가가'는 보어, '되었다'는 서술어이다.

왜 답이 아니지? ① '기린은 목이 길다.'에서는 '기린은'과 '목이'가 모두 주어에 해당한다.

② '그녀는 손이 크다.'에서는 '그녀는'과 '손이'가 모두 주어에 해당한다.

③ '그는 머리가 하얗다.'에서는 '그는'과 '머리가'가 모두 주어에 해당한다.

⑤ '그 강아지는 발이 빨랐다.'에서는 '강아지는'과 '발이'가 모두 주어에 해당한다.

23 수행평가형

이게 정답! 서술어 '되다, 아니다' 앞에서 뜻을 완전하게 하는 역할을 하는 성분이 보어이다. 따라서 '중학생이'와 '대학생이'가 보어에 해당한다.

24 수능형 · 답 ②

이게 정답! (나)에서 '얼음으로'가 없으면 '물'이 무엇이 되었는지 나타나지 않아 불완전한 문장이 된다. 따라서 '얼음으로'는 서술어 '되다'가 필수적으로 요구하는 성분이다. 이러한 부사어를 '필수적 부사어'라고 한다.

왜 답이 아니지? ① (가)의 '얼음이'는 보어로서 서술어 '되다'가 요구하는 필수적인 성분이다.

③ 서술어 '주다'는 '받는 사람'을 나타내는 문장 성분을 필요로 한

다. 그렇지 않으면 문장의 의미가 분명하지 않기 때문이다. (다)와 (라)에서 '동생'과 '나'는 받는 사람에 해당하므로, '동생에게'와 '나에게'는 서술어 '주다'가 필수적으로 요구하는 부사어이다.

④ '주다'는 주어와 목적어, 그리고 부사어라는 세 개의 문장 성분을 필요로 한다. (다)에서는 '부모님께서', '선물을', '동생에게'가, (라)에서는 '그는', '나에게', '핀잔을'이 서술어 '주다'가 요구하는 문장 성분이다.

⑤ 서술어 '되다'는 주어와 보어(또는 부사어)를 꼭 필요로 하고, 서술어 '주다'는 주어, 목적어, 부사어를 꼭 필요로 한다. 따라서 (가)~(라)를 통해 서술어에 따라 요구하는 문장 성분의 수가 다를 수 있음을 알 수 있다.

> **| 필수적 부사어 |**
> 서술어에 따라 문장에서 필수적으로 요구하는 부사어
> 예 아이가 예쁘게 생겼다.
>   나는 동생을 <u>친구로</u> 삼았다.
>   어머니께서 <u>나에게</u> 심부름을 시키셨다.

25 수행평가형

이게 정답! 〈보기〉의 대답은 라면을 먹는 사람이 '영수'라는 의미이다. 따라서 온전한 문장은 '영수가 라면을 먹어(요).'이고 주어를 제외한 목적어, 서술어가 생략되었다.

42 · 답 ①

이게 정답! '방학이 너무 길다.'에서 '너무'는 '길다'를 꾸며 주는 부사어이다.

왜 답이 아니지? ② '아!'는 화자의 정서를 나타내는 감탄사이다.

③ '맛있게'는 '먹었다'를 꾸며 주는 부사어이다.

④ '기다리던'은 '방학'을 꾸며 주는 관형어이다.

⑤ '목적지에는'은 '도착했다'를 꾸며 주는 부사어이다.

43 · 답 ③

이게 정답! '환하게'는 '빛나는'이라는 용언을 꾸며 주는 부사어이고, '너무'는 '아름답다'라는 용언을 꾸며 주는 부사어이다.

왜 답이 아니지? ① '아주'만 사용되었다.

② '여기에서'만 사용되었다.

④ '인간에게'만 사용되었다.

⑤ '운동장에서'만 사용되었다.

44 · 답 ④

이게 정답! '강물이 졸졸졸 노래를 부르며 흘러간다.'에는 체언을 수식하는 관형어가 사용되지 않았다. '졸졸졸'은 부사어이다.

왜 답이 아니지? ① 체언에 관형격 조사 '의'가 붙은 '우리의'가 관형어이다.

② '우리'가 '마을'을 꾸며 주는 관형어이다. 이처럼 체언이 단독으로 사용된 경우 관형격 조사 '의'가 생략된 것으로 볼 수 있다.

③ '사과나무의'가 '그림자'를 꾸며 주는 관형어이다.

⑤ '환하다'의 활용형인 '환한'과 관형사 '다른'이 관형어이다.

45 · 답 ③

이게 정답! '고양이 인형은 동물이 아니다.'에는 '인형'을 꾸미는 관

형어 '고양이'가 쓰였다. 따라서 사용된 부속 성분은 한 개이다.

왜 답이 아니지? ① '바람처럼'과 '빨리'라는 두 개의 부사어가 사용되었다.

② '매우'와 '천천히'라는 두 개의 부사어가 사용되었다.

④ '멋진'과 '맛있는'이라는 두 개의 관형어가 사용되었다.

⑤ '저기에'는 부사어이고, '작은'은 관형어이므로 모두 두 개의 부속 성분이 사용되었다.

46 수능형 답 ①

이게 정답! 〈보기〉에서 '여러분'은 독립어로서, 다른 문장 성분과는 상관없이 독립적으로 쓰이는 독립 성분이다. 이 문장에서 주어는 '날씨가'이다.

왜 답이 아니지? ② '매우'는 '보통 정도보다 훨씬 더.'라는 뜻의 부사어로, 서술어 '강하다'를 수식한다.

③ '차가운'은 '차갑다'에 관형사형 어미 '-(으)ㄴ'이 붙은 관형어로서, 부속 성분에 해당한다.

④ '의사가'와 같이 '되다' 앞에서 조사 '이/가'와 함께 오는 문장 성분은 보어로서, 문장에서 필수적인 성분에 해당한다.

⑤ 문장에서 '후계자로'를 생략하면, '할아버지는 그를 여긴다.'가 되어 불완전한 문장이 된다. 따라서 '후계자로'는 부사어이지만 문장 형성에 꼭 필요하다. 이처럼 '여기다'는 문장에서 '~을 ~(으)로'와 같은 다른 문장 성분이 필요한 서술어이며, 그중 '~을'은 목적어, '~(으)로'는 필수적 부사어에 해당한다.

47 수능형 답 ③

이게 정답! '선생님께서만'은 '선생님'에 주격 조사 '께서'와 보조사 '만'이 붙어 서술어의 주체임을 나타내므로 주어이다. 주어는 주성분에 해당한다.

왜 답이 아니지? ① '영희가(주어), 학교에(부사어), 간다(서술어)'로 이루어진 문장이므로 부속 성분은 한 개이다.

② '왕은(주어), 용감한(관형어), 기사를(목적어), 언제나(부사어), 믿었다(서술어)'로 이루어진 문장이므로 부속 성분은 두 개이다.

④ '틀림없이(부사어)'는 '그들은 살아서 돌아올 것이다.'라는 문장 전체를 꾸며 주는 기능을 하고 있다.

⑤ '글쎄'는 독립어로서 문장 내 다른 성분과 관련이 없는 독립 성분이다.

48~49 수행평가형

이게 정답! 〈보기〉에서 '이', '두', '헌'은 모두 '책'을 꾸미는 관형어이다. 이처럼 관형어는 중복해서 사용할 수 있다. 이렇게 관형어를 중복하여 사용할 때에는 지시 관형사('이'), 수 관형사('두'), 성상 관형사('헌')의 순서로 쓴다. 또 관형어는 관형어를 수식하지 않고 뒤에 있는 체언을 수식한다.

> **| 관형사의 종류 |**
> ① 지시 관형사 : 특정한 대상을 지시하여 가리키는 관형사
> 예 이, 그, 저, 다른 등
> ② 수 관형사 : 사물의 수나 양을 나타내는 관형사
> 예 두 사람, 세 개
> ③ 성상 관형사 : 사람이나 사물의 모양, 상태, 성질을 나타내는 관형사
> 예 새, 헌, 순 등

50 답 ②, ④

이게 정답! ②의 '설마'는 문장 전체를 꾸미는 문장 부사어이다. ④의 '그러나'는 단어나 문장을 이어 주는 접속 부사로, 접속 부사는 문장 부사에 포함된다.

왜 답이 아니지? ① '삐악삐악'은 의성어로, '노래한다'를 꾸미는 성분 부사어이다.

③ '바로'는 체언 '이곳'을 꾸미는 성분 부사어이다.

⑤ '빠르게'는 '달리는'이라는 용언을 꾸미는 성분 부사어이고, '가장'은 '먼저'를 꾸미는 성분 부사어이다. 또 '먼저'는 '도착하지는'을 꾸미는 성분 부사어이다.

> **| 부사어의 종류 |**
> ① 성분 부사어 : 문장에서 특정한 문장 성분을 꾸며 주는 부사어
> 예 기차가 정말 빠르다.
> ② ・ 문장 부사어 : 문장 전체를 꾸며 주는 부사어. 보통 문장의 맨 앞에 위치함 예 과연 내가 이 일을 할 수 있을까?
> ・ 접속 부사어 : 문장과 문장, 단어와 단어를 이어 주는 부사어
> 예 그리고 학교에 가야 한다.

51 수능형 답 ⑤

이게 정답! ⓐ는 체언이 단독으로 체언 '친구'를 꾸미므로 (2) 유형이다. ⓑ는 '만나다'의 어간 '만나-'와 관형사형 어미 '-ㄴ'이 결합하여 '친구'를 꾸미는 관형어가 되었으므로 (4) 유형이다. ⓒ는 관형사가 곧바로 관형어로 쓰인 (1) 유형이다. ⓓ는 체언 '때'에 관형격 조사 '의'가 결합하여 관형어가 된 (3) 유형이다. ⓔ는 관형사가 곧바로 관형어로 쓰인 (1) 유형이다. 따라서 관형사가 곧바로 관형어로 쓰인 (1) 유형끼리 묶인 ⑤가 정답이다.

52 수능형 답 ⑤

이게 정답! 서술어 '주다'는 '누가, 누구에게, 무엇을'이 필요한 세 자리 서술어이다. 그러므로 '지혜에게'는 서술어 '주다'가 꼭 필요로 하는 필수적 부사어이다. 또 '빌렸다' 또한 '누가, 누구에게, 무엇을'이 필요한 서술어로 '친구에게'는 반드시 필요한 필수적 부사어이다.

왜 답이 아니지? ① '삼촌과'는 삭제해도 문장이 성립되므로 필수적 부사어가 아니지만, '이것과'는 생략하면 안 되는 필수적 부사어이다.

② '잡았다는 잡은 대상인 '멧돼지'가 나타나 있어 '몽둥이로'를 생략해도 문장이 성립되므로 필수적 부사어가 아니다. '삼았다'는 '누가, 무엇을, 무엇으로'를 필요로 하는 서술어이므로, '무엇으로'에 해당하는 필수적 부사어인 '사위로'를 생략하면 문장이 성립되지 않는다.

③ '이탈하다'는 어디로부터 이탈했는지가 있어야 문장이 성립되므로 '궤도에서'는 필수적 부사어이다. 하지만 '공원에서'는 생략해도 문장이 성립되므로 필수적 부사어가 아니다.

④ 서술어 '적합하다'는 '무엇이, 무엇에'를 필요로 하는 서술어로 어디에 적합한지를 밝혀야 한다. 따라서 이에 해당하는 '벼농사에'는 필수적 부사어이다. 하지만 '방문하다'는 '어디에' 또는 '어디를'만 필요한 서술어로 '오후에'를 생략해도 문장이 성립되므로 필수적 부사어가 아니다.

53 수행평가형

이게 정답! '영수는 할머니와 몹시 닮았다.'에서 부사어는 '할머니

와와 '몹시'이다. 그런데 '몹시'는 생략해도 '영수는 할머니와 닮았다.'로 문장이 성립한다. 반면 '할머니와'를 생략하면 '영수는 몹시 닮았다.'로 불완전한 문장이 된다. 따라서 ㉠에는 '몹시', ㉡에는 필수적 부사어인 '할머니와'가 들어가야 한다.

54 수행평가형 　　　　　　　　　　　　　답 ⑤
이게 정답! '다르다', '대하다', '다니다', '여기다'와 함께 쓰인 밑줄 친 부사어들은 모두 생략하면 완전한 문장을 이루지 못하게 된다. 그러나 ⑤의 '학교에서'는 생략해도 문장을 이루는 데 지장이 없다.

55 수행평가형
이게 정답! '명수야'는 '체언+호격 조사'로 된 독립어이고, '학교가'는 주어, '끝나면'은 서술어이다. 그리고 '같이'와 '집에'는 부사어, '가자'는 서술어이다.

(2) 문장의 짜임

개념 쏙쏙! 내신 쑥쑥! 🐝
| 본문 104쪽 |

01 홑　02 겹　03 겹　04 겹　05 겹　06 ③　07 ②　08 ④　09 ×
10 ○　11 ×　12 ×　13 ×　14 대　15 종　16 대　17 대　18 종
19 ⑤　20 대기가 매우 건조하니(건조하므로) 등산객은 산불에 유의하시기 바랍니다. 21 ⑤　22 ②　23 ③　24 하늘이 맑아서 우리는 소풍을 갔다. 25 ②　26 ②　27 성격이 좋다　28 어제 본　29 소리도 없이　30 자기가 물을 가져왔다　31 명사절　32 인용절　33 부사절
34 ⑤　35 어제 소설을 읽었다. 36 ⑤　37 ④　38 서술절을 안은 겹문장(안은문장)이다. 39 ②　40 ⑤　41 ②　42 ⑤　43 ⑤

06 　　　　　　　　　　　　　답 ③
이게 정답! '우리는 어제 학교로 돌아왔다.'는 주어('우리는')와 서술어('돌아왔다')가 한 번만 나타나는 홑문장이다.
왜 답이 아니지? ① 주어 '겨울이'와 '가을이', 서술어 '오면'과 '지나간다'가 나타나 있으므로 겹문장이다.
② 주어 '가랑비가'와 '소리도', 서술어 '내린다'와 '없이'가 나타나 있으므로 겹문장이다.
④ 주어 '엄마는'과 '우리가', 서술어 '모른다'와 '돌아온'이 나타나 있으므로 겹문장이다.
⑤ 주어 '사람은'과 '숲은', 서술어 '심고'와 '만든다'가 나타나 있으므로 겹문장이다.

07 　　　　　　　　　　　　　답 ②
이게 정답! '영수는 성적이 좋은 학생이다.'는 '성적이(주어) 좋은(서술어)'이라는 홑문장을 안은 문장이다.
왜 답이 아니지? ①, ④ 주어와 서술어가 두 번 나타나는 겹문장이지만 두 홑문장이 대등하게 이어져 있으므로 이어진문장이다.
③, ⑤ 주어와 서술어가 한 번만 나타나 있으므로 홑문장이다.

08 　　　　　　　　　　　　　답 ④
이게 정답! '아름다운 꽃이 피었다.'는 ㉣이 ㉢의 서술어 '피었다'가 아니라 '꽃'을 꾸며 주고 있다.

09
이게 정답! 서술어('먹던', '터뜨렸다')가 두 번 나타나므로 겹문장이지만, 두 홑문장(절)을 단순하게 연결해 주는 어미가 없으므로 이어진문장이 아니라 안은문장이다.

10
이게 정답! 종속적 연결 어미 '-면'으로 연결되어 있으므로 종속적으로 이어진 문장이다.

11
이게 정답! 주어('희수는')와 서술어('기다렸다')가 한 번 나타나므로 홑문장이다.

12~13
이게 정답! 용언이 '아름답게', '신나게'와 같이 활용되어 서술어를 꾸미고 있으므로 이어진문장이 아니라 안은문장이다.

15
이게 정답! '-으러'와 같은 종속적 연결 어미로 연결된 이어진문장이다.

18
이게 정답! '-(아/어)서'와 같은 종속적 연결 어미로 연결된 이어진 문장이다.

19 　　　　　　　　　　　　　답 ⑤
이게 정답! '친구가 가장 소중하다는'이라는 절이 관형어처럼 쓰이고 있으므로 안은문장이다.
왜 답이 아니지? ① '-으나'라는 대등적 연결 어미로 이어진 문장이다.
② '-어서'라는 종속적 연결 어미로 이어진 문장이다.
③ '-지만'이라는 대등적 연결 어미로 이어진 문장이다.
④ '-는데'라는 종속적 연결 어미로 이어진 문장이다.

20 수행평가형
이게 정답! 〈자료〉에서 앞 문장은 뒤 문장의 이유가 되는 내용이므로, 이 두 문장은 '-므로, -니' 등과 같은 연결 어미를 활용하여 종속적으로 이어진 문장으로 바꿀 수 있다.

21 수능형 　　　　　　　　　　　　　답 ⑤
이게 정답! ⑤는 '가루는 칠수록 고와진다.'라는 문장과 '말은 할수록 거칠어진다.'라는 문장이 연결 어미 '-고'를 통해 대등하게 이어진 문장이다. 두 문장의 순서를 바꾸어도 의미가 달라지지 않는다.
왜 답이 아니지? ① '-(으)려고'라는 종속적 연결 어미로 이어져 의도의 의미 관계를 갖는다.
② '-아야'라는 종속적 연결 어미로 이어져 조건의 의미 관계를 갖는다.
③ '-으려다'는 '-으려고 하다'가 줄어든 말이므로, 종속적 연결 어미로 이어져 의도의 의미 관계를 지닌다.
④ '-아도'라는 종속적 연결 어미로 이어져 양보의 의미 관계를 갖는다.

22 답 ②

이게 정답! '-고'라는 대등적 연결 어미로 이어진 문장이다.

왜 답이 아니지? ① '-아서'라는 종속적 연결 어미로 이어진 문장이다.
③ '-(으)니'라는 종속적 연결 어미로 이어진 문장이다.
④ '-면'이라는 종속적 연결 어미로 이어진 문장이다.
⑤ '-ㄹ지라도'라는 종속적 연결 어미로 이어진 문장이다.

23 수능형 답 ③

이게 정답! (나)는 앞 문장과 뒤 문장이 '-지만'이라는 연결 어미로 이어진 문장이다. 그러나 (마)는 '두고 가서'의 '-서'라는 연결 어미로 이어진 문장이다. 따라서 종속적으로 이어진 문장에 '-고'라는 연결 어미가 쓰인다는 설명은 적절하지 않다.

왜 답이 아니지? ① (가)는 연결 어미 '-고', (나)는 연결 어미 '-지만'으로 대등하게 이어진 문장이다. (가)는 앞뒤 문장이 '나열'의 의미를, (나)는 앞뒤 문장이 '대조'의 의미를 지닌다.
② (가)는 대등하게 이어진 문장으로 앞 문장과 뒤 문장의 위치를 바꾸어도 의미상 차이가 없으나, (다)는 종속적으로 이어진 문장으로 앞 문장과 뒤 문장의 위치를 바꾸면 문법적으로 잘못된 문장이 된다.
④ (라)에서 두 번째 예시는 첫 번째 예시의 '기분이 좋으면'이 연결 어미 뒤에 이어지는 '산책을 하자' 안으로 이동해서 만들어진 문장으로, 문장의 의미는 큰 변화 없이 그대로 유지되고 있다.
⑤ (바)는 모두 종속적으로 이어진 문장인데, 뒤 문장이 '해라'와 '하자'가 쓰인 명령문이나 청유문일 경우 문법적으로 잘못된 문장이 됨을 알 수 있다.

24 수행평가형

이게 정답! 원인을 나타내는 종속적 연결 어미 '-아/어서'나 '-(으)므로'를 활용하여 두 문장을 연결하면 된다.

25 수능형 답 ②

이게 정답! ㄱ은 '암벽 등반은 재미있고 힘들다.', ㄷ은 '암벽 등반은 재미있지만 힘들다.'처럼 앞 절과 뒤 절의 순서를 바꾸어도 의미에 변화가 생기지 않으므로 대등하게 이어진 문장이다. 반면 ㄴ은 '암벽 등반은 재미있어서 힘들다.'처럼 앞 절과 뒤 절의 순서를 바꾸면 의미에 변화가 생기므로 종속적으로 이어진 문장이다. 따라서 ㄱ, ㄴ, ㄷ이 모두 앞 절과 뒤 절의 순서를 바꾸어도 의미에 변화가 생기지 않는다는 설명은 적절하지 않다.

왜 답이 아니지? ① ㄱ, ㄴ, ㄷ은 '암벽 등반은 힘들다.'와 '암벽 등반은 재미있다.'라는 두 홑문장이 이어진 문장이다.
③ 두 홑문장의 주어가 '암벽 등반은'으로 같으므로, 뒤 절의 주어는 생략 가능하다.

26 답 ②

이게 정답! ②는 '-아서'라는 종속적 연결 어미로 연결된 종속적으로 이어진 문장이다. 나머지는 모두 대등하게 이어진 문장이다.

34 답 ⑤

이게 정답! '호랑이는 죽어서 가죽을 남기고'와 '사람은 죽어서 이름을 남긴다'는 연결 어미 '-고'가 붙어 대등하게 이어진 문장이다. 또

'호랑이는 죽어서'와 '가죽을 남기고', '사람은 죽어서'와 '이름을 남긴다'는 각각 앞 절에 '-어서'가 붙어 종속적으로 이어진 문장이다.

왜 답이 아니지? ① '소리도 없이'라는 부사절을 안은 문장이다.
② '인정이 많으시다'라는 서술절을 안은 문장이다.
③ '철수가 돌아오기'라는 명사절을 안은 문장이다.
④ '그가 준비물을 가져오지 않았다'라는 인용절을 안은 문장이다.

35 수행평가형

이게 정답! 〈자료〉의 예 1)을 참고하면, '2단계'에서는 분리한 문장에 생략된 성분을 채워 넣어야 한다. 따라서 ㉠에는 '어제 읽었다.'에 생략된 목적어인 '소설을'을 채워 넣은 '어제 소설을 읽었다.'가 들어가야 한다.

36 답 ⑤

이게 정답! '나는 손을 내밀어서 햇살에 손을 적셨다.'는 '나는 손을 내밀었다.'와 '나는 햇살에 손을 적셨다.'가 '-어서'라는 연결 어미를 통해 종속적으로 이어진 문장이다.

왜 답이 아니지? ① '시력이 좋다'라는 서술절을 안은 문장이다.
② '그 일을 하기'라는 명사절을 안은 문장이다.
③ '땀이 나게'라는 부사절을 안은 문장이다.
④ '네가 깜짝 놀랄'이라는 관형절을 안은 문장이다.

37 답 ④

이게 정답! '그가 가기'라는, 목적어로 쓰이는 명사절을 안은 문장이므로 ㉣이 아니라 ㉠에 해당한다. '철수는 키가 크다.'와 같은 문장이 서술절을 안은 문장에 해당한다.

왜 답이 아니지? ① '그가 영웅임'이라는 명사절을 안은 문장이다.
② '한 번도 책을 본'이라는 관형절을 안은 문장이다.
③ '누구의 도움도 없이'라는 부사절을 안은 문장이다.
⑤ '여기로 오라'라는 인용절을 안은 문장이다.

38 수행평가형

이게 정답! 안긴 절의 종류를 파악하기 위해서는 우선 서술어를 찾고, 서술절에 생략된 주어가 있을 경우 이를 보충해 준 다음, 그것이 문장에서 어떤 기능을 하도록 변형되었는지 살펴보아야 한다. 다만 서술절은 서술어의 변형 없이 절을 이룬다는 점이 특징이다. '형우네는 언제나 분위기가 좋았다.'에서 '분위기가 좋았다.'는 '주어+서술어' 구조이므로 절이다. 그런데 이 절은 '형우네는'을 주어로 삼아 서술어 구실을 한다. 따라서 〈보기〉는 '분위기가 좋았다'라는 서술절을 안은 겹문장(안은문장)이다.

39 수능형 답 ②

이게 정답! '이가 시리도록'은 원래 '이가 시리다.'라는 문장에 부사형 어미 '-도록'이 결합하여 서술어 '차가웠다'를 수식하기 때문에 부사절로 볼 수 있다.

왜 답이 아니지? ① 밑줄 친 부분은 서술어를 수식하지 않으며, 주격 조사 '가'가 결합하여 체언처럼 쓰이기 때문에 명사절이다.
③ 밑줄 친 부분은 조사 '고'가 붙어 '은기'의 말을 간접 인용한 것이므로 인용절이다.
④ 밑줄 친 부분은 '마음이 따뜻하다.'라는 문장에 관형사형 어미

'-ㄴ'이 결합하여 명사 '사람'을 수식하기 때문에 관형절이다.
⑤ 밑줄 친 부분은 '우리가 어제 돌아왔다.'라는 문장에 관형사형 어미 '-ㄴ'이 결합하여 명사 '사실'을 수식하기 때문에 관형절이다.

40
답 ⑤

이게 정답! ㉠은 '정부가 이런 난국을 잘 수습하기'라는 명사절이 '나는 기대했다.'에 안겨 있는 겹문장이고, ㉡은 '그것이 아주 새 물건임'이라는 명사절이 '우리는 깨달았다.'에 안겨 있는 겹문장이다. ㉠의 문장 성분을 분석해 보면 [주어 + 목적어(주어 + 관형어 + 목적어 + 부사어 + 서술어) + 서술어]이고, ㉡의 문장 성분을 분석해 보면 [주어 + 목적어(주어 + 부사어 + 관형어 + 서술어) + 서술어]이다. 따라서 ㉠의 안긴문장 '정부가 이런 난국을 잘 수습하기'에는 '난국을'이라는 목적어가 있는 반면, ㉡의 안긴문장 '그것이 아주 새 물건임'에는 목적어가 없음을 알 수 있다.

왜 답이 아니지? ① ㉠에는 '이런'이라는 관형어가 있고, ㉡에는 '새'라는 관형어가 있다. 따라서 ㉡에 관형어가 없다는 설명은 적절하지 않다.
② ㉠과 ㉡ 모두 명사절이 안겨 있는 문장이므로, ㉡에 부사절이 안겨 있다는 설명은 적절하지 않다.
③ ㉠과 ㉡의 안긴문장은 모두 목적어로 쓰이고 있으므로, ㉠의 안긴문장이 주어로 쓰였다는 설명은 적절하지 않다.
④ ㉠의 안긴문장 '정부가 이런 난국을 잘 수습하기'에는 '잘'이라는 부사어가 있고, ㉡의 안긴문장 '그것이 아주 새 물건임'에는 '아주'라는 부사어가 있다. 따라서 ㉡의 안긴문장에 부사어가 없다는 설명은 적절하지 않다.

41 수능형
답 ②

이게 정답! 〈보기〉는 짜임이 비슷해 보이는 두 문장이 하나는 홑문장이고 하나는 안은문장인 이유를 탐구하고 있다. '그가 범인이 아니다.'는 서술어를 제외한 다른 성분을 생략하면 ㉠과 ㉡처럼 필수적인 성분이 빠져 문장이 성립되지 않는다. 반면 '집이 마당이 넓다.'는 동일한 방식으로 문장을 나누면 ㉢과 ㉣처럼 본래 문장과는 다른 뜻(ⓑ)을 지닌 두 문장으로 나뉜다는 것을 알 수 있다. 이를 통해 '그가 범인이 아니다.'는 홑문장(ⓐ), '집이 마당이 넓다.'는 안은문장임을 알 수 있다. 그리고 '집이 마당이 넓다.'는 '주어 + 서술어'가 다른 주어의 서술어(ⓒ) 역할을 한다는 것도 알 수 있다.

42
답 ⑤

이게 정답! 〈보기〉는 '비가 오기'가 '농부들은 기다린다.'라는 문장에 안겨 목적어 역할을 하고 있는 안은문장(겹문장)이다. 이때 안은문장의 주어는 '농부들은'이고 안긴문장의 주어는 '비가'이다. 따라서 주어가 같아 주어 하나가 생략되었다는 내용은 적절하지 않다.

43
답 ⑤

이게 정답! ㉠의 안긴문장은 서술어가 '나도록'이므로 주어가 '땀이'이다. 그리고 ㉡의 안긴문장은 '자기를 도와준'이므로 주어가 나타나 있지 않다.

왜 답이 아니지? ①, ② ㉠은 부사절을, ㉡은 관형절을 안은 겹문장이다.
③ '발에 땀이 나도록'에는 '발에'라는 부사어가 있지만 '자기를 도와

준'에는 부사어가 나타나 있지 않다.
④ '발에 땀이 나도록'에서 '나다'는 형용사가 아니라 동사이다. 한편 '자기를 도와준'에서 '도와주다'도 동사이다.

(3) 문장 성분의 호응과 바른 문장 쓰기

개념 쏙쏙! 내신 쑥쑥! | 본문 110쪽 |

01 × 02 ○ 03 × 04 ○ 05 **예시** 아버지를 그린 그림이 전시장에 걸려 있다. / 아버지가 그린 그림이 전시장에 걸려 있다. / 아버지가 소유한 그림이 전시장에 걸려 있다. 등 06 **예시** 키가 큰, 영수의 동생은 농구를 정말 잘한다. / 키가 큰 영수의, 동생은 농구를 정말 잘한다. / 영수의 키가 큰 동생은 농구를 정말 잘한다. 등 07 **예시** 슈퍼맨의 멋진 자동차가 거리를 질주하고 있다. 08 **예시** 슈퍼마켓에서 참외 한 개와 자두 한 개를 사서 집으로 왔다. / 슈퍼마켓에서 참외와 자두 각각 두 개씩을 사서 집으로 왔다. 09 비록 10 만약 11 마치 12 ③ 13 ③ 14 ㉠, ㉢ 15 **예시** ㉠ : 나는 너를 좋아하는 것보다 영수를 더 좋아해. / 나는 네가 영수를 좋아하는 것보다 더 많이 영수를 좋아해. 등 ㉡ : 아름다운 고향의, 산천을 생각한다. / 고향의 아름다운 산천을 생각한다. / 아름다운, 고향의 산천을 생각한다. 등 16 ① 17 ③

01

이게 정답! 감정이나 평가와 관련된 말은 추측 표현을 사용하지 않으므로 '나는 지금 몹시 배가 고프다.'라고 해야 적절하다.

03

이게 정답! '비와'에 호응하는 서술어가 생략되었으므로 '하루 종일 비가 오고 바람이 세차게 불었다.'와 같이 고쳐야 적절하다.

12
답 ③

이게 정답! '결코'는 부정을 나타내는 서술어와 호응하는 부사어이다. 그러므로 '결코'를 '반드시', 또는 '기필코'와 같은 긍정형 서술어와 호응하는 부사어로 교체해야 한다.

13
답 ③

이게 정답! '앞으로'는 미래 시제임을 나타내는 표현이므로 '-겠-'과 함께 쓰는 것이 적절하다.

왜 답이 아니지? ① '설마'는 그럴 리 없는 부정적 추측을 강조할 때 쓰이므로 '설마 네가 이 밥을 다 먹었니?'로 쓰는 것이 적절하다.
② '혹시'는 '~더라도', '~면' 등과 어울려 쓰이며 '그러할 리는 없지만 만일', '어쩌다 우연히' 등과 같은 뜻이다. 따라서 '있었어'라는 서술어와는 어울리지 않는다.
④ '결코'는 부정어와 함께 쓰이므로 '내가 만난 사람은 결코 평범한 사람이 아니었다.'로 쓰는 것이 적절하다.
⑤ '왜냐하면'은 '~때문이다.'와 함께 쓰이므로 '왜냐하면 친구의 소중함을 느낄 수 있는 기회이기 때문이다.'로 쓰는 것이 적절하다.

14~15 수행평가형

이게 정답! ㉠은 비교 대상이 '나와 너'인지 '너와 영수'인지 명확하지 않아 의미가 두 가지로 해석된다. 따라서 이를 정확히 밝혀 주어야 한다. '나와 너'를 비교하는 경우에는 '나는 네가 영수를 좋아

하는 것보다 더 많이 영수를 좋아한다.'라는 의미를 담아야 한다. 또 '너와 영수를 비교하는 경우에는 '나는 너를 좋아하는 것보다 영수를 더 많이 좋아한다.'라는 의미를 담아야 한다. 한편 ⓒ은 '아름다운'이 '고향'을 꾸미는지 '산천'을 꾸미는지 명확하지 않아 두 가지로 해석된다. 따라서 이를 정확히 밝혀 주어야 한다. '고향'을 꾸미는 경우, '아름다운 고향의, 산천을 생각한다.', 또는 '아름다운 고향, 그곳의 산천을 생각한다.' 등으로 고쳐 쓸 수 있다. 그리고 '산천'을 꾸미는 경우 '아름다운, 고향의 산천을 생각한다.' 또는 '고향의 아름다운 산천을 생각한다.'로 고쳐 쓸 수 있다.

16

답 ①

이게 정답! '여간'은 부정의 의미를 나타내는 말과 함께 쓰이므로 '어렵지 않았다'와 어울려 쓴 것은 적절하다.

왜 답이 아니지? ② 감정이나 평가와 관련된 말은 추측 표현을 사용하지 않으므로 '그때 저는 어쩔 수 없었어요.'라고 하는 것이 적절하다.
③ 부정의 범위 때문에 의미가 다양하게 해석되는 문장이므로 '내가 초대한 친구들이 아무도 오지 않았다.' 또는 '내가 초대한 친구들이 다 오지는 않았다.' 등으로 고쳐 써야 한다.
④ '노래와'에 어울리는 서술어가 생략되어 어색한 문장이므로 '사람들이 즐겁게 노래를 부르고 춤을 추고 있다.'로 고쳐 써야 한다.
⑤ '갓'은 '이제 막'과 유사한 의미를 담고 있는 단어이므로 '그 사람은 이제 막 대학에 입학한 학생이다.', '그 사람은 갓 대학에 입학한 학생이다.'와 같이 고쳐 써야 한다.

17 수능형

답 ③

이게 정답! '아파서'는 '만약'과 호응하지 않으므로 '아프면'으로 바꾸어야 한다. '아프니'는 '만약'과 호응하지 않는다.

대단원 완성문제! 🐝
| 본문 112쪽 |

01 ②, ⑤ 02 ④ 03 ⑤ 04 세 자리 서술어 05 ② 06 ① 07 ②
08 ② 09 ② 10 ⑤ 11 ④ 12 ⑤ 13 ① 14 ④ 15 예 제가 특히 내세울 만한 점은 친구를 잘 돕는다는 것입니다. 16 ④ 17 ④

01

답 ②, ⑤

이게 정답! ㉠은 체언 '사람'을 꾸며 주는 관형어, ㉡은 주어, ㉢은 부사어, ㉣은 부사어, ㉤은 서술어이다. 따라서 문장을 이루는 데 꼭 필요한 주성분은 ㉡과 ㉤이다.

02

답 ④

이게 정답! 문장을 이루는 데 꼭 필요한 성분은 문장의 주성분으로 '주어, 서술어, 목적어, 보어'를 의미한다. 그리고 그중 '누가', '무엇이'에 해당하는 것은 '주어' 또는 '보어'이다. 그리고 동작이나 상태의 주체 역할을 하는 것은 '주어'이다. 마지막으로 특별한 의미만을 더하는 조사는 '보조사'를 의미하는데, 제시된 문장에서는 '삼촌도'의 '도'가 여기에 해당한다. 따라서 ㉣ '삼촌도'가 ⓐ에 해당한다.

03

답 ⑤

이게 정답! '할머니께서'의 '께서'는 보조사가 아니라 그 대상을 높

임과 동시에 그 대상이 문장의 주어임을 나타내는 격 조사이다.

왜 답이 아니지? ① 이미 어떤 것이 포함되고 그 위에 더함의 뜻을 나타내는 보조사인 '도'가 붙어 주어가 되었다.
② 이미 어떤 것이 포함되고 그 위에 더함의 뜻을 나타내는 보조사로, 하나 남은 마지막임을 나타내는 '마저'가 붙어 주어가 되었다.
③ 다른 것으로부터 제한하여 어느 것을 한정함을 나타내는 보조사 '만'이 붙어 주어가 되었다.
④ 문장 속에서 어떤 대상이 화제임을 나타내거나 어떤 대상이 다른 것과 대조됨을 나타내는 보조사 '는'이 붙어 주어가 되었다.

04 수행평가형

이게 정답! 〈보기〉의 문장에서 생략했을 때 문장이 불완전해지지 않는 성분은 '평생의'라는 관형어뿐이다. 따라서 '삼다'는 주어('그는')와 목적어('교직을'), 부사어('직업으로')를 반드시 필요로 하는 세 자리 서술어임을 알 수 있다.

05

답 ②

이게 정답! ㄴ의 '식당에서'는 필수적 부사어가 아니므로 ㄴ에서 필수적인 문장 성분은 세 개(주어, 목적어, 서술어)이다.

왜 답이 아니지? ① ㄱ에서 '큰', '침대에서', '귀엽게'는 필수적인 문장 성분이 아니다.
③ ㄷ에서 부사어인 '예쁘게'를 생략하면 문장의 의미가 불완전해진다. '생겼다'라는 서술어가 부사어를 반드시 필요로 하기 때문이다.
④ ㄹ에서 '것'은 의존 명사이므로 관형어가 반드시 필요하다.
⑤ ㅁ에는 서술어 '시작될지'와 호응하는 '축제가'와 같은 주어가 필요하다.

06

답 ①

이게 정답! '꽤'는 '많은'이라는 관형어를 꾸미는 부사어이다. 이 문장에서는 '많은'이 '비'라는 체언을 꾸미는 관형어이다.

왜 답이 아니지? '헌'은 '옷'을, '즐거운'은 '시간'을, '모든'은 '소망'을, '소중한'은 '추억'을 꾸미는 관형어에 해당한다.

07

답 ②

이게 정답! '겨우'는 서술어인 '도착했다'를 수식하므로, 관형어가 아니라 부사어이다. 따라서 관형어의 형성 방법과는 거리가 멀다.

왜 답이 아니지? ① 관형사가 그대로 관형어가 된 경우이다.
③ 관형격 조사 '의'가 생략되어 '체언+체언'의 구성으로 된 경우이다.
④ 용언 어간('다니-')에 관형사형 어미('-던')가 결합된 경우이다.
⑤ 체언에 관형격 조사 '의'가 결합된 경우이다.

08

답 ②

이게 정답! ㉡ '친구처럼'과 ㉣ '점점'을 각각 문장 내에서 위치를 바꾸어 '보름달은 친구처럼 친한 다정하다.', '밝은 점점 보름달이 다가온다.'로 쓰면 부자연스러운 문장이 된다. 따라서 부사어라고 해서 모두 문장 내에서 위치를 자유롭게 옮길 수 있는 것은 아님을 알 수 있다.

왜 답이 아니지? ① ㉠ '아주'는 형용사 '아름답다'를, ㉣ '점점'은 동사 '다가온다'를 수식하고 있다.
③ ㉢ '대체'는 생략해도 문장이 불완전하지 않다. 하지만 ㉤ '친구에게'를 생략하면 '보여 주다'의 대상이 없어서 문장이 불완전해진다. 즉, ㉤ '친구에게'는 생략될 수 없는 필수적인 부사어임을 알 수 있다.

④ ㉢ '대체'는 문장 전체를 수식하는 반면, '반드시'는 서술어인 '보여 주고 싶다'만 수식하고 있다.

⑤ ㉤ '친구에게'와 ㉥ '반드시'는 모두 부사어이다.

09 답 ②

이게 정답! ②는 주어('그는')와 서술어('신고 있다')의 관계가 한 번만 나타나는 홑문장이다.

왜 답이 아니지? ① 서술절('입이 정말 크다')을 안은 문장이다.

③ 명사절('현수가 최선을 다했음')을 안은 문장이다.

④ 인용절("네가 좋아.")을 안은 문장이다.

⑤ 부사절('모두가 그의 말을 듣도록')을 안은 문장이다.

10 수능형 답 ⑤

이게 정답! ㉠의 '-면'은 조건을 나타내는 종속적 연결 어미, ㉡의 '-고'는 대등적 연결 어미, ㉢의 '-으러'는 목적(의도)을 나타내는 종속적 연결 어미, ㉣의 '-거나'는 대등적 연결 어미이다. 따라서 '㉠, ㉢ / ㉡, ㉣'로 묶은 ⑤가 정답이다.

11 답 ④

이게 정답! 부사절이란 절 전체가 부사어처럼 쓰이는 것으로 부사 파생 접사 '-이', 부사형 전성 어미 '-게' 등이 붙어 이루어진다. 그런데 '나는 아침 해가 뜨기를 기다렸다.'에서 주어와 서술어로 이루어진 절 '아침 해가 뜨기'는 이 문장에서 목적어처럼 쓰이고 있다. 따라서 이 문장은 부사절이 아니라 명사절을 안은 문장이다.

왜 답이 아니지? ① '소리도 없이'가 부사절에 해당한다.

② '아무도 모르게'가 부사절에 해당한다.

③ '눈이 부시게'가 부사절에 해당한다.

⑤ '먼지도 없이'가 부사절에 해당한다.

12 답 ⑤

이게 정답! 〈보기〉의 두 문장을 제시된 구조에 따라 분석하면 다음과 같다.

㉮	주어	ⓐ	
		주어	서술어
	성아는	키가	크다.

㉯	주어	ⓑ		서술어
		㉠ 주어+서술어	㉡ 주어+서술어	
	선생님은	내일 날씨가 좋으면	견학을 간다고	말씀하셨다.

ⓑ에서 ㉠과 ㉡은 '-으면'으로 연결되어 있다. '-(으)면'은 종속적 연결 어미이며, ㉠ '날씨가 좋으면'이 ㉡ '견학을 간다'의 조건이 되기 때문에 ⓑ는 종속적으로 이어진 문장이다. 참고로 ㉯는 종속적으로 이어진 문장이 다시 전체 문장에 인용절로 안겨 있다.

왜 답이 아니지? ① ㉮는 ⓐ가 서술어 역할을 하므로 '주어+서술어' 관계가 두 번 나타나고 ㉯는 세 번 나타난다.

② ㉮에서 ⓐ는 안은문장 속 서술절이다. 따라서 안은문장 전체에서는 안긴문장으로서 서술어 역할을 한다.

③ 명사절, 관형절, 부사절 등과 달리 서술절은 안긴문장을 만드는

전성 어미가 따로 없다.

④ ㉯의 ㉡은 '견학을 간다고'이다. 그런데 맥락상 충분히 짐작할 수 있기 때문에 주어(선생님과 학생들)가 생략되었다고 할 수 있다.

13 답 ①

이게 정답! ㉠에는 '구름이 낀'이라는 절이, ㉡에는 '할아버지께서 우리에게 세뱃돈을 주시던'이라는 절이 관형절로 안겨 있다.

왜 답이 아니지? ② ㉠의 안긴문장 속에는 부사어가 없고 ㉡의 안긴문장 속에는 '우리에게'라는 부사어가 사용되었다.

③ ㉠의 '낀'은 한 자리 서술어이고 '보았다'는 두 자리 서술어이다. ㉡의 '주다'는 세 자리 서술어, '기억난다'는 한 자리 서술어이다. 따라서 ㉡에만 세 자리 서술어가 사용되었다.

④ ㉠의 '하늘을'과 ㉡의 '세뱃돈을'은 모두 목적어이다.

⑤ ㉠과 ㉡의 안긴문장에는 모두 보어가 사용되지 않았다.

14 답 ④

이게 정답! '희수는 어제 걸어서 운동장에 가지 않았다.'는 부정의 대상이 '희수'(③), '어제'(⑤), '걸어서'(②), '운동장에'①일 수 있으므로 중의성을 띤 문장이다. 그러나 ④와 같은 의미는 〈보기〉만으로 이끌어 내기 힘들다.

15 수행평가형

이게 정답! '~점은'이라는 주어와 호응을 이루는 서술어가 갖추어지지 않아 어색한 문장이다. 그러므로 '제가 특히 내세울 만한 점은 친구를 잘 돕는다는 것입니다.'와 같이 고쳐 써야 한다.

16 수능형 답 ④

이게 정답! '야호'는 다른 문장 성분과는 직접 관련이 없는 독립어, '우리가'는 동작의 주체이므로 주어, '드디어'는 부사어, '힘든'은 '관문'을 수식하는 관형어, '관문을'은 목적어, '통과했어'는 서술어이므로 주성분에는 '우리가', '관문을', '통과했어'가, 부속 성분에는 '드디어', '힘든'이, 독립 성분에는 '야호'가 들어가야 한다.

17 수능형 답 ④

이게 정답! ㉣ '할아버지께서 입학 선물을 주셨다.'에서는 서술어 '주셨다'가 반드시 필요로 하는 부사어가 생략되었으므로 선물을 누구에게 주었는지를 밝히는 부사어가 추가되어야 한다. 그런데 ④는 '어제'라는 시간 부사어를 추가하였으므로 적절하지 않다. '할아버지께서 나에게 입학 선물을 주셨다.'와 같이 고쳐야 한다.

왜 답이 아니지? ① '그는 친구에게 보냈다.'는 서술어 '보냈다'가 반드시 필요로 하는 목적어가 생략되었으므로 '고쳐 쓴 문장'에서와 같이 '답장을'이라는 목적어를 넣어야 한다.

② '이번 일은 결코 성공해야 한다.'는 부사어 '결코'가 서술어 '성공해야 한다'와 어울리지 않으므로 '고쳐 쓴 문장'에서와 같이 '결코'를 '반드시' 등으로 바꾸어 써야 한다.

③ '그의 뛰어난 점은 필기를 잘한다.'에서 주어 '그의 뛰어난 점은'은 서술어 '잘한다'와 어울리지 않으므로 '고쳐 쓴 문장'에서와 같이 서술어를 '잘한다는 것이다'로 고쳐야 한다.

⑤ '사람들은 즐겁게 춤과 노래를 부르고 있다.'에서 목적어 '춤과 노래를'은 서술어 '부르고 있다'와 어울리지 않으므로 '사람들은 즐겁게 춤을 추고 노래를 부르고 있다.'로 고쳐야 한다.

(1) 종결 표현

07

이게 정답! 평서문은 말하는 이가 사실을 객관적으로 진술하는 문장이다. ㉡은 말하는 이가 듣는 이에게 어떤 행동을 하도록 요구하는 명령문으로 '-세요'와 같은 명령형의 종결 어미가 나타나 있다.

08

이게 정답! 감탄문은 말하는 이가 듣는 이를 별로 의식하지 않거나 거의 독백 상태에서 자기의 느낌을 표현하는 문장이다. ㉢은 감탄문으로, 말하는 이가 듣는 이를 의식하지 않고 자신의 느낌을 표현하고 있다.

09

이게 정답! 청유문은 말하는 이가 듣는 이에게 같이 행동할 것을 요청하는 문장이다. ㉣은 말하는 이가 듣는 이에게 외치는 행동을 함께 하자고 요청하는 청유문으로 표현의 의도와 문장의 형식이 일치한다.

10 답 ⑤

이게 정답! 듣는 이의 대답을 요구하지 않는 의문문은 '수사 의문문'이다. '내가 설마 철수한테 책 한 권 못 사 줄까?'는 당연히 사 줄 수 있다는 긍정의 의미를 강조한 표현으로, 듣는 이의 답을 바라는 의도에서 말한 것이 아니다.

왜 답이 아니지? ①, ②, ④ 사과를 가져온 사람, 생일 선물, 학교에 나오지 않은 이유 등을 묻는 설명 의문문이다.
③ 긍정 또는 부정의 대답을 요구하는 판정 의문문이다.

14 답 ②

이게 정답! ②의 문장 형식은 의문문이고, 맥락상 표현 의도도 질문이다. 따라서 문장의 형식과 의도가 일치하는 경우로 볼 수 있다.

왜 답이 아니지? ① 문장의 형식은 의문문이나 맥락상 실제 표현의 의도는 비난이나 질책으로 볼 수 있다.
③, ⑤ 문장의 형식은 의문문이나 맥락상 실제 표현 의도는 명령이나 주의, 경고로 볼 수 있다.
④ 문장의 형식은 의문문이나 맥락상 실제 표현 의도는 동의로 볼 수 있다.

15 답 ②

이게 정답! ②의 '어디 보자.'는 단순한 혼잣말로 상대방에게 보는

행동을 하자고 요구하는 것이 아니다.

왜 답이 아니지? ① 내릴 수 있도록 비켜 달라는 요청이 담겨 있다.
③ 약을 바른 곳을 보여 달라는 요청이 담겨 있다.
④ 모자를 벗어 달라는 요청이 담겨 있다.
⑤ 조금 더 기다리자는 요청이 담겨 있다.

16 수능형 답 ⑤

이게 정답! ⑤의 '먹자'는 식사를 마친 친구들에게 자신은 계속 먹겠다는 뜻을 '-자'라는 청유형 어미를 사용하여 전달하고 있으므로, ㉠ '말하는 이만 행하려는 행동을 나타내는 경우'이다.

왜 답이 아니지? ①, ② 듣는 이만 행하게 되는 행동이다.
③, ④ 말하는 이가 듣는 이에게 같이 행동할 것을 요청하는 말이다.

17 수능형 답 ②

이게 정답! '저 동물 이름이 뭐야?'는 동물의 이름에 대한 설명을 요구하는 설명 의문문이고, '정말 멋지지 않니?'는 감탄의 뜻을 나타내는 수사 의문문이다.

왜 답이 아니지? ① '저녁 먹었어?'는 판정 의문문이고 '아니면 나랑 같이 먹을까?' 역시 판정 의문문이다.
③ '저 자동차 이름이 뭐니?'는 이름에 대한 설명을 요구하는 설명 의문문이고 '우리나라 차 맞아?'는 판정 의문문이다
④ '여기 정말 좋지 않니?'는 여기가 좋다는 감탄을 나타내는 수사 의문문이고 '다음에 지우랑 또 올까?'는 판정 의문문이다.
⑤ '너 아직도 정신 못 차렸구나?'는 상대방이 정신을 차리지 못하고 있음을 서술하는 수사 의문문이고 '이제 정말 열심히 해야 되지 않겠니?'는 상대에게 열심히 할 것을 명령하는 수사 의문문이다.

(2) 높임 표현

01

이게 정답! 주격 조사 '께서'와 '-으시-'라는 선어말 어미를 사용하여 주체인 '어머니'를 직접, 간접적으로 높이고 있다.

02

이게 정답! 부사격 조사 '께'와 '여쭈어보다'라는 특수 어휘를 사용하여 객체인 '선생님'을 높이고 있다.

03

이게 정답! '모시다'라는 특수 어휘를 사용하여 객체인 '할머니'를 높이고 있다.

04

이게 정답! 접사 '-님'과 주격 조사 '께서', '-으시-'라는 선어말 어미를 사용하여 '형'을 직접, 간접적으로 높이고 있다.

05

이게 정답! 객체인 '선생님'을 높여야 하므로 '여쭈어보다'라는 특수 어휘를 사용해야 한다.

06

이게 정답! '계시다'는 문장의 주어를 직접 높일 때 쓰는 특수 어휘이므로, 주례 선생님과 관련된 '말씀'을 간접적으로 높일 때에는 '-으시-'를 사용하여 '있으시겠습니다'처럼 표현해야 한다.

07

이게 정답! 선생님을 높이기 위해 '시간'을 대신 높인 표현에서 '계시다'를 잘못 사용하고 있다. 따라서 '-으시-'를 사용하여 '없으시대요'로 쓰거나 '안 나신대요' 같은 표현을 써야 한다.

08

이게 정답! '다녀오실게요'는 '-시-'를 통해 주체인 '저'를 잘못 높이고 있다. 따라서 '다녀올게요'로 고쳐야 한다.

09 답 ③

이게 정답! 객체인 '선생님'을 높여야 하므로 '주면'이 아니라 '드리면'으로 써야 한다. 선어말 어미 '-시-'가 결합된 '드리시면'은 생략된 주어인 '나'까지 높이는 표현이므로 적절하지 않다.

왜 답이 아니지? ① 말하는 이가 선생님으로 듣는 이인 학생보다 손윗사람일지라도, 공적인 말하기 또는 다수의 사람들을 상대로 하는 말하기인 경우에는 듣는 이를 높여 표현한다.

② '그러셨어요'는 '그러시었어요'가 줄어든 것으로, 주체 높임 선어말 어미 '-시-'가 사용되었다. 그러나 맥락을 볼 때, ⓒ에는 '학생 1'에 대한 높임이 아니라 비꼼의 의미가 담겨 있다고 볼 수 있다.

④ 선생님이 과제를 갖고 오지 않은 학생 개인에게 이야기하는 것이므로, 상대를 높이는 종결 어미나 보조사 '요'를 사용하지 않고 상대를 아주 낮추는 표현을 사용하고 있다.

⑤ '감사해요.'의 해요체보다는 '감사합니다.'의 하십시오체가 말하는 이의 공손한 태도를 더 드러낸다.

10 수능형 답 ③

이게 정답! ㄴ은 주격 조사 '-께서'와 '오셨다'에 붙은 선어말 어미 '-시-'를 통해 행위의 주체인 '아버지'를 높이고 있다. 또 '뵙다'라는 특별한 어휘를 사용해 객체인 '할아버지'를 높이고 있다. 이때 '뵙고'의 대상이 되는 객체는 '할아버지'로, 목적어로 나타나 있다.

왜 답이 아니지? ①, ② ㄱ에서는 주격 조사 '께서'와 서술어에 붙은 '-시-'를 통해 문장의 주체인 '아버지'만 높이고 있다.

④ '아버지'는 서술어 '뵙고 오셨다'라는 행위를 한 주체이고, '할아버지'는 그 대상인 객체이다.

⑤ 듣는 이를 높이는 것은 상대 높임인데 상대 높임은 문장의 맨 끝 종결 어미나 보조사 등을 통해 나타낼 수 있다. 따라서 '좋으니'가 아니라 서술어인 '하십시오'를 '해라, 하게, 하시오' 등으로 바꿈으

로써 듣는 이를 다르게 높일 수 있다.

| 압존법 |
문장의 주체가 화자보다 높지만 청자보다 낮을 경우, 주어를 높이지 않는 어법
예 할아버지, 아버지가 아직 안 왔습니다.
할머니, 어머니가 곧 온대요.

---

11 답 ③

이게 정답! '께서'와 '오신다'의 '-시-'를 통해 주체인 '아버지'를 높이고 있다. 또 '모시다'라는 특수 어휘를 사용하여 객체인 '할머니'를 높이고 있다. 따라서 이 문장에서는 ㉠ '주체 높임법'과 ㉡ '객체 높임법'이 동시에 사용되었다.

왜 답이 아니지? ① ㉠, ㉡ 모두 사용되지 않았다.

② 주체인 '어머니'를 '-으시-'를 통해 간접적으로 높이고 있으므로 ㉠만 사용되었다.

④ '께'와 '드리다'라는 특수 어휘를 통해 객체인 '아저씨'를 높이고 있으므로 ㉡만 사용되었다.

⑤ '께서'와 '-시-'를 통해 '할아버지'를 높이고 있으므로 ㉠이 사용되었다. 또 '-ㅂ니다'에서는 상대 높임법이 사용되었다.

12 답 ④

이게 정답! ⓒ의 '편찮으십니까?'에서 '-ㅂ니까?'는 청자인 '형수(기철 모)'를 높이는 어미로 상대 높임이다. 그러나 '편찮으시-'는 '어머니(기철 할머니)'를 높이는 특수 어휘로 주체 높임에 해당한다.

왜 답이 아니지? ① '가셨니?'(가시었니)에서 '-시-'는 문장의 주체인 '기철 아버지'를 높이는 표현이다. 또 이 표현에서 어미 '-니?'는 청자인 '기철'이 화자(삼촌)보다 아랫사람이라서 사용한 종결 어미이다.

13 답 ④

이게 정답! '있으시겠습니다'는 주체가 '국기 하강식'이며, 이는 높임을 사용해야 할 대상이 아니다. 또한 높여야 할 주체와 밀접한 관계를 맺고 있지도 않으므로 ③의 '있으시겠습니다'는 '있겠습니다'로 고쳐 써야 한다.

왜 답이 아니지? ① 주어 '부모님'을 직접 높인 표현이므로 '계시다'를 사용하는 것이 적절하다.

② 주체인 '그분'과 관련된 대상 '따님'을 높임으로써 주어를 간접적으로 높인 표현이므로 '있으시다'를 사용하는 것이 적절하다.

③ 높여야 할 대상인 '교장 선생님'과 관련된 '말씀'을 높인 표현이므로 '있으시-'를 사용하는 것이 적절하다.

⑤ 주체인 '할아버지'와 관련된 대상 '건강'을 높임으로써 주체를 간접적으로 높인 표현이므로 '-으시-'를 사용하는 것이 적절하다.

14 수행평가형

이게 정답! 〈보기〉에서 오는 행동을 해야 하는 주체는 '너(철수)'이므로 주체 높임 선어말 어미 '-시-'를 붙이는 것은 적절하지 않다. 이 문장에서 높여야 할 대상은 '선생님'이므로 '철수야, 선생님께서 너 빨리 오라고 하셔(오라셔).'와 같이 고쳐야 한다.

(3) 시간 표현

개념 쏙쏙! 내신 쑥쑥! 🐝

| 본문 120쪽 |

01 현재 시제 **02** 현재 시제 **03** 미래 시제 **04** 과거 시제 **05** 현재,
진행상 **06** 과거, 완료상 **07** 과거, 진행상 **08** ④ **09** 📝 사건시가
발화시보다 나중이면 / 발화시가 사건시보다 앞서면 **10** ㉠ : 과거 시
제 ㉡ : 현재 시제 ㉢ : 미래 시제 **11** ① **12** ② **13** ⑤

05

이게 정답! 동사에 선어말 어미 '-ㄴ-'을 써서 현재 시제를, '-어
가다'를 통해 진행상을 표현하고 있다.

06

이게 정답! 동사에 선어말 어미 '-었-'을 써서 과거 시제를, '-어
버리다'를 통해 완료상을 표현하고 있다.

07

이게 정답! 동사에 선어말 어미 '-었-'을 써서 과거 시제를, '-고
있다'를 통해 진행상을 표현하고 있다.

08
답 ④

이게 정답! 〈보기〉는 동사 '가시다'와 '돌아오시다'에 선어말 어미
'-었-'을 써서 과거 시제를 표현하고 있다. 이와 같은 시제가 사용
된 것은 '않다'에 '-았-'을 붙여 과거를 표현하고 있는 ④이다.
왜 답이 아니지? ① '들려온다'의 선어말 어미 '-ㄴ-'이 현재 시제를
나타내고 있다.
② '-고 있다'가 현재 시제이면서 진행상임을 나타내고 있다.
③ '-는 중이다'가 현재 시제이면서 진행상임을 나타내고 있다.
⑤ '내일'과 '-ㄹ 것'이 미래 시제임을 나타내고 있다.

09 수행평가형

이게 정답! 미래 시제는 말하는 시점보다 나중에 일어날 동작이나
상태를 나타내는 것이므로 발화시가 사건시보다 앞선다.

10 수행평가형

이게 정답! ㉠의 사건시는 '어제'로, 발화시보다 먼저 일어난 것이
므로 과거 시제이다. ㉡의 사건시는 '지금'으로, 발화시와 같은 시
점이므로 현재 시제이다. ㉢의 사건시는 '다음 주말'로, 발화시보다
나중이므로 미래 시제이다.

11
답 ①

이게 정답! ①에서는 '-겠-'이 화자의 의지를 나타낸다.
왜 답이 아니지? ②, ③ '-겠-'이 가능성이나 능력을 나타내는 어미
로 쓰였다.
④, ⑤ '-겠-'이 추측이나 미래의 일을 나타내는 어미로 쓰였다.

12
답 ②

이게 정답! ②의 '-겠-'은 완곡하게 말하는 태도를 나타내며, 간접

13 수능형
답 ⑤

이게 정답! (라)에서 a와 b의 '-겠-' 모두 추측의 의미를 지니고 있
으나, a는 '지금은'이라는 말과 함께 쓰여 현재의 일을 추측하고 있
고, b는 '내일은'이라는 말과 함께 쓰여 미래의 일을 추측하고 있다.
왜 답이 아니지? ① '-은'은 동사와 결합하여 과거 시제를 나타내
고, '-는'은 동사와 결합하여 현재 시제를 나타낸다.
② '-는'은 동작이 진행 중임을 나타내는 기능을 한다. '가는 기척이
들린다'는 현재 동작이 진행 중임을, '가는 기척이 들렸다'는 과거에
동작이 진행 중이었음을 나타낸다. 뒤에 오는 서술어 때문에 시제
는 각각 다르지만 모두 '-는'에 의해 진행의 의미를 드러내고 있다.
③ '가다가'는 기본적으로 현재 시제를 나타낸다. 그러나 a에서는
'가다가'가 뒤의 서술어 '왔다'에 의해 과거의 의미를 지닌다. 따라
서 '가다가'와 '갔다가'는 모두 과거의 의미를 지니고 있다.
④ '가다가'는 목적지까지 다 가지 않고 중간에 오는 행위가 시작된
것이며, '갔다가'는 목적지까지 다 간 후에 오는 행위가 시작된 것이
다.

(4) 피동 표현과 사동 표현

개념 쏙쏙! 내신 쑥쑥! 🐝

| 본문 122쪽 |

01 피 **02** 사 **03** 사 **04** 피 **05** 형이 동생을 울렸다. **06** 엄마가
동생을 재운다. **07** 태양이 얼음을 녹였다. **08** 선생님이 명수에게 이
번 학기 회장을 맡겼다. **09** 그 책은 작년에 쓰였다(씌었다). **10** 그는
여기서 천재라고 불린다. **11** 열린 창문으로 모기가 들어온다. **12** ③
13 ② **14** 아름이를 생포하였다. **15** 아름이 **16** ⑤ **17** ⑤

09

이게 정답! '쓰여졌다'는 '쓰이어졌다'가 줄어든 말로, 피동 접미
사 '-이-'와 피동을 만드는 표현 '-어지다'가 중복 사용되었다. 따
라서 '쓰였다(씌었다)'로 표현해야 바른 문장이 된다.

10

이게 정답! '불려진다'는 '불리어진다'가 줄어든 말로, 피동 접미사
'-리-'와 피동을 만드는 표현 '-어지다'가 중복 사용되었다. 따라서
'불린다'로 표현해야 바른 문장이 된다.

11

이게 정답! '열려진'은 '열리어진'이 줄어든 말로, 피동 접미사 '-리-'
와 피동을 만드는 표현 '-어지다'가 중복 사용되었다. 따라서 '열린'
으로 표현해야 바른 문장이 된다.

12
답 ③

이게 정답! ③은 '가-'라는 용언의 어간에 '-게 되다'가 붙어 피동
표현이 되었으므로, 통사적 피동문임을 알 수 있다.

왜 답이 아니지? ①과 ②는 '-히-', ④는 '-리-', ⑤는 '-이-'라는 접사를 사용하여 피동 표현을 만들었으므로, 접미사에 의한 파생적 피동문이다.

13 답 ②

이게 정답! '친구에게 손해를 보이다.'에서 '보이다'는 '보다'의 어간에 피동 접미사 '-이-'가 붙은 것과 형태가 같지만, 의미를 따져 보면 피동 표현이 아니라 사동 표현이다. 이 문장에서 '보이다'는 '어떤 일을 당하거나 겪거나 얻어 가지게 하다.'라는 뜻의 사동사이다.

왜 답이 아니지? ①, ③ '보이다'는 '보다'에 피동 접미사 '-이-'가 붙은 것으로 '어떤 결과나 관계가 맺어질 상황이 되다.'라는 뜻으로 쓰였다.

④, ⑤ '보이다'는 '보다'의 피동사로 '눈으로 대상의 존재나 형태적 특징을 알게 되다.'라는 뜻으로 쓰였다.

14~15 수행평가형

이게 정답! ㉠의 '생포되다'는 '생포'라는 명사에 '-되다'라는 접미사가 붙어 피동 표현이 된 것이다. 이를 능동 표현으로 바꾸면 '사육사가 아름이를 생포하였다.'가 된다. 그런데 이처럼 표현을 바꾸면 우리를 탈출했다가 돌아온 '아름이'가 아니라 생포하는 행동의 주체인 '사육사'에 초점이 맞추어진다. 따라서 〈자료〉에서 "'아름이'가 드디어 잡혔다.', '아름이는 ~ 사육사에게 발견되었다.', '아름이는 사육사에게 생포되었다.'와 같이 피동 표현을 주로 사용한 것은 진술의 초점을 '아름이'에게 두려는 의도에서임을 알 수 있다.

16 답 ⑤

이게 정답! ⑤의 '놀리다'는 '놀이나 재미 있는 일을 하여 즐겁게 지내다.'라는 뜻의 '놀다'의 사동사가 아니다. 여기 쓰인 '놀렸다'는 '놀리다'의 과거형으로, '짓궂게 굴거나 흉을 보거나 웃음거리로 만들다.'라는 뜻의 단일어 주동사이다.

왜 답이 아니지? ① '울렸다'는 '울리다'의 과거형으로, '울리다'는 '울다'의 사동사이다.

② '먹였다'는 '먹이다'의 과거형으로, '먹이다'는 '먹다'의 사동사이다.

③ '입혔다'는 '입히다'의 과거형으로, '입히다'는 '입다'의 사동사이다.

④ '읽혔다'는 '읽히다'의 과거형으로, 여기서 '읽히다'는 '읽게 하다'의 뜻으로 쓰였으므로 '읽다'의 사동사이다.

17 수능형 답 ⑤

이게 정답! 형이 밥을 떠서 동생 입에 넣어 주는 행동을 했다는 의미와 형이 동생에게 "밥을 먹어라."라고 시켰다는 의미 두 가지를 모두 담고 있는 것은 ㉢이 아니라 ㉡이다. 이처럼 사동 접미사를 활용한 표현은 경우에 따라 의미의 중의성이 생기므로 주의해야 한다. ㉢은 동생에게 밥을 먹으라고 지시를 내렸다는 의미만 담고 있다.

왜 답이 아니지? ① ㉠~㉢에서 '밥을 먹는' 주체는 모두 '동생'이다.

② ㉠의 주어 '동생이'는 ㉡, ㉢에서 '동생에게'로 바뀌었으므로 부사어로 쓰임을 알 수 있다.

③ 사동 표현은 주어가 남에게 어떤 동작을 하도록 시키는 데 초점을 두는 것이므로, ㉡, ㉢에서와 같이 새로운 주어가 필요하다.

④ ㉡의 '먹인다'는 '먹-'에 사동 접사 '-이-'가 붙은 것이고, ㉢ '먹

게 했다'는 '-게 하다'가 붙은 것이다.

> **| 직접 사동과 간접 사동 |**
> ① 직접 사동 : 동작을 하도록 시키는 주체가 그 행동에 직접 참여하는 사동으로 보통 사동사에 의한 사동문에서 나타남
> ② 간접 사동 : 동작을 하도록 시키는 주체가 그 행동에 참여하지 않으며, 시킴을 받는 쪽이 스스로 행동하도록 하는 사동
>
> | 예 | 어머니가 아이에게 옷을 입힌다. | 어머니가 아이에게 옷을 입게 한다. |
> |---|---|---|
> | | → 어머니가 옷을 들고 아이에게 직접 입힌다는 뜻 : 직접 사동 | → 어머니가 아이에게 옷을 입으라고 시키기만 했다는 뜻 : 간접 사동 |
> | | → 어머니가 아이에게 옷을 입으라고 시키기만 했다는 뜻 : 간접 사동 | |

(5) 부정 표현

> **개념 쑥쑥! 내신 쑥쑥!** | 본문 124쪽 |
>
> 01 긴 02 긴 03 짧 04 짧 05 ○ 06 × 07 ○ 08 ㉢ 09 ㉠
> 10 ㉡ 11 말자/맙시다 12 못 13 못 14 안 15 ④ 16 ③ 17 ⑤
> 18 ② 19 예 명령문은 '말다'를 이용하여 긴 부정문으로 표현해야 한다.

15 답 ④

이게 정답! ①~③, ⑤의 부정 표현들은 모두 주체의 의지에 따른 부정을 나타내는 반면 ④ '친구들과 놀이공원에 갔지만 즐겁지 않았다.'는 단순한 상태를 부정한 것이다.

16 수능형 답 ③

이게 정답! '못' 부정문은 주체의 의지를 부정할 때가 아니라 주체의 능력을 부정하거나 외부의 원인에 의해 어떤 행동을 못 할 때 쓴다.

17 수능형 답 ⑤

이게 정답! ㉤에 사용된 '않-'은 통증이 없는 '상태'를 부정하고 있다. 따라서 '의지'의 부정을 나타낸다는 반응은 적절하지 않다.

왜 답이 아니지? ① ㉠은 아랫사람이나 대등한 관계에 있는 사람의 묻는 말에 부정하여 대답할 때 쓰는 말이고, ㉢은 놀라거나 감탄스러울 때, 또는 의아스러울 때 쓰는 말이다. 둘 다 감탄사에 해당한다.

② ㉡에 사용된 '못'은 '(과제를) 하다'라는 '동작'의 부정을 나타내고 있고, ㉣에 사용된 '안'은 '상태(좋다)'의 부정을 나타내고 있다.

③ ㉡의 '못'은 '부사'이고, ㉤의 '않아'는 '보조 동사'이다. 보조 동사 '않다'는 동사 뒤에서 '-지 않다'의 구성으로 쓰인다.

④ ㉣의 '안'과 ㉥의 '-지 않-'은 부정의 형태로, ㉣과 ㉥은 모두 부정의 형태를 활용하고 있는 의문문에 해당한다.

18 수능형 답 ②

이게 정답! ㄴ에서 '이 방은 이제 바람이 들어오지 않는다.'는 '바람이 들어오다'라는 사실을 부정하는 표현이다. 또 '이 방은 이제 바람이 들어오지 못한다.'는 외부 원인 때문에 그 행위가 일어나지 못

하는 능력 부정에 해당한다. 따라서 두 문장 모두 주체의 의지와는 관련이 없다. 또 '이 방은 이제 바람이 안 들어온다. / 못 들어온다.' 와 같이 짧은 부정문도 가능하다.

19 수행평가형

이게 정답! 〈보기〉를 보면 명령문에서 '안'이나 '못'을 사용하는 짧은 부정문은 문법적으로 바르지 않다. 또 '-지 않다 / 못하다'를 활용하는 것도 문법적으로 바르지 않다. 따라서 '말다', 즉 '-지 마라'를 활용한 긴 부정문으로만 부정 표현을 할 수 있음을 알 수 있다.

대단원 완성문제! 🐝

| 본문 126쪽 |

01 ④ 02 ① 03 ③ 04 ⑤ 05 문장의 종류는 청유문이지만, 기능은 화자가 청자에게 어떤 행동을 요구하는 것이다. 06 ② 07 ③
08 ① 09 ③ 10 ⑤ 11 ③ 12 ① 13 ⑤ 14 ④ 15 ④
16 예 가지 않았다 → 가지 못했다/못 갔다

01
답 ④

이게 정답! '-자'라는 종결 어미를 붙여 편지를 주고받자고 요청하고 있으므로 ㄹ은 청유형 문장이다.

왜 답이 아니지? ㉠은 의문문, ㉡은 감탄문, ㉢은 평서문, ㉤은 명령문이다.

02
답 ①

이게 정답! ㉠은 '서희'의 질문에 대한 대답으로, 약속이 있어서 함께 떡볶이를 먹지 못한다는 의미에서 한 말이다. 따라서 이는 청자에게 자신의 생각을 전달하는 평서문임을 알 수 있다.

왜 답이 아니지? ②는 감탄문, ③은 명령문, ④는 의문문, ⑤는 청유문의 기능에 해당한다.

03
답 ③

이게 정답! 〈보기〉는 '-아라/어라'를 활용한 명령문에 대해 설명하고 있다. 따라서 말하는 이가 듣는 이에게 지우개를 가져오라고 요청하고 있으며, '가져와라(← 가져오- + -아라)'를 사용한 ③이 가장 적절하다.

왜 답이 아니지? ① 말하는 이와 듣는 이가 말을 주고받을 수 있는 구체적인 소통 상황이 아니며, '알라(← 알- + -라)'를 사용하고 있으므로 적절하지 않다. '-라'는 구체적으로 정해지지 않은 청자나 독자에게 책 따위의 매체를 통해 명령의 뜻을 나타내는 종결 어미이다.
② 쓰러지지 않도록 조심하라는 의미를 담고 있으며 '쓰러질라(← 쓰러지- + -ㄹ라)'를 사용하고 있으므로 적절하지 않다. '-ㄹ라'는 혹 그렇게 될까 봐 염려됨을 나타내는 종결 어미이다.
④, ⑤ 학교에 가라는 요청과 쓰레기를 치우라는 요청의 의미를 각각 담고 있으나 형식은 의문문이므로 적절하지 않다.

04 수능형
답 ⑤

이게 정답! '식탁에서 스마트폰에 집중하고 있는 아이'라는 상황 맥락을 고려하면, '빨리 밥을 먹지 못하겠니?'는 아이에게 대답을 요구하는 것이 아니라, 빨리 밥을 먹으라는 명령의 의미를 강하게 지니고 있다. 즉, ㉤은 의문문이지만 청자에게 대답을 요구하는 것이

아니라 어떤 행동을 요구하는 기능을 하고 있다.

05 수행평가형

이게 정답! 〈보기〉에 제시된 상황을 고려하면, '자, 약 먹자.'는 청유형이지만 동생(청자)에게 약을 먹을 것을 요구하는 말이다.

06 수능형
답 ②

이게 정답! ㉠ '간접 높임'은 주체를 직접 높이는 것이 아니라 주체의 신체 일부, 소유물, 가족 등을 높임으로써 주체를 간접적으로 높이는 것을 의미한다. '교수님께서는 책이 많으시다.'에서 '많으시다'의 '-으시-'가 바로 주체(교수님)의 소유물(책)을 높인 표현에 해당한다.

왜 답이 아니지? 나머지 문장은 모두 '께서'와 '-시-'를 통해 주체인 '아버지', '어머니', '선생님', '할아버지'를 직접 높이고 있다.

07 수능형
답 ③

이게 정답! '뵙다'는 '선생님'을 높이기 위해 사용한 표현이 맞지만, 이 문장에서 '선생님'은 서술의 주체가 아니라 객체이다. 문장에서 목적어나 부사어가 지시하는 대상인 서술의 객체를 높일 때 '뵙다, 드리다, 모시다' 등의 특수 어휘를 사용한다.

왜 답이 아니지? ④ ㄹ는 듣는 사람인 '선생님'을 높이기 위해 상대 높임 중 비격식체인 해요체를 사용하고 있다.
⑤ ㅁ는 수업 중 발표라는 공식적인 말하기 상황이므로 '-습니다'와 같은 하십시오체를 사용하고 있다.

08
답 ①

이게 정답! ㄱ에서 서술의 주체는 '할머니'가 아니라 '희수'이다. 따라서 주체 높임 표현은 사용할 필요가 없다. 이 문장에서 부사격 조사 '께'와 특수 어휘 '드리다'를 사용하여 높이고 있는 것은 서술의 객체인 '할머니'이다.

왜 답이 아니지? ② ㄴ의 주격 조사 '께서'와 '-시-'는 주체인 '이모'를 높이는 표현이고 ㄷ의 주격 조사 '께서'와 '-시-'는 주체인 '숙부'를 높이는 표현이다.
③ ㄷ의 '뵙자고'는 목적어가 지시하는 대상인 '할아버지', 즉 객체를 높이는 표현이다.
④ ㄷ의 보조사 '요'와 ㄹ의 '-십시오'는 듣는 이가 각각 '엄마'와 '선생님'이기 때문에 사용된 것으로, 상대 높임에 해당한다.
⑤ ㄹ에 사용된 '말씀'은 '자기의 말을 낮추어 이르는 말'에 해당한다. 따라서 듣는 이인 '선생님'을 높이기 위해 자신의 '말'을 낮추어 표현한 것이라 할 수 있다.

09
답 ③

이게 정답! ㄷ에서 서술의 주체는 '이 상품의 디자인'이므로 높여야 할 대상이 아니다. 따라서 듣는 이인 '손님'을 높이기 위해 상대 높임('-습니다')을 사용한 원래의 '좋습니다'가 바른 표현이다.

10
답 ⑤

이게 정답! ㅁ의 '내일 소풍은 다 갔네.'는 '갔네(← 가- + -았- + -네)'에 '-았-'이 쓰이고 있지만 '내일'이라는 시간 부사어와 함께 미래 시제를 표현하고 있다. ㅁ의 '-았-'은 이야기하는 시점에서

볼 때 미래의 사건이나 일을 이미 정하여진 사실인 양 말할 때 쓰는 어미로, 과거 시제를 표현하는 선어말 어미와는 다르다.

왜 답이 아니지? ① '읽은'에서 알 수 있다.

② '춥더라'에서 알 수 있다.

③ '살았었다'를 통해 은주가 지금은 그 동네에 살고 있지 않다는 사실을 알 수 있으므로 적절한 내용이다.

④ '붉던'에서 알 수 있다.

11 답 ③

이게 정답! '익어 있겠다.'에서 '-어 있다'는 고기가 익는 것이 끝나 그 결과가 지속됨을 나타내므로 ㉠ '진행상'이 아니라 ㉡ '완료상'의 의미가 들어 있다. 진행상의 의미가 되려면 고기가 잘 익고 있겠다.'와 같은 표현이 사용되어야 한다.

왜 답이 아니지? ①, ② '들어오고 있다'와 '펄럭이고 있었다'에 쓰인 '-고 있다'는 동작이 일어나고 있는 모습을 보여 주므로 ㉠ '진행상'의 의미가 들어 있다.

④ '말라 버렸다'에 쓰인 '-아 버리다'는 마르는 동작이 이미 끝나 마른 상태가 지속됨을 나타내므로 ㉡ '완료상'의 의미가 들어 있다.

⑤ '정리해 두었다'에 쓰인 '-어 두다'는 정리하는 동작이 이미 끝나 그 결과가 지속됨을 나타내므로 ㉡ '완료상'의 의미가 들어 있다.

12 답 ⑤

이게 정답! 사동문 '누나가 동생을 공원에서 울렸다.'는 부사어인 '공원에서'를 필수적으로 요구하지 않는다. 오히려 피동문 '쥐가 개에게 물렸다.'에서 부사어인 '개에게'가 필수적으로 요구된다.

왜 답이 아니지? ① 주동문의 주어인 '동생이'는 사동문으로 바뀌면 목적어인 '동생을'이 된다.

② 능동문의 목적어인 '쥐를'은 피동문으로 바뀌면 주어인 '쥐가'가 된다.

③ 주동문의 서술어 '울었다'에 사동의 의미를 더하는 접사 '-리-'를 결합하면 사동문의 서술어 '울렸다(← 울리었다)'가 된다.

④ 〈보기〉에서 사동사 '울렸다'는 사동 접사 '-리-'가 결합된 것이고, 피동사 '물렸다'는 피동 접사 '-리-'가 결합된 것이다. 따라서 접사 '-리-'만으로는 그 단어가 사동사인지 피동사인지 구별하기 어려움을 알 수 있다.

13 수능형 답 ⑤

이게 정답! 〈보기〉에 따르면 주어의 직접 행위에 의한 것은 직접 사동, 간접 행위에 의한 것은 간접 사동이다. 이때 간접 사동이 되려면 주어가 동작을 하도록 시키는 대상의 행위가 필요하다. ㄹ. '어머니가 물병에 물을 가득 채웠다.'에서는 그 대상인 '물'이 동작을 할 수 있는 생물이 아니므로 ㄹ을 간접 사동이라고 보기는 어렵다.

왜 답이 아니지? ①, ② ㄴ은 사동 접미사 '-기-'가 쓰인 파생적 사동문이고 ㄷ은 '-게 하다'가 쓰인 통사적 사동문이다. 이 두 문장은 모두 ㄱ을 사동문으로 바꾼 것이다.

③ ㄴ은 '나'가 '아이'에게 직접 신발을 신겨 준 직접 사동으로도, '나'가 '아이'에게 신발을 신으라고 시킨 간접 사동으로도 이해할 수 있다. 그러나 ㄷ은 후자의 경우로만 해석된다.

④ ㄹ을 주동문으로 바꾸면 '물병에 물이 가득 찼다.'이다. 그러므로 '채웠다'는 '찼다'의 사동사이다. 따라서 '채웠다'는 '차- + -이우- + -었- + -다'로 분석할 수 있으며 사동 접미사로 '-이우-'가 붙었음을 알 수 있다.

14 답 ④

이게 정답! '잊혀지다'는 피동사 어간 '잊히-'에 통사적인 피동 표현 '-어지다'가 결합한 것이다. 따라서 이는 이중 피동 표현에 해당하며, '잊혔다'로 바꾸는 것이 바람직하다.

왜 답이 아니지? ① '숙여지다'는 사동사 어간 '숙이-'에 통사적인 피동 표현 '-어지다'가 결합한 것이다.

② '돌려지다'는 사동사 어간 '돌리-'에 통사적인 피동 표현 '-어지다'가 결합한 것이다.

③ '밝혀지다'는 사동사 어간 '밝히-'에 통사적인 피동 표현 '-어지다'가 결합한 것이다.

⑤ '옮겨지다'는 사동사 어간 '옮기-'에 통사적인 피동 표현 '-어지다'가 결합한 것이다.

15 수능형 답 ④

이게 정답! ㄹ에서 '안 모릅니다'는 비문법적인 문장이지만, '모르지 않습니다'는 문법적인 문장이다. 또 ㅁ에서 '못 좋다'는 비문법적인 문장이지만 '안 좋다', '좋지 않다', '좋지 못하다'는 문법적인 문장이다. 따라서 ㄹ의 '모르다'와 ㅁ의 '좋다'는 긴 부정 표현이 가능함을 알 수 있다.

왜 답이 아니지? ① ㄱ의 '안 갔다'와 '못 갔다'는 짧은 부정 표현이고, ㄴ의 '일어나지 않았다'와 '일어나지 못했다'는 긴 부정 표현이다.

② '안' 부정문은 의지 부정이고, '못' 부정문은 능력 부정이므로 ㄱ의 '안'과 ㄴ의 '않았다'는 의지 부정, ㄱ의 '못'과 ㄴ의 '못했다'는 능력 부정에 해당한다.

③ ㄷ은 청유형 문장이므로 '안' 부정문과 '못' 부정문을 사용할 수 없고 '가지 말자'와 같이 '말다' 부정문만 사용할 수 있다.

⑤ ㅁ의 '좋다'는 '좋지 못하다'와 같은 부정 표현이 가능하다. 하지만 ㅂ의 '좁다'는 '못 좁다', '좁지 못하다'와 같은 부정 표현이 가능하지 않으므로 '못' 부정문을 사용할 수 없다.

16 수행평가형

이게 정답! 〈보기〉에서는 '돌아가고 싶었지만' '버스'가 안 오는 외부의 원인 때문에 돌아갈 수 없었던 것이므로, 의지를 부정하는 '가지 않았다'가 아니라 '가지 못했다'라는 부정 표현을 써야 한다. '못 갔다'와 같은 짧은 부정도 가능하다.

(1) 담화의 개념과 특성

개념 쏙쏙! 내신 쑥쑥!

| 본문 132쪽 |

01 ○ 02 ○ 03 × 04 의사소통 05 상황 맥락 06 사회 · 문화
적 맥락 07 ㉡ 08 ㉠ 09 ㉢ 10 ① 11 ③ 12 역사 13 장미
14 경주 15 우산 16 오늘 도서관에서 정아를 만났어. 17 × 18 ○
19 ○ 20 친교 담화 21 약속 담화 22 선언 담화 23 호소 담화
24 정보 제공 담화 25 ③ 26 ② 27 ② 28 ⑤ 29 ④ 30 ③
31 ②

03

이게 정답! 담화는 '말하는 이(글쓴이), 듣는 이(읽는 이), 전달하려
는 내용, 맥락(상황 맥락, 사회 · 문화적 맥락)'으로 구성된다.

10 답 ①

이게 정답! 머릿속의 생각이 구체적인 의사소통 상황에서 문장 단
위로 나타나는 것을 발화라고 하며, 구체적인 맥락 속에서 이루어
지는 발화(문장)나 발화(문장)의 연속체를 담화라고 한다.

11 답 ③

이게 정답! 〈보기〉에서 (가)의 담화가 이루어지는 공간은 교실이며
친구가 시험을 준비하는 상황이므로, 기영의 "잘 봐."라는 말은 시
험을 잘 치르라는 의미임을 알 수 있다. 또한 (나)의 담화가 이루어
지는 공간은 집이며 동생이 집에 있는 상황이므로, 기영의 "잘 봐."
라는 말은 집을 잘 지키라는 의미임을 알 수 있다. 즉, (가)와 (나)에
서 기영의 말은 담화가 이루어지는 구체적인 상황 맥락인 공간에
따라 달라짐을 알 수 있다.

12 수행평가형

이게 정답! 특정한 역사를 배경으로 한 담화는 말하는 이와 듣는
이가 그 역사적 상황과 정서를 같이 공유하고 있을 때 원활한 의사
소통이 이루어질 수 있다. 그러므로 다른 문화권의 사람과 대화할
때에는 사회 · 문화적 맥락을 고려하고, 인종 · 국적 · 지역 · 성별
등과 관련된 차별적 언어를 사용하지 않도록 노력해야 한다.

16 수행평가형

이게 정답! 말하는 이(글쓴이)가 전달하고자 하는 정보가 장면이나
맥락을 통해 충분히 전달될 수 있을 때에는 이를 생략하여 표현하
기도 한다. 〈보기〉에서는 예은이 완수에게 만난 사람이 '누구'인지
를 묻고 있으므로 이를 제외한 정보들은 생략하고 말할 수 있다.

17

이게 정답! 뉴스, 보고서처럼 정보를 제공하는 것이 목적인 담화는
정보 제공 담화이다.

25 답 ③

이게 정답! "그럼 그때 ㉤말씀을 드렸던 주제로 인터뷰를 시작하
겠습니다."는 화자인 학생이 청자인 원장에게 한 발화이므로, 여기

서의 '말씀'은 화자인 학생이 자신을 낮추기 위해 사용한 표현이 맞
다. 하지만 "이틀 전에 제가 원장님과 통화를 했는데, 오늘 오라고
㉣말씀하셨어요."는 화자인 학생이 청자인 직원에게 한 발화로, 여
기서의 '말씀'은 원장님이 한 '말'을 높이기 위해 사용한 표현이지,
화자가 자신의 행위를 낮추기 위해 사용한 표현이 아니다.

왜 답이 아니지? ① ㉠ '뵈러'와 ㉡ '계시긴'은 동일한 인물인 원장님
을 높이기 위해 사용한 표현이다.

② 담화 상황을 고려할 때 학생이 원장님과 통화를 한 ㉢ '이틀 전'
과 전화로 약속을 잡았다는 ㉥ '지난번'은 모두 학생과 원장님이 인
터뷰 약속을 잡기 위해 전화 통화를 한 날을 가리킨다.

④ ㉤ '저쪽'은 화자인 직원과 청자인 학생 모두에게 멀리 떨어진 곳
을 지시하는 표현이다.

⑤ 〈보기〉의 담화는 학생과 직원(방 밖), 그리고 학생과 원장(방
안) 사이에 이루어지고 있다. 곧, 대화 참여자는 학생, 직원, 원장
이렇게 세 사람이며, 담화 상황을 고려해 볼 때 ㉣ '김 선생님'은 현
재의 담화 상황에 참여하지 않는 인물을 지칭하는 표현으로, 학생
의 아버지를 가리킨다.

26 수능형 답 ②

이게 정답! 영미의 첫 번째 발화에서의 ⓐ '이 책'은 영미가 읽고
있는 책(영미에게 가까이 있는 책)으로, 수철의 발화에서의 ⓓ '그
책'(수철에게는 멀지만 영미에게 가까이 있는 책)과 같은 대상을 가
리킨다.

그리고 영미의 첫 번째 발화에서의 ⓑ '그 책'은 수철이 읽고 있는
책(영미에게는 멀지만 수철에게 가까이 있는 책)으로, 수철의 발화
에서 아직 다 읽지 않은 ⓒ '이 책'(수철에게 가까이 있는 책)과 같은
대상을 가리킨다.

또한 수철의 발화에서의 ⓔ '저 책'은 수철과 영미 두 사람 모두 읽
고 있지 않은 책(두 사람 모두에게 멀리 떨어져 있는 책)으로, 영미
의 두 번째 발화에서의 ⓕ '저 책'과 같은 대상을 가리킨다.

따라서 〈보기 2〉의 담화 상황에서 'ⓐ-ⓓ', 'ⓑ-ⓒ', 'ⓔ-ⓕ'가 각
각 같은 대상을 가리키므로, 정답은 ②이다.

27 답 ②

이게 정답! ㉡ '저기'는 화자인 효준과 청자인 유로 모두에게 멀리
떨어져 있는 진열대를 가리키는 표현이고, ㉤ '거기'는 화자인 유로
와 청자인 효준이 예전에 같이 갔었던 □□ 매장을 가리키는 표현
이다. 따라서 ㉡과 ㉤이 지시하는 장소는 동일하지 않다.

왜 답이 아니지? ① ㉠ '저건'은 화자인 유로와 청자인 효준에게 모
두 멀리 떨어져 진열되어 있는 운동화를 가리키는 표현이다.

③ ㉢ '이거'는 청자인 유로보다 화자인 효준에게 가까이 있는 운동
화를 가리키는 표현이다.

④ ㉣ '그거'는 화자인 유로에게는 멀지만 청자인 효준에게 가까이
있는 운동화를 가리키는 표현이고, ㉢ '이거'는 화자인 효준이 자신
에게 가까이 있는 운동화를 가리키는 표현으로, ㉢과 ㉣은 동일한
운동화를 가리킨다.

⑤ ㉤ '거기'는 화자인 유로와 청자인 효준이 같이 갔었던 □□ 매장
을 가리키는 표현으로, 유로와 효준이 현재 대화를 나누고 있는 곳
에서는 보이지 않는 장소이다.

28 답 ⑤

이게 정답! ⓜ'그거'는 앞선 원세의 발화에 나온 '다음 주에 제출할 작품'을 가리키는 표현으로, 화자인 지완이 이미 언급했던 대상을 나타내는 것이 아니다.

왜 답이 아니지? ① ㉠'그것'은 화자인 지완에게는 멀리 떨어져 있지만, 청자인 원세에게는 가까이 있는 '무릎 담요'를 가리킨다.
② ㉡'저'는 화자인 원세와 청자인 지완 모두에게 멀리 떨어져 있지만, 둘 다 볼 수 있는 '난로'를 가리킨다.
③ ㉢'그렇게'는 담화의 중복을 피하기 위해 앞선 원세의 발화에 나온 '날이 풀린다'라는 말을 대신하여 표현한 것이다.
④ ㉣'그나저나'는 대화의 화제를 '날씨'에서 '다음 주에 제출할 작품'으로 돌리기 위해 사용한 접속어이다. 참고로, '그나저나'는 '그러나저러나'의 준말로, '그것은 그렇다 치고'라는 뜻의 부사이며, 〈보기〉에서와 같이 지금까지의 화제를 다른 데로 돌릴 때 쓴다.

29 답 ④

이게 정답! "아까 엄마 말씀이 ㉣갔다더라고."의 '갔다더라고'에서 '-더-'는 과거 어느 때에 직접 경험하여 알게 된 사실을 현재의 말하는 장면에 그대로 옮겨 와서 전달한다는 뜻을 나타내는 어미로, 이 발화는 화자인 철수가 아까 엄마의 말을 듣고 알게 된 사실(형이 계획대로 산에 갔다는 사실)을 청자인 영희에게 전달하기 위해 한 말이다. 곧, ㉣'갔다더라고'는 어미 '-더-'를 사용하여 '단정'이 아니라 '(사실의) 전달'이라는 심리적 태도를 드러내고 있다.

왜 답이 아니지? ① "오늘 간 거 ㉠맞지?"의 '맞지'에서 '-지'는 어떤 사실을 긍정적으로 서술하거나 묻거나 명령하거나 제안하는 따위의 뜻을 나타내는 종결 어미로, 이 발화는 화자인 영희가 청자인 철수에게 사실(오늘 산에 간 사실)을 확인하기 위해 한 말이다. 곧, ㉠'맞지'는 어미 '-지'를 사용하여 '(사실의) 확인'이라는 심리적 태도를 드러내고 있다.
② "내일은 꼭 가고 ㉡말겠어."의 '말겠어'에서 '-겠-'은 주체의 의지를 나타내는 어미로, 이 발화는 화자인 철수가 내일은 산에 가겠다는 자신의 의지를 드러내며 한 말이다. 곧, ㉡'말겠어'는 어미 '-겠-'을 사용하여 '의지'라는 심리적 태도를 드러내고 있다.
③ "아마 ㉢갔을걸."의 '갔을걸'에서 '-을걸'은 화자의 추측이 상대편이 이미 알고 있는 바나 기대와는 다른 것임을 나타내는 종결 어미로, 이 발화는 화자인 철수가 산에 가지 않은 자신과는 달리 형은 산에 갔을 것이라고 추측(추정)하며 한 말이다. 곧, ㉢'갔을걸'은 어미 '-을걸'을 사용하여 '추정'이라는 심리적 태도를 드러내고 있다.
⑤ "너희 형은 정말로 ㉤대단하구나."의 '대단하구나'에서 '-구나'는 화자가 새롭게 알게 된 사실에 주목함을 나타내는 종결 어미로, 흔히 감탄의 뜻이 수반된다. 이 발화는 화자인 영희가 철수의 형이 대단하다고(산에 간 것이 대단함) 감탄하며 한 말이다. 곧, ㉤'대단하구나'는 어미 '-구나'를 사용하여 '감탄'이라는 심리적 태도를 드러내고 있다.

30 답 ③

이게 정답! ㉢'저기'는 화자(말하는 이)인 지수와 청자(듣는 이)인 성모 둘 모두에게서 멀리 떨어져 있지만, 둘 다 볼 수 있는 장소(학교 앞 정류소)를 가리킨다.

왜 답이 아니지? ① 담화 상황을 고려할 때 ㉠'그것'은 지수가 끼고

있는 '장갑'을 가리킨다.
② ㉡'여기'는 화자인 성모와 청자인 지수 모두에게 가까운 장소로, 담화 상황을 고려할 때 둘이 대화를 나누고 있는 장소를 가리킨다.
④ ㉣'거기'는 화자인 지수가 앞서 언급한 '편의점'을 도로 나타내기 위해 사용한 표현이다. 곧, '거기'는 화자인 지수와 청자인 성모 모두에게 멀리 떨어진 장소이자, 대화 상황에서 눈에 보이지 않는 장소인 '편의점'을 가리킨다.
⑤ ㉤'그곳'은 담화 상황을 고려할 때 지수의 언니가 장갑을 산 '가게'를 가리킨다.

31 답 ②

이게 정답! 동생이 언니에게 주말에 영화를 보러 가자고 요청하고 있으므로, ②는 말하는 이가 자신의 의도를 직접적으로 표현하고 있다. ①, ③, ④, ⑤는 말하는 이가 자신의 의도를 간접적으로 표현하고 있는 담화들이다.

왜 답이 아니지? ① 버스에서 내릴 수 있도록 문 앞에서 비켜 줄 것을 요구하는 담화이다.
③ 떠드는 학생에게 조용히 해 줄 것을 명령 또는 요구하는 담화이다.
④ 내일 일찍 학교에 가야 하니 게임을 그만하고 잘 것을 명령하는 담화이다.
⑤ 회사에서 일한 지 오래되었으므로 실수를 하지 말아 줄 것을 요청하는 담화이다.

대단원 완성문제! 🐝 | 본문 136쪽 |

01 ③ 02 ② 03 ② 04 ③ 05 ④

---

01 답 ③

이게 정답! '그러다 넘어질라.'는 '-ㄹ라'라는 종결 어미를 사용하고 있는데, 이는 말하는 이인 아빠가 듣는 이인 아들에게 내리막길을 천천히 내려갈 것을 우회적으로 요구하면서 경계의 의미를 전달하는 경우에 해당한다.

왜 답이 아니지? ①, ② 듣는 이에게 어떠한 행동을 직접적으로 요구하는 경우로, 명령형 종결 어미 '-아라/어라'를 사용하고 있다.
④ 듣는 이에게 자신이 직접 경험한 사실을 말하는 경우로, 명령의 의미를 전달하고 있지는 않다.
⑤ 다수의 청자에게 당부를 전달하는 경우로, 명령형 종결 어미 '-어라'를 사용하고 있다.

02 답 ②

이게 정답! ㉡'자기'는 앞에서 이미 말하였거나 나온 바 있는 사람을 도로 가리키는 3인칭 대명사로 사용되었으며, 〈보기〉에서는 정국을 미술 전시회에 초대한 '친구'를 가리키고 있다.

왜 답이 아니지? ① ㉠'그건'은 앞서 언급된 정국의 말, 즉 "이번 주말에 뭐 해?"를 가리키는 표현이다.
③ ㉢'더구나'는 '이미 있는 사실에 더하여'를 의미하는 첨가의 담화 표지로, '게다가'로 바꾸어 쓸 수 있다.

④ ⓔ '여기'는 초대장에 적혀 있는 내용을 가리키는 것으로, 정국이 초대장을 눈으로 보면서 대화를 나누는 상황임을 나타내고 있다.

⑤ ⓜ '거기'는 앞에서 이미 이야기한 곳('구립 미술관')을 가리키는 지시 대명사로 사용되었다.

03 수능형
답 ②

이게 정답! 상점을 나가는 손님이 인사치레로 "다음에 올게요."라는 말을 점원에게 건넸다면, 담화의 맥락을 고려할 때 이를 다음에 올 테니 예약해 달라는 의미로 해석하기는 어렵다. 그런데 점원은 손님의 말을 문자 그대로 이해하여 '다음'이 언제냐고 묻고 있으므로 맥락을 고려하여 담화의 의미를 파악한 것으로 보기 어렵다.

왜 답이 아니지? ① 학생 2는 학생 1의 발화 의도를 '비어 있는 자리라면 앉으려고 한다.'로 이해하고 맥락을 고려하여 적절하게 대답하고 있다.

③ 딸은 엄마의 발화 의도를 '날씨가 추우니 두꺼운 옷으로 갈아입거나 더 따뜻하게 입고 나가라.'로 이해하고 맥락을 고려하여 적절하게 대답하고 있다.

④ 학생은 교사의 발화 의도를 '교실 온도가 너무 높으니 에어컨을 켜라.'로 이해하고 맥락을 고려하여 적절하게 대답하고 있다.

⑤ 행인은 관광객의 발화 의도를 '연남동이 어디인지 알려 달라.'로 이해하고 맥락을 고려하여 적절하게 대답하고 있다.

04 수능형
답 ③

이게 정답! 화자에게 가까운 대상은 '이', 청자에게 가까운 대상은 '그', 화자와 청자 모두에게 먼 대상은 '저'라고 표현한다. 〈보기 2〉의 대화를 보면 '과자'를 두고 기철은 '이 과자'로, 희진은 '그거'로 표현하고 있는데, 이는 '과자'가 기철보다 희진에게 가까운 위치에 있기 때문이 아니라 희진보다 기철에게 가까운 위치에 있기 때문이다.

왜 답이 아니지? ① 빵을 찾던 희진이 기철을 쳐다보며 하는 말임을 고려할 때 '먹었지?'라는 표현에는 의심(확인) 또는 추궁의 의도가 담겨 있다고 볼 수 있다.

② 희진의 빵을 기철이가 민호에게 줘 버린 상황을 고려할 때, ⓛ "참 잘하셨네요."라는 희진의 표현은 자신의 불만 또는 언짢음을 반어적으로 드러내기 위한 것이다. 즉, ⓛ은 표현된 진술과 발화의 의도가 일치하지 않는 발화이다.

④ ⓔ "먹을래."라는 희진의 발화는 ⓒ '대신 이 과자라도 먹을래?'라는 기철의 발화 다음에 이어지므로, "(나는 그 과자를) 먹을래."처럼 행위의 주체인 '나'와 대상인 '과자'가 생략된 것으로 볼 수 있다.

⑤ 희진이 기철에게 과자를 건네며 "배 안 고파?"라고 물은 것은 '과자를 먹어. / 과자를 같이 먹자.'라고 제안하기 위한 것이다. 이러한 의도를 고려할 때, ⓜ "난 점심 먹었어."라는 기철의 발화에는 '점심을 먹어서 배가 부르니 과자를 먹지 않겠다.'라는 의도가 담겨 있다고 볼 수 있다.

05 수능형
답 ④

이게 정답! 사람들로 붐비는 버스에서 '승객 1'이 "내립시다."라고 말한 것에 대해 '승객 2'가 ⓔ "전 이번에 안 내리는데요."라고 대답한 것은, 담화 내부의 ⓐ '언어적 맥락'을 중심으로(발화 표현 그대로 '함께 내리자'는 의미로) 상대방의 발화를 이해했음을 보여 준다.

왜 답이 아니지? ① 쌀쌀한 교실에서 선희가 "조금 춥구나!"라고 말하고, 이어 철호도 "나도 조금 추워!"라고 말한 것에 대해 영수가 ⓐ "창문 닫아 줄까?"라고 말한 것은, '조금 춥다'는 앞선 두 사람의 발화를 담화가 이루어지는 장소를 포함하는 ⓑ '상황 맥락'을 중심으로 이해했음을 보여 준다.

② 영수가 "창문 닫아 줄까?"라고 말한 것에 대해 철호가 ⓛ "고마워. 일어나기가 귀찮아서 참고 있었어."라고 말한 것은, "나도 조금 추워!"라고 말한 앞선 자신의 발화를 영수가 ⓑ '상황 맥락'을 중심으로(쌀쌀한 교실임을 고려하여 '창문을 닫아 달라'는 의미로) 정확히 이해했음을 알려 주고 있다.

③ 영수가 "창문 닫아 줄까?"라고 말한 것에 대해 선희가 ⓒ "영수야, 난 그냥 조금 쌀쌀해서 한 말이었어."라고 말한 것은, "조금 춥구나!"라고 말한 앞선 자신의 발화가 ⓐ '언어적 맥락'을 중심으로(발화 표현 그대로 '춥다'는 의미로) 이해되어야 함을 밝히고 있다.

⑤ '승객 1'이 "내립시다."라고 말한 것에 대해 '승객 2'가 ⓑ '상황 맥락'을 중심으로(붐비는 버스에서 내릴 수 있게 비켜 달라는 의미로) 제대로 이해하지 못하자, '승객 1'은 다시 ⓜ "좀 비켜 달라고요!"라고 말하며 자신의 발화가 ⓐ '언어적 맥락'을 중심으로(발화 표현 그대로 '비켜 달라'는 의미로) 이해되도록 하고 있다.

(1) 한글의 창제 원리와 한글의 우수성

개념 쏙쏙! 내신 쑥쑥!
| 본문 138쪽 |

01 ✕ 02 ○ 03 ✕ 04 © 05 ㉠ 06 ㉡ 07 ② 08 ② 09 **예시**
어리석은 백성이 말하고자 하는 바가 있어도 끝내 제 뜻을 펴지 못하는
사람이 많다. 10 ○ 11 ✕ 12 ○ 13 ④ 14 ⑤ 15 ② 16 ④
17 ⑤ 18 ○ 19 ○ 20 ✕ 21 ㉡ 22 © 23 ㉠ 24 ② 25 ③
26 ① 27 ③ 28 **예시** 'ㆍ'는 하늘의 둥근 모양을, 'ㅡ'는 땅의 평평
한 모양을, 'ㅣ'는 사람이 서 있는 모양을 본떴다(상형의 원리). 29 ○
30 ○ 31 ✕ 32 세종 대왕 문해상 33 24 34 음절 35 ⑤ 36 ①
37 ④ 38 **예시** 다른 글자를 모방하지 않고 새롭게 처음으로 만들어 낸
글자이기 때문에

01
이게 정답! 한글 창제 이전에도 우리말은 있었다. 우리말을 표기하는 글자가 없어서 중국의 문자인 한자를 빌려 쓴 것이다.

03
이게 정답! 세종 대왕은 1443년에 '훈민정음'을 창제하고 1446년에 이를 반포하였다.

07
답 ②

이게 정답! 〈보기〉의 '이두, 구결, 향찰'은 우리 문자가 없을 때 한자의 음과 뜻을 빌려 우리말을 표기하던 차자 표기법이다.

왜 답이 아니지? ① 한글 창제 이전, 우리의 문자가 없을 때 한자의 음과 뜻을 빌려 표기하던 방법들이다.
③ '이두, 구결, 향찰' 등이 사용되던 시기에는 우리글이 없었다.
④ '이두, 구결, 향찰' 등은 한자를 잘 알아야 사용할 수 있으므로, 애초에 한자를 배우지 못한 사람들은 사용할 수 없는 표기법이었다.
⑤ 우리 문자가 없을 때 표기하던 방법이므로, 한자를 편하게 쓰기 위한 표기법은 아니다.

08
답 ②

이게 정답! 세종 대왕은 이전까지 쓰던 한자와는 완전히 다른 새로운 글자 스물여덟 자를 만들었다.

왜 답이 아니지? ① 훈민정음은 세종 대왕이 1443년에 창제하고 1446년에 반포하였다.
③ 훈민정음은 '백성을 가르치는 바른 소리'라는 뜻이다.
④ 훈민정음 창제 이전에는 중국의 문자인 한자를 사용하여 우리말을 표기하였으나, 훈민정음이 창제됨으로써 우리말을 제대로 문자로 표기할 수 있게 되었다.
⑤ 훈민정음에는 문자를 몰라 자신의 뜻을 표현하지 못하는 백성들을 가엽게 여기는 세종 대왕의 마음이 담겨 있다.

09 **수행평가형**
이게 정답! ㉠은 우리말을 표기하는 글자가 없고, 중국의 한자와는 서로 통하지 않아서, 백성들이 말하고자 하는 바가 있어도 제 뜻을 쉽게 펼치지 못하는 사람이 많음을 가리킨다. 세종 대왕은 이런 백성들을 가엾게 여겨(애민 정신) 훈민정음을 창제하게 되었다.

11
이게 정답! 자음 기본자의 창제 원리는 상형의 원리이다. 발음 기관의 모양을 본떠 기본자 'ㄱ, ㄴ, ㅁ, ㅅ, ㅇ'을 만들고, 기본자에 획을 더해 가획자 'ㅋ, ㄷ, ㅌ, ㅂ, ㅍ, ㅈ, ㅊ, ㆆ, ㅎ'을 만들었다.

13
답 ④

이게 정답! 이체자는 기본자를 바탕으로 만들어졌으므로 기본자가 소리 나는 곳에서 발음된다. 다만 모양을 달리하여 만든 글자이므로 이체자라고 한다.

왜 답이 아니지? ① 자음의 기본자는 발음 기관을 본떠서 만들었으므로 상형의 원리가 적용되었다.
② 자음 기본자를 바탕으로 가획의 원리, 이체자 등을 통해 자음을 확장해 나갔다.
③ 자음의 기본자에 획을 더해 가획자를 만들었으며, 이를 통해 소리의 세기를 표현하였다.
⑤ 자음의 기본자는 '어금닛소리, 혓소리, 입술소리, 잇소리, 목구멍소리'로, 각각 발음 기관의 모양을 본떠 만들었다.

14
답 ⑤

이게 정답! 'ㅅ'은 이의 모양을 본떠 만든 기본자로, 상형의 원리에 의해 만들어진 글자이다.

왜 답이 아니지? ① 'ㅋ'은 'ㄱ'에 가획을 한 글자이다.
② 'ㄷ'은 'ㄴ'에 가획을 한 글자이다.
③ 'ㆆ'은 'ㅇ'에 가획을 한 글자이다.
④ 'ㅈ'은 'ㅅ'에 가획을 한 글자이다.

15
답 ②

이게 정답! 'ㅁ'은 'ㅁ → ㅂ → ㅍ'의 순서로 가획이 된다. 'ㅱ(순경음 미음)'은 가획의 원리가 아니라, 자음자 둘을 위아래로 잇대어 쓰는 연서법에 의해 만들어진 글자이다.

왜 답이 아니지? ① 'ㄱ'은 'ㄱ → ㅋ'의 순서로 가획이 된다.
③ 'ㄷ'은 'ㄴ → ㄷ → ㅌ'의 순서로 가획이 된다.
④ 'ㅂ'은 'ㅁ → ㅂ → ㅍ'의 순서로 가획이 된다.
⑤ 'ㅅ'은 'ㅅ → ㅈ → ㅊ'의 순서로 가획이 된다.

16
답 ④

이게 정답! 'ㄱ'은 혀뿌리가 목구멍을 막는 모양을 본뜬 기본자, 'ㅋ'은 'ㄱ'의 가획자, 'ㆁ'은 'ㄱ'의 이체자이다. 따라서 세 자음자는 발음 위치가 모두 같은 '어금닛소리'이다.

왜 답이 아니지? ① 'ㅈ'은 'ㅅ → ㅈ → ㅊ'의 순서로 가획이 된다. 'ㅉ'은 병서법에 따라 'ㅈ'을 나란히 써서 만든 글자이다.
② 'ㅅ'은 이의 모양을, 'ㅇ'은 목구멍의 모양을 본떠서 만든 글자이다.
③ 자음의 기본자는 'ㄱ, ㄴ, ㅁ, ㅅ, ㅇ'이다.
⑤ 자음 기본자의 창제 원리는 상형의 원리이며, 여기에 가획의 원리와 이체자를 통해 자음 17자가 만들어졌다. 병서법과 연서법은 자음 17자 이외의 글자를 만든 원리이다.

17
답 ⑤

이게 정답! 〈보기〉에 제시된 'ㄲ, ㄸ, ㅃ, ㅆ, ㅉ'은 'ㄱ, ㄷ, ㅂ, ㅅ, ㅈ'을 두 번 나란히 붙여 쓴 글자인 각자 병서이다.

왜 답이 아니지? ① 상형의 원리로 만들어진 글자는 기본자이다. ② 〈보기〉에서 설명하고 있는 병서법은 훈민정음에서 새로 만든 28 자에 포함되지 않는다. ③ 기본자에서 획을 가장 많이 더하여 센소리로 나는 글자는 'ㅊ, ㅋ, ㅌ, ㅍ, ㅎ'이다. ④ 자음의 기본자는 'ㄱ, ㄴ, ㅁ, ㅅ, ㅇ'이므로 'ㄲ, ㅆ'에만 해당하는 특징이다.

18

이게 정답! 모음의 창제 원리는 상형과 합성의 원리이다. '하늘, 땅, 사람'의 모양을 본떠(상형의 원리) 기본자인 'ㆍ, ㅡ, ㅣ'를 만들고, 기본자인 'ㆍ, ㅡ, ㅣ'를 위아래, 좌우로 결합하여(합성의 원리) 초출자와 재출자를 만들었다.

20

이게 정답! 모음 기본자인 'ㆍ, ㅡ, ㅣ'는 '하늘, 땅, 사람'의 모양을 본떠 만들었다. 발음 기관의 모양을 본떠 만든 것은 모음 기본자가 아니라 자음 기본자(ㄱ, ㄴ, ㅁ, ㅅ, ㅇ)이다.

24
답 ②

이게 정답! 〈보기〉는 하늘을 본떠 만든 'ㆍ'(아래아)의 소리와 모양에 대한 설명이다.

왜 답이 아니지? ① 'ㅏ'는 'ㅣ'와 'ㆍ'가 결합하여 만들어진 초출자이다. ③ 'ㅡ'는 땅의 모양을 본떠 만든 기본자이다. ④ 'ㅗ'는 'ㆍ'와 'ㅡ'가 결합하여 만들어진 초출자이다. ⑤ 'ㅣ'는 사람의 모양을 본떠 만든 기본자이다.

25
답 ③

이게 정답! 〈보기〉는 재출자에 대한 설명이다. 'ㅜ'는 'ㅡ'와 'ㆍ'가 결합한 초출자이다.

왜 답이 아니지? ① 'ㅛ'는 'ㆍ'와 'ㅡ'가 결합한 초출자 'ㅗ'에, 'ㆍ'가 한 번 더 결합하여 만들어진 재출자이다. ② 'ㅑ'는 'ㅣ'와 'ㆍ'가 결합한 초출자 'ㅏ'에, 'ㆍ'가 한 번 더 결합하여 만들어진 재출자이다. ④ 'ㅕ'는 'ㆍ'와 'ㅣ'가 결합한 초출자 'ㅓ'에, 'ㆍ'가 한 번 더 결합하여 만들어진 재출자이다. ⑤ 'ㅠ'는 'ㅡ'와 'ㆍ'가 결합한 초출자 'ㅜ'에, 'ㆍ'가 한 번 더 결합하여 만들어진 재출자이다.

26
답 ①

이게 정답! 모음의 기본자가 한 번 결합하여 만들어진 글자는 초출자이다. 'ㅑ'는 초출자 'ㅏ'에 'ㆍ'가 한 번 더 결합하여 만들어진 재출자이다.

27
답 ③

이게 정답! 훈민정음 28자 중에서 모음은 11자인데, 기본자는 '하늘, 땅, 사람'을 본떠서 만들고, 이를 결합하여 초출자, 재출자를 만들었다. 따라서 훈민정음 창제 당시의 모음은 기본자, 초출자, 재출자로 이루어져 있다.

왜 답이 아니지? ① 초출자는 기본자인 'ㆍ'와 'ㅡ, ㅣ'를 결합하여 만든 글자이다. ② 'ㅛ, ㅠ'는 초출자 'ㅗ, ㅜ'에 'ㆍ'가 한 번 더 결합하여 만들어진 재출자이다. ④ 모음의 기본자 중에서 땅의 모양을 본떠 만든 글자는 'ㅡ'이다. ⑤ 기본자를 제외한 글자는 합성의 원리에 의해 만들어졌다.

28 수행평가형

이게 정답! 모음의 기본자는 '하늘, 땅, 사람'의 모양을 본떠 만들어진 'ㆍ, ㅡ, ㅣ'이다. 'ㆍ'는 하늘의 둥근 모양을, 'ㅡ'는 땅의 평평한 모양을, 'ㅣ'는 사람이 서 있는 모양을 본떠 만들어졌다(상형의 원리).

31

이게 정답! 1997년 유네스코에서 세계 기록 유산으로 지정한 것은 『훈민정음(해례본)』으로, 『훈민정음(해례본)』은 새로 만든 문자 '훈민정음'의 창제 목적과 이 문자의 음가 및 운용법, 그리고 이들에 대한 해설과 용례를 붙인 책이다. 우리가 사용하는 언어인 한글과는 다른 개념이다.

35

이게 정답! 한글은 당시 우리말을 표기하던 중국의 한자나 다른 나라의 글자를 모방하지 않고 새롭게 처음으로 만들어 낸 글자이다.

36
답 ①

이게 정답! 한글은 다른 문자와는 다르게 '산'이라는 단어를 'ㅅㅏㄴ'이라고 풀어쓰지 않고 '산'처럼 모아쓰는데 이를 모아쓰기라고 한다. 모아쓰기를 하면 단어나 문장의 뜻을 빠르게 이해할 수 있으며, 문장을 읽기에도 편하다는 장점이 있다.

37
답 ④

이게 정답! 한글은 글자 수가 적고 자음자와 모음자의 수가 비슷하여, 컴퓨터 자판에서 왼쪽과 오른쪽에 자음자와 모음자를 적절히 배치할 수 있다. 이에 따라 왼손과 오른손을 번갈아 가며 글자를 입력할 수 있으므로 타자 속도가 빠르다는 장점이 있다. 이는 정보화 시대에 한글의 우수성이 더욱 드러나는 부분이다.

왜 답이 아니지? ① 한글은 발음 기관의 모양과 발음의 특성을 반영하여 만든 과학적인 글자이지만, 이는 정보화 시대에 두드러지는 한글의 우수성과는 관련이 적다. ② 모음의 경우 '하늘, 땅, 사람[천지인(天地人) 삼재(三才)]의 모양을 본떠 만들어졌으므로 한글에 우주 자연의 철학적 원리가 담겨 있긴 하지만, 이러한 창제 원리는 정보의 암호화와는 관련이 적다. ③ 한글은 하나의 글자가 하나의 소리를 지니고 있어 쉽게 읽고 쓸 수 있지만, 글자 하나가 하나의 의미를 지니지는 않는다. ⑤ 한글은 발음 기관의 모양과 발음의 특성을 반영하여 글자를 만듦으로써, 같은 발음 기관에서 나오거나 소리가 비슷한 글자들은 글자 모양이 비슷하다는 특징이 있다. 하지만 이는 정보화 시대의 한글의 우수성과는 관련이 적다.

38 **수행평가형**

이게 정답! 한글은 당시 우리말을 표기하던 중국의 한자나 다른 나라의 글자를 모방하지 않고, 발음 기관과 자연의 모양을 본떠 새롭게 처음으로 만들어 낸 독창적인 글자이다.

(2) 남북한 언어의 차이점과 통일 시대의 국어

개념 쏙쏙! 내신 쑥쑥! | 본문 142쪽 |

01 ○ 02 × 03 ○ 04 ③ 05 ② 06 © 07 © 08 ⑨ 09 ③
10 ③ 11 © 12 © 13 ⑤ 14 ③ 15 ① 16 한글 맞춤법 통일안

04 답 ③

이게 정답! 주요 산업 분야의 차이는 남북한 언어 이질화의 원인으로 보기 어렵다.

왜 답이 아니지? ① 남한은 민주주의, 북한은 공산주의로 정치 체제가 달라 남북한 언어 이질화는 점점 심해졌다.
② 남한은 교양 있는 사람들이 두루 쓰는 서울말을 표준어로, 북한은 노동 계급의 말을 기본으로 하는 평양말을 문화어로 정하였다. 이로 인해 남북한은 언어 이질화가 심해졌다.
④ 한국 전쟁으로 인한 남북 분단과 단절은 남북한 언어 이질화의 가장 큰 원인이다.
⑤ 북한의 말다듬기 사업과 철자법 개정으로 남북한의 언어는 조금씩 더 달라졌다.

05 답 ②

이게 정답! '노인(老人)'이라는 단어를 남한에서는 '노인', 북한에서는 '로인'이라고 하는 것은 북한에서 두음 법칙을 인정하지 않기 때문이다.

09 답 ③

이게 정답! 남한에서는 '동무'가 '늘 친하게 어울리는 사람'을 의미하는 데 비해, 북한에서는 '혁명을 위하여 함께 싸우는 사람을 친근하게 이르는 말로 쓰인다. 이는 문화의 차이로 인해 남북한의 언어가 달라진 경우이다.

왜 답이 아니지? ① '거위'는 어휘 사정의 차이가 반영된 단어로, 북한에서는 '게사니'로 부른다.
② '도넛'은 언어 정책의 차이가 반영된 단어로, 북한에서는 '가락지빵'으로 부른다.
④ '도시락'은 어휘 사정의 차이가 반영된 단어로, 북한에서는 '곽밥'으로 부른다.
⑤ '앙가슴'은 어휘 사정의 차이가 반영된 단어로, 북한에서는 '동가슴'으로 부른다.

10 **수능형** 답 ③

이게 정답! 남한의 사전에는 '뜰'이 '낙지'와 '잇몸' 사이에 배열되어 있으므로 'ㄱ, ㄴ, ㄷ, ㄹ.... 순으로 되어 있음을 알 수 있다. 반면 북한의 사전에는 '첫차기'와 '이몸' 사이에 '뜨락또르'가 배열되어 있으므로 남한의 사전과 단어 배열 순서가 같지 않음을 알 수 있다.

왜 답이 아니지? ① 동일한 단어인 '낙지'에 대해 남한 사전에서는 여덟 개의 발이 있다고 한 반면, 북한 사전에서는 열 개의 다리가 있다고 하였으므로, 서로 다른 대상을 가리킴을 알 수 있다.
② 남한의 사전에서는 '킥오프'라는 외래어를 사용한 반면, 북한의 사전에서는 '첫차기'라는 고유어를 사용하고 있다.
④ 'tractor'라는 대상을 남한의 사전에서는 '트랙터'로, 북한의 사전에서는 '뜨락또르'로 다르게 표기하고 있다.
⑤ 남한의 사전에서는 '이'와 '몸'이 결합하여 합성어가 될 때 사이시옷(ㅅ)을 넣어 '잇몸'으로 표기한 반면, 북한의 사전에서는 사이시옷 없이 '이몸'으로만 표기하고 있다.

14 답 ③

이게 정답! 남한에는 남한에서 써야 하는 표준어가 있으므로, 남한에서 북한말을 쓰면서 익숙해진 다음 남북한의 언어 동질성을 찾아야 한다는 것은 현실적으로 가능하지 않다.

왜 답이 아니지? ① 남북한 언어의 차이점보다는 공통점을 찾으려고 노력하는 것이 남북한 언어의 동질성을 회복하는 방안 중 하나이다.
② 통일사전 편찬은 남북한 언어 차이를 최소화하는 방안 중 나라에서 정책적으로 추진할 수 있는 방안으로, 남북한 통일사전을 편찬함으로써 남북한 언어 동질성을 확보할 수 있다.
④ 남북한에서 각각 정한 표준어와 문화어의 근간은 1933년 조선어 학회에서 만든 '한글 맞춤법 통일안'이므로, 남북한의 언어는 본질적으로는 동일하다는 인식을 가져야 한다.
⑤ 남북한 언어학자들이 활발하게 만나 이질화된 남북한의 맞춤법을 통일하기 위해 노력하는 것은 남북한 언어 이질화를 최소화하는 중요한 방안이다.

15 답 ①

이게 정답! '세포'는 남북이 같이 쓰는 말로, 기본적인 뜻은 같으나 북한에서 '당 기본 조직'이라는 뜻이 더해진 말이다.

왜 답이 아니지? ② '청년동맹'은 공산주의 혁명을 위한 청년들의 단체로 북한에서만 쓰인다.
③ '동요분자'는 사상이나 입장이 철저하지 못하여 이리저리 흔들리는 사람을 나타내는 북한어이다.
④ '옷벗는칸'은 '탈의실'을 북한에서 말다듬기하여 사용하고 있는 단어이다.
⑤ '가슴벽을 두드리다'는 '감동을 주다'라는 의미의 북한어로 남한에서는 쓰이지 않는 관용 표현이다.

대단원 완성문제! | 본문 144쪽 |

01 ③ 02 ② 03 꼴 04 ① 05 ③ 06 ③ 07 그 남매는 쌍둥이이다. 08 ⑩ 단어나 문장을 빠르게 읽고 쉽게 이해할 수 있다. 09 ④
10 ② 11 ④ 12 ⑤

01 **수능형** 답 ③

이게 정답! 〈보기〉에 의하면 'ㆁ, ㄹ, ㅿ'은 각각 'ㄱ, ㄴ, ㅅ'과 소리 나는 위치는 같지만, 가획의 방법에 따라 만든 글자가 아니기 때문에 '이체자'라고 한다. 그러므로 이체자 'ㅿ'은 기본자 'ㅅ'을 가획하

여 만든 것이 아님을 알 수 있다.

왜 답이 아니지? ① 〈보기〉에 의하면, 어금닛소리의 가획자 'ㅋ'은 어금닛소리의 기본자 'ㄱ'에 가획을 한 것이다.

② 〈보기〉에 의하면, 'ㆁ, ㄹ, ㅿ'은 각각 'ㄱ, ㄴ, ㅅ'과 소리 나는 위치가 같다. 그러므로 'ㄴ'과 'ㄹ'은 같은 위치에서 소리 나는 글자임을 알 수 있다.

④ 〈보기〉에 의하면, 가획자는 기본자에 획을 더한 것으로 기본자보다 소리가 더 세게 나는 자음이다. 목청소리의 가획자 'ㅎ'은 목청소리의 기본자 'ㅇ'에 가획을 한 것이므로 'ㅇ'보다 소리가 더 세게 날 것임을 알 수 있다.

⑤ 〈보기〉에 의하면, 기본자 'ㄱ, ㄴ, ㅁ, ㅅ, ㅇ'은 발음 기관을 상형하여 만든 것이다. 그러므로 자음의 기본자는 모두 모양을 본뜨는 방식을 사용하여 만들었음을 알 수 있다.

02 답 ②

이게 정답! 〈조건〉 1에서 기본자에 획을 한 번 더하여 만들라고 하였으므로 가획자 'ㅋ, ㄷ, ㅂ, ㅈ, ㅎ'이 해당한다. 이 중에서 순음은 'ㅂ'이며, 순음 밑에 'ㅇ'을 세로로 이어 써서 만든 글자는 'ㅸ(순경음비읍)'이다.

03 수행평가형

이게 정답! 초성은 어금닛소리의 기본자 'ㄱ'의 각자 병서자이므로 'ㄲ'이 된다. 중성은 하늘의 모양을 본뜬 기본자 'ㆍ'의 아래쪽에 'ㅡ'를 결합한 초출자라고 하였으므로 'ㅗ'가 된다. 종성은 혓소리의 기본자('ㄴ')의 위치에서 소리가 나는 이체자이므로 'ㄹ'이 된다. 이것을 조합하면 '꼴'이 된다.

04 수능형 답 ①

이게 정답! 〈보기〉의 [현대어 해석]에 의하면, 'ㆍ ⓐ'는 소리가 깊고 'ㅣ ⓒ'는 소리가 얕다. 그러므로 ⓐ는 ⓒ와 달리 발음할 때 깊은 소리가 날 것임을 알 수 있다.

왜 답이 아니지? ② 〈보기〉의 [현대어 해석]에 의하면, 'ㆍ ⓐ'는 모양이 둥글고 'ㅡ ⓑ'는 모양이 평평하다. 그러므로 ⓑ는 ⓐ와 달리 글자 모양이 평평하게 생겼음을 알 수 있다.

③ 〈보기〉의 [현대어 해석]에 의하면, 'ㆍ ⓐ'는 혀를 오그라지게 해서 조음하고 'ㅣ ⓒ'는 혀를 오그라지지 않게 조음한다. 그러므로 ⓒ는 ⓐ와 달리 발음할 때 혀가 오그라지지 않음을 알 수 있다.

④ 〈보기〉의 [현대어 해석]에 의하면, 가운뎃소리는 모두 열한 자이다. 따라서 'ㆍ ⓐ', 'ㅡ ⓑ', 'ㅣ ⓒ'는 모두 가운뎃소리 열한 자에 포함됨을 알 수 있다.

⑤ 〈보기〉의 [현대어 해석]에 의하면, 'ㆍ ⓐ'는 하늘을 본뜬 것이고, 'ㅡ ⓑ'는 땅을 본뜬 것이며, 'ㅣ ⓒ'는 사람을 본뜬 것이다. 따라서 ⓐ, ⓑ, ⓒ는 모두 대상의 모양을 본뜬 것임을 알 수 있다.

05 답 ③

이게 정답! 〈보기〉는 한글 'ㅏ'의 발음은 [아] 하나이지만, 영어 알파벳 'a'의 발음은 [아], [에이], [어] 등 여럿임을 보여 주면서, 한글의 우수성을 설명하고 있다. 따라서 'a'가 하나의 글자로 많은 소리를 표현할 수 있어 경제적이라는 설명은 적절하지 않다. 알파벳 'a'는 여러 가지로 소리 나기 때문에 오히려 글자를 읽는 데 불편할 수 있다.

왜 답이 아니지? ① 한글 'ㅏ'는 '아침, 휴가, 미나리' 모두 [아]하나로 발음하므로 글자만 봐도 쉽게 읽을 수 있다. 하지만 영어 알파벳 'a'는 단어마다 [아], [에이], [어]로 다르게 소리 나므로 글자만 보고서는 어떻게 읽을지 판단하기 힘들다.

② 한글 'ㅏ'는 '아침, 휴가, 미나리' 모두 [아] 하나로 소리 난다. 하지만 영어 알파벳 'a'는 'art'는 [아], 'table'은 [에이], 'human'은 [어]로 단어에 따라 다르게 소리 난다.

④ 한글 'ㅏ'는 글자와 소리가 관련이 있어서 소리의 특성을 알 수 있지만, 영어 알파벳 'a'는 글자와 소리가 일관되게 관련이 없고 단어마다 다르게 소리 나므로 소리의 특성을 짐작하기는 어렵다.

⑤ 한글 'ㅏ'는 하나의 글자가 하나의 소릿값을 가지는 데 반해, 영어 알파벳 'a'는 [아], [에이], [어] 등 여러 가지 소릿값을 가진다.

06 답 ③

이게 정답! 〈보기〉의 휴대 전화 자판은 모음 'ㆍ, ㅡ, ㅣ'와 자음 'ㄱ, ㅋ, ㄴ, ㄹ, ㄷ, ㅌ, ㅂ, ㅍ, ㅅ, ㅎ, ㅈ, ㅊ, ㅇ, ㅁ'으로 이루어져 있다. 즉, 자음은 자판에 모두 배열되어 있지만, 모음은 'ㆍ, ㅡ, ㅣ' 세 개만 배열되어 있는데, 이를 통해 'ㆍ, ㅡ, ㅣ'를 합성하여 모음을 입력하는 방식임을 알 수 있다. 이는 모음 기본자 'ㆍ, ㅡ, ㅣ'를 합하여 다른 모음자를 만든 합성의 원리가 적용된 것이다.

09 답 ④

이게 정답! 남북한 언어 이질화의 원인으로는 '남북 분단, 언어 규범의 차이, 이념과 정치 체제의 차이' 등 여러 가지가 있다. 그중에서 '말다듬기 사업'은 북한에서 진행된 것으로, '한 민족어의 어휘 체계에 들어온 불필요한 외래적 요소와 시대에 맞지 않는 낡은 요소를 바로잡아 고유어를 기본으로 한 하나의 체계로 단어들을 발전시키는 일'을 의미한다. 이 사업으로 인해 북한에서는 많은 한자어들이 다듬어지고 고유어로 대체된 반면, 남북한에서 사용하는 어휘가 달라짐으로 인해 남북한 언어의 이질성은 심화되었다.

10 답 ②

이게 정답! 남한의 표준어에서는 두음 법칙을 인정하는 반면, 북한의 문화어에서는 이를 인정하지 않는다는 차이점이 있다. 두음 법칙은 'ㄹ'과 'ㄴ'이 '단어의 첫머리'에 발음되는 것을 꺼리는 현상으로, 단어의 첫머리가 아닐 때에는 대체로 두음 법칙의 적용을 받지 않는다. 따라서 '남녀'는 남한에서나 북한에서 모두 '남녀'로 읽는다.

왜 답이 아니지? ① '역사'는 남한에서는 '역사'로, 북한에서는 '력사'로 읽는다.

③ '노인'은 남한에서는 '노인'으로, 북한에서는 '로인'으로 읽는다.

④ '양심'은 남한에서는 '양심'으로, 북한에서는 '량심'으로 읽는다.

⑤ '예절'은 남한에서는 '예절'로, 북한에서는 '례절'로 읽는다.

11 수능형 답 ④

이게 정답! '달걀'과 '닭알'은 같은 대상을 가리키는 단어가 다른 예에 해당한다.

왜 답이 아니지? ① '나이테'와 '해돌이'는 모두 나무줄기에 생기는 테나 줄무늬를 의미하므로, 같은 대상을 가리키는 다른 말이다.

② 우리말에서는 두음 법칙을 인정하지만 북한말에서는 두음 법칙을 인정하지 않는다.

③ 우리말에서는 순우리말이 포함된 합성어에서 앞말의 끝소리인 울림소리와 뒷말의 첫소리인 안울림소리가 만날 때 뒤의 예사소리가 된소리로 변하는 경우, 사이에 'ㅅ'을 넣어서 발음을 표기에 반영하는데 이를 사이시옷이라고 한다. 북한말에는 이에 관한 규정이 따로 없다.

⑤ 외래어에 대한 표기 규정이 남북한 사이에 차이가 있는 경우이다.

12   답 ⑤

이게 정답! 표준어와 문화어는 각각 남한과 북한의 공식적인 '표준어'이다. 이러한 공용어 중 하나를 고르는 것보다는 두 표준어를 잘 활용하여, 남북한의 언어를 대변할 수 있는 공통어를 만드는 것이 남북한의 언어 차이를 극복하는 방안이 될 것이다.

왜 답이 아니지?   ① 남북한이 서로의 언어를 이해하려는 태도를 갖는 것이 남북한 언어 이질화를 극복할 수 있는 시작점이 될 것이다.

② 남북이 통일되면 그동안 생긴 언어의 차이점으로 인해 의사소통에 어려움을 겪을 가능성이 크다. 따라서 우선 정치나 사회적인 측면 외에 일상생활과 관련된 단어나 문장들을 조금씩 맞춰 나가면 남북한 언어 차이 극복에 도움이 될 것이다.

③ 남북한의 언어가 다르다고 해서 둘 중 하나가 틀렸다거나 잘못되었다고 생각하는 것은 올바르지 않다. 서로 간의 차이를 인정하고 다른 점을 공통점으로 바꾸어 나가려 의식적으로 노력하는 것이 중요하다.

④ 남북한의 언어가 달라진 근본적인 원인은 분단이므로, 이를 극복하는 궁극적인 방안은 통일일 것이다. 그 전에 남북한의 교류가 활발하게 이루어진다면 언어적인 차이도 조금씩 극복될 것이다.

www.saltybooks.com

Believe in yourself!

Remember your dream!

공부하느라 힘드시죠?
으라차차 ^^ 소리 한번 지르세요.
언제나 여러분의 성공을 기원할게요 *^^*

- 공부책 잘 만드는 쏠티북스가 -